선악나무와 생명나무

구자수 지음

선악나무와 생명나무

2023년 12월 11일 초판 1쇄 인쇄
2023년 12월 11일 초판 1쇄 발행

지은이 구자수
펴낸이 임연주

도서출판 낙서당
주소 | 경기도 고양시 일산동구 정발산로 43-20 센트럴프라자 303호
메일 | nakseodang@gmail.com
등록 | 2021년 2월 10일

ISBN 979-11-974296-4-4 (03230)
© 구자수 2023

이 책의 저작권은 저자와 도서출판 낙서당 소유합니다.
신저작권법에 의하여 한국 내에서 보호를 받는 저작물이므로 무단전재와 복제를 금합니다.

선악나무와 생명나무

성경에서 살펴보는
태초의 삶과 죽음의 원리

구자수

지음

들어가는 말   9

Ⅰ. 서론   11

1. 사람과 만물을 만드신 목적   12

2. 만물 창조   17
1) 하나님의 영광을 위해 창조되었다.   18
2) 하나님의 사랑에 근거해 만드신 사람을 위해서 창조되었다.   19

3. 사람 창조   21
1) 하나님의 영광을 찬송하기 위한 거룩한 존재로 창조되었다.   24
2) 하나님을 사랑하고 즐거워하기 위해서 창조되었다.   27
3) 사람을 하나님의 형상으로 만들어 대리자 역할을 하기 위해 창조하셨다.   30

4. 하나님은 사람을 영생불사의 존재로 창조하셨는가?   37
1) 영생불사의 존재로 창조하셨다.   38
2) 조건부 영생불사의 존재로 창조하셨다.   43
3) 필자의 견해   45

Ⅱ. 선악 나무   79

1. 동산 중앙에 있는 선악 나무   80
1) 선은 하나님 한 분뿐이시다.   85
2) 악은 영계(천상의 세계)에서 먼저 발생했다.   88
3) 세상에 악이 침투했다.   90

2. 선과 악 95
   1) 선과 악의 기준   95
   2) 성경이 말하는 선   98
   3) 성경이 말하는 악   103

3. 선악 나무의 기능   108

4. 선악 나무를 만드신 이유   112
   1) 사람에게 주신 자유의지   114
   2) 하나님은 사람이 선악과를 먹을 줄 아셨나, 모르셨나?   119
   3) 선악 나무의 의미   123

5. 성경이 말하는 죄   126
   1) 죄의 기원   127
   2) 세상의 죄는 언제부터 시작되었을까?   136
   3) 필자의 보충 설명   141
   4) 죄의 정의   148
   5) 사람을 유혹하여 저주받게 만든 뱀의 정체는 무엇인가?   173

6. 선악 나무의 열매를 먹은 아담과 하와   184
   1) 선악 나무의 열매를 먹게(영접한, 받아들인) 된 이유   186
   2) 선악 나무의 열매를 먹은(영접한, 받아들인) 결과   210
   3) 하나님의 아들들과 사람의 딸들   239
   4) 하와, 그 존재의 역설   273
   5) 네피림은 누구를 가리키는가?   308

7. 오늘날의 선악 나무   324
   1) 뱀의 설득과 선포   325
   2) 하나님의 설득과 선포   336
   3) 현대에 나타나는 선악 나무의 열매들   347

8. 선악 나무를 제거(극복)하는 길   368
　1) 자기를 부인하라(잠 29:23).   371
　2) 자기 십자가를 지라.   374
　3) 생각을 다스리라(골 3:1-2).   378

Ⅲ. 생명 나무   387

1. 생명 나무를 만드신 이유   391
　1) 성경이 가르치는 영생   393
　2) 영생으로서의 생명   396

2. 생명 나무의 기능   399
　1) 창세기의 생명 나무   400
　2) 잠언의 생명 나무   404

3. 사람이 나무에 주목해야 하는 이유   408

4. 생명 나무를 감추신 이유(창 3:22)   413
　1) 사람에게 은혜를 베푸시기 위해   416
　2) 생명 나무를 향해 자유롭게 나아갈 수 있는 때까지만 막는다.   419

5. 오늘날의 생명 나무   421

6. 하나님의 창조 목적의 제1 순위는 하나님 나라를 세우는 일이다.   423
　1) 하나님의 나라는 어떤 나라를 말함인가?   424
　2) 예수가 선포한 하나님의 나라는 어떤 나라였을까.   433
　3) 하나님 나라의 종교화   438

7. 생명 나무로 나아가는 길   456
   1) 사람은 정답이 될 수 없다.   459
   2) '이 세대'를 본받지 말아야 한다.   461
   3) 그리스도 안에 거해야 한다.   464

8. 이기는 자에게 허락된 낙원과 생명 나무   466
   1) 짐승과의 영적 전쟁에서 이기는 자(창 3:1-8)   467
   2) 육신의 생각을 다스려 이기는 자(고후 10:3-6)   469
   3) 발람(혹은 니골라)의 미혹에서 이기는 자(계 2:6, 15)   471

Ⅳ. 결론   475

니기는 말   488
참고문헌   492

들어가는 말

창세기 2:9에 하나님께서 아담을 창조하시고 에덴동산에서 살게 하셨고, 에덴에서 생육-번성-충만은 물론, 땅을 정복하며 다스리고 살 것을 명하셨다고 기록되어 있다. 그런데 아담에게 또 하나의 요구는 동산 중앙에 두 나무 곧 선악의 지식 나무와 영생하게 하는 생명 나무를 두시며, 그 가운데 하나의 나무를 콕 집어서 선악의 지식 나무의 열매는 먹지 말라고 명하셨다. 먹으면 반드시 죽을 것이라는 엄한 경고와 함께…

    이에 대해 칼빈은 선악과를 알게 하는 나무를 먹지 말라고 하신 의도는, 아담이 자기의 사리분별력을 의지하지 못하게 하시려는 것이었다고 풀이하고 있다. 하나님께만 순종함으로써 인간이 지혜롭게 되도록 작정하셨다고 강조한다. 생명 나무에 대해서는 하나님께서 아담에게 주신 생명을 생명 나무가 다시 줄 수 있는 것이 아니라, 하나님께 받은 생명을 상징하고 기념하도록 하시기 위함이라고 말한다. 더 나아가 교부들, 특히 생명 나무가 성례론적으로 예수 그리스도를 상징한다고 하는 어거스틴의 해석을 받아들인다. 그리고 첫 사람 아담에 대해서도 이미 완전한 존재,

결함이 없는 존재로 창조되었으며, 불완전하게 창조되었다면 하나님께서 선악과와 생명 나무를 동시에 주시지 않았을 것이라고 한다. 이런 칼빈의 해석을 종합해서 볼 때, 인간은 완전히 영생하도록 창조된 것이 분명하다고 단언하면서, 창세기 2:16에서 칼빈은 "아담이 가진 영혼에는 올바른 판단력과 감정을 다스리는 고유한 통제력이 자리 잡았으므로 거기에는 생명도 위세를 떨쳤다. 한편 그의 육체에도 전혀 결함이 없었으므로 죽음을 완전히 벗어났다"라고 설명한다. 그러므로 아담은 창조 시에 영생하도록 창조된 피조물이다. 따라서 아담의 일시적이고 잠정적이고 영생하도록 지어지지 않은 가변적인 생명에 관한 주장은 성경을 바르게 이해하지 못한 사변이라고 말할 수 있다고 주장한다.[1]

    필자는 이에 대해 이견을 제시하고 성경에 근거한 필자의 답변을 제시해보고자 한다. 필자 역시 칼빈주의의 언약 신학이 성경적이라고 생각하는 장로교 목사로서, '옳은 것은 옳다 하고 아닌 것은 아니'라고 하는 양심으로 성경을 대하고자 한다.

    먼저 서론에서는 세상 만물을 창조하시되 특히 사람을 창조한 부분에 대해 생각하고, 그때 과연 첫 사람 아담을 영생불사의 존재로 창조하셨는가에 대해 심도 있게 살펴보려고 한다. 그리고 2부에서는 선악과에 대해 관심이 많은 만큼 선악과 문제를 깊이 있게 다루고자 한다. 마지막 3부에서는 크게 관심을 두지 않는 생명 나무 문제를 다루어, 정작 사람이 초점을 맞추어 생각하고 추구해야 하는 중요한 문제가 생명 나무에 관한 것이라는 점을 드러내고자 한다.

---

[1] 임진남, "선악과의 용도와 생명 나무의 용도에 대한 칼빈의 입장", 바른 믿음, 2020.03.28. http://www.good-faith.net.

물론 우리가 현재 겪고 있는 수많은 비극이 인류의 시조인 첫 아담이 선악의 지식 나무 열매를 먹은 결과라는 생각 때문에 자꾸 과거를 돌아보는 경향이 많은데, 둘째 아담이신 예수 그리스도께서 이미 이루어 놓으신 구속의 은혜를 따라 이제는 미래를 향해 소망의 길을 걸어야 한다고 생각한다. 그래서 사실은 생명 나무에 더 관심을 가져야 할듯하다. 생명 나무 되신 우리 주 예수 그리스도에게 집중하여 생명의 역사를 통해 우리의 구원을 이루어 나가야 할 것이다. "내가 곧 길이요 진리요 생명"이라고 말씀하신 그리스도의 장성한 분량에 이르기까지 자라나서, 마침내 인생 여정에 나타나는 수많은 영적 전쟁에서 승리하여 영원토록 생명 나무의 열매를 먹는 영생의 삶을 누려야 할 것으로 안다. 하지만 제한된 본서의 지면의 한계를 따라 생명 나무의 문제를 드러난 문자적인 생명 나무에 제한해서 다룬 것은 아쉽다는 생각이다.

끝으로 이런 주제로 연구하게 하신 우리 하나님께 영광과 찬송을 돌리며, 항상 필자의 연구를 지지하는 사랑하는 아내와 같은 신앙으로 하나님을 섬기며 말씀을 사랑하는 성도들, 그리고 물질과 기도로 후원하는 그리스도 안에서 사랑하는 형제 조용일 목사, 이일성 선교사, 김춘호 집사에게 감사드린다. 하나님께서 그들의 헌신과 수고를 인정해주시고 주를 위한 선한 사업에 복 주시길 기도한다.

2023. 11. 21.
구 자 수 목사.

I. 서론

1. 사람과 만물을 만드신 목적

기독교의 시각으로 모든 세상 역사의 시작은 하나님의 창조행위와 더불어 시작되었다. 그러므로 그 안에서 인류 역사 또한 하나님의 창조행위를 벗어날 수는 없다. 세상의 지식인들이 뭐라고 떠들든지 간에 하나님의 말씀을 성령의 감동으로 기록한 책으로 믿는 성경은(딤후 3:16) 분명하게 세상의 역사는 하나님의 무(無)에서 유(有)로의 창조행위로 시작되었다고 말한다. 진화론이 뭐라고 주장하든지 간에 이성을 가진 인간이라면, 신앙의 문제가 아니라고 하더라도 어느 쪽이 더 나은 주장인지 분명하게 드러난다. 우리가 오늘날 인류의 역사를 살피면서 최초의 사람을 더듬어 살피지 않을 수 없다. 최초의 사람 아담과 현대 사람 사이에 같은 점은 무엇이며 다른 점은 무엇일까? 그리고 다르다면 왜 다른 것일까? 또 언제 달라진 것일까 등에 관해 이야기해 보려고 한다.

　사람 역사의 변천사에서 빼놓을 수 없는 사건이 신화에 나올법한 두 나무로부터 시작되었는데, 그것이 선악 나무와 생명 나무다. 거기에 더하여 사람과 자연을 함께 생각하지 않을 수 없는 이유는 자연은 육체를 가진 사람과 공생관계이기 때문이다. 자연은 사람 없이 존재가 무의미하고, 사람은 자연 없이 생존할 수 없다. 그래서 하나님은 처음부터 자연을 먼저 만드시고 후에 사람을 만드셨다. 세상 만물의 창조 없이 사람을 먼저 만드셨다면 사람의 생존이 위협받게 되었을 것이 자명한데, 지혜가 무한하신 하나님이 이를 모를 리 없고, 당연히 창조의 순서를 따라 우주-지구-만물-사람을 창조하셨다. 더구나 사람은 자연의 일부인 흙으로 지음을 받았고, 사람의 범죄로 인해 그 땅이 저주받게 되었다는 사실을 통해 (창 3:17) 사람과 자연은 떼려야 뗄 수 없는 공생관계란 사실을 깨닫게 된다.

이에 사람과 자연의 관계성을 생각하다 보면, 자연스럽게 한국의 비무장 지대인 DMZ를 떠올리게 된다. 남북이 군사적으로 대치 상태인 상황에서 민간인 출입 통제로 인해 약 70년 이상 자연생태계가 보존되어 유례없이 다양한 동·식물이 서식해 높은 생태적 가치를 평가받고 있는 역설적인 장소다. 생사를 결정할 수 있는 분계선이면서 자연 서식지의 보고가 될 수 있다는 이 아이러니는 무엇을 말하는가. 폭이 약 4km에 한반도의 동서를 가로지르는 DMZ는 demilitarized zone의 약자로서 "군사적 비무장 지대"를 뜻한다. DMZ는 휴전에 따른 군사적 직접 충돌을 방지하기 위해 상호 일정 간격을 유지한 완충지대를 말한다. 전 세계에서 유일하게 사람이 거주할 수 없도록 강제하는 지역이라고 말할 수도 있겠다. 그런데 왜 이 지역을 떠올리게 되었을까? 사람 없는 세상의 축소판이기 때문이다.

그런데 왜 사람 없는 세상을 생각하게 되었는가? 사람의 범죄로 인해 자연이 망가졌다는 생각 때문이고, 실제로 오늘날의 세상 모습을 보면 사람의 탐욕으로 인해 자연이 파괴되고 망가지는 속도가 빨라졌기 때문이다. 본래의 사람과 자연의 관계는 상호 공생하는 관계로 설정되었었다. 그러니 타락한 사람으로 인해 자연이 망가졌기 때문에 사람 없는 세상은 어떨까를 생각하는 단계에 이르렀다는 말이다. 그래서 「사람 없는 세상」이란 책까지 등장한 현실이다.[1] 저자는 한국어판 서문에서 다음과 같이 말한다.

> 어디에 살건 모든 사람이 직면하고 있는 새로운 모습을 하고 있기도 합니다. 그것은 우리의 욕심이 너무 지나쳐서 우리도 자연도 생존이 불가능해지기 전에 우리 아닌 자연과 균형을 이루며 사는 방법을 찾아내느냐의 문제입니다. 저는 이 책을 통해 사람 없는 세상을 상상해 봤습니다. 그러면 이 지구상에서 우리와 함께 살고 있는 모든 생물을 더 분명히 볼 수 있고, 자연과 대결하지 않고 조화를 이루며 공존할 수 있는 방법을 모색하는 데도 도움이 될 것 같았습니다.

하지만 망가진 사람이 근본적으로 바뀌지 않은 현 세상에서 이런 생각은 너무 이상적이고 순진한 생각이 아닐까. 지금도 세계적인 기후 문제로 머리를 맞대고 기관을 만들고 노력하고 있지 않은가. 하지만 사람의 이기심과 자국 이기주의에 막혀 번번이 좌절되고 있는 실정이다. 왜 이 지경에 이르게 되었는가. 진화론적인 사고로 생각하더라도 "만물의 영장"이라고 스스로 자부하는 사람들이, 정작 자기가 숨 쉬고 먹거리를 얻어야 하는 이 세상을 스스로 더럽히며 파괴하는 어리석은 짓을 하는 것일까. 이런 생각을 하면서 이솝 우화 가운데 '황금알을 낳는 거위'에 관한 이야기가 떠오르는 이유는 무엇일까. 사람은 왜 그렇게 분별력을 잃어버리고 멍청해졌을까. 사람의 무모한 욕심으로 인해 빚어지는 자연 파괴는 자

---

[1] 앨런 와이즈먼, 「사람 없는 세상」, 이한중 옮김, (서울: 알에이치코리아, 2020).

연을 관리하라는 청지기 사명을 망각한 인류의 비극이다. 스스로 자기 몸에 폭탄 조끼를 입고 언제든지 자폭을 준비하고 사는 테러리스트처럼 괴물이 되어가고 있는 인간 세계를 지켜보는 안타까움이 있다. 왜, 언제부터 이렇게 된 것일까? 이에 대한 명쾌한 답은 세상엔 없다. 유일하게 성경에 아주 적나라하게 밝혀져 있다. 문제는 사람이 이를 인정하지 않는다는 데 문제가 있다. 성경은 사람이 망가진 배경에는 한 나무와 얽힌 사건이 있었다고 고발한다. 이제부터 그 역사적 스토리를 추적하며 본래 사람의 본질과 사람을 창조하신 하나님의 목적 그리고 궁극적으로 완성되어야 할 최종적인 사람의 모습을 살펴보고자 한다.

도대체 사람의 정체성을 둘러싼 나무들이 어떤 나무들이기에 사람이 달라지는 일에 결정적인 역할을 하게 된 것일까. 특별히 사람의 신분과 위치 그리고 기능 등 다양한 면에서 결정적인 역할을 하게 된 나무인, 선익 나무로 불리는 나무는 어떤 나무이기에 사람의 모든 면을 달라지게 만든 막강한 힘을 발휘할 수 있었을까? 이런 질문을 하게 되면, 선악 나무 자체에 어떤 특별한 기능 특히 마술 같은 신기한 효력을 발휘하는 열매가 달린 것은 아닐까를 생각한다. 그래서 처음부터 무슨 신화에나 나올법한 나무 이야기라고 운을 뗀 이유가 이것이다. 그러나 성경의 진술을 들어보면 나무 자체의 문제가 아니다. 그러니 당연히 그 나무에서 실제로 맺히는 열매의 힘에 의한 문제가 아니라는 이야기가 된다. 태고(太古)부터 오늘 21세기에 이르기까지 타임머신을 타고 넘나들며 인간사를 살펴봄으로 하나님의 창조 목적에 실질적으로 접근해보려고 한다. 이 일에 당연히 성경이 1순위요, 세상 창조와 세상을 구성하는 일에 중요한 역할을 담당하고 있는 사람을 살피는 일에 집중하려고 한다.

그럼 우선 창조에 얽힌 문제를 하나씩 벗겨내는 것으로 시작해보자. 성경의 첫마디는 "태초에 하나님이 천지를 창조하셨다"라는 선언으로 시작하고 있다. 그런데 모든 것에 스스로 충족하시다는 하나님이 천지를 창조하신 목적이 무엇일까? 하나님은 이런 창조행위를 통해서 창조 세계에 자기를 알리시고 찬송과 영광을 받으려는 것이 궁극적인 목적이라고 성경은 기록하고 있다. 그 하나님의 하나님 되심을 알리는 일에 가장 중요한 역할을 맡은 피조물이 사람인데, 그 증거가 하나님의 형상대로 사람을 창조하셨다고 언급하는 데서 알 수 있다. 존재는 활동을 통하여 드러난다. 그렇다면 창조는 바로 "하나님"이란 존재를 최초로 드러내는 활동(계시)이라고 말할 수 있을 것이다. 그리고 사람은 그 창조주 하나님과 교제하며 소통할 수 있는 능력이 있는(하나님의 형상) 존재로 만들어졌다. 그러나 하나님을 알리는 사명(?)을 가지고 창조된 사람이 오히려 자기 자신을 드러내는 일에 관심을 가지기 시작한 순간부터 불행은 잉태하기 시작했다. 그런 욕망을 부추긴 자가 표면적으로는 "뱀"이라고 성경은 말한다. 본서는 사람의 이런 타락의 과정과 진행 그리고 결과를 단계적으로 추적할 것이며, 그럴지라도 하나님의 본래 계획이 실패할 수 없는 강력한 하나님의 전지전능하심과 지혜를 보며 감격하지 않을 수 없는 은혜를 맛보게 될 것이다. 궁극적으로 하나님이 사람과 만물을 만드신 목적은 하나님의 통치가 온전하게 이루어지는 빛의 나라이며(창 1:3; 계 21:23) 사랑의 나라(골 1:13)인 하나님 나라를 세우기 위함이다.

2. 만물 창조

성경을 제외한 세상 어떤 종교의 경전에도 자기의 신이 천지 만물을 창조했다는 기록은 없다.[2] 그리고 성서와 같이 구체적인 창조의 과정을 언급한 경전은 더욱 없다. 사람이 과학이란 이름으로 기껏 만들어 낸 이론이 진화론인데, 이 이론은 사람이 짜낼 수 있는 최선의 억지라고 판단할 수밖에 없는 가설의 수준이다. 진화(Evolution)는 "우연"이란 가설이 핵심인 이론으로 오랜 시간이 필요하고, 그 시간 안에 물질들이 조합돼 있으면 그 안에서 생명체가 나온다는 정말 어이없고 한심하기까지 한, 지성인으로 자부하는 자들의 이성으로 생각해냈다는 것이 의심스러울 정도로 가장 억지스러운 주장이다. 예를 들어 진흙탕이 있는데 그 진흙탕을 오랫동안 방치하면 무(無) 생명에서 생명체가 저절로 나온다는 식의 '정말 이성을 가진 사람이 어떻게 그런 어이없는 주장을 할 수 있을까?' 싶을 정도의 허무맹랑한 이론이 진화론이다. 반면에 창조(Creation)는 지적인 어떤 존재가 설계해서 그 물질을 가지고 자기가 원하는 모든 것을 체계적으로 만들었다고 하는 학설이 창조이고, 그 지적인 설계자에 의해서 생명체가 처음부터 만들어졌다는 것이 창조론이다.[3] 진화론과 창조론에 대한 비교 내지는 논쟁에 관한 문제는 책이나 인터넷 등에서 참고하기 바라고, 본서에서는 창조론에 근거한 주장을 펼치고자 한다. 그럼 먼저 만물 창조의 목적

---

2   힌두교를 비롯한 일부 종교에서 창조 이야기가 있지만, 성경처럼 구체적이고 체계적인 창조 이야기는 아니다.

3   진화론은 철저하게 '가설'이고, 창조론은 명확하게 '학술'이란 차이점이 있다.

이 무엇인가부터 생각해 보도록 하자.

1) 하나님의 영광을 위해 창조되었다.

우주 창조의 목적과 의미는 하나님 자신의 영광과 신성을 드러내는 일과 그런 분이 다스리는 하나님 나라 건설에 있다. 하나님은 마치 예술가처럼 천지를 만드셨고, 그 작품 안에 자신의 혼을 아낌없이 불어넣으셨으리라고 충분히 상상할 수 있다(롬 1:20). 그렇다고 해서 하나님이 뭔가 부족하셔서 천지를 만드실 필요가 있었다거나, 어쩔 수 없는 외부적 강요가 있었던 것은 결코 아니다. 하나님이 천지를 창조하신 이유는 뭔가 자신에게 결핍된 부분이 있었기 때문도 아니고, 다른 존재들로부터 영광과 예배를 받아야만 충족해지는 문제가 있어서도 아니다. 천지창조의 목적은 오로지 하나님 자신의 영광을 드러내고 찬송을 받는 하나님 나라를 세우는 목적에 의해 시작된 일일 뿐이다. 그러므로 우주는 하나님의 영광으로 가득하고 그것을 노래하고 있다. 거기에는 사람도 예외가 아니다. 그래서 다윗은 천지를 보며 시를 짓고 노래했다(시 19:1-6).

그러나 하나님의 영광 가운데 이루어진 창조의 역사는 그리스도로 인하여, 그리스도를 위하여 이루어진다는 전제가 있다(골 1:16-17). "만물이 그로 말미암아 지은 바 되었으니…"(요 1:3) 창세 전부터 하나님과 함께 계셨던 성자 예수 그리스도는 하나님의 지혜로서 창조 활동에 동참하셨고,

이 땅에 육신으로 오셔서 사람에게 임마누엘 하셨다. 그러므로 창조의 비밀은 바로 그리스도 안에 있고, 그리스도를 통해 계시되었다. 그렇다면 그리스도 안에 있는 창조의 비밀은 무엇일까? 바로 육체를 가진 사람에게 하나님이 '임마누엘'(하나님이 함께 하심) 하시는 일이다.

또 우주가 창조될 때, "창조의 영", "생명의 영"이신 성령 하나님도 창조에 동참하셨다. 창조 이후로도 생명의 영을 통하여 우리를 새롭게 하시고, 치유하시고, 보존하시고, 갱신하시며, 우리의 썩을 몸도 썩지 않을 영적인 몸으로 부활시키실 것이다. 이처럼 성령은 우리에게 생명을 주시기 위해 옛적에 우주를 창조하셨을 뿐만 아니라, 생명을 주시되 더 풍성하게 주시기 위해 오늘도 계속 새 창조의 역사, 새 생명의 역사를 진행하시는 "우리 안에 계신 성령 하나님"이다(요 14:16-17).

2) 하나님의 사랑에 근거해 만드신 사람을 위해서 창조되었다.

하나님은 "사랑"이시고(요일 4:16), 그리스도는 "사랑의 원자탄"이다. 사랑의 하나님은 우리를 사랑하시기 때문에, 우리와 함께 하기 위해(마 28:20) 우리 곁으로 오셨는데, 우리의 친구로(요 15:14-15), 신랑으로(눅 5:34; 요 3:29) 오셨으며, 그리스도 안에서 우리를 새 창조하셨다. 따라서 하나님의 사람 창조의 비밀 그리고 목적과 의미는 "하나님과의 사귐, 교제"에 있다. 이에 궁극적인 완성은 하나님의 아들들이 되는 것이었다. 달리 말해서 사람이 신적 존재가 되게 하는 것이 최종 목적이었다는 말이다. 사람과의 교제와 연합

(삼위 하나님처럼)이 되려면(요 11:52; 17:11, 21-23), 신적 존재가 되어야 하기에 하나님의 형상대로 만드신 것이다. 이것이 창조의 목적이요, 신비이며, 비밀이다. 이런 사실을 첫 아담이 깨닫기에는 너무 부족할 수밖에 없었을 것이다. 그래서 뱀의 유혹에 넘어가 자기 위치와 사명을 지키는 일에 실패한 것이다.

이상에서 만물의 존재 가치는 어디서 오는지 생각해야 한다. 모든 존재 가치는 존재 목적에서 온다. 모든 존재는 존재하는 일에 그 목적이 있다. 존재가 목적을 잃으면 가치가 없어지듯이 존재 목적을 떠나서는 존재 가치를 논할 수가 없다. 태양을 비롯한 만물을 보라. 태양의 존재 가치가 무엇인가. 수 천 년이 지나도록 자기 위치를 지키며 태양계(특히 생명체가 있는 지구)를 위해 존재하지 않는가. 또 식물과 물의 존재 가치를 생각해 보라. 무엇하나 자기를 위해 존재하는 피조물은 없다. 그런데 그런 존재 가치를 정하시는 분은 그 존재를 만드신 창조주 하나님이시다. 물질이 스스로 목적을 갖고 태어나거나 생겨날 수는 없다. 그런 말이 되지 않는 엉뚱한 주장을 하거나 발상을 가진 자들이 진화론자들이다. 그렇기에 존재 목적에 따라 산다는 것은, 무엇이든지 자기 뜻대로 사는 것이 아니라, 자기를 창조하신 하나님의 뜻대로 자기 위치를 지키며 사는 것이다. 창조 → 진행 → 종말의 직선적 역사관은 사람의 삶에서부터 국가의 흥망성쇠와 인류의 역사와 그리고 우주의 역사에 이르기까지 동일하게 나타나고 있다. 언젠가는 모든 만물의 끝을 맺는 때가 오겠지만, 지구를 통해 예정된 하나님의 섭리가 완성되기 전에는 절대로 그런 일이 일어날 수가 없다. 작은 피조물 하나의 움직임도 하나님의 섭리 가운데 있기 때문이다(마

10:29).⁴ 이제 인격적인 창조물인 사람 창조의 주제로 넘어가 보자.

3. 사람 창조

"하나님이 가라사대 우리의 형상을 따라 우리의 모양대로 우리가 사람을 만들고 그로 바다의 고기와 공중의 새와 육축과 온 땅과 땅에 기는 모든 것을 다스리게 하자 하시고 <u>하나님이 자기 형상 곧 하나님의 형상대로 사람을 창조하시되 남자와 여자를 창조하시고</u> 하나님이 그들에게 복을 주시며 그들에게 이르시되 생육하고 번성하여 땅에 충만하라 땅을 정복하라 바다의 고기와 공중의 새와 땅에 움직이는 모든 생물을 다스리라 하시니라"(창 1:26-28)

"여호와 하나님이 흙으로 사람을 지으시고 생기를 그 코에 불어 넣으시니 사람이 생령이 된지라"(창 2:7)

사람이 "하나님의 형상"(the image of God)대로 창조되었다는 것은 다른 모든 생물과 구별되는 사람의 고유한 본질이 무엇인지를 드러낸다. 하나님은 사람의 본성에 인격적, 도덕적, 영적, 그리고 신체적 자질과 능력을

---

4   그래서 세상에는 "나비효과"란 말이 생겨났다. 나비효과(Butterfly Effect)란 용어는 미국의 기상학자 에드워드 N. 로렌츠가 처음으로 발표한 이론이지만, 나중에 카오스 이론으로 발전하는 계기가 되었다. 일반적으로는 작고 사소한 사건 하나가 나중에 커다란 효과를 가져온다는 의미로 쓰인다. 원래는 나비의 작은 날갯짓 하나가 미국의 토네이도도 일으킬 수 있다는 기상학적 의미였으나, 최근에는 사회, 경제 등 각 분야에서 사용한다.

부여하심으로 모든 사람이 하나님 자신을 닮도록 하셨다. 한 걸음 더 나아가 하나님은 모든 사람이 그러한 능력과 은사들을 가지고 하나님과 이웃, 그리고 다른 피조물과 올바른 관계를 맺고서 하나님이 의도하신 선한 삶을 누릴 수 있기를 바라셨다. 모든 사람은 자신들의 이러한 사람 됨을 통하여 하나님의 형상을 반영할 수 있도록 창조되었다. 하나님의 형상으로서의 사람은 하나님을 대신하여 모든 창조 세계와 피조물을 하나님의 뜻에 따라 관리하고 다스릴 수 있는 청지기 사명을 부여받았다. 하나님께서 사람의 삶에 의도하신 선한 목적이 가장 충만하게 표현된 모습을 참사람이신 예수 그리스도에게서 발견할 수 있다. 예수 그리스도 자신이 바로 참된 "하나님의 형상"(고후 4:4; 골 1:15)이 무엇인지 가르치고 보이시기 위해 이 땅에 오셨다.

창세기 1:26에서 말하는 인간 창조는 몇 가지 특징을 나타낸다.

첫째, 인간은 천상의 회의를 통해서 창조된다. "자! 우리가 사람을 만들자"(Let us make man)라고 했다. 그럼 이때 하나님(Elohim)은 누구와 의논하셨을까? '천사들', '하늘과 땅의 일들'(신 4:26), '다신론적인 유산', '신적 하늘 회의', '삼위일체' 등 다양한 견해가 제시되었다. 복음적인 신학자들의 지배적인 경향은 삼위일체(M. Luther) 혹은 위엄과 힘과 장엄함의 복수(J. Calvin) 등으로 요약된다.

둘째, 인간은 하나님의 형상과 모양으로 창조되었다. 모든 피조물 중 인간만이 하나님의 형상으로 지음을 받았다.

셋째, 인간은 하나님의 행동으로 창조되었다. 다른 피조물들은 단지 말씀으로 창조되었다. 하나님께서 "…있으라" 하시니 말씀의 대상이 존재하게 되었다. 다른 피조물과는 달리 인간은 하나님의 직접적인 행동으로 창조되었다.[5]

넷째, 인간은 하나(one)로 창조되었다. 다른 동물들은 쌍쌍이나 그룹들로 창조되었는데 인간만은 처음에 외톨이로 창조되었다.

그럼 왜 인간만이 아내(암컷) 없이 홀로 창조되었을까? 유대인들의 문헌에 보면 처음에는 인간도 여자와 남자를 동시에 창조하려고 했는데, 결국은 아담 하나만을 창조하셨다고 말한다. 1:24이나 25절에서는 동물은 하나님의 말씀을 통해 창조했다고 기록한다. 그러나 2:19에 의하면 동물들(들짐승과 공중의 새들)도 하나님의 행동을 통해 흙으로 만들었다고 기록했다. 그러나 그때 '바라' 동사는 사용되지 않았다.

성경은 하나님이 사람을 창조하실 때 친히 손으로 흙을 빚어 만드셨다고 상세하게 기록하고 있다(창 2:7). 사람을 빚으실 때 쓰인 재료인 흙(아파르)은 "먼지, 티끌"이란 번역이 더 합당하다. 먼지 같은 가루(티끌)로 어떻게 사람을 빚으시는가. 그래서 물이 필요했는데 바로 앞 절(창 2:6)에서 그 힌트를 얻을 수 있다. "안개만 땅에서 올라와 온 지면을 적셨더라"라고 했는데, 이때 "안개"(에드)가 "수증기"로서 식으면 물이 된다. 더구나 "적셨더라"로 번역된 '쉬카'는 "물을 주다, 토지에 물을 대다"란 의미이다. 영어 번역도 대부분 stream, mist 등으로 번역되었다. 그 정도면 충분히 흙을 반죽하여 사람을 빚을 수 있지 않았겠는가. 하나님은 이같이 무에서 유를 창

---

5   강성구, 「창조와 타락으로 본 구속사」, (서울: 서로 사랑, 2020), 28-29.

조하실 수 있는 전능하신 분이지만, 무조건적이 아니라 좀 더 세밀하게 작업하실 것은 재료를 가지고 작품을 만드시는 섬세한 분이기도 하시다(대표적으로 여자를 만드실(바나) 때, 창 2:22). 그래서 창세기 1장을 보면, "창조"란 의미를 묘사할 때 '바라'(바라'-주로 무(無)에서 유(有)를 창조하실 때 사용, 창 1:1)와 '아싸'(유(有)에서 유(有)를 만드실 때 사용, 창 1:7)를 겸해 사용한 것을 알 수 있다. 무에서 유를 창조하실 때는 주로 말씀으로 "…내라" 하시며 명하시는(아마르) 것으로 묘사되었는데(창 1:3, 6…), 유에서 유를 창조하실 때는 "만들다"(아싸)란 표현을 주로 사용했다.

1) 하나님의 영광을 찬송하기 위한 거룩한 존재로 창조되었다.[6]

흙으로 빚어진 사람이 하나님의 영광을 찬송하려면 하나님에 대해 알아야 하되 올바로 인식해야 가능하다. 로봇이 아닌 이상 무조건 하나님을 찬양하고 영광 돌릴 수는 없지 않겠는가. 만일 사람이 그런 존재로 만들어졌다면 그는 하나님의 형상대로 만들어진 존재도 아니요, 인격적인 존재가 아니다. 하나님과 교제하면서 점진적으로 하나님의 하나님 되심을 알아나가는 존재로서(이런 의미에서 영생자 요 17:3), 하나님을 알게 되는 만큼 자원하여 우러나오는 마음으로 하나님을 찬양할 수 있다. 이게 진짜 영광을 받아야 마땅한 대상을 찬송하는 모습이다. 그래서 사람은 인격적인 존재로서 하나님과 소통하며 교제할 수 있도록 창조되었다. 이것이 사람이

---

6   출 19:6; 레 19:2; 사 43:21; 55:5; 60:9; 63:14; 요 17:1-5; 롬 8:30; 계 4:11.

다른 피조물과 구별된 존귀한 존재라는 특징이다. 사람의 존재 목적을 알기 위해서는 우리를 손수 지으신 하나님께 질문해야 한다. 그래서 하나님께서는 성경을 통해서 우리를 지으신 목적을 다음과 같이 알려 주셨다.

"생육하고 번성하여 땅에 충만하라, 땅을 정복하라, 바다의 물고기와 하늘의 새와 땅에 움직이는 모든 생물을 다스리라"(창 1:28)

하나님께서 자신이 창조하신 지구와 생물들을 다스리는 임무를 사람에게 부여하셨다. 즉 우리는 하나님을 위해 일하는 청지기(steward)로 창조된 피조물이다.

"내 이름으로 불려지는 모든 자 곧 내가 내 영광을 위하여 창조한 자를 오게 하라 그를 내가 지었고 그를 내가 만들었느니라"(사 43:7)

사람의 창조 목적을 깨달은 사도 바울은 우리 삶의 모든 것은 하나님 중심이어야 하며, 하나님을 기쁘시게 해드려야 하고, 궁극적으로 그 모든 행위를 통해 하나님께 영광을 돌려야 하는 이것이 사람의 삶의 목적이 되어야 하며, 물질과 시간도 그 주인이신 하나님의 뜻에 맞게 사용되어야 한다고 설파했다.

"그런즉 너희가 먹든지 마시든지 무엇을 하든지 다 하나님의 영광을 위하여 하라"(고전 10:31)

물론 영으로 창조된 천사들도 하나님의 형상을 가진 인격적인 존재이기에 하나님을 가까이서 섬기며 찬양할 수 있다. 하지만 그들과 사람의 다른 점은 사역 면과 육체를 가진 여부다. 육체를 가진 존재라야 가시적인 세상 만물과 교류하며 하나님의 뜻을 그 세계에 펼치며 하나님 나라를 세워가는 일에 직접적으로 참여할 수 있다. 이런 이유로 천사는 사람을 흠모할 수밖에 없는데, 우리는 육체 때문에 자야 하고, 먹어야 하고, 배설해야 생명을 유지할 수 있는 불편함이 있으며, 또한 병들고, 아프고… 육체로 인해 인생의 상당 부분을 허비해야 하고, 심지어 원하지 않는 실수와 죄를 짓기도 한다. 그래서 "육체의 연약함이란 한계로 인하여 인생이 참 싫다"라고 느껴질 때도 있다. 그러나 하나님은 베드로 사도를 통해서 그리스도의 고난과 그 뒤에 올 영광에 대해 천사도 흠모하고 있다고 위로하신다(벧전 1:12).

만일 그리스도께서 육체를 가지지 않으셨다면, 고난이라는 말도 전혀 의미가 없었을 것이다. 영은 고난이 없기 때문이다(그래서 천사는 고난이 없고 그에 따른 영광도 없다). 그리스도의 영광은 고난 뒤에 오는 영광이다. 우리가 가질 영광도 이와 똑같다. 그러므로 우리의 육체는 고난뿐만 아니라 영광을 담는 그릇이기도 하다. 그래서 이런 일(고난 후에 오는 영광)은 육체를 가지지 못한 천사도 흠모할 일일 수밖에 없다. 이런 이유로 그들은 영광스러운 하나님의 아들들이 될 수 없고, 오직 구원받은 자들(하나님의 아들들)의 종으로 섬기는 역할이 그들의 존재 목적이라고 성경은 밝히고 있다(참고. 히 1:5-7, 13-14). 따라서 천사는 궁극적으로 하나님의 아들들이 될 수 없다

(부활체를 가진 자로서).[7] 그들은 인격체이지만 사역 면에서 하나님의 아들들(구원 얻을 후사)을 위해 섬기는 자로 보내심을 받은 존재라고 명확하게 선을 긋고 있다는 점을 기억할 필요가 있다(히 1:14).

2) 하나님을 사랑하고 즐거워하기 위해서 창조되었다.

하나님이 사람을 창조하실 때 하나님의 형상과 모양으로 지으셨다(창 1:27-28). 그래서 사람은 그 속에서 하나님을 알고, 그분을 사랑하고, 경배하고, 섬기며, 그분과 교제할 수 있는 능력을 가진 존재로 창조되었다. 하나님은 자신의 기쁨을 위해 우리를 창조하셨고, 이에 우리는 그분의 피조물로서 그분을 알아가는 일이야말로 우리의 삶에 있어서 가장 고상한(뛰어난) 일이며(빌 3:8), 행복과 즐거움으로 삼아야 할 존재로 창조되었다. 우리는 사람의 삶의 목적이 어디에 있어야 하는가를 신중하고도 깊이 생각해야 한다. 만약 우리의 삶 속에서 삶의 목적, 인생의 목적에 관한 질문이 없다면, 우린 어쩌면 삶의 목적을 상실한 채로 살아가고 있는 믿음이 없는 현대인들(이방인들)의 삶과 다르지 않을 것이다. 진화론을 신봉하는 자들의 허무

---

[7] 그렇다면 영계의 천사들을 하나님의 아들들로 묘사한 욥기서의 기록은 어떻게 이해해야 하는가? 하나님이 천사를 직접 만들었다는 의미에서, 또 하나님은 "모든 영의 아버지"이시기 때문에(히 12:9), 천사를 하나님의 아들들로 묘사할 수는 있다. 그런 의미에서 구약시대에 천사들이 하나님의 영광을 찬양했다고 생각할 수 있다(욥 38:7). 그것이 욥기에서의 천사들을 하나님의 아들들로 묘사한 이유라고 생각한다.

I. 서론   27

한 삶과 다를 바 없다. 또 우리가 동물처럼 단지 생존을 위해 살아간다면 너무나 불행하고도 슬픈 인생일 것이다(시 49:20). 따라서 목적 없이 살아가는 인생과 뚜렷한 목적을 가지고 살아가는 인생은 삶의 질에서 너무나 큰 차이가 난다. 따라서 사람으로서 올바른 삶의 목적을 깨닫는 것은 매우 중요하다고 말할 수 있겠다. 우리의 만족은 창조주 하나님 한 분만으로 만족하도록 설계된 피조물이란 사실을 한시라도 잊으면 안 된다.

"비록 무화과나무가 무성치 못하며 포도나무에 열매가 없으며 감람나무에 소출이 없으며 밭에 식물이 없으며 우리에 양이 없으며 외양간에 소가 없을지라도 (18) 나는 여호와를 인하여 즐거워하며 나의 구원의 하나님을 인하여 기뻐하리로다"(합 3:17-18)

그래서 사도 바울은 말한다.

"항상 기뻐하라 (17) 쉬지 말고 기도하라 (18) 범사에 감사하라 이는 그리스도 예수 안에서 너희를 향하신 하나님의 뜻이니라"(살전 5:16-18)

하나님을 알고 자기 자신에 대해 제대로 깨달으면 이런 사도의 권면이 마음에 와닿을 것이다. 우리가 고백하는 신앙고백(웨스트민스터 소요리 문답)에도 제1문에 명확하게 이런 사실을 제시하고 있다.

> **1. 사람의 제일 되는 목적이 무엇인가?**
> 사람의 제일 되는 목적은 하나님을 영화롭게 하는 것과 영원토록 그를 즐거워하는 것이다.

하나님께서는 자기 형상대로 사람을 창조하시고, 그 사람과 온전한 사귐을 가지는 것이 하나님의 기쁨이고 행복이시다. 그래서 신명기 6:5에서 "마음을 다하고 성품을 다하고 힘을 다하여 네 하나님을 사랑하라"라고 요구하셨다(마 22:37; 막 12:30). 신앙생활의 본질은 하나님과 지성과 감성과 의지로, 이성과 양심으로, 영적으로 전인격적으로 소통하는 삶이다. 하나님과의 관계가 막힘이 없고 원활하게 소통하는 삶이 바로 영생을 누리는 삶이다. 성경은 "영생은 곧 유일하신 참 하나님과 그가 보내신 자 예수 그리스도를 아는 것"(요 17:3)이라고 말한다. 여기서 "안다"(기노스코)라는 단어는 머리로 아는 지식(이론적인 지식)이 아니라 전인격적인 사귐을 통하여 전(全) 존재를 아는 경험적 지식, 관계적 지식을 가리킨다.

하나님은 그리스도 안에서 자기 형상과 같은 자녀를 낳기 때문에(요 1:12) 자기의 분신으로 여기고 독생자를 주시기까지 사랑하신다(특별은총). 이처럼 하나님께서는 자기 형상을 닮은 사람을 창조하셨기 때문에 조건 없이 사랑하신다. 사람이 타락하여 하나님의 형상이 이지러지고 파괴된 것이 사실이지만, 그런 자들까지도 사랑하신다(일반은총). 예수 그리스도를 통해서 우리의 죄를 용서하시고 새로운 피조물로 다시 태어나게 하셨다. 특히 그리스도 안에 있는 자들은 예수를 믿고 하나님의 형상을 회복한 하나님의 자녀들이다. 그러므로 그리스도 안에서 신자들을 지극히 사랑하실 수밖에 없다. 스바냐 선지자는 하나님의 사랑에 대해 다음과 같이 노래한다.

> "너의 하나님 여호와가 너의 가운데 계시니 그는 구원을 베푸실 전능자이시라 <u>그가 너로 말미암아 기쁨을 이기지 못하시며, 너를 잠잠히 사랑하시며, 너로 말미암아 즐거이 부르며, 기뻐하시리라</u> 하리라"(습 3:17)

하나님은 우리로 말미암아 기쁨을 이기지 못할 만큼 사랑하신다. 또 우리를 잠잠히 사랑하시는데, 우리를 바라보는 것만으로도 기쁨이 넘친다고 하신다. 우리로 말미암아 즐거이 노래를 부르며 기뻐하신다. 하나님의 사랑은 조건이 없고, 그 사랑에 변함도 없다. 이런 하나님의 사랑을 입은 우리가 마땅히 해야 할 일이 무엇이겠는가. 하나님을 중심으로 사랑하며 기뻐하는 반응이다. 이것이 '서로 사랑'의 교제다. 하나님은 이 같은 사랑의 교제를 위해 사람을 창조하셨다.

3) 사람을 하나님의 형상으로 만들어 대리자 역할을 하기 위해 창조하셨다.

하나님의 아들들의 자격 기준을 논할 때, 가장 표면적으로 드러나는 모습이 육체를 가진 자라야 한다는 점이다. 그래서 하나님의 아들이신 성자가 육을 가지신 예수로 이 땅에 오신 것이며, 자신의 호칭을 '인자'라고 즐겨 사용하셨다. 따라서 육신을 가진 예수는 "하나님의 아들"로서의 모델로

이 땅에서 사셨고, "인자"(사람의 아들)라는 호칭을 즐겨 사용하신 것이다. 그리고 왜 예수 그리스도를 "하나님의 형상"이라고 했는지 알아야 한다.[8] 또 필자가 오해받기에 딱 좋은 말을 해야 하는데, 현대 여자들의 비판을 각오하고 말하자면(사실은 여자들의 이해를 얻고자 하는 마음으로 이 말을 한다), 최초의 남자(첫 아담)가 하나님의 형상이고(그래서 예수께서 남자의 모양을 하고 오셨다), 여자는 남자의 영광이라고 성경은 구분하여 질서를 세우고 있다(고전 11:7).[9] 여자를 비하하기 위해 하는 말이 결코 아니라는 전제하에, 여자는 최초에 남자(아담)의 한 부분(갈비뼈)으로 재창조된 존재로서 남자와 똑같이 하나님의 형상을 가진 존재라고 말한다. 이것이 하나님 나라를 세워나가는 '건축의 원리'(성경적 표현으로 "덕을 세운다")이자 질서다. 그래서 여자를 만드실 때 건축용어인 '바나'를 사용했다(창 2:22).[10] 그렇게 남자와 여자가

---

[8] 고후 4:4; 골 1:15; 히 1:3.

[9] 성경은 남자는 하나님의 형상과 영광이기 때문에 그 머리를 가리지 않는 것이 마땅하다고 한다. 하나님이 아담을 지으실 때 '하나님의 형상대로' 창조하셨다. 첫 사람 아담은 모든 피조물의 으뜸으로 창조하시고 만물을 다스리는 권세를 부여하셨다(창 1:26-28; 시 8편). 그래서 아담은 창조주이신 하나님의 위엄을 세상에 드러내는 존재가 되었다. 그러므로 그 머리를 가리지 않는 것이 마땅하다는 것이다. 반면에 여자는 남자의 영광이라고 한다. 무슨 의미인가. 아담이 하나님의 형상과 영광을 나타내는 것처럼, 하와는 아담의 영광을 나타내는 존재라는 말이다. 이것이 창조의 질서이다. 여자는 머리에 수건을 씀으로서 남자에 대한 복종을 나타내고, 사랑과 헌신으로 남자를 영광스럽게 한다. 그렇게 할 때 여자(아내)도 영광스러워진다. 함께 영광을 받는다는 의미가 이것이다(벧전 3:7). 이런 의미에서 여자는 머리를 수건으로 가리는 것이 마땅하다고 말하는 것이다.

[10] 바나(בָּנָה)-기본어근; '짓다'(문자적으로, 상징적으로) :- 짓다, 짓기 시작하다, 건축가, 아이들을 얻다, 만들다, 수선하다, 세우다. 물론 남성(자칼)과 여성(네케바)을 묶어서 창조하신다고 했을 때는 '사람'이란 공통분모를 가짐으로 '바라'를 사용했다(창 1:27; 5:2). 그러나 여자(이쇠)를 창조하신다고 구분할 땐 '바나'를 사

각자 창조의 질서를 따라 자기 위치를 지킬 때, 그것을 성경은 "덕을 세우는 일"이라고 설명한다.[11] 남자가 자기 위치와 사명을 잘 감당하면 그것이 하나님의 형상(하나님의 하나님 되심)과 영광을 드러내는 일이 될 것이고, 여자가 자기 위치를 잘 지키며(돕는 배필) 사명을 감당하면, 그것이 일차적으로는 여자의 존재 목적인 남자의 영광을 드러내는 자기 위치와 역할에 충실한 것이며, 궁극적으로는 그렇게 하나님께 영광을 돌리는 것이다. 그렇게 남녀가 하나 되어 하나님 나라를 세우는 일에 동행할 때, 창조의 목적에 부합하는 가장 이상적인 사람의 모습이 만들어진다(참고. 벧전 3:7). 그래서 여자의 창조 문제에 관해 잠깐이라도 다루고 넘어가야 할 것 같다.

용하여 차이를 두었다.

11 롬 14:19; 15:2; 고전 8:1; 10:23; 14:3-5, 26; 엡 4:29; 살전 5:11; 벧전 2:9; 벧후 1:5.

<여자의 창조>

히브리어로 "남자"(이쉬)라는 단어에 여성 어미가 붙으면 "여자"(이쇠)가 된다. 창세기 1:27에서는 '자칼'(수컷, male-남성)과 '네케바'(암컷, female-여성)라는 히브리어를 사용하여 "기능적 의미"로 쓰였지만(한글 성경은 모두 남자, 여자로 번역해서 구분이 어렵다는 약점이 있다), 2:23에서는 "인격적 의미"로 쓰였다.[12] 여자가 남자의 "돕는 배필"(helper)로 만들어졌다는 문제(해석)를 어떻게 이해해야 할까. 창세기 2:18에서 여자의 존재 목적이 남자가 혼자 사는 것이 하나님 보시기에 선하지 않게 보이셨기에 하나님께서 아담의 배필로서 여자를 창조하셨다고 번역했다. 여자 창조의 동기가 남자가 혼자 지내는 것, 즉 남자가 고독하게 보이는 것이 좋지 않았기 때문인가? 이때 '배필'로 번역된 히브리어 '에제르'는 "둘러싸다, 즉 방어하다, 또는 돕다, 구원하다" 등의 의미다. 배필의 일차적인 의미는 "돕는 자"라는 뜻이다. 배필을 돕는 자라고 할 때 동등한 자격이라기보다는 무언가 조금 낮은 위치에서 보조하는 사람을 의미하는 느낌을 받게 된다. 사실 '에제르'의 진정한 의미는 "돕는 자"(helper)이기보다는 "함께하는 자"(counter-partner)이다. 그래서 많은 구약 신학자들은 '에제르'를 배필로 번역한 것은 좋은 번역이 아니라고 말한다. 영국 케임브리지 대학의 저명한 구약 신학자 드라이버(S. K Driver, 1846-1914)는 '에제르'를 "배필"로 번역한 것은 처음부터 큰 실수였다고 말했다. 한 걸음 더 나아가 여성 신학자 트리블은 히브리어 단어인 '에제르'에서는 전혀 그 의미를 찾아볼 수 없는 "배필"이라는 단어를 사용한 것은 전

---

12   고영민, 「원문 번역주석 성경(구약)」, (서울: 쿰란출판사, 2018), 53.

적으로 잘못된 번역이라고 강력히 비판했다.[13]

그러나 우리는 성경에 나오는 "배필"이라는 단어를 종속적인 의미로 볼 수는 없다.[14] 그 이유는 성경 여러 곳에서 하나님도 종종 인간의 배필이라고 표현되었기 때문이다(시 33:20). 시편에서 "도움"이라는 단어가 히브리어의 '에제르'로서 창세기에서는 "배필"로 번역했다. 신명기 33:7의 "주께서 도우사"도 원문에서는 명사형으로 쓰였는데, 바로 '에제르'이다. 시편 115:9-11에서도 "그(여호와)는 너희 도움이시오"라는 표현이 나오는데, 여기 "도움"이라는 히브리어 단어는 '에제르'이고 우리말로 번역한 사례를 따르면 배필이다. 하나님께서 인간의 배필이라고 할 때, 하나님이 우리 인간보다 낮은 위치에 있거나 종속된다는 의미가 전혀 될 수 없는 것처럼 이것은 하와에게도 그대로 적용될 수 있다. 따라서 하와가 아담의 배필이라고 할 때, 하와가 아담에게 종속되었다고 볼 수 없다는 논리가 성립된다.

배필에 대한 의미를 보다 더 분명히 알기 위해서는 배필을 수식하고 있는 이중 전치사구의 의미와 연결해서 생각해 보아야 한다. 이중의 전치사구는 히브리어로 '케네그도'(kenegdo)라고 한다. 한국어 성경은 이 '케네케도'를 "그를 위하여 돕는"이라고 번역했다. 배필이라는 단어까지 합치면 '에제르 케네그도'(ezer kenegdo)이다. '에제르 케네그도'는 한국어로 "그를 위하여 돕는 배필"로 번역되었다. 그런데 히브리어 '케네그도'를 문자적으로

---

13   S. B. Driver, *The Book of Genesis*, (London: Methuen & co. Ltd, 1911), 41.
14   R. J. Coggins, *Introducing the Old Testament*, (Oxford: Oxford University Press UK, 2001), 110f.

해석하면 "그에게 반대하는"이다. 이때 '에제르 케네그도'의 문자적인 해석은 "그에게 반대하는 배필"이 된다. 도대체 여자가 남자의 배필인 동시에 남자에게 반대하는 존재라는 말은 무슨 의미일까? 그래서 많은 학자는 이 구절이 내포하고 있는 의미를 정확히 알기는 대단히 어렵다고 말한다. 대부분의 구약 신학자들은 "그와 동등한 배필"로서란 해석을 받아들인다. 여자는 남자보다 우월하지도 않고 그렇다고 해서 열등하지도 않고 동일한 위치에 서 있는 남자의 파트너라는 뜻이다. 그래서 아람어 성경인 타르굼에서는 "배필"이라고 하지 않고, 아예 "동반자, 파트너"로 번역했다. 하나님은 여자를 남자의 동반자로서, 남자와 함께하는 자로서 창조하셨다.

하와가 창조되면서 여자라는 말과 남자라는 말이 처음으로 생기게 된다(창 2:23). 여자라는 호칭으로 불리기 전에는 그저 사람이라는 뜻의 아담에게 속한 존재로서 불렸을 뿐 "여자"라는 호칭조차 없었다. 히브리어로 여자를 '이솨'라고 하는데 이는 "남자로부터"라는 뜻이다. 이름의 경우 남자 아담의 이름은 하나님이 그렇게 부르셨다(참고. 창 2:25).[15] 즉 아담은 "사람"이란 뜻을 가진 "종(種)으로서의 호칭"과 함께 첫 사람 아담의 고유명사이기도 했다. 반면에 여자의 이름은 "종(種)으로서의 호칭"(a generic name)인 "여자"(창 2:25)와 고유명사로서의 이름인 히브리어 "하와"(창 3:20)가 있는데, 두 이름 모두 그의 남편 아담이 지어 주었다. 히브리어 '하와'를 영

---

15 창세기 2:25을 직역하면 "아담과 여자 둘이 벌거벗었으나 부끄러워하지 않았다"이다. 아담과 여자를 구분하여 말하고 있으며 한글 성경은 여자를 아내로 의역했다.

어로는 '이브'(Eve)라고 부른다. 여자의 창조로 인하여 그야말로 사람 창조가 완성되었다.

하나님은 가시적인 인격적 존재를 원하셔서 흙으로 사람을 창조하셨다. 그에 따라 가시적인 천지 만물도 창조하셔서 만물을 사용하고, 누리며, 보존하고, 다스리기에 적합한 육체를 가진 사람에게 주시며, 하나님의 아바타(대리자)로서 세상을 다스리게 하신 것이다. 에덴동산 즉, 땅(흙)과 동식물을 포함한 모든 창조 세계를 잘 관리하고 다스리는 청지기의 역할을 하게 하시려고[16] 육체를 가진 존재로 사람을 창조하셨다. 일반은총은 햇빛, 물, 공기 등 모든 존재(사람을 비롯한 모든 동식물)에게 주시는 자연 은총을 말하며(마 5:45), 특별은총은 거룩한 성도들(창세 전에 예정된 택한 백성들, 엡 1:3-6)에게만 주시는 특수은총을 말하는데, 이 은총은 믿음을 선물로 주시는 것으로 나타난다(엡 2:8). 그래서 택한 자녀들에게 특별은혜를 주실 때 믿음을 선물로 받게 되는데, 이것이 외적으로 보기에 사람이 예수 믿고(마치 각 사람이 예수 믿는 것을 스스로 선택해서 믿는 것처럼 보인다) 신앙 생활하는 모습으로 보이게 된다(고전 1:18-20). 기적 중에서 가장 초자연적인 특별은총이라면, 범죄한 인생의 구원을 위해 하나님의 아들이신 예수께서 성육신하여 직접 이 땅에 오셔서 십자가에서 죽고 부활하신 사건이다. 그래서 주께서는 표적을 구하는 유대인을 향하여 "악하고 음란한 세대가 표적을 구하지만 내가 보일 표적은 요나의 표적밖에 없다"(마 12:39)라고 단호하게 말씀하신 것이다.

---

16 창 1:27-28, 2:5, 2:15, 엡 2:10.

그래서 21세기를 사는 우리는 세상에 빛과 소금으로서 주님(하나님)의 형상[17]을 세상에 나타내야 하는 사명이 있다(마 5:14). 첫 아담 이후 모든 인류는 하나님의 영광과 하나님의 하나님 되심을 나타내야 할 마땅한 사명이 있는데, 불신자들은 영적으로 죽은 자들이기에 살아계신 하나님을 나타내 보일 재간이 전혀 없다. 그러기에 우리 거듭난 신자들의 사명은 막중한 것이다. 성령으로 인한 열매를 맺혀 세상에 보여야 하며(갈 5:22-23), 빛의 자녀들로서 빛의 열매를 나타내야 하는 것(엡 5:8-9)은 물론, 하나님을 기쁘시게 할 것이 무엇인지 늘 생각하여 지혜 있는 자같이 행해야 한다(엡 5:15). 이 모든 노력이 하나님의 하나님 되심의 영광을, 육체를 가진 사람으로서 세상에 보여주는 증인의 역할을 하는 것이다. 하나님이 사람을 창조하신 목적 가운데 하나가 이것이다.

4. 하나님은 사람을 영생불사의 존재로 창조하셨는가?

이 주제는 성경을 연구하는 신자들에게 참 난제가 아닐 수 없다. 교리에 속한 내용이기도 한 이 주제는 교단(신학적 사상)에 따라 차이가 나기에 자기가 속한 교회(교단)의 영향을 받지 않을 수 없다. 이에 필자는 두 가지 팽팽한 견해를 먼저 제시하고, 성경에 근거하여 더 낫다고 생각하는 견해에 필자의 논지를 보충하고자 한다.

---

[17] 세상의 빛으로서의 주님(요 8:12; 9:5; 11:9), 참 빛되신 주님(요 1:9), 빛이신 하나님을(요일 1:5) 증거 하는 자들이 우리 신자들이다(행 1:8).

1) 영생불사의 존재로 창조하셨다.

에덴동산의 아담은 처음부터 영생하는 존재로 창조되었음을 강조하는 쪽에서는 웨스트민스터신앙고백서의 7조 2항을 트집 잡는다. 그 내용을 소개하면 다음과 같다.

> "사람과 맺은 첫 번째 언약은 행위 언약이었다(갈 3:12). 그 행위언약으로 아담과 그 안에서 그의 후손에게 생명이 약속되었다(롬 10:5; 5:12-20). 그 언약의 조건은 완전하고 개별적인 순종이었다(창 2:17; 갈 3:10)"(웨스트민스터신앙고백 7조 2항)

이들의 주장을 조금 더 옮겨보면 다음과 같다.

아담이 영생하는 존재로 창조되지 않았다고 하는 자들의 주장은 하나님의 계시를 무시한 채, 사람의 사유에서 생겨난 아류 신학에 불과하다. 이 아류 신학의 가장 심각한 문제점은 하나님의 창조행위를 폄하함과 동시에 하나님의 영원성까지 훼손하는 신성모독이라는 점이다. 그러므로 아담이 영생하는 존재로 창조되지 않았다고 주장하는 이들은 정신을 바짝 차리고, 하나님의 계시인 성경을 제대로 살펴야 할 것이다. 아담이 영생하는 존재로 창조되었음은 성경이 명백하게 증거 하는 사실이다.[18]

---

18 이창모, "아담이 영생하는 존재로 창조되었다는 성경적인 증거들",

이들이 내세우는 성경적 근거로는

(1) 성령 하나님은 아담이 영생하는 존재였음을 바울을 통해 말씀하셨다(롬 5:12).

로마서 5:12을 아담의 범죄로 인하여 죄가 세상에 들어왔고, 그 죄로 인하여 사망이 들어와서 아담을 비롯한 모든 사람에게 이르렀는데, 예수께서 십자가에서 대속 제물이 되심으로 인하여, 아담의 범죄로 사망에 이른 자들의 사망을 제거하시고 영생을 선물로 주셨다. 그러므로 아담에게도 그의 범죄로 인한 사망이 제거된다면, 사망이 제거된 자들과 동일하게 영생이 주어진다는 것은 너무나도 자명한 진리이다. 다시 말하면 아담이 범죄하기 전에는(즉 죄가 세상에 들어오기 전에는) 죄로 인한 사망이 그에게 없었으므로, 그는 영생하는 존재였음이 틀림없다고 풀이한다.

일차적으로 이런 주장을 하는 사람은 영생의 정의를 무엇으로 해석하는 것일까 궁금하다. 영생의 가장 기본적인 의미는 죽음이 없는 영원한 생명이다(창 3:22). 사람을 창조할 때 주신 생명이 영원히 사는 생명이었다면, 그 영원한 생명을 다시 빼앗을 수 있다는 논리가 더 이상하지 않은가. 사람이 죽을 수 있는 생명이었다고 전개되는 아담의 불순종 사건 이후에 재판과정을 통해, 아담이 처음부터 영생자로 창조되었다는 주장을 무색하게 만드는 것이 아닌가. 이미 영생하는 생명인데 어떻게 죽을 수 있나는 이야기인가. 그런 주장이야말로 하나님을 이상한 하나님으로 만드는

2022.04.07. 바른 믿음.

참람한 주장이 아닌가 생각된다. 그리고 연이어 떠오르는 질문은 본래 영생자로 창조되었지만 불순종하여 죽게 된 이유로 인해, 영원한 생명을 빼앗긴 사람의 수명이 단생(短生, 930세)으로 짧아진 것인가?

(2) 영원하신 하나님의 생기는 아담 안에서도 당연히 영원할 수밖에 없다.

"여호와 하나님이 땅의 흙으로 사람을 지으시고 생기를 그 코에 불어넣으시니 사람이 생령이 되니라"(창 2:7)

여기서 "생기"로 번역된 '니쉬마트 하임'은 "영원하고 풍성한 생명력의 호흡"으로 이해하면 될 것이다. 그러므로 하나님이 사람(아담)에게 불어넣으신 "생기"는 영원하신 하나님 자신에게서 나온 "생기"임에 틀림없다고 주장하며, 영생불사의 근거가 영원하신 하나님에게서 나왔으니 영원하다는 논리다. 그래서 영원하신 하나님의 영원한 "생기"를 받은 아담은 처음부터 영원한 생명(영생)을 소유한 존재로 창조되었음이 틀림없다. 그럼에도 어떤 이가 아담이 영생하는 존재로 창조된 것이 아니라고 한다면, 그는 하나님의 "생기"가 영원하지 않다고 주장하는, 신성 모독죄를 범하는 꼴이 될 것이라고 반론을 편다. 그러나 성경은 하나님의 생기를 받은 사람은 '네페쉬 하야' 곧 숨 쉬며 "살아있는 존재"라는 의미이지, "영생"과는 거리가 먼 용어이다. 참고로 '네페쉬 하야'는 호흡하며 사는 다른 생물들에게도 동일하게 쓰인 용어다.[19] 그렇다면 하나님이 창조하신 모든

---

19   창 1:20, 21, 24, 30; 2:7, 19; 9:10, 12, 15, 16; 레 11:10, 46; 욥 10:1; 33:22; 36:14; 시

생물도 영원하다는 논리가 맞는가. 그래서 '니쉬마트 하임'을 "영원"이란 개념을 증명하는 것으로 설명할 때, 하나님이 영원하시니 그분에게서 나오는 것은 모두 영원하다는 논리는 지나친 비약이다. 왜냐하면 하나님이 목적하신 바가 무엇이냐에 따라 영원성의 부여가 달라질 수 있기 때문이다. 영원하신 하나님이 사용할 목적에 따라 얼마든지 영원성을 부여하기도 하시고, 단기성을 부여하기도 하실 수 있기 때문이다. 그런데 성경은 사람에 관한 문제에서 그런 하나님의 의도에 대해 침묵하고 있기 때문에, 첫 사람 아담이 영생자로 창조되었다는 주장은 기껏 그 말씀을 해석하는 사람의 생각에 불과할 뿐이다.

(3) 하나님은 아담에게 주시지 않은 것을 빼앗는 분이 아니시다.

만약 하나님께서 처음 아담에게 주신 생명이 영원한 생명(영생)이 아니라고 한다면, 하나님께서 아담에게 선언하신 "선악을 알게 하는 나무의 열매는 먹지 말라 네가 먹는 날에는 반드시 죽으리라"(창 2:17)라는 말씀은 하나님의 갑질이 될 수밖에 없다. 왜냐하면 이는 하나님께서 아담에게 주시지도 않은 영생을 빼앗겠다고 하시는 것이기 때문이라고 주장한다. 그래서 <u>하나님이 아담에게 선언하신 죽음은 단순히 육신적인 죽음뿐만 아니라 영원한 죽음을 의미하는 것</u>이 틀림없다고 단언한다. 그러므로 하나님께서 아담에게 영생을 주시지 않고서 그에게 영원한 죽음을 선언하시는 것은 모순이며, 모순이 아니라면 하나님의 갑질일 수밖에 없다는 것이다. 그

49:19; 66:9; 78:50; 88:4; 겔 47:9.

러므로 하나님께서 아담에게 선언하신 죽음은 하나님이 아담에게 주신 영생을 다시 빼앗으시겠다는 의미 외에 다른 것일 수 없으므로, 하나님이 아담에게 하신 "반드시 죽으리라"의 경고는 범죄 이전의 아담은 영생을 소유한 존재였기 때문에 가능한 경고였다고 주장한다.

그럼 주었다가 뺏는 것은 하나님의 주권이요 자유이기 때문에 괜찮다는 논리인가. 이는 아주 편리한 발상이다. 그러나 바꾸어 생각하면 하나님은 아주 이상한 하나님으로서 자기 권세와 힘을 따라 약자에게 권력을 휘두르는 폭군으로 매도하게 되는 왜곡을 범한다는 사실을 생각해야 할 것이다. 하나님의 사랑과 공의는 결코 그런 단편적인 결정이나 행동을 취하지 않으신다. 하나님의 사랑은 흙으로 빚은 아주 연약하고 깨지기 쉬운 육체를 가진 사람에게 그런 무자비한 명령이나 엄포를 놓으시는 공포의 하나님이 아니시다. 또 하나님의 공의는 아무리 연약하고 깨지기 쉽다고 해서 잘못에 대해 무조건적으로 용서하시는 분도 아니시다. 이 두 가지 하나님의 속성을 어떻게 조화를 이룰 수 있을까? 이런 문제에 대한 과제는 이후에 논의하면서 살펴보기로 하자.

이제 다른 견해를 살펴보자.

2) 조건부 영생불사의 존재로 창조하셨다.

첫 사람이 영생자로 빚어졌다고 주장하는 견해에 비추어 생각하자면, 첫 사람이 선악의 지식 나무의 열매를 먹어서 죽게 되었으니 선악과를 안 먹었으면 영원히 사는 것 아닌가 하고 생각할 수 있다. 하지만 성경에는 그런 내용이나 근거가 나오지 않는다. 물론 다른 가능성도 콕 집어 알려주지 않으니 간접적으로 유추할 수밖에 없다. 만일 아담과 하와가 채소나 아무 열매도 먹지 않았다면 어떻게 됐을까? 영원히 에덴동산에서 살았을까? 아담이 영생자로 창조되었다면 마땅히 그래야 되는 것이 아니겠는가. 그렇다면 첫 사람은 먹어도 괜찮고 안 먹어도 죽지 않는 존재였던가. 에덴동산에는 각종 나무가 있었고, 동산 중앙에 생명 나무와 선악의 지식 나무가 있었다. 선악의 지식 나무와 생명 나무는 각각 분명한 역할이 있는데, 그것들 가운데 아무것도 안 먹었을 때 생명 나무의 열매를 먹은 것과 다름없이 사람이 영생하는 존재로 만들어졌다고 생각하는 이유가 무엇일까? 그런 발상은 너무 무책임한 해석이 아닌가. 그렇다면 생명 나무는 무엇 때문에 만든 것인가?

선악 나무는 분명하게 그 역할이 제시되었다. 먹으면 죽는다는 것이다(창 2:17).

그럼 생명 나무는 어떤가. 먹으면 영생한다는 것이다(창 3:22). 이것이 팩트(fact)다.

영생과 멸망이 동산 중앙에 있는 두 나무에 의해 좌우된다고 성경은 분명하게 밝히고 있다. 말이 안 되지 않는가? 그 나무 열매 자체에 무슨 신비한 효력이 있어서 그런 것일까? 물론 열매 자체에 그런 마술 같은 효력이 있어서가 아니다. 선악의 지식 나무와 생명 나무로 이름 붙여진 각 나무에 하나님의 경고와 약속이 담긴 말씀이 주어졌기 때문이다. 그 신실하고 능력이 있는 하나님의 말씀에 순종과 불순종에 따라 영생과 멸망이 좌우되는 것이다.

그런데 사람이 동산 중앙에 있는 두 나무는 일절 건드리지 않고, 다른 나무의 열매를 먹고 살았다면 어떻게 되었을까? 그냥 그대로 영생하는 존재였을까? 무슨 근거로 그런 말을 하는가? 여기서 먼저 생각할 중요한 사실이 있다. 그들이 선악의 지식 나무 열매를 먹었어도 즉사하지 않았다는 점이다. 그것을 먹는 날에는 "반드시 죽으리라" 하셨는데, 실제로 아담은 동산에서 쫓겨나 무려 930년을 살았다.

우리는 하나님이 말씀하신 죽음에 대해 묵상해야 하는데, 각 사람에게 정하신 수명을 다하고 맞이하는 육신의 죽음도 있지만(흙으로 만들어진 존재이니 본래 시작된 흙으로 다시 돌아가는 것), 진짜 무서운 죽음은 마귀에게 속한 자로서 지옥에 가는 "둘째 사망"이다. 둘째 사망이라고 할 때 둘째 사망과 연계하여 먼저 고찰해야 할 사실이 있는데, 그것은 첫째 사망에 대한 것이다. 첫째 사망은 무엇인가? 육신이 죽어 흙으로 돌아가는 것을 말함일까. 대부분 그렇게 이해하고 있는데 필자의 생각은 다르다. 첫째 사망은 아담이 하나님이 금하신 선악의 지식 나무 열매를 따 먹는 순간 즉시 나타난 하나님과 관계가 끊어진 상태를 가리킨다고 생각한다. 따라서 첫째 사망은 "관계의 죽음", "소통의 죽음"이라고 불리는 영적 사망이라고 불러야 할 것이다. 이 첫째 사망은 모든 인류에게 전수(유전)되는데, 다만 인류에게 판결된 첫째 사망의 특징은 회복의 기회가 있는 죽음이란 점이다. 메시아에 관한 약속을 믿는 믿음을 가지지 못하면, 모든 사람은 육신의 죽음과 동시에 모두 마귀를 위해 예비 된 처소(둘째 사망의 장소)로 갈 운명에 처하게 된다(마 25:41). 그렇게 영혼의 죽음과 육신의 죽음이 분리되어 있기에 사람에게 기회가 있다고 말하는 것이다. 곧 육신의 죽음이 있기까지 죽은 영혼이 다시 살아날 기회(거듭남, 중생의 기회)가 주어진 것이란 말이다. 그런 의미에서 사람의 영혼은 육신이 죽을 때 다른 세계로 옮겨 갈 뿐, 궁극적으로는 소멸하지 않고 영생하는 존재이기도 하다는 것이다.

3) 필자의 견해

(1) 영혼이 영생하는가 아니면 전인이 영생하는가?

사람이 영생불사의 존재인가 아닌가를 다루는 문제에서 중요한 것은, 하나님이 친히 불어넣으신 호흡의 생명에 관한 이야기인가, 육체를 가진 사람(숲人)에 관한 이야기인가부터 정리되어야 할 것이다. 이 구분이 중요하다. 영생하는 존재가 육체를 살아 움직이게 만든 '네페쉬 하야'냐, 아니면 언제 창조되었는지 사람은 알지 못하지만, 하나님의 형상대로 만들어진 영혼이냐 혹은 전인이냐는 문제부터 정리되어야 한다는 이야기다. 그런 맥락에서 필자는 영생불사하는 존재는 하나님의 형상대로 만들어진 영혼이고,[20] 육체는 조건부 영생불사의 존재라고 생각한다. '네페쉬 하야'의 생명은 육체와 함께 살고 죽는다고 판단된다. 하나님에게는 모든 사람이 산 자라고 말씀하셨다(눅 20:38). 이 말씀은 영혼의 존재를 두고 하신 말씀이라고 여겨진다. 육체에 관한 말씀은 죽은 자를 일컬어 잔다고 표현하셨다(요 11:11). 세상에서도 죽은 자를 추모할 때 "고이 잠드소서"라고 표현하는 것과 같다. 하나님 보시기에는 현재 사람으로서 죽은 자는 없고 모두 잠자고 있는 상태와 같다는 이야기다(신·불신을 막론하고). 왜냐하면 모든 자가 마지막 심판 때 부활해서 백 보좌 심판대 앞에 서야 하기 때문이다. 따라서 진짜 죽음은 둘째 사망이 선고되고 영원한 심판이 있을 때 비로소 주어질 것이다(계 20:11-15). 그러므로 현재는 믿고 죽었던 안 믿고 죽었든지 간에 모두 "잠을 자는 것"으로 묘사하신다. 이 말은 각 사람의 의식이 잠든 상태라는 말이 아니라, 하나님 보시기에 모든 사람이 세상을 떠나 최후 심판을 기다리고 있는 상태가 그렇다는 비유이다. 마지막 날에 다시 깨어나(신·불신을 막론하고 모두 부활할 것이다. 요 5:25-29) 최후 심판을 받아야 하기 때문이다. 그렇다면 영혼은 영생불사의 존재로 창조되었다고 하더라도, 흙으로 빚어진 육신은 무엇인가? 아무런 의미가 없는가?

---

20 잉태의 순간에 하나님이 새 영혼을 창조하시든(창조설), 또는 출생 과정에서 영혼을 재생산할 수 있도록 설계하셨든지(유전설), 하나님이 궁극적으로 모든 사람의 각 영혼의 창조를 책임지고 계신다.

a. 첫 사람의 창조 때 하나님의 생기를 불어넣어 만드신 '생령'

"여호와 하나님이 땅의 흙으로 사람을 지으시고 생기를 그 코에 불어넣으시니 사람이 1)생령이 되니라"(창 2:7)

"주 하나님이 2)땅의 흙으로 3)사람을 지으시고, 그의 코에 생명의 기운을 불어넣으시니, 사람이 생명체가 되었다."(새 번역)

"야훼 하느님께서 진흙으로 사람을 빚어 만드시고 코에 입김을 불어 넣으시니, 사람이 되어 숨을 쉬었다"(공동 번역)

한글 성경은 하나님께서 땅의 흙으로 사람을 만들고 생기를 그 코에 불어 넣으시니 사람이 '생령'이 되었다고 번역했다. 그런데 번역상의 문제로 그리스도인들에게 큰 혼란을 주는 대목이 있는데, 그 말씀은 "하나님께서 사람을 지으시고 그 코에 '생기'를 불어 넣으시니 사람이 '생령'이 되었다고" 말한 두 부분이다. "생기를 코에 불어 넣으시니" 사람이 '생령'이 되었다고 말한 어구를 깊이 연구하지 않고, 언뜻 보면 하나님의 영이 사람 안에 넣어져 사람이 영이 되었다는 말씀으로 착각을 일으킬 수 있다. 그러나 원문에는 '영'이 아니라 '생기'를 코에 불어 넣으시니 사람이 "산 혼 즉 살아있는 혼"이 되었다고 말한다. 여기에 대해서 대다수 성경 연구가들도 같은 뜻으로 이해하고 있다.

사람이 '생령'이 되었다는 말씀을 잘못 이해하면, 사람이 마치 살아있는 '영'이 된 것이라는 말로 곡해할 수 있고, 더 나아가 진리에서 빗나간 교리로 발전하여 사람들을 혼란에 빠지게 할 수 있다. 오늘날 실제로 곡해

Ⅰ. 서론 47

된 교리가 전파되고 있는 것이 사실이다. '생령'이란 말은 "생명, 기력"을 가리키는 히브리어 '네페쉬'(호흡하다, 생명력)와 "생존하다, 살다"에서 유래한 형용사로서 '하이' 곧 "산", 여성명사로서는 "생명"이란 뜻을 가진 두 단어의 합성어다. 그래서 '네페쉬 하야' 곧 "살아 있는 존재(생명체)"가 되었다는 뜻이다.

사람이 "생령"이 되었다는 말씀을 새 번역에서는 사람이 "생명체"가 된 것으로 번역했고, 공동 번역에서는 사람이 "숨을 쉬었다"라고 번역했는데 모두 같은 뜻으로 "살아있는 생명체"가 되었다는 것을 의미한다. 살아있는 생명체가 되었다는 것은 전인적인 사람을 가리킨다. "전인적인 생명체"라 함은 사람 안에 영이나 혼 같은 구별된 존재가 또 사람 안에 별도로 존재한다는 뜻이 아니라, 전인적인 사람 곧 지정의의 인격적인 속성을 가진 살아있는 생명체라고 하는 것이다.

사람은 영혼과 몸으로 구성되어 있다고 믿는 것이 일반적인 생각이다. 이러한 생각과 믿음을 갖게 하는 이유는 무엇인가? 그것은 하나님께서 "생기"(호흡)를 그 코에 불어 넣었다고 하는 말씀을 오해하여 코에 불어 넣은 생기가 곧 하나님의 영을 넣었다고 생각하는 사람들이 있기 때문이라고 앞에서 말했다. 그러면 하나님이 불어 넣으신 "생기"(호흡)는 무엇이며, 생기를 흙의 사람 아담의 코에 불어 넣었다는 말씀은 무슨 뜻인가? '생기'가 영인가, 아니면 단순한 '호흡'을 말하는가? 여기에 중요한 진리가 감추어져 있다. '생기'라는 뜻은 "바람이 불다, 숨을 쉬다"라는 말에서 유래하여 활동하고 살아가는 기력 곧 생명력을 말하며, 생명의 근원 되시는 하나님의 생명력을 가리킨다. 다시 말해서 "흙"(정확하게는 먼지, 티끌)으로 지은 사람의 육체를 움직이며 살게 하려면, 하나님의 호흡(숨결)이 필요했다는 말이다. 따라서 '생기'는 히브리어로 '니쉬마트 하임'으로서 존재로서의 영이 아니라, 살아 움직이게 만드는 에너지인 "생명의 호흡"을 가리키는 것이 분명하다.

b. 새 창조 때 새 사람을 지으시는 모형으로서의 생령

이런 창조 작업은 훗날 예수 그리스도에 의해 새 피조물인 새사람을 만드는 새 창조 작업에서도 나타나는데, 이때 주의 입에서 나오는 숨(호흡)을 "성령"이라고 밝히고 있다(요 20:22). 이것은 첫 창조 때 흙으로 사람을 지으시는 과정에서 여호와 하나님이 생기를 불어넣어 산 생명체를 만드신 것이, 새 언약 시대에 하나님의 자녀를 만드시는 새 창조 때 나타날 그림자(모형) 노릇을 한 것이다. 그런데 이 부분을 신약에서 예수의 입에서 나오는 숨을 "성령"이라고 했으니(요 20:22) 창세기의 '생기'도 마찬가지라고 적용하여 거꾸로 해석하면 안 된다. 그런 해석은 논리적인 비약으로 단계적 계시의 발전을 무시하는 왜곡이다. 구약이 모형이며 그림자라면 신약은 실체를 나타낸다. 그리스도께서 새 창조하실 때는 성령으로 우리를 거듭나게 하시며, 새 생명을 불어넣으신다는 것을 보여주신 것이다.

따라서 흙으로 빚어진 첫 사람 아담이 마지막 아담이신 그리스도의 영으로 영원한 새 생명을 주실 것을 보여주는 원시 모형이다. 다시 말하면 살아있는 혼, 생명체가 된 옛사람 안에 참 생명이신 그리스도의 영인 성령을 주심으로 참 생명을 가진 온전한 그리스도의 사람이 되게 하시는 새 창조의 역사를 미리 보여주는 원시(元始) 계시란 의미이다. 첫 사람은 흙(육)의 몸을 입었지만, 새롭게 창조될 몸 안에는 하늘에 속한 그리스도의 영을 넣어 주심으로 하늘에 속한 몸으로 변화될 날을 소망하다가 주께서 재림하심으로 마침내 온전한 사람(부활체, 영·육 간에 영생체)이 되게 하신다. 그러므로 바울 사도는 "첫 사람 아담은 산 생명체가 되었지만, 마지막 아담은 살려주는 영, 즉 생명의 시여자(施與者)가 되었다"라고 분명하게 증거 한다(고전 15:45-46). 다시 말하면 사도 바울이 말하고자 하는 핵심 진리는 첫 사람 아담의 생명과 마지막 아담이신 그리스도의 생명이 다르다는 것을 교회에 분명하게 가르쳐주기 위해 고린도전서 15:45에서 "첫 사람 아담에 대해" 영이 아닌 "혼적인 존재" 곧 '프쉬켄 조산'(산 혼, 산 생명체)이라고 했으며, 마지막 아담 그리스도는 살려주는 영 '프뉴마 조오포이운'(살리는 영)으로 분명하게 구별하여 기록했다. 따라서 창세기 2:7에서 말한 '생령'은 영이 아닌 '네페쉬 하야'(살아있는 혼, 숨을 쉬는 생명체)로 보아야 한다. 사도 바울은 창세기 2:7의 말씀을 인용하여 고린도 교회에 가르치기 위해 다음과 같이 기록했다.

"기록된바 첫 사람 아담은 생령이 되었다 함과 같이 마지막 아담은 살려 주는 영이 되었나니 (46) 그러나 먼저는 신령한 사람이 아니요, 육의 사람이요 그다음에 신령한 사람이니라 (47) 첫 사람은 땅에서 났으니 흙에 속한 자이거니와 둘째 사람은 하늘에서 나셨느니라"(고전 15:45-47)

따라서 사람을 지으시고 그 코에 불어 넣으신 '생기'(호흡)는 분명히 육체에 생명을 주신 것으로서(이는 또한 미래에 성령을 상징하는 것), 첫 아담에게는 분명히 우리가 숨 쉬고 사는 것과 같은 호흡을 말한다. 그리스도의 영을 상징하는 생기(호흡)는 실제 하나님의 영이 아니다. 만약 하나님께서 첫 사람에게 불어 넣으신 생기가 실제 하나님의 영이라면, "생령"이라고 번역한 단어를 '네페쉬 하야' 즉 "살아있는 혼적인 존재"를 가리키는 단어를 사용해서는 안 된다.

그러면 하나님께서는 왜 사람을 지으실 때 그 코에 '루아흐'(영)를 불어넣지 않으시고 '니쉬마트 하임'을 불어넣으셨을까? 모든 성경은 안팎으로 쓰여져 있다(참고. 계 5:1). 즉 성경의 말씀은 겉으로 나타나 보이는 말(문자)과 속 말(진짜 말하고자 하는 본의)로 구성되어 있다. 다시 말해서 비유적으로 말하자면 '로고스'는 외부적 문자(의문, 겉의 말)라고 하며, 의문(儀文)의 문자는 진리 내용을 감싸고 있는, 즉 껍질과 같은 것이다. 반면에 속 말은 '레마' 즉 "진리, 영, 참, 실제 내용"을 말한다. 따라서 문자로 쓰인 의문 안에 참 실제의 진리(영)가 담겨 있다. 로고스 문자는 진리를 담는 그릇으로서 하나님께서는 문자 안에 진리를 담아 주셨다. 이것을 알지 못하면 진리를 바르게 이해할 수 없는 경우가 허다하게 된다. 진짜는 발견하지 못하고 수박 겉핥기만 하다가 끝난다는 말이다. 그러므로 사람의 코에 불어 넣은 "생기"라는 묘사에는 흙으로 지은 몸을 움직여 살게 하는 숨과 호흡을 의미하는 외적인 생기라는 뜻과 내적으로는 새 언약 시대 둘째 아담이신 주께서 주실 실제인 진리, 생명을 암시하며 계시하는 양면이 있다. 따라서 실제 흙의 사람 아담을 살게 하는 하나님의 호흡인 생기는, 육신의 몸이 호흡하므로 생명을 유지하며 살게 하는 생명의 기운과 장차 신자에게 주어질 참 생명이신 그리스도의 영을 지시하며, 이를 통틀어 숨 쉬는 생명체라고 한다. 그래서 '생기'라고 하는 단어에는 육신의 숨을 말하는 생기와 그리스도의 영(성령)을 암시하는 생기의 양면을 모두 내포하고 있다고 말할 수도 있겠다.

결국 육신을 살게 하는 숨은 껍질을 의미하며, 영을 살게 하는 진짜 숨(호흡)은 그리스도의 호흡을 통해 주어지는 성령이다. 육신의 숨은 껍질인 육신의 몸을 살게 하지만, 거듭난 영혼을 살게 하는 진짜 내적 생명은 성령으로 산다. 성령으로 산다는 말은 하나님의 말씀을 생각나게 하며 깨닫게 하고, 진리 가운데로 인도하시는 성령의 역사를 통해 살게 한다는 의미다. 따라서 육신의 몸이 호흡하며 사는 숨(목숨, 생명)은 영원한 생명의 호흡이 아니다. 사람은 숨이 끊어지면 육신의 몸이 모두 본래의 흙 상태로 돌아간다. 흙에 속한 사람들은 자신들이 큰 생명이라도 가진 것처럼 생각하며 행동하지만, 실제로는 공기로 사는 존재인 나약한 생명체이다. 그러므로 겉 사람의 생명은 아무것도 아닌 줄 알고 겸손해야 한다.

다시 언급하지만, 성경이 말하는 진짜 생기(숨)는 그리스도께서 부활하신 후 내 뿜으신 숨이 참 생명을 주시는 진짜 생기다(요 20:22). 창세기 2:7의 말씀인 "하나님께서 그 코에 생기를 넣어 사람의 육체를 살아 움직이게 만든" 것은, 그림으로 보여준 모형으로서 그리스도의 죽고 부활하심을 통하여 비로소 실제화되고 완성되었다는 사실을 깨달아야 한다(모형론). 그러므로 진짜 호흡은 그리스도의 안에서 그리스도의 영(성령)으로 호흡하며 사는 삶이다. 그리스도의 영으로 호흡한다는 것은 그리스도의 생명으로 산다는 것을 말한다. 따라서 그리스도의 영과 연합되어 영적으로 호흡하는 사람은 영원히 죽지 않으며, 주와 합한 자는 한영으로서 영생하게 된다. 그러므로 그리스도의 생명 곧 그리스도의 영이 없는 사람은 영원한 생명(영생)이 없는 사람으로서, 비록 육신의 생명은 호흡하며 살고 있으나 실제는 죽은 사람이다. 성경은 "영이 없는 몸은 죽은 몸"이라고 증거 한다(약 2:26). 사도가 영과 혼과 몸을 보존하라고 한 말은(살전 5:23) 구원받은 믿는 이들에게 한 말임을 알아야 한다. 그리스도의 생명(영)이 없는 사람은 살아 움직이는 육신의 몸으로 사는 "숨 쉬는 생명체"(생물)일 뿐이다. 그래서 성경은 "죄와 허물로 죽은 자, 무덤 속에 있는 자, 살아있으나 실상은 죽은 자" 등으로 표현했고, 깨닫지 못하면 멸망하는 짐승과 같다고도 말씀하셨다(시 49:20).

> "만일 너희 속에 하나님의 영이 거하시면 너희가 육신에 있지 아니하고 영에 있나니 누구든지 그리스도의 영이 없으면 그리스도의 사람이 아니라"(롬 8:9)

(2) 육체를 가진 첫 사람 아담은 먹지 않아도 영생하는 존재였는가?

사람이 산다는 것이 껍데기 육체만 산다고 산 것이 아니다. 그래서 "사람이 떡으로만 살 것이 아니라"(마 4:4)라고 말씀한 것이다. 하나님의 말씀으로 사는 자가 하나님 보시기에 참사람답게 산다고 말할 수 있다. 사람답게 산다는 말은 사람이 처음 창조될 때 하나님이 설계하신 사람의 본분과 목적에 맞게 사는 삶을 가리킨다. 그래서 사람을 하나님의 형상대로 만드셨다는 말을 잘 상고해야 한다. 성경은 하나님의 형상을 따른 사람의 창조 사실을 이야기할 뿐만 아니라 그 의미도 설명해 준다. 두 단어 '형상'과 '모양'은 분명히 동일한 것은 아닐지라도, 그 둘 사이에 본질적이고 내용적인 차이가 있는 것은 아니다. 이것들은 상호 구별 없이 사용되고 특별한 이유 없이 서로 교체 사용하기도 한다. 창세기 1:26에는 그 두 단어가 사용되었고(참고. 창 5:3), 창세기 1:27과 9:6(참고. 골 3:10)에는 단지 '형상'만 사용되었으며, 창세기 5:1과 야고보서 3:9에는 단지 '모양'만 사용되었다. 그 둘 사이의 차이는 이것이다. '형상'의 히브리어 '첼렘'은 "원형"과 "모사(模寫)"의 형상을 의미하고, '모양'의 히브리어 '데무트'는 "본보기"와 "모조(模造)"의 모양을 의미한다. '첼렘'의 개념은 보다 고정되고, '데무트'의 개념은 유동적이어서 말하자면 보다 정신적이다. 전자에서는 원형의 개념이 지배적인 반면, 후자에서는 이상의 관념이 지배적이다. '모양'은 형상에 대한 더 자세한 규정이고, 강조와 보충이다. 모양은 그 자체로 형상보다 더 약하고 더 넓다. 그래서 동물이 사람의 어떤 모양과 일치하는 특징들을 가질지라도, 사람의 형상은 아니다. '형상'은 하나님이 원형이고 사람은 그 모사임을 표현하고, '모양'은 거기에 그 형상이 모든 부분에서 원래의 것과 일치한다는 사실을 덧붙인다.[21]

    사람은 하나님의 창조 목적이 함축된 "하나님의 형상대로" 살 때, 진정한 만족과 행복을 느끼며 사람답게 살 수 있다. 이때 "하나님의 형상대로"라는 히브리어의 의미는 "복제품"을 의미하지만 "대표"라는 개념도 지닌다. 하나님의 형상을 지닌 자들은 이 세상에서 하나님을 대표하는 존재다. 그런 맥락에서 '형상'은 왕권과 관련된 함의를 지니고 있다.[22] 그래서

---

21   헤르만 바빙크, 「개혁교의학 2」, 박태현 옮김, (서울: 부흥과 개혁사, 2013), 663.

22   존 맥아더, 리차그 메이휴, 「성경 교리」, 박문재 옮김, (서울: 생명의 말씀사, 2021), 688. 고대 세계에서 왕이나 통치자는 자신이 다스리는 지역에 자신의

사람은 하나님과의 긴밀한 교통(교제)을 통해(참고. 창 3:8) 하나님의 뜻을 배워서 그대로 이 땅을 다스리는(왕권을 펼치는) 삶을 살아야 한다는 것을 보여준다. 그래서 하나님의 뜻이 사람을 통해 이 땅에 이루어지게 하는 삶을 살아야 비로소 사람은 만족과 행복을 누릴 수 있다는 말이다. 사람은 그렇게 살도록 창조되었기에 그 본분과 목적을 잊으면 불행해진다. 그래서 만물을 정복하고 다스리도록 대리통치권을 부여하신 것이다. 이는 하나님의 형상이 없었다면 불가능한 권한이요 책임이다. 사람은 그렇게 존귀한 존재로 창조되었고, 그 권한이 크고 막중한 만큼 그에 따르는 책임 또한 막중한 것이었다.

a. 육체의 양식과 죽음

"첫 사람이 영생하는 존재로 창조되었는가"라는 논란에 대해 중요한 질문은, "아담은 먹지 않아도 영생하는 자였는가"라는 질문으로 귀결될 것이다. 결론부터 말하자면 아니다. 모든 창조된 생물체(네페쉬 하야)는 먹어야 살 수 있도록 창조되었다는 것이 성경의 대답이다. 하나님께서 분명하게 모든 생물체(호흡하는 생명)에게 먹을 것을 주신 것이 그 증거다. 그 대상에는 사람도 포함되는 것은 물론이다. 그렇다면 역으로 생각하면 먹지 않으면 죽는다는 논리가 성립된다. 즉 본래 재료인 흙으로 돌아가야 한다는 말이다.

주권을 상징하는 형상(또는 우상)을 두곤 했다. 사람들은 그 형상을 보고서 누가 그 지역을 통치하는지 알았다.

"하나님이 가라사대 내가 온 지면의 씨 맺는 모든 채소와 씨 가진 열매 맺는 모든 나무를 너희에게 주노니 너희 식물이 되리라 (30) 또 땅의 모든 짐승과 공중의 모든 새와 생명이 있어 땅에 기는 모든 것에게는 내가 모든 푸른 풀을 식물로 주노라 하시니 그대로 되니라"(창 1:29-30)

사람은 먹어도 되고 안 먹어도 되는 영생의 존재로 창조된 것이 아니다. "**반드시**" 먹어야 사는 존재로 창조되었다. 이에 대한 증거를 제시하기 전에 번역의 문제를 제기하지 않을 수 없다. 필자가 다른 글에서도 지적한 바 있는 문제점으로 기억되는데, 사람이 성경을 번역하는 일이기에 생기는 한계로 인한 왜곡이 심각하여 두렵고 떨림으로 신중하게 접근해야 할 일이다. 먼저 창세기 2:9을 보면

"여호와 하나님이 그 땅에서 보기에 아름답고 <u>양식으로 좋은</u> (모든) 나무가 나게 하시니, 동산 가운데에는 생명 나무와 선악을 알게 하는 나무도 있더라"(창 2:9)

하나님께서는 동방의 에덴동산 안에 "보기에 아름답고 양식으로 좋은 (모든) 나무"를 자라게 하셨다. 이것은 분명히 사람을 위한 조처였다. 왜 그런가? 사람은 먹어야 살 수 있고, 또 살아야 하나님의 말씀대로 정복하고 다스리는 일을 순종할 수 있기 때문이다. 이것은 누구도 부인할 수 없는 분명한 사실이 아닌가. 이제 16절을 보자.

<개역, 개역 개정> "여호와 하나님이 그 사람에게 **명하여** 가라사대 동

<u>산 각종 나무의 실과는 네가 임의로 먹되</u>"(창 2:16)

여기서도 사람에게 명하시는 말씀이 동산 각종 나무의 실과를 먹으라고 하신다. 이 말씀은 명령이다. 따라서 절대적으로 순종해야 하는 내용이다. 그런데 여기서 문제가 발생한다. 사람의 **행복과 생사를 가름하는 굉장히 중요한 명령**인데, 너무 쉽게 생각하여 번역했다는 인상을 지울 수가 없다. 먼저 다른 번역들을 참고해보자.

창세기 2:16

<현대어 성경> "여호와 하나님께서는 그 사람에게 이렇게 이르셨다. 동산 안에 있는 온갖 나무 열매는 <u>따 먹어도 좋다</u>."

<공동 번역> "이렇게 이르셨다. "이 동산에 있는 나무 열매는 무엇이든지 <u>마음대로</u> 따 먹어라."

<한글 킹제임스> "주 하나님께서 그 사람에게 명령하여 말씀하시기를 "동산의 모든 나무에서 나는 것을 네가 <u>마음대로</u> 먹을 수 있으나"

<새 번역> "주 하나님이 사람에게 명하셨다. 동산에 있는 모든 나무의 열매는, 네가 <u>먹고 싶은 대로</u> 먹어라."

<맛싸 성경> "또 여호와 하나님께서 그 사람에게 명령하셨다. 너는 정원 모든 나무로부터 <u>먹고 싶은 대로</u>(부정사 절대형) 먹을 수 있다"

한결같이 하나님의 허용이나 사람의 자유의지에 맡기는 뉘앙스를 풍기는 번역이다. 앞에서 필자가 의도적으로 강조하며 언급했듯이, 이것은

하나님의 엄중한 명령이지 결코 사람이 자유롭게 선택할 수 있는 자유의지에 맡기는 허용적인 하나님의 뜻이 아니다. 영어 번역도 참고해보자.

<NIV> And the LORD God commanded the man, "You are free to eat from any tree in the garden";
"여호와 하나님께서 그 사람에게 명하시기를, '동산에 있는 모든 나무의 실과는 자유롭게 먹어도 좋다'"

<ESV> And the LORD God commanded the man, saying, "You may[23] surely eat of every tree of the garden",
"여호와 하나님이 그 사람에게 명하여 이르시되, '동산에 있는 모든 나무의 실과는 **확실히** 먹어도 좋다'"

<NASB> The LORD God commanded the man, saying, "From any tree of the garden you may freely eat";
"여호와 하나님께서 그 사람에게 명하여 이르시되, '동산에 있는 모든 나무의 실과는 네가 마음대로 먹어도 좋다'"

<CEV> But the LORD told him, "You may eat fruit from any tree in the garden",
"그러나 주님께서는 그에게 '동산에 있는 모든 나무의 열매를 먹어도 좋다고 말씀하셨다'"

---

23   may의 주요한 용법에 '…해도 좋다'《허가》와 '…일지도 모른다'《가능성》가 있다.

<JPS> And the LORD God commanded the man, saying: "Of every tree of the garden thou mayest <u>freely</u> eat";
"여호와 하나님이 그 사람에게 명하여 이르시되 '동산의 모든 나무의 실과는 네가 <u>자유롭게</u> 먹어도 좋다'고 하셨다"

    영어 번역 가운데 그래도 ESV가 원문에 가장 가깝게 번역했는데, "허가와 가능성"(may)을 열어놓는 번역을 한 것은, 히브리어 미완료 동사를 현재 명령의 대용(Imperative)으로 사용했기 때문으로 여겨진다. 기존의 번역을 취하는 분들은 기존의 번역에 대해 전혀 이상한 점을 느끼지 못할 수도 있다. 오히려 필자가 지나치게 이 문제에 예민하게 집착하는 것은 아닌지 반문할 수 있다.

    <필자의 사역> "여호와 하나님이 그 사람에게 명하여 이르시되, '동산에 있는 모든 나무의 실과는 <u>반드시</u> 먹어야 할 것이다'"

    달리 말해서 이 말씀의 의도는 "자유롭게 먹어도 되고 안 먹어도 된다"(임의로, 자유롭게, 마음대로)라는 말이 아니라 **<u>반드시 먹어야 산다는 의무를 강조</u>**하는 것으로 보인다. 또 사람(아담)이 여러 나무 가운데 먹고 싶은 나무를 골라 선택한 나무의 열매를 먹어도 좋다는 사람의 자유의지를 강조한 의미도 아니다. 사람이 어떤 나무의 열매를 먹을까 선택할 자유가 없다는 이야기가 아니라, 사람의 양식으로 좋다고 허락된 어떤 나무의 열매이든지 **반드시 먹어야 산다**는 점을 강조했다는 뜻이다.[24] 분명한 것은 이는 하나님의 엄중한 명령이기 때문에(첫 동사 '짜바'가 와우접속사, 피엘미완료로 쓰여 강조 용법으로 쓰였다) 의무적이라고 이해해야 할 것이다. 이런 문법적 분석이 옳다면, 보통 선악과에만 관심을 두는 선입관이나 일반적 경향에서 벗어나 하나님의 일차적인 명령인 "사람은 반드시 먹어야만 사는 존재"라는 문제에 더 관심을 기울여야 할 것으로 안다. 따라서 창세기 2:17의 말씀과 함께 2:16의 말씀 또한 반드시 지켜야 하는 또 하나의 강력한 명령이라는 사실이다. 창세기 2:16은 살기 위한 '생'(生)의 문제에 관한 강력한 명령이요, 2:17은 죽을 수 있는 '사'(死)에 관한 강력한 경고라는 점을 놓치지 않아야 한다. 사람의 생사(살고 죽는) 문제에 관한 아주 중요한 명령을 2:16-17에 걸쳐 말씀하신 것으로 알고 주의 깊게 다루어야 할 것이다. 그럼 이 부분을 원문으로 증명하도록 하자.

창세기 2:16 하

398	398	1588	6086	3605
אָכֹל	אָכַל	הַגָּן	עֵץ	מִכֹּל
동칼미남2단	동칼부절	관.명남단	명남단연	전.명남단연
너는 먹어야 할 것이다	반드시	그 동산의	나무의	모두로부터

*사역; 너는 동산에 있는 모든 나무의 실과는 <u>반드시</u> 먹어야 할 것이다

그런데 이것으로 하나님의 명령이 끝난 것이 아니라 계속 17절에서

---

24   여기서 구분해야 할 것은 동산의 모든 나무의 열매는 육체의 생명을 지속하기 위한 양식으로서의 식물이었고, 생명 나무의 열매는 영생을 위한 양식으로서의 식물이었다는 구분이다.

이어지고 있다.

창세기 2:17 하

4191	4191	4480	398	3117	3568
תָּמוּת	מוֹת	מִמֶּנּוּ	אֲכָלְךָ	בְּיוֹם	כִּי
동칼미남2단	동칼부절	전.남3단	동칼부연.남2단	전.명남단연	접
너는 죽을 것이다	반드시	그것으로부터	네가 먹는	날에	왜냐하면

*사역; 왜냐하면 네가 그것으로부터 먹는 날에는 <u>반드시</u> 죽을 것이다.

동사와 함께 쓰이는 부정사 절대형은 부정사 절대형이 동사 앞에 위치하여 명령형으로도 쓰인다. 그에 비해 부정사 연계형은 명사로만 사용된다. 그런데 대부분의 번역 성경이 17절에서는 부정사 절대형을 "반드시"로 번역했다. 원문을 번역했다고 하는 맛싸 성경은 같은 부정사 절대형을 16절에서는 "먹고 싶은 대로"라고 번역하고, 17절에서는 "반드시"로 번역하여 직역이 아닌 의역을 했다는 생각이 든다.

위의 원문 16절 하반절과 17절 하반절을 비교해보라. 패턴이 똑같다. 즉 단어는 다르지만, 부정사 절대형과 미완료 동사의 결합이 똑같다는 이야기다. 그렇기 때문에 같은 문법적 해석이 적용되어야 한다. 16절은 "네가 **반드시** 먹어야 할 것이다"로 번역해야 하고, 17절은 "네가 **반드시** 죽을 것이다"로 번역해야 한다는 말이다. 따라서 창세기 2:16-17의 말씀은 순전히 먹는 문제에 대한 명령으로서, 먹어야 할 것은 반드시 먹어야 하는 일도 의무이고, 먹지 말아야 할 것은 반드시 먹지 말아야 하는 것도 의무다. 둘 다 강력한 명령에 따른 의무로서 어느 쪽 하나라도 어기면(즉 불순종하면) 두 계명이 모두 죽는 것으로 귀결된다. 먹어야 할 것을 안 먹어도 죽고,

먹지 말아야 할 것을 먹어도 죽는다. 그런데 한 가지 차이가 나는 점은, 먹어야 한다고 한 명령에는 네가 반드시 죽을 것이라는 계명이나 언제 죽는다는 내용이 구체적으로 주어지지 않았는데, 먹지 말라고 명령하신 선악 나무의 열매는 **먹는 날에 즉시 죽는다고 경고**하고 있다는 것이다. 실제로 성경에는 죽음의 저주를 선고받은 첫 사람(아담)이 육체적으로 죽는(흙으로 돌아가는 날) 날은 930년이 지나서야 죽었다는 사실이 기록되어 있다. 그러나 영적으로 죽는 날은 선악의 지식 나무의 열매를 먹은 즉시 그날에 죽었다고 기록하고 있는 것처럼 보인다(창 3:7-8, 10).

이같이 사람에게 내려진 저주의 경고를 사실화시킨 뱀의 미혹은 하나님이 말씀하신 영적인 결과(영적인 죽음)를 육적으로 바꾸는(육체의 죽음) 간교한 본색을 드러낸다(창 3:4). 결과적으로 볼 때, 아담과 하와의 육체는 범죄 한 즉시 죽지 않았다. 이것이 당연한 것은 육체의 생명을 지속할 수 있는 양식인 채소나 나무 열매를 계속 먹을 수 있도록 땅이 여전히 육체의 양식을 냈기 때문이며, 하나님이 그것들은 금하지도 않으셨다. 다만 땅도 함께 저주받아 노동의 수고가 더해졌다는 차이는 있지만(창 3:17-19)… 그렇게 육체가 죽지 않고 오래 살 수 있었던 것이 오히려 육신의 눈이 밝아져 하나님처럼 될 것(창 3:5, 7)이라는 뱀의 말이 옳은 것처럼 착각하도록 만들었다. 그러나 그들의 육신의 눈이 밝아져 취한 행동을 보라. 나뭇잎으로 앞치마를 만들어 하체를 가리고, 하나님의 낯을 피하여 무화과나무 뒤에 숨는 등 '영적인 죽음'의 모습이 나타나지 않았는가.[25] 하나님과 친밀한 교

---

25 리고니어 미니스트리 출판부, 「개혁주의 스터디 바이블」, 김진운, 김찬영, 김태형, 신윤수, 윤석인 옮김, (서울: 부흥과 개혁사, 2017), 43. 3:7-11의 각주 해

제를 나눌 수 있도록 주어진 하나님의 형상을 잃어버린 모습이 드러나고 있다. 이것이 영적인 죽음의 모습이다. 육체의 죽음으로 일컬어지는 사람이 흙으로 돌아가도록 선포하신 하나님의 심판은 창세기 3:19에서 비로소 선고된다. 이같이 하나님의 명을 대적한 죄의 결과는 영육의 죽음을 불러온다는 사실을 알 수 있다.

그럼 이와 연계되는 질문이 생긴다. '그럼, 사람이 아무것도 먹지 않으면(동산 안의 모든 나무의 과일) 죽는가? 만일 죽는다면 먹지 말라고 금하신 선악과를 먹고 죽는 것과 무슨 차이가 있는가?' 또 '이래도 죽고 저래도 죽는다는 이야기인데, 굳이 선악과를 만들어 놓고 먹지 말라고 금하는 명령을 내릴 이유가 무엇인가.' 등 충분히 생길 수 있는 질문인데, 이에 대한 대답은 **죽음의 종류가 다르다**는 점이다. 사람은 처음 만들어질 때부터 조건부 영생불사의 존재 곧 먹어야 육체의 생명을 유지할 수 있는 존재로 창조되었기에, 만일 먹으라고 명하신 식물을 먹지 않으면 육체가 본래의 흙으로 돌아가게 되어 있다. 만일 사람이 육체의 양식으로 주신 식물을 지속적으로 먹으면, 육체의 생명은 지속적으로 유지되어 영생하게 되어 있었다. 흙으로 빚어진 사람의 육체는 흙에서 나오는 양식으로 살게 되어 있기 때문이다(身土不二). 그러나 선악의 지식 나무의 열매는 다르다. 선악의 지식 나무의 열매를 먹으면 육체가 죽을 것이라는 이야기가 아니라, 영혼이 하나님과의 관계가 끊겨 생명이신 하나님[26]으로부터의 영혼이 사는 신령한 양

설을 참고하라.
26 신 30:20; 요 11:25; 14:6; 골 3:4;

식의 공급을 받지 못한다는 차원에서의 죽는다는 경고였다.[27] 왜냐하면 하나님의 입으로 나오는 말씀이 생명이기 때문이다.[28] 영혼은 하나님의 말씀으로 살게 되어 있기에 말씀을 먹어야(순종해야) 산다(신 8:3; 마 4:4). 그래서 영적으로 죽은 상태(하나님과 관계가 끊긴 상태)에서 영생하는 생명 나무의 열매를 따 먹지 못하도록 길을 막은 것이다. 하나님의 계획은 생명 나무의 열매를 사람 마음대로 먹을 수 있도록 허락하지 않으신 것이다. 그러니 이 계획은 그리스도에 의해 새 언약이 성취된 이후에는 생명 나무로 나아가는 길이 열리고 생명의 열매를 먹을 수 있는 일이 자유롭게 허락될 것이다. 그것은 계시록에서 생명 나무의 열매를 먹을 수 있는 길을 제시함과 동시에 달마다 맺히는 열매의 모습을 연출하는 것이다(계 2:7; 22:2, 14).

b. 영혼의 양식과 죽음

사람이 처음부터 영혼과 육체로 구성된 존재로 창조되었다고 분석한다면, 육체가 살기 위해서는 분명히 먹을 것이 무엇인지 구체적으로 명시했는데, 창조된 영혼은 아무것도 안 먹어도 사는가? 또 영혼도 죽는 존재라면 영혼의 죽음은 어떤 상태를 말함인가? 영혼도 죽음이 있다고 성경은

---

27   필자는 이것을 '첫째 사망'으로 이해한다. 육체의 죽음은 죄값으로 땅이 저주를 받아 결국 죽음에 이르게 되는 것으로의 형벌이다. 육체가 바로 죽지 않고 일정한 기간을 주신 이유는 그 기간안에 구원의 기회를 주시는 은혜다. 사람은 저주받은 땅의 식물로 인해 수명이 제한되는 형벌을 받았다. 육체의 죽음을 통해 죽음의 의미를 깨닫고 체험하며 죄값으로 겪는 고통을 알게 하신 것이다. 우리가 생각해야 할 것은, 성경이 가르치는 핵심이 육체가 살고 죽는 것이 생명의 초점이 아니고, 하나님과의 관계를 통한 앎이 영생이라고 말한다는 사실(요 17:3)을 염두에 두는 것이다.

28   마 4:4; 요 6:63; 행 5:20; 빌 2:16.

가르친다(마 8:22; 엡 2:1). 이 말을 오해하지 않고 잘 이해해야 한다. 영혼 자체가 죽는다는 이야기가 아니라 영혼이 하나님과 관계가 끊어져 하나님을 모르는 상태를 영혼이 죽었다고 표현하는 것이다. 따라서 영혼도 생명을 공급받아야 산다는 말이 된다(이는 비유적으로 냉장고에 전원이 공급되는 것을 생각해보라). 그렇다면 영혼이 살 수 있는 양식은 무엇인가? 영혼은 육체와 존재하는 상태가 다르니, 먹어야 할 양식도 그리고 죽음의 상태도 분명히 다르다.

영혼의 양식은 하나님의 말씀(신 8:2-3; 마 4:4), 곧 하나님의 명령이요 뜻이다. 그 명령과 뜻을 이루도록 순종하는 것이 영혼을 살게 하는 양식이 된다(요 4:34). 주께서 주시는 양식(말씀, 명령, 도, 뜻)은 영혼의 생명을 살릴 뿐만 아니라 풍성하게 하는 양식이 된다(요 6:27; 10:10). 따라서 사람은 영·육의 양식이 각각 있도록 창조되었고, 각각에 맞는 양식을 잘 먹어야 생명이 풍성해져서 강건해질 수 있고, 궁극적으로는 그리스도의 장성한 분량에 이르기까지 자라날 수 있다(엡 4:13-15). 그래서 성경은 어린아이 상태에서 먹을 양식(젖)과[29] 장성한 자가 먹을 양식(밥, 고전 3:2; 단단한 음식, 히 5:14)까지도 세밀하게 분류하여 가르치고 있다. 그에 대한 구약적 가르침은 사건으로 나타나는데, 애굽-광야-가나안으로 구별된다. 그때마다 양식이 달랐다는 이야기다. 애굽에서의 양식은 노예의 양식이었고(민 11:5, 18), 광야에서의 양식은 자유인으로서의 양식인 하늘의 만나였으며(민 11:7-9), 가나안의 양식은 정복자로서의 양식으로 그 땅에서 나는 양식이었다(수 5:12). 이를 개인에게 적용하여 설명하자면, 애굽에서는 죄인 상태에 맞는 양식이었

---

29   고전 3:1-3; 히 5:12-13; 벧전 2:2.

고(죽도록 수고하여 얻는 양식, 창 3:17-19), 광야에서는 그리스도께 인도하는 '몽학선생'(아이를 학교에 데려가는 직책의 노예, 후견인) 역할로서의 율법이 양식이었다면(갈 3:23-25, 율법도 하늘에서 내리는 일시적인 은혜의 양식), 가나안의 양식은 장성한 자가 먹어야 할 생명의 양식(그리스도 자신으로서 한번 먹으면 다시는 목마르거나 배고프지 않은 영원한 양식, 요 6:49-51, 55-58)으로 설명할 수 있을 것이다.

그에 따라 영혼의 죽음 상태도 분명해지는데, 육체의 죽음처럼 영혼이란 존재 자체가 죽어 제 기능을 하지 못하는 상태가 아니다. 사람의 영혼은 영원하신 하나님으로부터 주어진 것이니 영혼은 사라지지 않고 하나님께로 돌아간다(전 12:7). 다만 하나님에게서 떨어져 나간 상태(멀어지는 것, 관계가 끊어지는 것)로서 하나님을 알지 못하는 어둠에 속한 악인의 상태로 나타난다(참고, 요일 5:19). 아담과 하와가 하나님 면전에서 쫓겨나는 것이나(창 3:23-24), 동생 아벨을 죽인 살인자 가인이 지면에서 쫓겨나 하나님을 뵙지 못하게 되는 상태(창 4:14)가 곧 영혼의 죽음이다. 주께서 언급하신 가장 무서운 죽음은 영육을 함께 지옥에 멸하는 죽음이다(마 10:28; 눅 12:5). 이 죽음은 최후의 날 모든 육체가 부활하여 최종 심판(백 보좌 심판) 때 이루어질 것이다(요 5:28-29; 계 20:11-15). 보통 육체를 가진 사람이 어떻게 영원히 타는 불 못에서 견딜 수 있는가 궁금해하지만, 최후의 심판 때는 예외 없이 의인과 악인 가리지 않고 모두 부활체를 입기 때문에(요 5:25-29), 죽고 싶어도 죽지 못하고, 불 가운데서 영원히 고통을 당하게 되는 그야말로 무서운 심판이 임할 것이다(눅 12:5). 육체가 없는 천사(영적 존재)들 가운데 범죄한 마귀와 그에게 속한 악한 영(천사)들은 그들을 위해 준비된 영원한 불

(유황불 못, 마 25:41; 계 19:20)[30] 속으로 던져져 영원토록 고통을 당하게 된다. 이것을 "둘째 사망"이라고 부른다(계 20:14). 이 불 못 심판(지옥, 둘째 사망)은 최종 심판으로 영적 존재인 천사이든지, 영육을 가진 사람이든지 인격체로 창조되어 범죄한 모든 대상이 영원토록 형벌을 받을 장소이다. 그래서 주님은 영혼과 육체를 함께 지옥에 멸하는 심판을 두려워하라고 경고하신 것이다(마 10:28).

(3) "사람이 만들어진 본래의 상태인 흙으로 돌아간다"로 묘사한 의미.

동산 중앙에 있는 두 나무 가운데 아무것도 안 먹었는데, 막연하게 영원히 살았을 것이라고 말하는 것은 그야말로 어이없는 공상에 불과하다. 물론 이런 비판에 대해 영생불사의 주제가 성경을 통한 추론에 근거한다고 주장하는 사람에게는 결코 동의할 수 없는 내용일 것이다. 사람이 하나님의 형상으로 창조된 이유 가운데 가장 핵심적인 것은, 하나님과의 친밀한 소통을 위한 관계성에 따르는 속성의 문제라는 점을 고려해야 한다. 하나님은 영이시기에 사람에게 있는 육신이 없다. 따라서 사람에게만 있는 육신은 처음부터 영처럼 영원토록 존속하는 불멸의 요소로 창조된 것이 아니다. 그래서 영혼과 육신을 구분하여 영생불사의 문제를 다루어야 한다고 말하는 것이다. 이에 대해서는 어거스틴(아우구스티누스)이 사람을 분류한 것을 참고하면 좋을 듯하다.[31]

---

30   계 20:10, 14, 15; 21:8.
31   (1) 죄를 지을 수도 있는 사람(humans who are able to sin); 아담과 여자
     (2) 죄를 안 지을 수 없는 사람(humans who are not able not to sin); 타락한 사람

필자가 제안하는 천년이란 기간에 관한 주제 또한 모두가 동의하기 어려운 연결고리이겠지만, 이 문제의 힌트는 "천년왕국"(이 주제 또한 팽팽한 견해 차이를 보인다)에 있다고 생각된다. 그러니까 필자가 앞에서 진행해 온 설명 가운데, 사람이 두 나무 가운데 어떤 나무에도 손을 대지(먹지) 않았다면, 사람은 1,000년을 살았을 것이라는 의미이다. 1,000이란 숫자는 하나의 완성을 나타내는 상징 수로서 죽음의 개념이 아니라 하나님의 뜻(목적)을 따라 완성되어 하나님께로 돌아가는(바쳐지는) 과정이다(참고. 계 11:15). 사람은 첫 아담의 범죄로 말미암아 사람에게 허락된 천수(天壽)를 누리지 못하고, 모두 흙으로 돌아갈 수밖에 없는 저주를 받은 것이 사실이다. 사람의 수명 가운데 969살이 최고령이란 사실이 이를 증명한다(므두셀라, 창 5:27).

천년왕국은 이같이 모든 것이 회복되는 현세의 천국과 같은 곳이다. 곧 에덴동산의 회복이라고 말할 수 있을 것이다. 육체를 가진 사람이 살기 가장 좋은 환경의 세계다. 이곳의 특징은 사람의 수명이 회복되고, 육식하지 않으며, 전쟁이 없고, 사탄·마귀의 미혹이 없는 그야말로 유토피아다. 천년왕국의 끝에는 마귀가 잠깐 놓여서(계 20:3) 천년왕국에서 태어난 사람들이 시험받는 일이 있을 뿐이다. 왜냐면 그곳에는 사람의 죄 성(죄를 지으려는 성향)은 있으나 마귀가 없어서 죄를 지을 일이 없는 환경이었으므로, 그 시대에 태어난 자들의 믿음 여부를 분별할 수가 없다. 세상에

---

(3) 죄를 안 지을 수도 있는 사람(humans who are able not to sin); 구원받은 사람
(4) 죄를 지을 수 없는 사람(humans who are not able to sin); 낙원(새 하늘과 새 땅)에서의 사람

서 육체를 가지고 태어난 사람이라면, 누구도 예외 없이 "오직 믿음"으로 구원을 받는 것이 하나님의 공의이기에 이런 과정이 존재하는 것이다. 1,000년이란 대부분의 기간은 그리스도가 다스리는 현세의 하나님 나라이기 때문에 평화롭고 안전한 곳이다.[32] 그런 차원에서 천년왕국에서는 사람이 최장 천 년을 산다고 말할 수 있다. 그리스도가 친히 다스리는 하나님의 나라가 완성되어 그 나라를 하나님 아버지께 바칠 때까지(계 11:15)의 기간이 천년이란 의미다. 그것은 하나님이 처음 세상을 창조하신 때부터 정하신 사람 수명의 한계를 채우는 완성을 이루고 나서야 만족하실 것이며, 비로소 세상을 창조하신 하나님의 선한 뜻이 완성되기 때문에, 첫 아담이 실패했던 지상에서의 하나님 나라를 둘째 아담(곧 마지막 아담)이신 아들 예수 그리스도를 통해 완성하시고자 하는 계획이 하나님 아버지의 뜻이다. 하나님은 결단코 실패하지 않으신다. 이것이 천년왕국의 필요성이다.

한편 에녹과 엘리야가 죽음을 보지 않고 하늘로 올라갔으니, 사람이 원래 영생한다고 생각할 수 있으나 그들은 이 땅에 적합한 육신(죽을 수밖에 없는 상태의 육체)을 지닌 채 갔다고 보기 어렵다. 왜냐면 그때부터 수 천 년이 지난 지금까지도 살아있다고 말하며(마 22:32; 눅 20:38), 현재 어떤 모습

---

32 사람이 자기 수명을 다하기 이전에 죽는 자가 없다고 했다. 그래서 하나의 예로 100살이면 아이라고 했고, 100살에 죽는 자는 저주받은 것이라고 할 정도로 오래 산다는 것이다. 이런 예외적인 일을 빼면 천년왕국 초기에 태어난 사람도 마지막에 마귀가 풀려날 때 시험을 받아야 하므로, 천년왕국의 수명은 기본적으로 천 년이라고 보아야 한다. 이것이 자기 날들을 채우는 것이다 (사 65:20, 22). 헨리 모리스, 존 위트콤, 「창세기 대홍수」, 이기섭 옮김, (서울: 성광문화사, 1992).

으로 어떻게 존재하는지는 아무도 모르기 때문이다. 그 실체와 상황은 하나님만 아신다. 성경은 항상 사람이 하늘 세계로 가는 경우는 썩을 몸이 하늘에 적합한 몸으로 변화되어 가는 것으로 묘사하고 있다(참고. 고전 15:47-54; 살전 4:17). 바울처럼 환상 가운데 이끌려 하늘에 다녀오는 상황을 제외하고는…(고후 12:2-3) 그때는 바울 자신도 어떤 상태였는지 잘 모르겠다고 고백한다.

> "그때 그 흙(아파르)은 전에 있던 대로 땅(에레츠)으로 돌아가며, 그 영(루아흐)은 그것을 주신 하나님께로 돌아가리로다"(전 12:7)

아담(사람)의 육신으로서 일생도 이처럼 몸은 흙으로, 영은 하나님께로 돌아가는 인생이다. 물론 그것도 완성되지 못한 상태에서(즉 하나님이 계획하신 천수인 1,000년을 누리지 못한 상태) 돌아가는 것은 저주에 속하긴 하겠지만, 본래의 상태로 돌아가는 것 곧 자기 자리를 찾아가는 것이다. 그래서 **사람의 영은 본래 하나님의 형상을 따라 창조된 그대로 영생불사의 존재로 하나님께 돌아가고, 육체는 순종을 조건으로 영생하는**(즉 육체가 소멸하지 않는) **존재로 창조되었다고 말할 수 있다.** 그러니까 사람이 끝까지 잘 순종했다면, 사람의 영혼과 육체가 분리되는 육신의 죽음도 없었을 것이란 의미다. 다시 말해서 이 땅에서 천수를 누리다가 영육의 부활체로 변화하여 영생을 누리는 존재가 되었을 것으로 추론한다는 말이다. 그런데 인격적 존재에게만 허락된 자유의지를 잘못 사용하여, 먹으면 반드시 죽는다고 엄히 경고한 선악의 지식 열매를 따 먹는 미친 선택으로(마치 이솝이야기에 나오는 황금알을 낳는 거위를 잡아 단번에 부자가 되려는 욕심을 부린 이야기)

죽음이라는 저주가 임한 것이다. 그때 경고했던 "반드시 죽으리라"라는 말씀의 의미는, 그래서 첫째 사망인 '영적 죽음'(하나님과 단절되는)은 물론, 그에 따른 형벌인 육체의 죽음(영혼과 육체의 분리)까지 겪어야 하는 저주를 받은 것으로 여겨진다.[33] 이런 무서운 선고를 내린 것은, 하나님의 말씀이 생명이기 때문이며(요 6:63, 68), 말씀 자체가 하나님이시기 때문이다(요 1:1). 따라서 말씀을 무시하는 신앙은 하나님을 버린 것과 같아서 하나님께 버림받을 수밖에 없으며(대하 12:5; 렘 8:9), 끝내 하나님과 관계가 끊어지는 영벌의 죽음을 맞이할 수밖에 없다. 생명이신 말씀을 버렸으니 당연히 사망의 저주가 내려진 것이다.

"나는 <u>**그의 명령(계명)이 영생인 줄 아노라.**</u> 그러므로 나의 이르는 것은 내 아버지께서 내게 말씀하신 그대로 이르노라 하시니라"(요 12:50)

그래서 동산의 모든 나무의 열매는 먹어야 육체를 가진 사람이 살 수 있었고, 선악의 지식 나무 열매는 먹지 말라고 하신 명령이 영생의 계명이었다는 이야기다. 따라서 이 계명을 어기면 영생은 물 건너가는 것이다. 다만 영생의 계명을 어겨 죽음에 이른 때라도 둘째 사망의 장소인 지옥(불못)으로 바로 간 것이 아니라, 회복의 기회가 있는 첫째 사망 선고였다는

---

33   그러나 전통적인 기독교의 교리는 육체의 죽음(영혼과 육체의 분리)을 '첫째 사망'이라고 생각한다. 그러나 필자는 여러 가지 성경을 살펴본 결과, 첫째 사망은 하나님의 말씀을 어겨 하나님과 원수가 되어 하나님과 분리되는 영적 죽음이라고 생각한다. 육체의 죽음은 영적 죽음의 결과 육체도 본래의 흙으로 돌아가는 저주를 받은 것으로 이해한다.

사실을 통해 사람이 얼마나 큰 은혜를 입었는지 알 수 있다(창 3:15). 그런 상황에서 메시아를 약속하심으로써 그 존재(여자의 후손)를 믿는 자는 에덴동산보다 더욱더 좋은 천국에서의 영원한 삶을 약속받게 된 것이다.

그럼 첫째 사망과 둘째 사망의 차이는 무엇인가?

기본적으로는 같다. 둘 다 영벌(지옥의 불못)로 들어간다는 면에서는 같다는 이야기다. 그러나 다른 점은 첫째 사망은 영혼이 하나님과 분리되며 육체는 본래의 흙으로 돌아가는 저주이지만, 둘째 사망은 영혼과 육체(죽지 않는 신령체)가 함께 지옥에 멸하는 사망이란 차이가 있다. 둘째 사망이 무서운 것은 첫째 사망 때는 육체가 영혼과 흙으로 분리되어 나누이지만, 둘째 사망의 때는 육체가 부활하여 영혼처럼 죽지 않는 영생체가 되어 영원토록 지옥 불 못에서 고통을 받아야 한다는 것 때문이다. 그런데 이렇게 첫째 사망과 둘째 사망의 사이에 시간적인 차이를 두신 것은 하나님의 크신 은혜의 섭리다. 첫째 사망으로 온 인류가 몽땅 둘째 사망의 저주를 받은 선고를 따라 지옥의 영벌로 들어가는 것이 마땅하지만, 그 가운데 일부를 창세 전에 선택하여 구원할 기회로 허락하신 것이다. 그래서 인류 역사가 수 천 년에 이르도록 지속된 것이다. 먼저는 아들 구세주(메시아) 예수를 보내어 구속을 이룰 기간이 필요했고, 다음은 주께서 이루신 구속 사역을 성령의 역사를 통해 땅끝까지 적용시킬 구원의 시기가 필요했던 것이다.

결론적으로 영생하는 생명은 그리스도 안에서 주어진 생명 외에는 불가능하다. 다시 말해서 그리스도를 통하지 않고는 영생이란 생명은 없다(요 14:6; 행 4:12). 이 결론이 맞는다면 그리스도가 오시지도 않았는데 처음 아담에게 주신 생명이 영생이었다는 주장이 맞는가. 그렇다면 예수께서 오셔서 생명(영생)을 주신다는 이야기가 성립되지 않는다(참고. 요 10:10; 17:3). 하나님께서 아담의 범죄를 허락하신 이유는 바로 그리스도의 필요성과 주 예수 그리스도의 오심을 통해 진정한 영생을 주시려는 계획 때문이다 (엡 1:3-6). 주님의 생명은 아버지 하나님의 생명을 주신 것이라고 하셨고(요 5:26), 부활이요 생명이신 예수 그리스도를 먹지(믿지, 영접하지, 받아들이지) 않는 자에게는 영생이란 없다고 잘라 말씀하신다.[34] 하나님이 첫 아담에게 영생의 생명을 주셨는데 그가 범죄함으로 영생을 잃어버리게 되었고, 그 영생의 생명을 되찾아주는 것이 예수 그리스도가 십자가에서 피 흘림으로 인한 죄 사함의 사역이라는 논리는 절반의 복음으로 깎아내리는 잘못이다. 다시 한번 우리의 생명이시며 영생이신 그리스도에 관해 확인하라.

> "또 아는 것은 하나님의 아들이 이르러 우리에게 지각을 주사 우리로 참된 자를 알게 하신 것과 또한 우리가 참된 자 곧 그의 아들 예수 그리스도 안에 있는 것이니 **그는 참 하나님이시요 영생이시라**"(요일 5:20)

"거듭남"이란 영혼의 중생(다시 사는 것)을 생각해 보더라도 죽었던 영혼이 다시 살아나 하나님을 알게 된 후(엡 2:1, 5), 선한 양심이 하나님을 찾아가는 방향성을(벧전 3:21) 회복하게 되었음을 보여준다. 예수께서 피 흘려 살리신 우리의 영혼 안에 성령께서 들어오심으로 비로소 우리가 하나님

---

[34] 요 6:35, 40, 47-58; 11:25; 14:6.

의 기업이 되었고, 그의 영광을 찬미하게 하려고 약속의 성령으로 인치셨다고 하신다(엡 1:11-14). 그리고 그 보증으로 신자 안에 오신 분이 성령이시다(고후 1:22). 그렇게 우리 신자에게 주어진 영생의 생명은 그리스도 안에서, 그리스도로 인하여 성령의 인치심을 통해 확증되고 보증된 것이다. 우리 주 예수 그리스도의 사역은 새 창조의 사역으로서 우리를 새롭게 창조하신 것이며, 우리는 그리스도 안에서 새 피조물이요(고후 5:17) 새로운 인종(새 사람)으로서(골 3:10) 비로소 새 언약 시대에 걸맞는 그리스도 안에서 영생의 존재가 되었다는 사실을 반드시 기억하고 미혹되지 말아야 한다. 따라서 그리스도 없는 영생은 처음부터 없다. 그리스도 없는 우리는 그야말로 아무것도 아니다. 그런데 아무것도 아닌 티끌로 지어진 첫 아담에게 처음부터 영생의 생명을 주셨다는 해괴한 논리는 어디서부터 비롯된 것일까. 하나님의 생기에 대한 오해가 도를 넘어 궤변을 낳았으니 이로 인해 많은 신자를 다치게 한다.

(4) 첫째 부활과 둘째 사망[35]

성경에 나타나는 첫째 부활과 둘째 사망이란 용어가 있다면, 그에 따른 궁금증은 '그럼 과연 둘째 부활과 첫째 사망도 있는가'일 것이다. 요한계시록 20:5-6에서 "첫째 부활"과 "둘째 사망"이라는 표현이 등장한다. 이 표현에 따르는 둘째 부활과 첫째 사망의 궁금증이 생기게 된다. 하지만

---

[35] 유영권, "이단 예방을 위한 기초 지식- 첫째 부활과 둘째 사망!(1)". 2021.08.11. 기독타임즈. "이단 예방을 위한 기초 지식- 첫째 부활과 둘째 사망!(2)". 2021.10.15. 기독타임즈.

성경에 둘째 부활이나 첫째 사망이란 표현은 나오지 않는데, 만일 정당한 추론을 한다면 첫째 부활과 둘째 부활의 정확한 개념이 무엇이냐는 질문이 자연스럽게 연계될 수밖에 없게 된다.

a. 첫째 사망이란?

6절에 나타난 "둘째 사망"은 자연스럽게 첫째 사망이 무엇인가를 생각하게 만든다. 우선 둘째 사망을 언급하면서, 첫째 부활에 참여하는 자들이 복이 있어서 둘째 사망을 당하지 않는다고 말하고 있다. 즉 믿음의 사람들이 당하지 않는 불 못의 사망이다. 이것은 영원한 형벌의 장소인 지옥에 떨어지는 것을 두고 한 말이며, 영원한 형벌에 대한 표기인 것을 알 수 있다(계 20:14; 21:8). 따라서 첫째 사망이 무엇인지 유추하는 일은 까탈스러운 주제이지만 앞에서 살폈기에 더 이상 추가할 내용은 없다고 생각한다. 첫째 사망은 먼저는 영적인 죽음을 말하며, 육체의 죽음은 그에 따른 당연한 논리적 결과인 벌이라고(히 9:27) 이미 앞에서 다루었다. 둘째 사망은 마귀를 위해 예비한 불 못의 지옥에 떨어지는 영원한 형벌에 대한 표현이 확실하다(마 25:41; 계 20:10). 부활이 죽음을 이기고 살아나는 것이 아닌가. 그렇다면 또 다른 논란의 주제인 첫째 사망과 대비되는 첫째 부활이란 무엇일까?

b. 첫째 부활이란?

요한계시록 20:5-6에 '첫째 부활'이 있다고 했으니, 첫째 부활이 무엇인가를 살피는 일이 필요할 것이다. 자연스럽게 떠오르는 생각은 첫째 사망의 회복이 아닐까. 첫째 사망이 하나님과 관계가 끊어지는 관계 단절 그리고 그에 파생되는 영혼과 육체의 분리로 인한 육체의 죽음까지로 정의했는데, 이를 회복하는 것 곧 영혼의 거듭남과 그에 따른 마지막 때 육체의 부활(영생하는 영혼과 육체의 재결합)까지 첫째 부활이라고 생각되기 때문이다. 그런데 계시록 20:4에 기록된 첫째 부활은 그렇게 생각하기에는 뭔가 석연치 않은 단서들이 있다. 왜냐면 일반적인 신자들의 부활에 대해 말하는 것 같지 않다는 내용 때문이다. 문맥적으로 살필 때 순교자의 부활이란 해석이 더 개연성을 가지는 것 같다는 생각이 크기 때문이다. 이에 대해서는 차후에 종말론을 다룰 때 더 연구해보기로 하자.

C. 둘째 부활

그럼 이제 '둘째 부활'이 있는가에 대한 여부를 살펴야 할 것이다. 첫째 부활이 첫째 사망과 연결되는 문제로 연계하는 일이 가능했다면, 둘째 부활은 둘째 사망과 연계하는 일도 가능하지 않겠는가? 논리적으로는 당연한 것 같은 데 실제로는 있을 수 없는 일이다. 왜냐면 둘째 사망은 하나님의 최종 심판이기 때문에, 이후에 다시 거기서(지옥, 불 못의 영벌) 회복되는 일은 없기 때문이다. 또 부활이 다단계로 나타나는가 하는 질문이 생기는 문제이기도 하다. 무슨 이야기인가 하면, 계시록 20:5에 보면, 그 나머지 죽은 자들은 그 천년이 차기까지 살지 못하더라고 ( ) 안에 보충 설명하고 있기 때문이다. 그러니까 천년왕국이 시작될 때 먼저 부활하는 부류가 있고(일부 순교자로 생각되는 자들), 이후 1,000년이 지나고 나머지(신·불신을 막론한 모든 사람)가 모두 부활하여 심판대로 나아가는 두 번째 부활이 있다는 이야기가 되기 때문이다. 따라서 전천년설을 주장하는 쪽에서는 이런 주장을 뒷받침하는 다른 성경 구절(논란이 되는 구절)도 제기한다(고전 15:20-24).

반면에 무천년설을 주장하는 측에서는 실제적인 '부활'에 대해서는 데살로니가전서 4:13-18에 잘 설명되어 있다고 주장한다. 16절을 보면 먼저 우리 주 예수 그리스도의 재림(강림)이 있고, 강림과 함께 죽은 자들이 먼저 일어나고(죽은 자들의 부활), 재림 때에 살아있는 사람들은 끌어 올림(휴거)을 받아 재림하시는 예수를 영접하게 된다(신령한 영적 몸으로 바뀌어). 그러므로 성도들의 부활이 두 번 있을 수 없다고 믿는다. 마태복음 24:31 역시 "그가 큰 나팔 소리와 함께 천사들을 보내리니, 그들이 그의 택하신 자들을 하늘 이 끝에서 저 끝까지 사방에서 모으리라"라고 단회적인 부활을 말하고 있다. 즉 단번에 성도들을 재림 예수 앞으로 끌어모으신다고 말한다.

그런데도 첫째 부활이라는 표현을 쓰는 이유는 무엇일까? 이 질문에 대한 답변이 될 만한 본문이 있다. 고린도전서 15:22-24이다. 22절에는 "그리스도 안에서 모든 사람이 삶을 얻으리라"라고 말하고, 23절에서 삶을 얻는 대상을 구별하여 설명한다. 첫째는 예수의 부활이고, 두 번째는 주의 강림 때에 그리스도에게 속한 자이고, 세 번째는 24절 대로 최후 심판 때를 두고 설명하고 있다. 특히 두 번째와 세 번째를 설명하면서, 두 번째에 삶을 얻는 대상이 '그리스도 안에 속한 자'라고 명확히 그 경계선을 그음으로, 두 번째 삶을 얻는 대상은 모든 성도인 것이 분명하고, 그렇지 않은 대상은 여기서 제외된다. 그러면 세 번째에서 언급하는 삶을 얻는 대상은 그리스도 밖에 사람들이고, 불신자들과 악의 세력들인 것이 확실하다. 혹이러한 입장에서 요한계시록 20:6의 첫째 부활의 개념을 이해한다면, 성도들의 부활이 다단계에 걸쳐서 일어난다는 의미가 아니고, 불신자 역시 동시에 부활 되어 심판받으나 고린도전서 15:24의 설명을 참고한다면, 성도의 부활과 불신자의 부활을 구분하여 "모든 성도의 부활을 첫째 부활"이라고 접근할 수 있다고 주장하게 된다.

결론적으로 "둘째 부활"이란 없다. 둘째 사망과 연관된 용어이기에 없을 수밖에 없다. 다만 "두 번째 부활"이란 순서적 개념이라면 생각해야 할 문제다. 단번에 모든 사람(성도와 불신자를 모두 포함)이 부활하느냐(무천년설; 주의 재림 때), 아니면 성도와 불신자가 나뉘어 부활하느냐(역사적 전천년설; 1,000년을 사이에 두고 전후로), 또는 순교자와 나머지 모든 사람(신자와 불신자 포함)으로 나뉘어 부활하느냐(개혁주의 전천년설; 1,000년을 사이에 두고 전후로)로 주장이 갈린다. 이에 대한 문제는 종말론을 다룰 때 생각해 보기로 미루고, 본서에서는 본서에서 다루고자 하는 주제에 충실하려고 한다.

II. 선악 나무

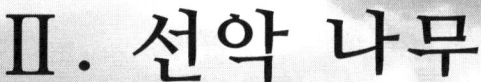

1. 동산 중앙에 있는 선악 나무

생명 나무와 선악 나무(정확하게 말하자면 "선악의 지식 나무"), 그것은 하나님이 어떤 분이신지, 또 사람은 어떤 존재이며 어떻게 살아야 하는지를 가르쳐 주는 표지(標識) 역할을 하는 나무였다. 하나님께서는 사람이 자기 위치와 신분 그리고 살기 위해 어떻게 해야 하는지를, 항상 잊지 않고 마음에 두고 살아가도록 눈에 가장 잘 띄는 동산 가운데에 생명 나무와 선악 나무를 두신 것이다. 그것은 마치 어린 자녀를 둔 어머니가 아이의 교육을 위해 집 안 냉장고 같은 곳에 이런저런 스티커를 붙여 놓고 기억하게 하며 교육하는 것과 같다고 말할 수 있겠다. 생명을 가진 존재에게 가장 중요한 생명과 멸망에 대한 가르침이 필요했다는 이야기다. 그러나 이런 분석조차도 더 깊은 하나님의 의도와 비교할 때는 여전히 알 것을 다 알지 못하는 부족함만 드러내는 것이다. 그에 대해서는 이후에 전개되는 본서의 내용 가운데 보충 설명이 될 것이다.

이단과 사이비한 자들은 생명 나무와 선악 나무를 함께 언급하면서 정통교회와 다르게 해석한다. 그러나 그들은 성경 해석에 무지하여 교주의 인위적인(자기 생각대로) 가르침을 따라 정말 말이 되지 않는 비유라든지 알레고리 한 해석을 동원하여 어리석은 인생들을 가스라이팅하며 이용하는 실정이다. 신천지예수교증거장막성전은 생명 나무는 하나님이, 선악 나무는 마귀가 만들었다고 주장한다. 그리고 생명 나무와 선악 나무를 비유로 해석한다. 신천지에서 생명 나무는 하나님과 하나님의 말씀을 전하는 목자들, 선악 나무는 마귀와 마귀의 말을 전하는 목자들이라고 말한

다. 다음은 신천지의 해석이다.[36]

"이 선악을 알게 하는 나무도 사람을 상징하고 있다는 전제하에 살펴보자. 이 나무가 서 있는 곳은 동산의 중앙이었다.… 이러한 사실들로 미루어볼 때 선악을 알게 하는 나무가 동산의 중앙에 있었다고 함은, 그가 바벨론 왕이나 두로 왕처럼, 에덴동산에서 매우 중요한 위치를 점유하고 있는 중심인물이었음을 강력히 시사해주는 말이다."

기독교복음선교회(JMS)도 생명 나무와 선악 나무를 비유로 풀고 있다.[37]

"그렇다면 아담을 생명 나무로 비유하였을진대, 선악을 알게 하는 나무는 누구를 비유하여 가리킨 것일까. 아담 앞에 하와밖에 없었으니 그것은 두말할 필요도 없이 상대 기준이 되는 하와를 두고 말한 것이 틀림없다. 남자를 생명 나무라 칭하였고, 하와를 선악을 알게 하는 나무로 칭했던 것이다. 역사적으로 하와가 생명 나무인 아담보다 먼저 타락하자 선악 나무라고 표현한 것이다."

사람에게 허락된 자유의지로 인해 죄가 들어왔다는 인식에서 자유란 무엇인가를 생각하게 한다. 자유(自由)는 타인의 임의적인 의지와는 상관

---

36 성경의 1급 비밀인 '생명 나무와 선악 나무의 실체'를 신천지 공식 유튜브 채널에서 방영했다고 일간투데이를 통해 전했다. 일간투데이(http://www.dtoday.co.kr), 2022.05.31.

37 김주원, "이단에 오용되는 '생명 나무와 선악 나무'", 2021.02.08. 국민일보.

없는, 독립적인 어떤 것이다. 자유는 타인을 통해 내 생각과 말, 행위가 영향을 받고 결정되는 속박(束縛)과 대조된다. 자유는 두 종류로 나누어 설명되는데, '부정적 자유'는 외부의 압박이나 간섭이 없는 행동이고, '긍정적 자유'는 자신의 운명을 스스로 결정하는 자유, 곧 자기 삶의 주인이 되는 자유를 이른다. 자유의지는 절제의 힘으로 균형을 잡는다. 자유는 한 개인의 깊은 생각과 그 생각을 실행하겠다는 의지, 그리고 실제 행동으로 옮겼을 때 동반되는 다양한 결과를 감수할(책임질) 때 생성된다. 그런 맥락에서 창세기에 등장하는 '선악과' 이야기는 사람의 자유의지에 관한 숙고이기도 하다.[38]

성경 기록에 의하면 최초의 사람인 아담과 하와가 '선과 악으로 상징되는 지식(知識)의 나무'에 달린 열매를 따 먹는다. 이 행위는 하나님(창조주 신)에 의해 만들어진 피조물인 사람이 자기에게 허락된 자유의지(권리)에 기초해 결정하고 행동으로 옮긴 첫 행위다. 사람은 이 행위를 통해 하나님으로부터 독립하려는 야망을 선포한 셈이 되었다. 하나님은 자기가 만든 사람이 끝까지 하나님을 사랑하며, 의지하며, 순종하여 영생을 얻고 복을 누리는 존재가 되길 바라셨다. 그러나 사람은 스스로 선악과를 취함으로써 독립적이며 자기가 자기를 책임지는 신과 같은 존재가 됐다. 세상에서 자기가 자기의 삶을 책임져야 하는 대상은 대표적으로 고아와 과부

---

[38] 어떤 이는 "자유의지"라는 말이 성경에 없는데 철학을 도입하여 교리를 만들었다고 비판하는데, 이런 비판은 지나치게 문자에 얽매여 정당한 사고를 방해하는 왜곡된 생각이다. 하나님은 사람에게 생각할 수 있는 능력과 이름을 지을 수 있는 능력, 그리고 선택(결정)할 수 있는 능력을 주셨다.

다.³⁹ 그러나 하나님 나라는 개개인의 독립적 존재로 자기 소견에 좋은 대로 독립적 존재로서의 자유를 구가하는 나라(민주주의 체제)가 아니라, 그리스도를 머리로 하여 하나로 연합되는 나라(Theocracy)를 세우는 것이 궁극적 목표이다. 이제 사람의 일생을 요동치게 만든 선악 나무에 관한 주제를 시작해보자.

하나님이 만드신 에덴동산 안에는 처음부터 보기에 아름답고 먹기에 좋은 나무들을 자라게 하셨다고 한다. 그렇다면 그 나무들 가운데 선악 나무도 포함되는가?

"여호와 하나님이 그 땅에 <u>모든 나무가 보기에 아름답고 먹기 좋게</u> 자라게 하시니, 동산 중앙에는 생명 나무와 선악의(선하고 악한) 지식 나무도 있더라"(창 2:9)

3978	2896	4758	2530	6086	3605	127	4480
לֶאֱכֹל	וְטוֹב	לְמַרְאֶה	נֶחְמָד	עֵץ	כָּל	הָאֲדָמָה	מִן
전.명남단	접.형비단	전.명남단	동넓분수	명남단	명남단연	관.명여단	전
먹기에	좋은	보기에	아름다운	나무가	모든	그 땅	으로부터

만일 생명 나무나 선악 나무가 모두 보기에 아름답고 먹기에 좋은 나무였다면, 아담이 먹고 싶은 유혹을 견뎌낼 수 있었을까 하는 의문이 생

---

39 배철현, "성경 선악과 이야기는 오히려 사람의 독립선언인 셈이다", 생글생글 628호, 2019.04.15. ; 성경은 의지할 대상이 없는 고아와 과부와 나그네를 불쌍히 여기시는 하나님에 대해 자주 언급한다(신 10:18; 14:29; 16:11, 14; 24:19; 시 146:9; 렘 7:6; 22:3; 슥 7:10; 약 1:27).

긴다. 보지도 말라고 금하신 것은 아니기에 "보기에 아름답고"에 걸릴 일은 없었겠으나 "먹기에 좋은"이라는 묘사는 먹고 싶은 욕망에 관한 충동을 과연 견뎌낼 수 있었을까 하는 생각은 든다. 그렇다면 그 가운데 하나를 콕 집어서 이 나무는 먹지 말라고 명하신 것은, 반드시 먹어야만 살 수 있도록 만들어진 사람의 처지에서 생각할 때 너무 가혹한 명령은 아닐까. 먹으면 왜 죽는지에 대한 설명도 없이 먹으면 무조건 죽는다고 하면, 협박성 경고 내지는 명령이라고 느끼기 때문이다.

그리고 하와가 뱀의 말을 들은 후 선악과를 바라보고 든 생각을 묘사한 3:6과 비교하면, "탐스럽다"가 추가되었을 뿐 나머지 묘사는 처음에 말씀하신 내용과 크게 다르지 않은 구조로 기록되어 있다.

6086	2530	5869	1931	8378	3588	3978	6086	2896
עֵץ	וְנֶחְמָד	לְעֵינַיִם	הוּא	תַאֲוָה	כִּי	לְמַאֲכָל	עֵץ	טוֹב
관.명남단	접.동닢분능	전.관.명여쌍	형대지남단	명여단	접.접	전.명남단	관.명남단	형비단
그 나무	아름다운	보기에	그것이	탐스러운	왜냐하면	먹기에	그 나무	좋은

***사역**; 그 나무는 먹기에 좋은 나무다. 왜냐면 그것이 보기에 탐스럽고 아름다운 나무이기 때문이다.

여기서 "보암직"이라고 번역한 것은 "안목의 정욕"을 묘사한 것이다. "탐스러운"으로 번역된 '네ㅎ마'(하마드, 2530)는 "아름다움, 심히 사랑받는 자, 소망하다" 등의 의미. 그래서 오히려 2:9에서처럼 "아름다운"으로 번역하는 것이 더 낫다고 생각한다. 육신을 가진 사람이 가장 많이 추구하는 기준이 바로 이 하와의 시각에 잘 나타난다. 이것은 오늘날도 사람 대다수를 지배하고 있는 기본적인 본성이다. 현재 세상을 보라. 이것 외에 다른 것이 있는지 확인해보라. 먹고, 보고, 탐내는 일 외에 무엇이 있는가(요일 2:16). 이런 모든 인생의 기저(基底)에는 "이생의 자랑"이 깔려 있다. 이 모든 것을 종합하여 성경은 노아의 때와 롯의 때와 같은 인생의 삶의 모습이라고 지적한다(마 24:37-44; 눅 17:26-30). 그리고 그런 일이 세상에 만연되고, 그런 세상 중심(육신 중심, 사람 중심)의 시대정신이 인생의 전반을 장악하여 다른 일에 신경 쓰지 못할 때, 주께서 심판 주로 다시 오신다고 예언하고 있다.

1) 선은 하나님 한 분뿐이시다.

하나님이 선이라는 개념은 성경 자체에서 증거 하는 내용을 따라 이해한 것이다. 하나님은 "선하시다"[40]라고 말하고, 또 "선"이라고 정의한다(막 10:18; 눅 18:19). 이는 하나님이 말씀하시는 것, 곧 하나님이 "선하다"라고 말씀하시면 그것이 곧 선이라고 정의한다는 말이다. 이는 바꾸어 말하면 하나님의 선은 곧 하나님의 뜻이요 생각이다. 가라 하면 가는 것이 선이고, 오라 하면 오는 것이 선이며, 죽이라고 하면 죽이는 것이 선이고, 살리라고 하면 살리는 것이 선이다. 그런데 세상은 사람의 생각에 맞추어 하나님의 말씀을 재단하려고 한다. 이것이 악이다. 따라서 성경에서 가르치는

---

40   대상 16:34; 대상 5:13; 7:3; 시 106:1; 107:1; 118:1, 29; 135:3; 136:1; 나 1:7.

악이란 하나님의 말씀(뜻)을 거스르는 것이요, 반대하는 것이며, 사람의 생각으로 판단하는 것이다(사 55:8-9). 성경은 결코 윤리·도덕적인 기준의 잣대로 선·악을 구분하지 않는다. 성경에 사람이 세운 윤리·도덕과 같아 보이는 계명이 있는 것은 그것을 하나님이 명하셨기 때문에 '선'인 것이다. 따라서 사람이 정한 세상의 윤리·도덕의 기준과 다르다는 것을 알아야 한다.

뱀이 영특한 것은, 상대를 설득하는 일에 아주 탁월한 재능이 있는 귀재라는 것이다. 다만 그런 재능을 악한 일에 이용하는 것이 안타깝다. 뱀이 하와를 설득하는 일에 성공한 것은 그가 하는 말이 100% 거짓말이 아니었다는 점이다. 뱀은 입으로는 하나님을 언급하지만, 실제로는 아주 다른 대상처럼 취급했다. 그런데 이런 사실을 깨닫는다는 것은 정말 어렵다. 뱀은 분명히 "하나님이 …말씀하시더냐?"(창 3:1)라며 내레이터가 언급한 하나님과 다른 하나님을 언급했다. 이를 누가 쉽게 눈치챌 수가 있을까? "여호와 하나님"과 "하나님"은 얼마든지 다른 대상을 가리킬 수 있기 때문이다. 왜냐면 뱀이 언급한 "하나님"은 일반 우상(신들)에게도 적용할 수 있는 신의 개념인 데 반해(출 20:3),[41] "여호와 하나님"은 하나님의 고유명사(여호와)가 들어가 확실하게 구별된다(출 6:2-3; 사 42:8).[42] 왜 성경이 이렇게 다

---

41 출 20:3-5을 살펴보면 "다른 신"(엘로힘)으로 번역된 부분과 "여호와 하나님"을 분명하게 구별하여 묘사하는 것을 확인할 수 있다. 특히 "여호와 하나님은 질투하는 하나님"이란 표현에서도 하나님을 '엘로힘'이라고 하지 않고 '엘'이라고 묘사한 것을 보아도, 얼마나 하나님 호칭에 대해서 예민하게 생각하는지 짐작할 수 있다.

42 창 28:13; 출 15:3; 20:7; 삿 6:10… 등.

르게 묘사했을까를 생각해야 한다. 우리가 섬기는 대상부터 왜곡시키는 이 간사한 혀를 분별할 수 있어야 미혹 당하지 않는다. 이단의 대부분이 이런 뱀의 혀를 가진 자들이다. 그들은 하나님을 자기들의 교주들로 바꾸어 버리는 교활한 악을 행하지 않는가. 그런 뱀의 언술에 넘어간 하와는 똑같이 뱀의 말을 따라 한다(창 3:3). 뱀에게 미혹된 하와의 말을 아담 또한 아무런 의심 없이 받아들이는 것을 보라. 소경이 소경을 인도하면 둘 다 구덩이에 빠진다는 진리를 잘 대변하는 사건이 아닌가(마 15:14). 이게 무섭다. 상대가 하는 말의 진의를 세밀하게 파악하지 못하면, 그냥 상대의 말을 분별하지 못하고 답습하여 신뢰하며 따르게 된다. 이것이 또한 사람의 약점이요, 그런 사람들의 모임인 대중의 약점이다. 음흉한 자들은 항상 이런 군중심리를 잘 알고 이용한다(정치인, 연설가 등).

뱀은 하와와 주고받는 대화 가운데 그녀가 하나님의 말씀에 대한 지식이 부족하다는 것을 간파했고, 또 하나님의 엄한 심판에 대한 개념도 없다는 점을 간파하고, 아예 선악의 개념 자체를 뒤집어버린다. 그래서 더 강하게 "네가 결단코 죽지 않는다", 그리고는 오히려 "네가 하나님 같이 된다"라는 식의 강력한 메시지를 연이어 던져 하와의 생각을 점령했고 굴복시켰다. 선악이 뒤집어진 것이다. 즉 하나님의 말을 듣는 것이 악이고, 뱀의 말을 듣는 것이 선이라는 식이 되어 버린 것이다. 바꿔말하면 너를 진정 위하는 자는 나 뱀이고, 너를 이용하는 자는 오히려 네가 믿고 따르는 (악한) 하나님이라는 말이다. 성경은 이렇게 선과 악을 바꾸는 일에 대해 이미 엄히 경고했다(사 5:20). 또 스스로 "지혜롭다" 하고 "명철하다" 하는 자(대표적으로 사탄, 용, 뱀)는 화가 있을 것이라고 경고하셨다(사 5:21).

2) 악은 영계(천상의 세계)에서 먼저 발생했다.

선과 악의 시작에 대해서는 성경이 명확하게 알려 주고 있다고 생각하는데, 사람이 타락하기 이전에 악은 이미 있었다. 이는 이원론을 말하는 것이 아니라 성경이 명확하게 밝히지는 않지만, 사람이 거주하는 인간계로 구분할 수 있는 지구 안으로 영계에서 발생한 악이 침투해 들어온 것으로 설명하고 있다는 의미다. 우주 안에서 작동하기 시작한 악이 아담과 하와의 불순종을 틈타 이 세상에 들어왔다고 창세기는 전한다.

성경에 사람의 타락 과정처럼 자세하게 기록하지는 않고 있지만, 사실상 피조 세계에서 반역과 타락이 먼저 일어난 곳은 영계라는 점을 암시하고 있다. 곧 영들의 세계인 천상에서 타락이 먼저 일어났다는 이야기다. 이에 대한 증거를 찾자면 사람이 타락하도록 미혹한 대상을 사탄으로 설명하고 있다는 점이다. 악은 하나님의 말씀을 거스르고 대적하는 것으로 정의한 바 있는데, 그같이 하나님의 말씀을 거스르고 대적하도록 유혹하고 충동질하는 자체가 악의 근원인 사탄이 사람에게 가만히 접근하여(어리석은 여자, 참고. 딤후 3:6) 미혹함으로 악이 세상에 들어왔다는 것을 보여 준다.[43] 따라서 악은 처음부터 사람 자신의 의지로부터 시작된 것이 아니고 (하나님은 사람을 선하게 지으셨다. 창 1:31) 사람 밖에서 들어온 것이며, 그 일에

---

43   미련한 여자들(상징적 용어)은 항상 배우는데도 불구하고 결코 진리를 아는데 이르지 못하는데, 그 이유는 그들이 미련함에 눌려있고, 잡다한 욕망에 사로잡혀 있기 때문이다. 그래서 분별력이 필요하다(요 7:17)는 사실에 대해 몇 번 강조해도 부족하다. 이런 자들 가운데 대표적으로 얀네(조롱하는 자)와 얌브레(지혜로운 자) 같은 자가 있다고 한다(모세를 대적한 애굽의 마술사들).

뱀이 이용된 것이다. 그래서 마귀를 향하여 그는 "처음부터 살인한 자"라고 정죄하고 있다(요 8:44). 어떤 이는 뱀을 사탄이라고 이해하는 일에 반대한다. 뱀은 실제 뱀이 아니라고도 주장한다. 어찌 됐든지 간에 성경이 뱀을 사탄이라고 분명하게 말하고 있기에(옛 뱀, 계 12:9), 뱀이 상징이든, 화신(化身)이든, 아바타이든 간에 뱀이 사탄과 아무런 관계가 없다고 옹호한다면, 그 사람이 사탄의 종이 아닌가 의심된다.[44]

창세기의 흐름을 따라가 보면, 사람을 위한 선악은 하나님이 친히 결정해주셨다(창 2:18). 하나님이 먼저 사람에게 적합한 환경을 생각하시고 가장 좋은 것으로 그들에게 허락하셨으며, 좋지 않은 것은 금하셨다. 그러나 뱀은 이런 성경의 중심 주제에 대하여 정면으로 도전했다. 선악과 문제에 대한 선악의 접근도 하나님이 정하신 기준을 따르지 않고, 사람의 자율적인 선택의 자유를 기준으로 선악을 결정할 수 있는 것처럼 유도했다.[45] 사실 사람의 행복은 "하나님처럼" 되는 것에 있지 않고, "하나님과 함께하는" 데 있다는 사실을 알아야 했는데, 아담과 하와는 처음 창조된 자들이기에 그런 진리를 깨닫기에는 너무 어렸고 경험도 일천(日淺)했다. 그래서 성경은 "지혜에는 어린아이가 되지 말라"(고전 14:20)고 권면하는 것이다.

---

44 참고적으로 신천지에서는 줄기차게 뱀의 상징석 의미(사람이라고)를 주장한다. 이는 창세기 시대의 해석이라기보다는 "현재의 생각(혹은 개념)을 창세기 당시에 적용하여 해석하는 논리 비약이며 무리수"이다. 그들은 뱀이 어떻게 사람과 소통하는 말을 할 수 있느냐는 반론을 제시한다. 그야말로 인간 생각에 사로잡힌 자들이다.

45 김정우, 「구약 통전 상」, (서울: 이레서원, 2005), 368.

3) 세상에 악이 침투했다.

분명 악이 이 세상에 만연하게 된 것은, 변명의 여지 없이 아담과 하와의 불순종으로부터 출발했다. 먼저 하나님이 아담과 맺은 첫 언약 속에는 이미 악의 가능성에 대한 염려가 들어 있었다(창 2:16-17). 냉소적으로 말하자면, 에덴동산에 영리하고 악한 존재가 침투하여 들어왔으며, 그 간교한 존재(뱀)는 처음 사람 아담과 그 동반자 하와의 특성을 잘 알고 있었다. 즉 이 세상 악의 시작은, 악한 자(사탄)에게 이용당한 영리하고 교활한 존재 뱀과 처음 사람 아담과 그의 협력자 하와에게 부여된 자유의지의 부산물이요 합작품이었다. 자유의지를 필요악으로 말하자는 것이 아니다. 첫 사람 아담과 하와가 받은 자유의지란 인격적 선물이 어떻게 악이라는 씨앗을 세상에 뿌리는 일에 결정적인 역할을 하게 되었는가 하는 논쟁은, 기독교 역사에 있어 칼빈주의와 웨슬리-알미니안 주의 논쟁으로 지속되어 왔다. 하지만 악의 존재는 차원 자체가 달랐다. 악의 존재 자체는 이미 아담 이전에도 있었다. 그런 의미에서 아담과 하와의 타락이 악의 본질은 아니라고 말할 수 있다. 어거스틴은 "하나님께서 사람이 죄를 짓고 타락할 것이라는 사실을 알고 계셨다"라고 말한다.[46] 이는 성경이 가르치는 사실이다. 에베소서 1:4-5에 보면, "창세 전에 그리스도 안에서 우리를 택하시고 예정하셨다"라는 말씀이 그 증거다. 택하신 자에게 베풀어지는 모든 은혜와 사랑의 혜택이 하나님이 사랑하시는 자 곧 **예수 그리스도 안에서** 계획되었고 이루어지는 일이라고 선언하고 있다. 이 가르침에는 분명한 기준점

---

46   조덕영, "악은 어떻게 시작되었는가?", 크리스챤투데이, 2015.10.07.

이 있다. 그것은 "그리스도 안에서"란 근거와 기준이다. 그렇다면 하나님이 우리를 택하시고 예정하시는 일에 그리스도가 왜 등장해야 하며, 왜 필요한가? 사람의 타락과 죽음을 허용하셨고 처음부터 그리될 줄 아셨기 때문이다. 전지전능하신 하나님의 계획 속에는 사람의 타락을 이미 아셨고(허락하심), 타락하여 멸망의 자리에 들어간 자들 가운데 하나님의 기뻐하시는 뜻대로 선택과 예정을 입는 자들이 있을 것이며, 그들을 구속하기 위해 그리스도를 예정하셨다는 논리적인 결과가 따른다(타락 후 선택설).[47]

아담과 하와의 불순종으로 인한 타락과 추방 이후, 세상은 죄로 물들기 시작했고 악은 세상에 폭넓게 흩어지고 범람하기에 이르렀다. 본래 하나님은 사람을 선하게 창조하시고 생육-번성-충만-정복-다스림의 5복을 주셨는데, 어이없게도 악한 자에게 점령당해(벧후 2:19, 영적 전쟁에서 진 결과) 역으로 악이 생육-번성-충만-정복-다스리는 현상이 벌어진 것이다. 인류 최초에 나타난 악은 대단히 강력한 기세로 온 세상을 물들였다. 그

---

[47] 타락 후 선택설이 교회 신앙고백서에 더 많이 진술되었어도, 타락 전/후 선택설이 개혁교회 안에 둘 다 인정되어왔다는 것은 잘 알려진 사실이다. 타락 후 선택설에 대해 좀 더 자세히 알고 싶은 독자는 필자의 책도 참고하라. 구자수, 「때를 따르는 양식」, (인천: 헤이스, 2017), 138-144. 도르트 회의 참석자들은 대부분 타락 후 선택설 입장을 가지고 있었다. 불링거의 타락 후 선택설은 단순한 신적 예지의 대상으로 포함시킨다. 화란의 개혁주의도 불링거의 견해를 옹호했다. 바빙크는 개혁주의 내에 있었던 타락 전/후 선택설의 입장을 평가하고, 둘 중 어떤 특정 입장에 서지 않고, 자신의 입장인 '유기적 순서'(organische orde)를 제안했다. 바빙크는 두 설의 차이는 단지 작정의 순서에 관한 것으로 후택설은 역사적이고 인과적 순서를 강조하고, 전택설은 이상적이고 목적론적 순서를 강조한다고 한다. 두 설이 서로 적대적이라기보다는 강조의 차이를 지니고 있다고 분석한다. 헤르만 바빙크, 「개혁주의 신론」, 이승구 옮김, (서울: 기독교문서선교회, 1998), 554.

과정에 대한 성경의 묘사는 노아 시대에 전 세계적인 홍수 심판을 불러왔고, 이후에 새롭게 시작한 이후의 인류도 바벨탑을 세우는 반역을 범하다가 또다시 흩어지는 심판을 받는 등 악순환의 연속이었다. 따라서 창세기 3-11장에 걸친 인류의 반역은 온 세상에 만연된 죄악의 결과를 여실히 보여준다. 간략한 죄악의 역사를 기록하는 형식을 띠었지만, 그 진행 과정은 절대 그리 단순하지 않다. 하나님 앞의 불순종과 의심과 악의 행동이 거의 동시에 나타나는가 하면, 부끄러움, 수치심, 혼란, 두려움, 갈등, 핑계, 남 탓(심지어 하나님 원망까지), 약속의 땅에서 추방 등이 연이어 일어났다. 그 이후에도 생태계의 변화, 전쟁, 고통, 갈등, 살인 등 끊임없이 악으로 인한 열매들이 범람하였음을 성경은 고발하고 있다. 이렇게 악은 장려하지 않고 막아도 오히려 우후죽순처럼 세상에 퍼져 세상을 완전히 장악했다고 성경은 밝히 드러내고 있다(요일 5:19; 참고, 창 3:18). 사람은 스스로 악을 고민하고 성찰하고 판단하고 대처할 마음도 능력도 전혀 없어, 브레이크 없이 질주하는 열차같이 멸망의 구렁텅이를 향해 폭주하고 있는 형국이었다. 여지없이 사람은 죄의 종이 되어 무력하게 멸망의 나락으로 떨어지고 말았다. 이상이 구약성경이 밝히는 악이 장악한 현실이며, 사람이 사는 세상의 전모(全貌)다.

그 외에도 세상에서는 세상의 악에 대해 "악의 평범성"(Banality of evil)[48]

---

48 독일계 미국인 정치철학자 '한나 아렌트'가 1963년 저작 『예루살렘의 아이히만』에서 제시한 개념이다. "악의 평범성"이란, 모든 사람이 당연하게 여기고 평범하게 행하는 일이 악이 될 수 있다는 개념이다. 홀로코스트와 같은 역사 속 악행은 광신자나 반사회성 인격 장애자들이 아니라 국가에 순응하며 자신들의 행동을 보통이라고 여기게 되는 평범한 사람들에 의해 행해진다고

을 제기하는 등 악에 대한 성찰 또한 지속되었다. 한나 아렌트는 예루살렘에서 있었던 독일의 전쟁 범죄자 아이히만의 재판에 대해 보고하면서 '악의 평범성'에 대해 언급했는데, 이는 어떠한 이론이나 사상을 의도한 것이 아니라 단지 아주 사실적인 어떤 것, 엄청난 규모로 자행된 악행의 현상을 나타내고자 하였다.[49]

> 이 악행은 악행자의 어떤 특정한 약점이나 병리학적 측면, 또는 이데올로기적 확신으로 그 근원을 따질 수 없는 것으로, 그 악행자의 유일한 인격적 특징은 아마도 특별한 정도의 천박성이라고 할 수 있을 것이다. 그 행위가 아무리 괴물 같다고 해도 그 행위자는 괴물 같지도 악마적이지도 않았다. 그리고 재판과정에서 또 그에 앞서 있었던 경찰심문에서 보인 그의 행동뿐만 아니라 그의 과거에서 사람들이 탐지할 수 있었던 유일한 특징은 전적으로 부정적인 어떤 것이었다. 그것은 어리석음이 아니라 흥미로운, 사유의 진정한 불능성이었다. 그는 한때 자기가 의무로 여겼던 것이 이제는 범죄로 불리게 되었다는 사실을 알았고, 그래서 그는 이러한 새로운 판단의 규칙을 마치 단지 또 다른 하나의 언어규칙에 불과한 것처럼 받아들였던 것이다.

21세기를 사는 현대의 우리는 어두움이 전 세계를 삼키고 있는 시대를 살아가고 있다고 결론 내리지 않고서는 견디기가 어려울 정도다.[50] 한

아렌트는 주장했다.
49 한나 아렌트, 「예루살렘의 아이히만」, 김선욱 옮김, (서울: 한길사, 2022).
50 리처드 J. 번스타인, 「우리는 왜 한나 아렌트를 읽는가?」, 김선욱 번역, (서울: 한길사, 2018), 19.

나 아렌트가 악의 평범성에 대한 주제를 다룰 때, "단지 자기가 무엇을 하고 있는지 결코 깨닫지 못한 것"이라는 표현은 아이히만이 맹목적으로 행동했다는 뜻이 아니다. 아이히만은 유대인들을 강제수용소와 죽음의 수용소로 이송하는 데 능수능란했다. 그러나 그는 희생자의 관점에서 사물을 보는 상상력을 결여했다.[51] "악의 평범성" 개념은 오늘날에도 여전히 적실성이 있다.[52] 왜냐면 끔찍한 악행을 범하기 위해서는 괴물이 되어야 할 필요가 없다는 사실을 직면할 필요가 있기 때문이다. 사람은 얼마든지 평범한 이유에서 악행을 범할 수 있다고 주장하는 것은, 오늘날 우리가 살아가는 현실을 직면하는 일이다. "슬픈 진실은, 선해지려고도 혹은 악해지려고도 마음먹은 적이 없었던 사람들이 최악의 일을 벌인다는 점이다."[53] 이런 사실은 사람 안에 악이 얼마나 보편적으로 내재 혹은 확산되어 있으며, 이제는 외부에서 악의 침투를 통해 악해지는 행동을 하는 것이 아니라, 사람 자체가 악한 존재라고 증명하는 것이다(마 15:18-20; 갈 5:19-21). 하나님의 형상대로 만들어졌던 최초의 인류가 하나님이 금하신 선악나무를 선택한 결과, 이렇게 존재 자체를 악한 존재로 바꾸어 놓았다는 결과가 참으로 우리를 슬프게 한다. 그리고 변명의 여지가 없게 만드는 악한 인류 역사의 증거들이 산더미 같다.

---

51 앞의 책, 96.
52 최근 이슈가 되고 있는 한국영화「콘크리트 유토피아」도 같은 주제를 다룬다.
53 리처드 J. 번스타인, 103.

2. 선과 악

선악은 절대 사람의 생각이나 판단을 기준으로 정할 수 없다는 사실부터 먼저 알아야 한다. 사실 신(하나님)이 되려고 했던 사람의 생각 자체가 악이라고 성경은 증거 하기 때문이다(창 8:21; 롬 8:6-8). 물론 그 악은 사탄(뱀)으로부터 미혹을 받을 때 사람의 생각 속에 심어진 것이다(참고. 요 13:2). 선악의 기준은 철저하게 하나님 보시기에 어떠하냐에 따라 좌우된다. 요약하자면 하나님 보시기에 선하다고 하면 그것이 선이고, 하나님 보시기에 악하다고 하면 그것이 곧 악이다. 이런 정의를 사람이 인정하든지 안 하든지 그것이 성경이 제시하는 진리다.

1) 선과 악의 기준

자연주의적 시각으로 볼 때, 자연에서 선과 악을 구분한다는 자체는 의미가 없는 일이다. 하나님이 만드신 만물을 보시고 선하다고 하신 것은 하나님이 보시기에 그렇다는 이야기다. 그런데 오늘날 사람의 시각으로 악어는 포악하고 양이 순하다고 여기는 것은, 사람의 눈으로 그들을 바라보며 판단하는 시각이다. 그들은 짐승의 본능대로 살기 위해 그리하는 것뿐이다. 달리 말해서 살고자 그런 행위(약육강식)를 하는 것이란 이야기다. 악어를 비롯한 강한 육식 동물들은 하나님이 창조하실 때부터 그런 특성(본성)을 받아 창조된 것이고, 그 특성을 따라 사냥해야 자기들의 생명을 유지한다. 하나님의 창조 원칙에 따라 종류대로 창조하신 것이다. 그냥 심심해서 다른 생물에게 해를 끼치려고 그렇게 행동하는 것은 절대 아니다. 그런데 문제는 그래서는 안 되는 사람이 그런 자연의 순리를 따라 짐승처럼 약육강식의 정신에 물들어 버린 행동을 한다는 것이 사람으로서의 존귀함을 버리고 짐승처럼 된 것이라고 성경은 지적한다(시 49:20).

따라서 선과 악은 어떤 가치에 의해 결정된다. 그러나 자연 그 자체에는 사람이 생각하는 그런 선악의 가치가 존재하지 않는다. 나무나 돌의 가치는 그것을 이용하는 생물에게만 가치가 있는 것 아닌가. 사람과 마찬가지로 모든 생명체는 자신들의 눈으로 가치를 매긴다. 비유하자면 사람의 삶에 돈은 가치 있는 것이지만, 말똥구리에게는 말똥이 더 가치가 있는 것과 마찬가지다. 사람 사회에 도덕적인 선악이 존재하는 이유도 도덕이 사람과 사회의 존속에 도움이 되는 가치이기 때문이다. 그런 의미에서 본다면 일반적인 선과 악은 존속의 유리함과 불리함에 바탕을 두고 있다. 도덕은 절대적 존재의 창조물이 아니라 사람 사회의 존속에 필요해서 만들어진 것이라고 할 수 있다. 따라서 모든 생명체에게 선악의 기준은 결국 자기 존속에 필요한 것으로 정의된다. 존속에 부합하는 것은 선이고, 이에 반하는 것은 악이다. 생명체에게 존속에 유리하고 불리한 것을 가릴 수 있는 가장 근원적인 기준은 기쁠 쾌(快感)와 소통의 통(通)이다. 이로부터 좋고 싫음, 옳고 그름이 생겨난다. 사람에게 즐거움을 주는 것, 좋은 것, 이익이 되는 것, 옳은 것이 곧 선으로 인식된다. 이와 반대로 자기에게 손해가 되고 존속에 해를 끼치는 모든 것은 악이 된다.[54] 결국 모든 피조물이 자기를 기준으로 선악의 기준을 세운다는 결론이다. 따라서 사람이 자기 기준으로 선악을 판단하기 시작한 때가 선악과를 먹은 이후라는 사실을 밝히는 사건이 창세기 3장에서 사람이 선악과를 먹은 일이다.

    기독교적인 시각에서 죄가 죄로 규정되려면, 반드시 무엇이 "선"이고 무엇이 "악"인지 분명한 기준이 있어야 할 것이다. 성경은 선과 악을 어떻게 규정하고 있는가? 성경은 하나님을 '선(善)' 자체로 규정하고 있다. 하나님께서 사람이 세상에 존속하는 일이 필요해서 어떤 도덕적 가치를 따라 선과 악을 규정하셨기 때문에 선과 악이 구분된 것이 아니다. 하나님의 속성과 부합하지 않는 것은 다 악하다. 이것을 명문화한 것이 율법이요, 십계명이다. 율법이란 단순히 "하라"와 "하지 말라"를 규정하는 문제가 아니라 하나님께서 "기뻐하시는 것"과 "기뻐하지 않는 것"이라고 이해하는 것이 더 적절하다. 하나님이 보시기에 좋은 것이 선이고 하나님이 보시기에 나쁘면 악이다. 이 말은 선과 악이 윤리·도덕의 문제 이전에 존재 방식의 문제를 구분하고 있음을 알게 한다. 그런데 사람이 타락하면서 죄가 생겼다. 죄란 사람이 스스로 하나님 보시기에 악한 것을 선택하고 추구했다는 말이다. 선악을 알게 하는 나무의 실과를 따먹은 결정과 행동이 그것이다. 이는 윤리의 문제 이전에 하나님께서 보시기에 옳지 못한 행동을 사람이 추구했다는 의미이다. 이것을 다른 말로 하나님의 뜻에서 벗어난 반역을 했다고도 한다. 태초의 인류는 하나님이 설계하신 존재 방식에 합

---

54   미국 대통령(부시)이 나눈 '악의 축'이 사람이 판단하는 대표적인 선악의 기준의 예라고 할 수 있다(2002.01.29.).

치하지 않는 행동을 하게 된 것이다. 이것이 악한 것이다.

여기서 죄(악)의 문제를 좀 더 세밀하게 다루고 넘어가는 것이 필요하다고 생각한다. 왜냐하면 이제 아담과 하와가 하나님의 말씀을 거역하며 열매를 먹음으로 죄인으로 정죄되는 국문의 과정이 발생하기 때문이다(창 3장). 그래서 먼저 성경이 가르치는 선과 악에 대한 부분을 다루고, 계속되는 선악 나무의 문제를 이어가기로 하자.

2) 성경이 말하는 선

하나님은 선하시다.[55] 따라서 선하신 하나님이 보시기에 어떠냐가 선과 악을 가름하는 기준이 되는 것은 당연하다. 이 기준을 가지고 하나님이 선하다고 여기신 것들이 무엇인지 살펴보자. 창세기 1장의 천지창조를 통해 그 면면이 드러난다.

첫째 날, 하나님은 "빛이 있으라"(창 1:3)라고 말씀하심으로 빛이 있었다고 하며, 주님은 그 빛을 보시고 "선했다"(토브)라고 하셨다(창 1:4). 흑암(어두움, 호쉐크)은 이미 있었으므로(창 1:2) 빛을 창조하시며 빛과 어둠을 나누시고 각각 낮과 밤이라고 부르신다. 여기서 주의할 점은 하나님이 보시고 선하다고 평가하신 것은 빛이지 어둠이나 밤이 아니란 사실이다. 하나

---

55   대상 16:34; 시 106:1; 107:1; 118:1, 29; 135:3; 136:1; 나 1:7.

님께서 혼돈하고 공허에 싸인 땅이나 어둠이 심연의 표면 위에 있는 상태를 선하다고 하실 수 없는 것은 당연한 일이다.

둘째 날, 하나님은 물들의 한 가운데 궁창(공중의 하늘)이 있게 하셨다(창 1:8). 물은 둘째 날 만드신 것이 아니라 창세기 1:2절에서 이미 창조되었다. 하나님은 둘째 날 땅을 덮고 있던 물들 한 가운데(사이에) 궁창이 있게 하셨다. 여기서도 주목할 것은 궁창을 만드신 후, 궁창에 대해서 아무런 평가도 하지 않으셨다는 점이다. 첫째 날에 빛이 있게 하시고(빛은 보시기에 선했다고 평가하셨다), 그 후에 어둠과 빛을 구별하셨듯이, 둘째 날은 궁창이 있게 하시고(궁창을 보시기에 선하다고 하지 않으셨다), 그 후에 물에서 물을 나누셨다(창 1:6, 7). 곧 궁창 위의 물과 궁창 아래의 물로 나누었다. 주님은 첫날 빛을 보시고 좋아하셨지만, 둘째 날 궁창을 만드신 후에는 특별한 언급이 없으셨다. 주님은 빛을 만드시고 후속 조치(어둠과 빛을 나누어 낮과 밤으로 부르신)를 취한 후에 그것을 보시기에 선했다고 하시지 않고, 빛을 만드신 후 바로 그 빛을 보시고 선하다고 말씀하셨다(창 1:4上). 이같이 우리는 성경의 기록을 상세하게 살필 필요가 있다.

사람의 상식으로 하늘은 선망의 대상이다. 그런데 하나님은 그렇게 생각하지 않으시는 것일까? 성경에도 하늘에 대해 평가가 둘로 나뉜다. 하나님이 거하시는 선한 곳[56]이란 설명과 온갖 잡다한 영이 거하는 깨끗

---

56 시 115:16; 사 66:1; 마 6:9; 행 7:49. 유대인의 하늘 개념은 다층 구조로 나누이는데, 사도 바울이 다녀왔다는 삼층천은 선한 곳이다(고후 12:). 반면에 사탄이 쫓겨난 곳 일층천(공중)은 악한 자에게 장악된 곳(엡 2:2)으로 설명하고 있다(참고. 눅 10:18; 계 12:7-9).

Ⅱ. 선악 나무

하지 않은 곳(욥 15:15)으로 나뉜다. 그래서인지 둘째 날 창조를 마치신 후에는 보시기에 선했다는 평가가 일절 없다. 궁창(공중 혹은 일층천)은 사람들의 거처가 아니며, 높은 곳으로서 사탄이 하늘로부터 떨어져 역사하는 곳, 곧 공중의 권세 잡은 자의 처소로 소개하고 있다(엡 2:2; 6:12). 그러므로 하나님 보시기에 선했다고 말할 수 없는 이유가 있음을 미루어 짐작할 수 있다.

셋째 날에 하나님은 땅에서 풀, 채소, 과일나무가 나게 하셨다. 하나님은 그것을 보고 "보시기에 선"했더라(창 1:10)고 말씀하셨다. 넷째 날에 하나님은 하늘의 궁창에 존재하는 광명들을 만드셨다. 하나님은 그것들에 대해서도 "보시기에 선"했더라고 평가하셨다(창 1:18). 이어지는 다섯째 날에 하나님은 물에서 생명체들을 내라고 명하셨다. 하나님은 그때도 "보시기에 선"했더라(창 1:21)고 하셨다. 여섯째 날, 땅을 향하여 명하시기를 땅은 살아있는 생물을 내라고 명하셨다. 하나님은 그 창조된 생물들을 향해 역시 보시기에 선했더라(창 1:25)고 하셨다. 그런데 여기서 주의할 점이 있다. 여섯째 날은 하나님께서 자기의 형상과 모양대로 사람을 창조하셨다(창 1:26, 27). 이때 하나님이 보시기에 좋았더라고 한 것은(창 1:25), 사람을 창조하신 후가 아니라 땅이 낸 살아있는 창조물들(생물들)을 보시고 하신 말씀이란 사실에 주의해야 한다.

하나님께서 여섯째 날 "보시기에 선"했더라(창 1:25)고 말씀할 때, 하나님이 보신 대상에 사람은 해당 사항이 없다. 하나님은 땅에서 사람을 만들기 전에 이미 **"보시기에 선"**했더라고 이미 말씀하신 것이다. 사람을 만드신 후가 아니라 사람을 만들기 전에 "보시기에 좋았더라"라고 말씀하셨다. 하나님은 분명히 사람을 창조하신 후에 보시기에 선했더라고 말씀한 것이 아니다. 하지만 1:31에서 여섯째 날에 관한 종합적인 평가를 하실 때는 "지으신 모든 것이 보시기에 선했다"라고 언급하셨다. 이것은 한 사람의 견해나 이론이 아니라 창세기 1장의 기록을 통해 밝히는 진실이다. 창세기 1:28에서 6일 창조의 과정은 끝났다. 이후의 기록인 1:29-30은 사람과 동물에게 먹을 것이 무엇인지 말씀하신다. 따라서 이것이 여섯째 날 하나님이 하신 일의 전부가 아니다.

여섯째 날, 하나님은 동물을 만드신 이후에 사람을 만드셨고, 또 사람이 거주할 에덴의 동산까지 조성하셨다. 그리고 2:7-25까지의 말씀 역시 하나님이 일하신 여섯째 날의 기록이다. 그래서 1:26-30까지는 2:5-25과 연결해서 보아야 한다. 다시 말해서 창세기 1:31은 창세기 2:25 이후의 평가라는 이야기다. 창세기 2:25까지가 여섯째 날에 하나님이 행하신 창조 행위이기 때문이다. 그리고 하나님이 이것을 보시고 하신 말씀이 창세기 1:31이다. 하나님은 사람을 만드신 것, 낙원과 동산을 만드신 것, 아담에게 동물들을 데려오심으로 이름을 짓게 하신 것, 결혼제도를 세운 것, 아담과 이브가 벌거벗었지만 부끄러워하지 않는 것까지를 모두 보시고 하신 말씀이다. 사람의 창조에 관련된 모든 일에 대해서(창 2:5-25) 하나님은 "보라, 얼마나 선한가!"라고 감탄하시며 말씀하신 것이다.

하나님이 창조하신 내용을 다시 요약하여 정리하자면, 하나님이 땅의 혼돈과 공허한 상태나 물의 어둠이나 심연에 대해서는 "보시기에 선"했더라고 말씀하지 않으셨다. 그것들은 6일 창조 이전에 창조된 것으로 하나님 보시기에 선한 것이 아니기에 "보시기에 선했더라"라고 평가하실 수 없었다. 둘째 날 "궁창"을 만드신 후에도 마찬가지로 "보시기에 선했더라"라고 말씀하지 않으셨는데, 그도 그럴 것이 창세기 1:2에서 이미 땅과 물들의 상태가 선하지 않은 상태에서 그 물 사이를 벌려 궁창을(하늘, 공중) 만드셨기 때문에 선하다고 할 수 없었던 것으로 여겨진다. 하나님이 선히 여기시는 하늘은 삼층천이다. 그러나 궁창은 물과 물 사이에 놓인 장소로서 "공중"이라고 불리는 곳이다. 그곳은 신약에서 공중의 권세 잡은 자, 곧 사탄이 세력을 잡은 곳으로 알려진다. 성경은 바다(물들)도 마찬가지로 부정적으로 묘사한다. 바닷속 깊은 심연에는 '탄닌'이란 거대한 바다 동물이 사는 곳으로 묘사한다(창 1:21). 훗날 사탄은 하늘 전쟁에서 패하여 땅으로 쫓겨났다가 끝날에는 무저갱에 갇히고, 그리고 마침내 영원한 불 못에 떨어지게 되어 있다.

창세기 1:31의 내용이 "어둠, 깊음, 궁창"을 포함한 모든 것을 보시기에 심히 선했다고 해석하게 되면, 그것은 극히 모순이요 하나님의 신실하심을 의심하게 되며, 성경 기록의 진의를 오해하게 된다. 여섯째 날 하나님은 땅에서 생물들을 만드시고 "보시기에 선했더라"(창 1:25)라고 이미 선언하셨고, 이후에 사람을 지으시고 사명을 주시고, 에덴의 동산을 세우시고, 아담이 이름을 짓고, 여자를 만들어 짝짓는 결혼제도를 세우신 후에 하나님은 "자신이 만든 모든 것(여섯째 날 사람과 그와 관련된 모든 것)을 보시고, 보라! 얼마나 선한가!"(창 1:31)라고 기뻐하시며 평가하신 것이다. 따라서 창세기 1장 창조사건을 통해 이미 하나님이 선하다고 여긴 것들이 무엇인지 잘 드러나고 있다.

3) 성경이 말하는 악

성경이 가르치는 선악의 정의는, 하나님이 보시기에 선한 것이 바로 '선'이고, 그가 보시기에 선하지 않은 것이 바로 '악'이다. 세상의 시각으로는 받아들이기 어려울 것이다. 다시 말해서 성경이 말하는 선악의 기준이 도덕적인 기준이 아니란 이야기다. 성경은 사람이 처음 창조 때부터 악했다는 것이 아니라 하나님이 금하신 선악 나무의 열매를 먹은 이후부터 악해졌다고 선언한다. 따라서 하나님을 불순종하며 대적하는 것이 악이고, 순종하는 것이 선이다. 사람이 하나님께 불순종하는 이유가 자기의 태생이 피조물이며, 하나님은 창조주라는 이 한 가지 사실을 일부러 잊으려 하는 악한 생각에서 일어나는 일이 아닌가. 거기서 유물론(materialism, 하나님이 필요 없다는 이론)[57]인 진화론이 만들어진 것이고, 기독교의 하나님을 극구 반대하는 것이다. 그래서 성경이 말하는 하나님 중심의 선과 악은, 흔히 사람이 일반적으로 생각하고 판단하는 사람 중심의 도덕적 선과 악의 개념과는 많은 차이가 날 수밖에 없다. 그러니 사람이 신의 자리에 올라가 앉았다고 말하는 것이다. 이렇게 생각하니, 사람이 선하다고 생각하는 게 성경이 말하는 선이 아닐 수도 있고, 우리가 판단하기에 그른 것, 옳지 않은 것, 악한 것이 하나님의 시선으로는 꼭 그렇지 않을 수도 있다는 것을 알고 판단이나 정죄에 주의해야 한다(고전 4:5).

"악"(惡)으로 번역되는 여러 성경 구절 가운데 주된 것은 히브리어

---

[57] 물질주의(物質主義)는 만물의 근원을 물질로 보고, 모든 정신 현상도 물질의 작용이나 그 산물이라고 주장하는 이론이다.

'라'(나쁜, 악한)와 헬라어 '포네로스'(효과나 영향에 있어서 악한, 죄(복수), 마귀(남단), 악독(중단))와 '카코스'(천성적으로 악한, 타락한)가 있다. 이 외에도 "악"을 나타내는 단어들은 히브리어 '딥바'(민 13:32; 은밀한 행동으로의 중상모략)와 '아웬'(욥 15:35, 우상, 헛됨, 무가치함)과 '아인'(존재하지 않는), '짐마'(잠 21:27; 사악한 마음, 가증한 죄)와 '라솨'(시 140:8; 도덕적으로 악한, 불경건한), 그리고 헬라어 '에피뒤미아'(금지된 것을 욕망, 정욕)와 '카코포이에오'(막 3:4; 악을 행하다, 죄를 짓다) 등이다. 이 단어들은 모두 "나쁜 것"을 통칭한다. 하지만 단어의 뉘앙스가 서로 다르듯, 악은 그렇게 단순하지 않다. 사회적 악, 윤리·도덕적 악, 자연적 악, 육체적 악 등 모두 나쁜 것들이다. 즉 범죄, 죽음, 아픔, 고통, 지진, 해일, 홍수, 가뭄, 재앙, 질병, 고통, 가난함, 괴롭힘 등등이 모두 나쁘고 해로운 것들에 속한다. 심지어 성경은 여호와의 목전에 악한 것들[58]과 이웃과 관계에서 이루어지는 해로운 것들도 있음을 지적하는 등, 종교적·관계적 악들도 많다. 하나님을 떠남(대하 12:14)과 하나님의 언약을 어김(신 17:2), 하나님을 경외하지 아니함이 모두 '악'하다. 이들 광범위한 성경적 악의 개념들을 모두 신정론적 관점에서 설명하고 해석해야 한다는 것은 그 범위가 너무 광범위하다는 점에서 분명 딜레마다. 시편 기자는 무수한 재앙(악)이 나를 둘러쌌다(시 40:12)고 탄식하고 있다.[59]

하박국이 말하는 '악'은 도둑질이나 살인이나 강도나 전쟁과 같은 것이 아니다.

---

58   창 38:7, 신 4:25, 시 51:4.
59   조덕영, "악의 본질과 신정론", 성경과학창조세계관신학 2022. 6. 6.

"어찌하여 나로 **간악**(아웬)을 보게 하시며 **패역**(아말)을 목도하게 하시나이까 대저 **폭력**(쇼드)과 **강포**(하마쓰)가 내 앞에 있고 변론과 분쟁이 일어났나이다 (4) 이러므로 율법이 해이하고 공의가 아주 시행되지 못하오니 이는 **악인**(라솨)이 의인을 에워쌌으므로 공의가 굽게 행함이니이다"(합 1:3-4)

사람들이 생각하는 그 모든 악함은 하나님이, 또 성경이 말하는 악이 사람을 통해 나타난 것이지 악의 본질이 아니다. 악의 본질은 하늘의 뜻, 즉 하나님의 뜻이 사람에게 이루어지지 않는 것이다. 우리가 보통 악인이라고 하면, 품행이 못된 자로서 남에게 해악을 끼치는 그런 사람으로만 생각한다. 그러나 성경은 "악인"이라는 용어를 그런 일반적인 개념과는 다르게 사용한다. 히브리어 '라솨'의 기본적인 뜻은 godless(사악한, 불경건한)로써, "하나님 없이 사는 자" 또는 "하나님을 떠나서 그분과 상관없이 사는 자세"를 가리킨다. 성경에서 말하는 악인이란 세상 윤리나 도덕 규범에 비추어서 그것에 역행하거나 미치지 못하는 자를 악인이라고 말하는 것과는 전혀 다르다. 따라서 성경이 선과 악을 구별하는 기준은 근본적으로 하나님에 대한 자세(태도)와 관계가 있으며, 하나님 없이, 하나님을 염두에 두지 않고 자기의 뜻을 따라서 생각하고 말하고 행동하는 모든 것이 악이라고 정죄한다. 쉽게 말한다면 '악인'은 하나님을 알지 못하고 인정하지 않는 세상에 속한 자를 가리키며 바로 불신자를 뜻한다.

하나님이 만드신 세상을 살면서 하나님의 창조 목적과 경영하시는 의(義)를 모르고 자기가 옳다는 생각과 자신의 소견(주장)을 좇아 행하는 일들이 충돌하므로(롬 10:3) 사람들마저 서로 탄식하는 세상의 악이 만연해지는 것이다. 즉 하나님의 의를 알지 못하는 사람이 많아질수록 그들이 자기가 옳다는 것을 더 고집하고, 관철하고자 주장할수록 세상은 악해질 수밖에 없는 것이다. 그러므로 세상에서 하나님의 의에 순종하지 않는 사람이 많아지는 만큼 세상이 악해지는 것은 당연하다. 하지만 알 것은 그렇다고 하나님이 만드신 세상의 본질을 악하게 만들 수 있는 것은 아니다. 하나님이 만드신 세상은 하나님께서 뜻하신 목적을 이루기에 너무 선하고 온전한데, 사람이 그것을 선하게 사용하지 않는 것을 하나님께서 악이라고 정죄하는 것이다.

사람들이 탄식하고 두려워하는 각종 범죄 역시, 사람이 하나님의 창조 목적에 순종하지 않기 때문에 생기는 흠이요 점이다. 사람을 통해 나타내고자 하신 하나님의 뜻은 순종이고, 하나님 앞에서 자기가 옳다는 주장을 내려놓는 것이다. 사람이 스스로 원해서 자기 인생을 얻은 것이 아니라는 사실을 알면서도, "내 인생은 나의 것"이라고 노래 부르며 자신의 기준으로 옳다고 서로 주장하므로 세상이 악해진 것이지 하나님의 섭리(경영하심)가 부족한 것이 아니다. 악의 세력은 단순히 한 개인의 성향, 예를 들어 악한 생각, 미움, 거짓 증거, 훼방, 음란 등에서 멈추지 않는다. 악은 매우 간교하여 분별해내기 어려울 정도의 위장을 통해 사람의 삶 속에, 사회의 구조와 국가의 기관들 속에 깊이 침투해 있다. 그것은 한 집단이 다른 집단을 향한 조직적인 학대나 비인간적인 처우, 부정과 부패로 찌든 국가 기관들, 선진국 안에 편만한 황금만능주의, 독재 권력의 횡포, 성도덕의 타락, 집단적 이기주의의 발흥, 사람의 맹목적인 이익 추구에 황폐되어가는 자연 생태계, 우리 사회에 편만한 계급주의나 성차별주의, 국가 간에 존재하는 인종차별주의, 사람 삶을 오직 경제적인 측면으로만 환원시키려는 시장 경제주의의 단견 (短見), 사람을 오직 노동력 생산의 도구로만 인식하려는 유물론적 사고방식, 약한 자들의 노동력을 착취하는 잔인성, 정신적·신체적 고문과 같은 인권 유린, 정신적 폭력, 세계 도처에서 발생하는 인종 말살 정책, 대중 매체에 의한 인격 살해, 약소국에 대한 강대국의 주권 침해와 경제적 유린, 한 문화의 다른 문화에 대한 문화적 우월주의와 가치관의 강요 등등 다양한 모습과 형태를 띤 채 하나님의 통치를 혼란스럽게 만든다. 우리는 이미 인류 역사의 관찰을 통해 이러한 악들이 잔인한 순환을 계속해오고 있다는 사실을 인식해야 할 것이다. 따라서 우리는 죄를 좁은 의미에서 종교적 문제 - 예를 들어, 성수 주일, 십일조와 같은 문제 - 로만 국한하거나 축소하려는 신학적 사시(斜視)라는 병에서 치유 받아야 할 것이다.[60]

우리는 아직 온전히 회복되지 않은 이 세상이 보여주는 세계관, 죄로 오염되어 있는 이 세상이 우리에게 은연중 강요하는 도덕관에 대항해 성경의 세계관, 도덕과 가치를 담대하게 선포하고(왕적 권위) 그에 따라 세상의 빛으로 살아야 하는 본(本)과 책임과 의무를 지닌 하나님의 아들들이다. 또 이 세상을 향해 제사장으로 부르심을 받은 자들이 그리스도인들이며(벧전 2:9), 이 세상에 빛과 소금으로 자신들의 정체성을 드러내야 하는 참 이스라엘인이다(마 5:13-16).

---

[60] 류호준·주현규, 「아모스」, (서울: 새물결플러스, 2020), 151-152.

3. 선악 나무의 기능

문자적인 "선악과"(善惡果)란 용어는 성경에 없다. 한글 번역으로 창세기 2:17에는 '선악을 알게 하는 나무의 열매'라고 풀어서 설명하는 식으로 표현되어 있는데, 히브리어로 '메에츠 하다아트 토브 와라-'이다. 이 긴 명칭의 의미를 올바르게 파악해야만 선악과에 관한 올바른 접근이 가능해진다.

우선 '메에츠'에 대해서 생각해 보면, '메'는 전치사로서 영어의 from에 해당한다. '에츠'는 "나무"이다. 따라서 '메에츠'는 "나무에서부터"(from tree)란 뜻이다. 이것을 창세기 2:17은 "나무의 열매"라고 옮긴 것이다. 그러나 '메에츠'에 해당하는 것은 나무의 열매만이 아니라 뿌리나 잎이나 가지를 가리킬 수도 있다. 하지만 "열매"를 가리키는 히브리어 '페리'가 창세기 3:3, 6에서 두 차례 쓰여 "선과 악을 알게 하는 나무"의 "열매"를 직접 가리키고 있다. 그러므로 '메에츠'는 열매를 가리킨다고 보아야 한다. 이 긴 호칭을 줄여서 사람들은 "선악과"(善惡果)라고 부르는 것이다.

그러나 이 용어에서 가장 중요한 부분은 '하다아트'란 요소이다. '하'는 정관사이고 '다아트'는 "알다"란 동사 '야다'에서 파생한 명사로서 "지식/앎"(knowledge)이란 뜻이다. 여기에 '토브 와라-'란 수식어가 붙어 있는데 '토브'는 "선"(善), '라아'는 "악"(惡)이라고 번역되었다. 그런데 이 두 단어의 개념은 매우 폭이 넓다. '토브'는 "좋음, 선(good), 유익함, 아름다움"이란 뜻으로서 매우 긍정적인 의미를 담고 있다. '라아'는 "싫음, 악(evil), 나쁨, 해로움, 추함"이란 부정적인 개념이다. 히브리어 성경은 그것을 "선악과"라고 줄여서 표현하지 않고, "선과 악에 대한 지식의 나무(열매)" 또는 "선과 악을 알게 하는 나무로부터(열매)"라고 일부러 풀어서 표기하고 있다. 이 나무를 굳이 축약하여 말하자면 "선악의 지식 나무"가 될 것이고, 그 열매는 "선악의 지식과"가 될 것이다.

하나님께서는 먹으면 죽는 극히 위험한 나무(창 2:17)를 기쁨과 즐거움이 가득한 하나님과 사람이 만나는 교제 장소인 성전 에덴동산에 함께 있게 하셨다. 하나님의 호흡과 생기를 불어넣어 지으신 천하보다 귀한 사람(아담)이 사는 아름다운 에덴동산에, 그것도 '중앙'에 선악의 지식 나무를 나게 하셨다(창 2:9). 선악의 지식 나무는 선과 악을 구분하여 분별하는 기능, 곧 어떤 것이 선이고, 어떤 것이 악인지를 판단하는 지식을 말한다. 하나님께서 모세에게 율법을 주시기 전까지는 죄를 죄로 여기지도 않았다. 이는 인간세계에서는 선악 간의 판단이 없었다는 말이 된다. 선과 악을 구분해서 분별하고 판단하시는 분은 오직 한 분, 하나님밖에 없다. 예수께서 이 땅에 오셔서 행하시는 모든 사역 가운데, 십자가를 지시는 것까지도, 조금도 당신의 뜻과 의지를 따라 행하지 않으시고, 아버지 하나님의 뜻을 구하며, 모든 것을 아버지의 뜻대로만 말하고 행하셨다(요 14:11-23; 빌 2:13). 아버지의 판단이 아니고는, 일절 행하지 않으시며, 온전한 순종을 보이셨다. 하나님이 첫 아담에게 기대했던 면도 이런 점이다. 이 모습을 보건대, 모든 분별과 판단은 죄인인 사람을 구원하러 오신 성자 하나님도 아니시고, 오직 아버지 하나님만이 주관하신다는 사실을 알 수 있다.

"내가 아무것도 스스로 할 수 없노라. 듣는 대로 심판하노니 <u>나는 나의</u>

원대로 하려고 하지 않고 나를 보내신 이의 원대로 하려는 고로 내 심판은 의로우니라"(요 5:30)

"나는 아무도 판단치 아니하노라 만일 내가 판단하여도 내 판단이 참되니, 이는 내가 혼자 있는 것이 아니요, 나를 보내신 이가 나와 함께 계심이라"(요 8:15-16)

"선과 악"은 성경의 매우 중요한 사상적 배경을 이루고 있는 헬레니즘의 핵심어이다. 고대 그리스 철학의 윤리학에 있어서 가장 중요한 주제는 선과 악의 문제였다. 소크라테스 이전의 철학자들과 소크라테스와 플라톤과 아리스토텔레스가 이 주제를 다루었고, 그들의 윤리학은 고대 헬레니즘 세계의 중심 사상이 되었다. 헬레니즘에 있어서 "선과 악"을 판별하는 주체는 "나"(에고)이다. 즉 나에게 유익한 것은 "선"이고 나에게 해로운 것은 "악"이다. 이러한 윤리적 인식론에서 "인도주의"(humanism)가 출발하며 그 범주 속에 "이기주의"(egoism) 또는 "자기중심주의"(egocentrism)가 포함된다. 창세기에서 "선악의 지식 열매"는 이러한 사람 중심주의 또는 자기중심주의에 대해서 문제를 제기하고 있다.

성경의 저자는 선과 악을 판단하는 주체는 본디 하나님이었음을 강조한다. 하나님은 창조주이시며 피조물이 아닐 뿐만 아니라, 모든 존재자를 다 품으시고 살게 하시는 공공자(公共者)이기에, 하나님께서 선하다 하시면 사람에게도 좋을 뿐 아니라 모든 피조물에게도 좋은 일이 된다. 따라서 하나님에게 좋은 일은 사람을 포함한 모든 피조물에게도 좋다. 하나님의 동역자로 창조된 사람이 하나님과 한마음이 될 때(즉 온전한 순종이 따를 때), 그 사람은 모든 타자(他者)에게 유익한 존재자가 될 수 있다.

문제는 하나님과 하나가 되지 못하는 데에서 발생했다. 하나님의 일을 하면서 살아가야 할 사람이 하나님의 생각과 어긋나게 되어 공공의 이익이 아니라 자신의 이기(利己)를 추구하게 되었다(창 3:23; 4:2). 사람은 하나님과 창조의 사역을 계속하면서 동역자로 일해야 하는 존재요 사명이 있는 자다.[61] 그런데 하나님과 보조를 맞추지 않고 엇박자로 살면 더 이상 하나님과 동역할 수가 없게 된다. 따라서 "선악의 지식 나무"는 하나님께서 자기와 함께 하나님의 나라를 세우고 다스리는 일을 행할 사람의 상태를 점검하기 위해 만든 리트머스 시험지와 같은 기능을 한다. '선악의 지식 열매'를 먹지 말라고 금한 까닭은, 하나님과 같은 마음과 같은 생각으로 같은 일을 도모하는 여부를 알고, 항상 하나님의 뜻을 따라 순종하는 중심을 유지하도록 하기 위해서였다. 그런데 '선악의 지식 열매'를 먹는 행위 자체가 벌써 하나님과 딴생각을 품었다는 증거이며, 공공자로서의 하나님으로부터 이탈했다는 것을 나타낸다. 금단의 열매를 먹은 행위 자체는 이미 변질된 존재자라는 사실을 드러낸 증거였다. 하나님께서는 동역자인 사람의 존재를 항상 점검하시기를 원하신다. 선과 악을 판단하는 주체가 공공자이신 하나님에서부터 개별자인 사람으로 바뀌게 되면, 그 사람은 더 이상 만물을 위해 선한 일을 할 수 없게 된다. 심지어는 사람 개개인이 하나님을 판단하려 든다. 하나님이 자기에게 좋은 존재인지 나쁜 존재인지를 판단하려고 한다. 이로써 자연으로부터 소외되는 사람 중심주

---

61 창조 사역이 계속된다는 의미는 태초에 하나님의 창조 사역이 부족해서가 아니라 유지, 보존, 새 창조의 사역 등 태초로부터 하나님은 천지를 창조하셨을 뿐만 아니라, 지금도 하나님은 일하신다(요 5:17)는 말씀을 따라 창조 사역의 지속성을 말하는 것이다.

의가 생겨났고, 공공의 유익을 추구하는 하나님으로부터 소외되어 이기주의라는 불신앙의 덫에 빠지고 말았다(출 23:33). 이것을 성경은 우상숭배라고 경계한다.[62]

창세기 2-3장에 기록된 "선악의 지식 나무"는 하나님을 떠나서 하나님 없이, 하나님을 의지하지 않고, 사람 자신의 지식으로 판단하는 자리에 앉기를 바라는 마음을 상징한다. 다시 말해서 하나님으로부터 독립하려는 의도를 가질 때 취하는 행동을 가리킨다. 그런 정신과 태도는 아는 것 곧 지식으로 아는 것을 기준으로 모든 것을 판단하는 잣대로 삼으려고 한다. 그래서 지식은 교만하게 한다고 성경은 가르친다(고전 8:1). 그러나 의인의 지식은 구원과 면류관에 이르는 길이 되지만(잠 11:9; 14:18), 하나님을 떠난 악인의 지식은 교만의 열매를 맺혀, 결국엔 패망의 선봉이 되어 멸망으로 들어간다는 사실도 알아야 한다(잠 16:18; 18:12).

4. 선악 나무를 만드신 이유

어떤 이는 선악 나무를 만드신 목적이 무엇이냐고 반문하면서 다음과 같은 주장을 한다.[63]

---

62 일점일획, "선악을 알게 하는 나무", ibp, 2017. https://ibp.or.kr/
63 서균석, 「선악과의 실체」, (서울: 도서출판 히브리어, 2018), 155.

에덴동산에는 보기에 아름답고 먹기에 좋은 나무가 있기 때문에 선악을 알게 하는 나무도 마찬가지로 보기에 아름답고 먹기에 아름다운 나무임이 분명하다. 사람이 볼 때는 먹고 싶은 충동이 일어나서 먹을 수밖에 없는 선악을 알게 하는 나무다. 먹으면 죽는 분기점에 놓여 있는 나무다. 아담이 성숙한 자도 아닌데 이 시험을 감당할 수 있을까? 감당할 수 없는 시험이라는 생각이 든다. 이 시험을 통과할 사람이 과연 몇이나 있을까? 감당할 수 없는 시험을 주시는 것은 가혹하다는 생각을 지울 수 없다. 먹으면 반드시 죽는다. 먹으면 왜 죽는지에 대한 설명도 없이 무조건 죽는다고 하면 협박 같은 느낌이 든다. 그렇기 때문에 하나님이 피조물인 사람을 협박하기 위해 창조하셨을 리가 없으실 것인데, 사람이 창조주 하나님의 의도하심을 오해하고 있음이 분명하다.

충분히 제기할 수 있는 논리다. 그러나 선악 나무를 만들어 사람을 시험하는 덫으로 두셨다는 말은 이해할 수 없는 일이라고 반문한다. 그것이 사람 생각이다. 하긴 사람의 생각으로 어찌 하나님의 의도를 다 깨우칠 수 있겠는가? 그러기에 사람의 생각으로 이해하려고 하지 말고 겸손하게 배워야 한다. 그는 또 "선악과는 보기에 아름답고 먹기에 좋은 나무인데 이것을 본 어린아이가 먹고 싶지 않겠는가? "먹지 말라. 먹는 날에는 반드시 죽는다"라는 하나님의 명령이 떠올라도 스스로 통제할 능력이 없다. 죽는 것은 나중이고 눈에 보이는 대로 먹고 만지는 것이 어린이의 속성이 아닌가? 첫 사람 아담은 에덴동산에 들어가서 양육을 받기 시작하는 단계인데, 죽고 사는 결정적 올무를 놓으시고 시험하고자 하시는 하나님이

시라면 이해할 수 없다"라고 주장한다.[64]

물론 우리 주님도 고난을 통해 순종을 배웠다고 성경은 말한다(히 5:8). 하물며 첫 아담의 수준을 말해 무엇하겠는가? 그가 아무리 하나님이 주신 신지식(神知識)이 있다고 한들 경험적인 면에서는 여전히 어린 아이 상태라고 보아야 할 것이다(지혜에는 어린아이라는 의미, 고전 14:20; 엡 4:14). 그런 아담이 앞으로 숱한 경험을 통해 만물을 정복하고 다스려야 하는 수준까지 자라나야 할 필요가 있다(창 1:28). 하나님의 교육 커리큘럼에 따라 그 시작을 에덴동산에서 시작하는 것이며, 첫 번째로 실패하는 사건이 금단의 선악과를 먹는 일이었다. 하나님의 명을 따라 동산을 다스리고 관리하려면(창 2:15), 자신부터 왕(혹은 주인)이신 하나님의 명령에 순종하는 것을 배워야 했다. 이같이 순종의 교육을 위해 두신 것이 선악 나무의 기능이요 역할이었다.

1) 사람에게 주신 자유의지

하나님께서 사람에게 자유의지를 주심은 사람을 만드시는 창조 목적에 부합하도록 하시기 위함이었다. 하나님께서 어떤 부족함이 있어서 반드

---

64 앞의 책, 167. 그의 주장은 원문으로 해석했고, 영적인 지혜로 해석한 것이라고 주장하며, 기존의 신학을 비판하고 자기가 옳다고 주장하지만, 대부분의 사이비 이론이 그러하듯이 그야말로 사람의 생각에서 나온 이론이라고 말할 수밖에 없어 주의를 요한다. 그래서 필자는 경각심을 주는 것으로 만족하고, 더 이상의 분석이나 비판은 본서의 목적에 맞지 않아 그치려고 한다.

시 사람을 창조해야만 했던 것은 아니다. 다만 자신의 기쁘신 뜻에 따라서 사람을 창조하셨는데, 그 기쁘신 뜻이란 사람들로부터 찬송과 영광을 받으시려는 것이 제1 목적이었다(사 43:7). 그래서 하나님께서는 사람이 하나님께 영광을 돌려 최대의 선을 이루도록 자유의지를 주셨다. 하나님이 사람을 지으신 목적 가운데 또 다른 면은 '사랑과 기쁨의 교제 대상'으로 인격을 가진 사람을 지으셨다는 사실이다(참고. 사 61:10; 65:18). 사랑은 철저하게 자발적으로 우러나와야 하는데, 사랑의 관계란 강요하지 않는 특성이 있기 때문이다. 그래서 사람에게 사랑할 수도, 사랑하지 않을 수도 있는 '자유의지'를 주신 것이다. 피조물인 사람에게 하나님의 명령을 순종할 수도 있고 거절할 수도 있는 자유의지까지 주셨다는 것은, 하나님이 사람을 그만큼 존귀한 자로 대하신다는 증거이다. 하나님을 거절하고 말씀을 배반할 여지가 있음에도 불구하고, 그 위험을 무릅쓰고 자유의지를 주신 것이다.

자유의지(自由意志, 영어: free will)는 자기의 행동과 결정을 스스로 제어하며 통제할 수 있는 능력을 가리킨다. 사람이 자유의지를 전적으로 가지는지, 부분적으로 가지는지, 전혀 가지고 있지 못하는지에 대해서는 아직도 논란이 계속되고 있다. 이 자유의지에 관한 문제가 중요한 이유는, 사람이 죄를 짓는 과정에서 나타나는 문제가 사람에게 주어진 자유의지를 잘못 사용한 일 때문이다. 근간에 사람에게는 자유의지가 없다는 실험 결과를 들고 큰소리치는 학자까지 나오는 시대인데,[65] 이는 순전히 사람을 생물

---

65   하나님을 믿는 기독교가 '만들어진 신'을 믿는 종교라고 주장하며(리차드 도킨스) 기독교에 정면으로 도전장을 내미는 어이없는 자들까지 나오는 말세인

학적인 존재로만 인식하는 인간의 어리석은 한계 때문에 나타나는 현상이다. 그에 비해 성경은 하나님이 사람에게 분명히 자유의지를 주신 것으로 기록하고 있다. 하나님께서 세상 만물을 지으시고 마지막에 특별히 하나님의 형상대로 사람을 창조하셔서 만물의 통치를 위임하셨다는 사실은, 사람에게 허락된 자유를 누리되 하나님께 순종하며 살라는 메시지다(창 2:16-17). 만물을 하나님의 기뻐하시는 뜻대로 다스리도록 하나님의 통치권을 위임받은 자로 임명했다는 것은, 사람은 자기가 피조물이라는 인식과 함께 절대 순종해야 할 대상이 있다는 사실을 알아야 한다는 점을 보여준다. 다시 말해서 이는 사람에게 허락된 자유의 한계설정에 관한 문제와 결부된다. 사람에게 허용된 자유는 하나님과 같이 무제한적 자유가 아니다. 하나님은 완전하신 분으로서 스스로 자유를 제한해야 할 필요가 있을 때를 분별하여 지혜롭게 사용할 수 있지만 사람에게는 그럴 능력이

데 말해 무엇하겠는가. 최근의 신경과학자들은 이 문제에 대한 답은 반드시 뇌에서 찾아져야 한다고 주장한다. 인지와 행위를 가능케 하는 것이 뇌이므로 자유의지의 문제는 뇌를 중심으로 해결되어야 한다는 것이다. 특히 1980년대에 행해진 한 실험이 '과학적'으로 검증이 가능한 대답을 제시한 뒤부터 이러한 성향은 두드러지게 나타난다. 흔히 '리벳 실험'이라 알려진 이 유명한 실험은 얼핏 보기에 자유의지 논쟁에 종지부를 찍은 듯 여겨진다. 사람의 자유의지는 허상이며 모든 것이 뇌에서 미리 결정된다는 것을 생물학적으로 입증한 듯 여겨지기 때문이다. 뇌 과학 분야의 세계적인 석학 마이클 가자니가 미국 UC샌타바버라 심리학과 교수가 SBSCNBC <인문학 특강>을 통해 이에 대한 흥미로운 연구를 제시했다. 가자니가 교수는 이 강연에서 "물리적 법칙과 신경계의 자극에 의해서만 사람의 행동이 결정된다는 결정론자들의 생각과 달리, 사람은 자유의지가 있으며 정신세계와 사회적 상호작용에 따라 복잡한 과정을 거쳐 결정된다"고 주장했다. 마이클 가자니가, "내 탓인가, 뇌 탓인가" UC샌타바버라 마이클 가자니가 교수 강연, 2017.12.01. SBSCNBC <인문학 특강>

없다. 그것을 가르치기 위해서라도 선악 나무가 필요했다. 따라서 사람이 자유의지를 제대로 사용하며 누리려면 반드시 배워야 할 부분은 배워야 했는데, 그것이 자유를 제대로 사용할 수 있는 제어(control) 능력이다. 자유가 있다고 해서 자기의 소견에 좋은 대로 사용하는 것은 폭력이요 방종이다. 그렇게 자유(선택과 결정)를 누리는 일에는 반드시 책임이 따른다는 사실을 아담(사람)은 배워야 했다.[66]

또 그뿐이랴. 육체를 가졌기에 시공간의 한계를 넘어서 살 수 없다는 점도 분명히 인식해야 했다. 그래서 지구라는 범위 안에서 자유롭게 살게 하신 것이다. 흙으로 지어진 인생은 땅 위에서 자유로운 것이지 바다(물)의 물고기나 공중(하늘)의 새처럼 자기가 살 수 없는 장소까지 제한 없이 자유롭게 다닐 수는 없다(배나 비행기를 이용하는 것은 본질적인 문제해결이 아니다). 더구나 지구를 벗어나 우주를 자유롭게 돌아다니며 산다는 것은 더더욱 불가능한 존재다. 사람은 물론 모든 피조물에게 허락하신 자유의 한계는 명백하게 한계가 정해졌다. 이런 사실은 변명의 여지가 없는 '팩트'(fact)이므로 이의가 있을 수 없다.

사람에게 주어진 자유의지와 하나님의 자유의지(주권) 사이의 관계를 어떻게 조화를 이룰 수 있을까. 창조주 하나님과의 불가분리의 관계 속에서, 하나님의 형상을 닮은 인격적이며 유기적인 상호 관계로 지음을 받음

---

66 그래서 하나님의 선택과 예정에는 엄청난 무게의 책임이 따르기에 끝까지 책임을 지시는 것이다(요 13:1). 그러니 한번 선택하신 자기 백성이 범죄했다고 버리시겠는가. 그 책임을 그리스도를 보내셔서 완성하시는 것을 보라. 하나님의 주권과 선택이 그래서 한편으로는 놀랍고 감사한 것이다.

으로 쌍방 간 조화와 균형을 이루는 가운데 하나님의 뜻을 받들어 행하도록 만들어진 책임적 존재가 사람이다. 사람의 자유의지는 선악 간에 자기 좋을 대로 선택할 수 있지만, 결과는 언제나 하나님의 뜻대로 이루어질 뿐이다.[67] 달리 말해서 <u>하나님의 주권은 목적적 성격을 띠고 있다면, 사람의 자유의지는 그 목적을 이루는 방편적 기능을 담당하는 셈이다.</u> 그러므로 이 둘의 관계는 상호 보완적이며 의존적인 성격을 띤다고 하겠다. 그렇다고 하나님의 뜻이 사람의 자유의지에 따라 좌우될 수 있다는 이단적 신인 협력설(협동설)과는 본질에서 차별화된다.

결과적으로 사람은 하나님과의 긴밀한 교제와 하나님을 기쁘시게 하는 일에 사용해야 할 자유의지를 잘못 사용하여 타락을 불러왔고, 그로 인한 하나님의 재판선고는 온 인류에게 뼈아픈 대가를 치르도록 만들었다. 전지전능하신 하나님이 이런 사람의 실패까지도 모두 합력하여 선을 이루고 실패하지 않으시는 은혜를 베풀 것이었지만, 사람은 태어날 때부터 고생길이 훤한 인생을 살아야 했다(욥 5:7). 이에 필자는 사람에게 주어진 자유의지의 권리와 책임이 얼마나 큰 것인지 다음과 같이 정리할 수 있다고 생각한다.[68]

외부로부터 유혹을 받을 수 있으나 거기에 굴복하는 것은, 인간 자신의 책임이다. 반대로 유혹을 이긴다면 그것 역시 인간의 영광이 된다. 하나님은 세상에 죄가 들어올 수 있다고 경고하셨다. 이는 선악

---

67   요 11:49-52; 행 2:23; 4:27-28.
68   구자수, 「때를 따르는 양식」, 48.

을 알게 하는 나무의 열매를 먹는 날에는 반드시 죽으리라는 말씀에서 잘 알 수 있다. 지상 최초의 죄는 이렇게 인간의 자유로운 결정에 의해 발생했다. 그래서 아담은 자신의 자유의지로 죄를 지은 책임을 면할 수 없다.

2) 하나님은 사람이 선악과를 먹을 줄 아셨나, 모르셨나?

전지전능하다고 하시는 하나님이 모르실 수가 없다. 그러면 바로 이어지는 공격성 질문이 "그럼 하나님께서는 아담과 하와가 선악과를 따 먹을 줄 알면서 왜 선악과를 만들어 놓았을까?"이다. 이 문제가 해결되지 않으면 사람은 끊임없이 하나님의 하신 일에 대한 도전을 멈추지 않을 것이다. 그래서 이제부터 그에 대한 변증을 시작해보려고 한다.

사람은 만들어진 재료 자체가 흙(티끌)으로서 육체라는 한계를 가진 존재란 사실을 인지해야 했다. 그래서 반드시 먹어야 사는 존재란 점을 가르치기 위해 선악과를 제외한 모든 나무의 열매를 '반드시'(한글 번역은 '임의로'로 했음) 먹어야 한다고 강조하신 것이다(창 2:16). 사람은 결코 먹어도 되고 안 먹어도 살 수 있는 완벽한 존재(영생자)로 창조된 것이 아님을 명심해야 한다. 그런데 유난히 선악과 문제에만 집중포화를 퍼붓는 자체가 사람은 하나님을 제대로 모르는 깜깜이(죄인)란 증거다. 물론 처음 만들어진 사람이 그랬던 것은 아니다. 첫 사람이 처음에는 하나님과 교제하며 소통이 잘 이루어졌었다. 그러나 공격의 대상인 선악 나무, 사람의 자유에

제한을 두었던 그 나무의 열매에 손을 대는 불순종으로 인해 사람의 운명 그리고 만물의 운명까지 온통 뒤틀어지게 되었다.

사람에게는 선택과 결정의 자유(자유의지)가 있었다. 그래서 조건부 금지령(언약)을 주신 것이다. 사람은 인격체로서 로봇이 아니기에 강제하지 않는다. 인간 스스로 자기에게 주어진 자유의지로 선악 나무를 선택한 것은 사람이다. 비록 뱀의 미혹을 받아 그렇게 된 것이라고 변명할지라도 그 제안을 받아들인 책임은 선택의 자유를 누릴 수 있는 권한을 가진 사람에게 있을 수밖에 없다. 실제 하나님의 재판정에서 아담과 하와는 책임 전가하기에 바빴다. 오직 뱀만 유구무언이었는데, 하나님이 뱀에게는 아예 국문도 하지 않으셨고, 그에게는 가장 큰 저주가 선고되었다. 사람은 인격적으로 교제하는 대상이기에 일일이 묻고 처리하지만, 뱀은 하나님과 대화의 상대가 아니다.

그리고 여기서 반드시 짚고 넘어가야 할 사람 창조의 목적에 관한 문제를 말하지 않을 수 없다. 하나님이 사람을 창조하신 목적은 사람들이 조물주인 하나님을 경배하고 찬양하기를 바라셨다. 우리가 이 세상에 태어난 목적은 단순하다. 동산 중앙에 있던 선악 나무와 생명 나무를 보면서, 볼 때마다 창조주 하나님을 기억하고 감사 찬송하며 살도록 하신 것 같이, 첫 사람 아담의 불순종으로 정죄 된 죄인인 아담의 후손들은 하늘을 우러러(에덴동산을 잃어버렸기 때문에) 하나님을 경배하고 찬양하며 살아야 하는 본질을 잃어버렸다. 본래 에덴동산에는 사람에게 필요한 기본적인 모든 것이 다 준비되어 있었다. 사람이 먹고 마시고 사는 일에 생물학적으로 필요한 것은 모두 만족할 수 있도록 예비 되어 있었다. 한 마디로 조금도 부족함이 없도록 완벽하리만큼 예비 되어 있는 환경이었다. 하나님은 선악 나무와 생명 나무를 에덴동산 중앙에 둠으로써 사람들이 그 나무를 볼 때마다 하나님을 잊지 않기를 바라셨다. 늘 하나님을 기억하고 자기들이 누리는 모든 것이 하나님께로부터 나온다는 사실을 알고 범사에 감사하기를 원했다. 먹지 말라고 금한 것이나 자유롭게 먹으라고 허용한 것이나 가릴 것이 없이, 어떤 상황(형편)에서도 감사하는 것이 "범사에 감사"하는 것인데(이것이 하나님의 뜻이다, 살전 5:18), 그 마음을 갖길 바라신 것이다.

그래서 신약에서도 너희는 무엇을 먹을까 마실까 염려하지 말고 오직 하나님의 나라와 그의 의를 구하라고 가르치지 않는가(마 6:25). 너에게 필요한 모든 것은 아버지가 먼저 알고 준비하시고 공급하신다고 말씀하셨다(마 6:31-33). 이는 고대 이후로 항상 변함없는 진리다. 이스라엘이 먹고 마실 것이 없는 광야로 인도되었을 때도 이 진리와 교훈을 기어해야 했다. 그러나 그들은 광야를 지나가는 내내 불평과 원망을 끊이지 않았다. 그래서 그들이 굶고 옷이 해어지고 신발이 닳았는가? 결코 그렇지 않았다고 성경은 변증하고 있다(신 8:2-4). 그래서 불평과 원망을 일삼던 그들의 결국은 약속의 땅 가나안에는 들어가지 못했고, 광야를 자기들의 무덤으로 만들고만 슬픈 역사를 후대의 교훈으로 남기고 이슬처럼 사라져갔다. 그러나 인류는 그 이후에도 여전히 역사를 통해서 교훈(경계)을 받지 못하는 우둔함에 늘 실패를 반복했다.

하나님이 아담이 실패할 줄 뻔히 알고도 선악과란 금단의 나무를 만드신 것은, 그로 인해 나타날 결과에 대해 책임질 지혜와 능력이 있었기 때문이다. 그런 하나님의 지혜와 능력에 대해 신약에서 두 아들의 비유를 통해서 가르쳤으며(눅 15:11-32), 바울의 입을 통해서는 아주 잘 요약 정리하여 증거 하고 있다.[69]

"곧 창세 전에 그리스도 안에서 우리를 택하사 우리로 사랑 안에서 그 앞에 거룩하고 흠이 없게 하시려고 (5) 그 기쁘신 뜻대로 우리를 예정하사 예수 그리스도로 말미암아 자기의 아들들이 되게 하셨으니 (6) 이는 그의 사랑하시는 자 안에서 우리에게 거저 주시는바 그의 은혜의 영광을 찬미하게 하려는 것이라 (7) 우리가 그리스도 안에서 그의 은혜의 풍성함을 따라 그의 피로 말미암아 구속 곧 죄 사함을 받았으니 (8) 이는 그가 모든 지혜와 총명으로 우리에게 넘치게 하사 (9) 그 뜻의 비밀을 우리에게 알리셨으니 곧 그 기쁘심을 따라 그리스도 안에서 때가 찬 경륜을 위하여 예정하신 것이니 (10) 하늘에 있는 것이나 땅에 있는 것이 다 그리스도 안에서 통일되게 하려 하심이라 (11) 모든 일을 그 마음의 원대로 역사하시는 자의 뜻을 따라 우리가 예정을 입어 그 안에서 기업이 되었으니 (12) 이는 그리스도 안에서 전부터 바라던 우리로 그의 영광의 찬송이 되게 하려 하심이라"(엡 1:4-12)

이같이 자유에는 반드시 책임이 따른다. 하나님께서도 그 문제에 있

---

[69] 바울은 창세 전에 그리스도 안에서 작정된 일을 중심한 하나님의 구속사를 잘 요약하여 정리하고 있다. 에덴동산에서 일어나는 일은 우연히 일어난 사건이 아니다. 창세 전부터 철저하게 계획된 이야기이다. 하나님께서 이 세상을 창조하기 전, 곧 창세 전에 그의 아들 예수 그리스도를 통해서 자기 백성들을 구원하실 일을 에덴동산에서 예고편으로 보여주신 것이다. 정낙원, 「창세 전 언약으로 본 창조와 구원 이야기」, (서울: 쿰란출판사, 2023), 469.

어시 예외가 아니라고 말씀하시듯이, 스스로 책임을 지려고 독생자 예수를 이 땅에 보내어 죽게 하심으로 구원의 길을 여셨다. 그러니 사람도 자신의 자유의지에 따른 선택의 결과에 대해 책임지는 것이 마땅하지 않은가. 무엇을 핑계하며 누구에게 책임 전가를 하려고 하는가.

3) 선악 나무의 의미

선악 나무는 하나님과 사람 사이에 세워진 하나의 법(질서, 경계)으로 볼 수 있다. 그것은 하나님의 하나님 되심과 사람의 사람 됨을 구분하는 법이다. 하나님 나라의 질서를 세우려는 하나님의 의를 나타내는 표지다. 혼돈을 피하려면 반드시 법이 있어야 하고, 일정한 질서와 경계가 있어야 한다. 하나님께서는 에덴동산을 만드신 후에 아담에게 만물을 다스릴 수 있는 대리통치권을 주셨다. 아담은 모든 것을 관리할 수 있는 권한을 가지고 있었다. 따라서 사람과 만물의 관계는 확정되었다. 문제는 하나님과 아담의 관계이다. 아담이 언제나 자신이 하나님의 피조물임을 되새기고, 자기에게 사명을 주시고 명령하신 하나님은 자기가 순종해야 살 수 있는 분이심을 기억할 수 있는 방법이 무엇이었겠는가? 그것이 바로 선악과에 관한 명령(언약)이었다. 하나님이 하나님 되시고(창조주) 사람이 사람 됨(피조물)을 알게 하고, 그런 창조의 위계질서를 배우고 유지하기 위해서는 반드시 '금단의 선악과'라는 언약(법)이 있어야만 했다. 그러한 이유로 하나님께서는 선악 나무를 만드셨고, 그것을 먹지 말라고 금하셨으며, "먹으면

정녕 죽으리라"라는 엄한 경고까지 하셨다. 이것이 선악 나무가 주어진 목적이자 의미다.[70]

그럼 선악과를 따먹었다는 것은 무엇을 의미할까? 왜 그것이 죄가 되며 인류에게 죽음과 고통을 가져왔는가? 아담과 하와가 선악과를 먹었다는 것은 단순히 과일 하나를 먹은 것이 아니다. 그것은 하나님의 말씀에 대한 거역이요, 불순종이다. 의도적으로 하나님의 명령을 어긴 반역이다. 하나님이 하나님 되시고, 사람이 사람 됨을 알게 하는 경계와 관계를 파괴한 사건이다. 사람이 하나님을 존중하고 하나님과 교제하며 순종하는 삶을 살아갈 때 행복할 수 있다는 창조의 법칙을 깨버린 것이다. 그래서 사람이 선악과를 먹은 사건은 하나님과 대등 하고자 하는 욕망에서 비롯된 일종의 하나님께 대한 사람의 독립선언이자 반역인 것이다. 이것이 피조물로서의 자신의 한계를 깨닫지 못하고 하나님의 창조 질서를 깨뜨린 악이요 죄가 된 것이다.

선악과 사건 때문에 사람과 하나님 사이의 친밀한 관계가 깨어졌다.

하나님과 항상 교제하면서 하나님의 입으로 나오는 말씀으로 산다는 사실을 우리 주 예수 그리스도께서 가르치기 전까지 깨닫지 못한 결과로 (마 4:4), 사람이 하나님으로부터 분리되고 떨어져 나간 사건이 바로 선악

---

70 이에 대해 이상관은 선악과는 생명과와 함께 먹도록 준비된 것으로 주장하면서, 선악과는 하나님이 권위를 세우고자 만드신 것이 아니라고 한다. 사랑의 하나님이 사람을 창조해놓고 폼을 잡으려고 그랬냐는 식으로 항변한다. 다만 마귀의 마음을 가지고 먹어서 잘못된 것이라고 주장한다. 이상관, 「생명의 성령의 법」, (서울: 예찬사, 2000), 194.

과를 따먹은 사건이다. 하나님과의 친밀한 교제 속에 살아갈 때 사람은 만족과 영생을 누릴 수 있었지만, 선악과 사건 때문에 사람은 하나님과 분리되었으며 그로 인해 순차적으로 **영적 죽음**(하나님과 관계가 즉시 끊어져 분리되는 첫째 사망), **육체적 죽음**(첫째 사망의 결과로 일정 기간 산 후에 영혼과 육체가 분리되어 흙으로 돌아감), 그리고 **영원한 죽음**(마지막 최후의 심판 때 영육의 부활체를 입고 영원토록 하나님과 분리되는 둘째 사망의 지옥으로 들어감)의 나락으로 떨어지게 되었다. 따라서 "하나님으로부터 독립하여 자기 뜻대로 할 수 있는 신이 되어 자기 소견에 좋은 대로 살겠다"라는 것이 바로 영적 죽음이고, 죄의 뿌리이며, 선악과 사건의 본질이다. 이런 내용을 신약에서 아버지를 떠나 먼 곳으로 가서 허랑방탕한 삶을 살았던 둘째 아들의 비유를 통해서 확인할 수 있다. 그래서 신약에서는 계속하여 "그리스도 안에서"를 강조하고 있다. 하나님을 벗어난 인생(하나님 밖에서)의 비참함을 눈물겹도록 경험한 인류의 구원은, 이제 "그리스도 안에서" 철저하고도 안전하게 보호받고 영생을 누리는 새 피조물로 거듭나는 새 언약의 복을 누리게 된 것이다. 그래서 사람을 구원하고 행복하게 만들 수 있는 분은 "예수 그리스도 외에는 다른 이름을 주신 적이 없다"(행 4:12)라고 당당하게 말할 수 있는 것이다.

5. 성경이 말하는 죄

죄라는 용어의 사용 문제는 인격체 외에는 해당하지 않는다. 왜냐면 죄란 물질명사가 아니라 관계에서 비롯되기 때문이다. 실제로 성경도 인격체로 창조된 천사와 사람 외에 죄라는 용어를 적용하지 않고 있다. 그래서 죄는 사람이 최초로 형성된 하나님과 관계를 위협하는 것으로 등장한다. 하나님이 사람을 창조하신 목적 가운데 중요한 것은 파트너십을 통한 교제를 위한 것이었으며, 창세기 3장에서 사람이 잃어버린 것이 바로 그 하나님과의 파트너십이다. 결과적으로 죄는 사람의 가장 근원적인 욕구라고 할 수 있는 하나님과의 교제를 방해하는 요소가 되었다. 이 관계가 끊어진 사람은 하나님의 형상(이미지)으로서 그에게 주어진 잠재력을 최대한 실현하기를 갈망하지만, 그와 동시에 그는 자신에게 주어진 피조성과 한계를 끊임없이 인식하게 되었다. 죄는 바로 이 같은 열망이 낳은 불균형이다. 우리는 성경의 용어 가운데 어쩌면 사용 빈도수가 많다고 여겨지는 '죄'에 대해 너무 쉽게 사용한다고 여겨진다. 왜냐면 우리는 너무 기독교 용어에 익숙해졌기 때문이 아닌가 생각한다. 그러나 대부분 세상에서 말하는 죄의 정의를 적용하는 이해에 머무는 것이 문제다. 그래서 성경적으로 죄 문제를 정리하고 넘어가야 할 것 같다는 생각에 여기서 잠깐 다루고자 한다.

1) 죄의 기원

죄의 문제를 다룰 때 근본적인 질문 두 가지를 생각하지 않을 수 없다. 죄의 기원과 도대체 죄란 무엇인가에 관한 것이다. 죄의 기원 문제는 사탄의 타락을 생각하지 않을 수 없는데, 그 이유는 그가 첫 사람 아담을 미혹하여 타락시키는 원인 제공을 했기 때문이다. 사람을 물질적 존재로만 생각하는 진화론자들은 죄에 대해 고민하거나 아예 생각조차 하지 않는다. 그래서 진화론에 장악된 세상이 이렇게 더러워지고 부패하는 것이다. 또 죄를 지은 사람을 단죄하는 법체계도 엉망이다. 죄를 지은 사람을 위한 인권이니 뭐니 떠들면서 정작 보호받고 보상받아야 하는 피해자의 인권은 외면하는 이상한 체계로 굴러가는 것이 현재 세상의 사법체계다. 이는 말이 안 되는 거꾸로 가는 세상의 모습이다. 기본적으로 생각해도 쉬운 문제를 뒤틀어 이상한 법을 만드는 것이 멸망할 인간의 세상이다. 죄를 단죄하는 일에 왜 범인(피의자)의 갱생 혹은 범죄 예방을 먼저 내세우며 따지는가. 가장 먼저 취해야 할 것이 죄를 지은 대가를 치르게 하는 것이 우선 아닌가. 죄의 대가를 치르게 하는 단죄는 쥐꼬리만하게 해 놓고, 범죄를 하지 않도록 해야 한다는 생각을 앞세워 계속 피의자 인권 운운하며 풀어놓으니 세상은 더러워지고 범죄는 증가할 수밖에 없는 것이다. 분명히 알아야 할 것은 죄인으로 정죄 된 사람은 전적으로 무능하여(렘 13:23), 자기가 저지른 죄 문제를 해결할 능력이 전혀 없다. 오직 사람의 죄 문제의 해결은 전적으로 하나님의 은혜에 달려 있으며, 궁극적으로 사람의 모든 죄는 하나님(하나님의 뜻, 명령, 말씀 등)을 거스르는 것으로 정의할 수 있다. 다윗이 그에 대해 아주 잘 표현했다.

"하나님이여 주의 인자를 좇아 나를 긍휼히 여기시며 주의 많은 자비를 좇아 내 죄과를 도말하소서 (2) 나의 죄악을 말갛게 씻기시며 나의 죄를 깨끗이 제하소서 (3) 대저 나는 내 죄과를 아오니 내 죄가 항상 내 앞에 있나이다 (4) 내가 주께만 범죄하여 주의 목전에 악을 행하였사오니 주께서 말씀하실 때 '의로우시다' 하고, 판단하실 때 '순전하시다' 하리이다. (5) 내가 죄악 중에 출생하였음이여 모친이 죄 중에 나를 잉태하였나이다"(시 51:1-5)

시편 51편의 다윗의 고백은 지극히 성경적이고 영적이며 우리가 죄를 시인할 때 모델이 되는 회개의 시편으로 인정되는 시적 고백이다. 여기서 "내가 주께만 범죄하여 주의 목전에 악을 행하였사오니"라는 고백은 누구에게 한 범죄이든 가릴 것 없이, **죄라는 것은 하나님과 관계에서 인식되는 것**임을 말한다. 그런 뜻에서, 죄란 궁극적으로 윤리적인 것이 아니라 종교적인 것이고, 사람이 자기의 죄를 인식하는 것은 오직 하나님과의 관계에서만 가능한 것이다. 따라서 "나는 오직 하나님께만 죄를 범했습니다"라는 말은 하나님 앞에서는 변명의 여지 없이 자기가 죄인임을 깨닫는다는 말로 이해되어야 한다. 신자는 누구에게, 무슨 죄를 짓든 다윗처럼 그 죄는 오직 주를 거역하여(대적하여) 지은 죄란 사실을 시인하고 고백해야 한다. 간음, 살인, 거짓말, 시기, 불평 등 그 무엇이나 우리가 사람에게 악을 행할 때 그것은 주의 법, 주의 뜻을 거역하여 행한 범죄요 불법이다. 내가 어떤 사람에게 죄를 지었다면, 그 사람에게 죄를 짓기 전에 이미 주의 법을 거역하는 죄를 지은 것이란 중심에서 나오는 고백이다. 누가복음에서 둘째 아들의 회개하는 고백을 들어보라(눅 15:18, 21).

"내가 일어나 아버지께 가서 이르기를 아버지여 <u>내가 하늘과 아버지께 죄를 지었사오니</u>"(눅 15:18)

자기가 지은 죄가 아버지께만 아니라 하늘(하나님)에도 죄를 지은 것이라고 고백하는 것을 보라. 그럼 이제 최대한 성경이 밝히는 한도 내에서 죄의 기원을 추적해보자.[71]

(1) 사탄의 타락

창세기 3장에는 뱀이 등장하는데, 그 존재가 어떻게 에덴동산에 있었는지에 관해서는 아무 설명이 제시되지 않는다. 하나님의 계시가 진전됨에 따라 우리는 더 자세한 정보를 얻지만, 처음에는 그 뱀이 여자를 꾀어 하나님께 불순종하게 만드는 모습을 보면서 깜짝 놀랄 수 있다. 이후 우리는 이 땅에서 일어난 사람의 타락에 앞서 영적인 영역에서 천사들의 타락이 있었음을 충분히 미루어 짐작할 수 있게 된다. 그리고 창세기 3장 본문에서 우리는 그 타락한 천사 가운데 하나로서 하나님의 원수 대적을 대면하게 된다. 그는 '사탄'(히브리어로) 또는 '마귀'(헬라어로 디아볼로스)라고 불리는 자다(요 8:44; 요일 3:8). 에덴동산에서 뱀은 아담과 하와를 '죽음'(첫째 사망은 물론 둘째 사망에 들어갈 운명으로까지)으로 몰아갔으며, 그 일을 위해 거짓말까지 했다. 유디서에서는 "자기 지위를 지키지 아니하고 자기 처소를 떠난 천사들"에 관해 말한다(유 1:6). 달리 말해 아담과 하와가 죄를 범하기 전에

---

71 마크 존스, 「죄란 무엇인가」, 송동민 옮김, (서울: 복 있는 사람, 2023), 21-26.

먼저 천사들 사이에서 죄가 발생했다는 사실을 충분히 예상할 수 있다. 천사들이 범한 죄의 문제는 하나님께 맞서는 권력 다툼과 관계있었던 듯하다. 그리고 아담의 타락 역시 타락한 천사가 동일한 권력에 대한 욕망을 부추기는 일 때문에 생겨났다. 마귀가 하나님과 동등한 위치에 오르기 위해 그분께 반역했다고 주장하는 설명이 온전히 만족스럽지는 않더라도, 사탄의 타락이 지녔던 성격을 이해하는 일은 우리 사람의 타락을 이해하는 일에 얼마간 도움을 준다.

바울은 디모데전서 3:6에서 다음과 같이 권면하는데, 이는 마귀의 고의적인 배교가 교만 때문에 생겼음을 시사한다. "새로 입교한 자도 말지니 교만하여져서 마귀를 정죄하는 그 정죄에 빠질까 함이요" 아마 마귀는 하나님의 위엄을 흠모하며 바라보던 원래의 위치를 벗어나, 자신의 영광에 초점을 맞추었을 것이다. 이 일은 그의 교만과 반역으로 이어졌다. 이후 신약에서 사탄은 공생애를 시작하는 주님을 향해 자신을 경배하라고 유혹했는데(마 4:8-9), 이는 오직 하나님께만 속한 존귀와 영광을 빼앗으려는 그의 헛된 야망과 노력이 중단되지 않았음을 보여준다. 만약 사탄이 존귀와 영광을 얻고자 하는 야망을 이루는 일에, 주님(하나님의 아들)이 친히 자기 앞에 무릎 꿇고 경배하는 것보다 더 확실한 일은 없었을 것이다. 이런 마귀의 야망은 지독히 악한 것이었다.

사탄은 하늘에 있는 천사들 가운데 3분의 1과 함께 타락했다는 정보를 성경은 제공한다(계 12:4). 이제 그는 결코 하나님의 자비를 얻지 못하는 지경에 이르렀으며, 그분의 거룩한 진노 아래 놓인 운명이 되었을 뿐이다(마 25:41). 이 악한 천사들의 반역은 철저하게 그들 자신의 자유의지가 작용했다. 이는 그들이 외부의 어떤 누구로부터 충동이나 미혹이 없이 고의로 선에서 악으로 돌이켰다는 증거다. 사탄은 "시험하는 자"[72]이면서 동시에 마음속에 "간계"가 가득한 살인자다(엡 6:11). 그는 늘 사람의 영혼을 삼킬 기회를 노리며(엡 4:27; 벧전 5:8), 신자를 고발하고 정죄한다고 성경은 폭로하고 있다.[73] 그는 사람을 부추겨서 죄를 짓게 하는 자다(대상 21:1). 하지만 그 "옛 뱀 곧 마귀라고도 하고 사탄이라고도 하며 온 천하를 꾀는 자"(계 12:7-10)는 마침내 최종적인 패배를 당하며, 하나님의 백성들을 향한 그의 비난과 모략도 끝날 것이다. 부활하신 그리스도께서 사탄을 물리치셨지만, 사탄과 그의 천사들은 여전히 이 세상에서 상당한 영향력을 행사하고 있다. 다만 그리스도의 승천 이후에 그들의 힘이 다소 약화되었을 뿐이다(엡 4:8). 어둠의 권세(눅 22:53)는 명백히 이 세상의 임금인 사탄과 결부되어 있다(요 12:31). 지금 그리스도 바깥에 있는 자들(불신자들, 이방인들)은 여전히 "공중의 권세 잡은 자 곧 지금 불순종의 아들들 가운데서 역사하는 영" 아래 속해 있다(엡 2:2). 사탄은 불신자들의 마음과 생각을 어둡게 하며(고후 4:4), 많은 사람을 사망의 두려움을 빙자하여 폭력으로 억누른다.[74] 그는 우리의 복음 운동(선교)을 훼방하며(살전 2:18), 대적하는 세력(이슬람을 비롯한 불신 세상의 권세)을 이용해서 신자들을 죽이고 박해하며 감옥에 가두는 자다(계 2:10). 사탄은 가룟 유다의 마음속에 그리스도를 배신할 생각을 심었을 뿐만 아니라, 직접 그의 인격 안으로 들어가기까지 했다(요 13:2, 27). 그러니 아무도 마귀가 세으르다고 비난할 수 없다. 오히려 "열심이 특심"하다고

---

72 마 4:3; 살전 3:5; 딤후 2:26.
73 욥 1:6-12; 2:1-5; 슥 3:1-2.
74 행 10:38; 롬 5:14; 8:2.

말할 수 있을 정도로 지칠 줄을 모른다고 말해야 옳다(욥 1:7; 2:2). 그는 지금도 하나님의 뜻을 방해하려고 애쓰면서(벧전 5:8), 그분의 백성인 우리를 향해 끊임없이 "불화살"을 날리고 있다(엡 6:16).

(2) 아담의 타락

하나님은 인류의 첫 조상이 되는 아담과 하와를 죄와 죽음의 가능성이 아예 배제된 상태로(완전한 영생자의 상태) 창조하지 않으셨다. 우리가 성경을 통해 확인할 수 있었듯이 아담과 하와는 하나님의 명령을 대적하는 죄를 짓게 된다(창 3:6). 아담이 창조될 때는 어린이같이 순수하다는 면에서는 온전했다. 그러나 아담에게는 죄를 짓지 않을 수 있는 자유와 선택의 기회가 있었지만, 온전하게 죄를 이기거나 벗어난 상태의 완전체는 아니었다. 하나님이 아직 그에게 그런 완전함을 허락하지 않으셨기 때문이다. 그런 사람의 온전한 상태는 성자 예수 그리스도에 의해 주어진 죄 사함의 은혜와 성령의 임재를 누리다가(롬 8:9-11), 주께서 다시 오셔서 세워질 새 하늘과 새 땅의 나라에서나 가능한 일로 계획하셨다.[75]

사람에게 나타나는 죄의 기원을 살피려면 하늘의 천사들 사이에서도

---

75 마크 존스, 21, 27-28. 하나님은 아담이 아예 죄를 짓지 못하도록 막아주는 은혜까지 허락하시지는 않았다. 그러므로 아담에게는 "죄를 짓지 않을 능력"이 있었지만, 아예 "죄를 지을 수 없는 능력"까지는 없었다. 하나님은 아담을 선대하셔서 죄를 짓지 않는 일에 충분한 은혜를 주셨지만, 아예 죄를 짓지 못하도록 막아줄 은혜까지 베풀지는 않으셨다. 그러나 아담을 창조하신 하나님은 진실로 선하고 의로우시므로 오직 아담이 마땅히 그분께 드릴 온전한 순종을 요구하셨을 뿐이다.

똑같은 일이 있었음을 고려해야 한다. 창세기 3장의 에덴동산에서 벌어진 사건을 통해 아담과 하와를 유혹하여 죄를 짓게 만든 '악한 자'가 이미 존재하고 있었다는 사실을 알게 된다. 그런 맥락에서 아담의 타락 원인으로 크게 두 가지를 꼽을 수 있겠는데, 내적으로는 아담의 내면에 자기 가치성을 오해할 정도의 욕망(탐욕)이 내재해있었고, 그 잠재력이 자유의지를 발판으로 행동에 옮겨진 것이다. 이것은 천사가 고의로 자기의 의지로 반역한 일과 맥을 같이 한다. 사람도 고의로 자기의 의지로 반역했기 때문이다. 외적으로는 아담의 내면에 있는 욕망을 끄집어내도록 악한 동기부여를 한 악한 자(사탄)의 간교한 유혹이 있었던 것은 분명하다. 따라서 사람의 세계에 죄가 들어오게 된 배경에는, 사람이 마귀의 제안에 동조하여 마귀 편에 서는 선택이 있었다고 진단할 수 있을 것이다. 그로 인해 사람은 마귀의 속성을 나타내는 마귀의 아들들이요(요 8:44) 악인이 되었다. 그래서 성경적 개념으로 사람 본성을 논할 때 본래부터(혹은 어려서부터) 악하다고 말한다(창 8:21; 시 51:4-5).[76] 토머스 왓슨은 이렇게 언급한다.

> "아담이 마귀의 제안에 동의하지 않는 한, 마귀가 억지로 죄를 짓게 만들지는 못했을 것이다. 사탄은 그저 아담의 마음을 얻으려 하는 구혼자였을 뿐, 그에게 복종을 요구하는 왕은 아니었다."[77]

---

76   그러나 세상에서는 각종 사람의 본성에 관한 이설들이 존재한다. 이필원 외, 「본성, 개념인가, 실재인가」, (서울: 운주사, 2022)를 참고하라.
77   Thomas Watson, *A Body of Divinity* (Edinburgh: Banner of Truth Trust, 1974), 140-42.

하나님은 아담에게 견인의 은사를 내리셔서 죄를 짓지 못하게 하실 수도 있었을 것이다. 하지만 하나님은 아담이 죄를 짓도록 허용하셨다. 아우구스티누스(어거스틴)에 따르면, "이는 악이 아예 존재하지 못하도록 막는 것보다, 그 허용하신 악으로부터 선을 만들어내는 편을 더 낫게 여기셨기" 때문이라고 변증한다.[78] 하지만 우리는 죄의 기원을 생각할 때마다 그 문제에 관해서 어떤 논리적이거나 이성적인 설명도 찾을 수 없는 것처럼 보이기 때문에 솔직히 당황하게 된다. 우리는 아담과 하와가 무엇 때문에 그처럼 오만한 태도로 하나님께 반역했는지 쉽게 단정하기 어렵다. 다만 우리가 믿는 하나님은 만물의 주권자이시면서 동시에 가장 선하고 지혜로운 방식으로 자기의 능력을 행사하시는 분이란 진리를 믿는다.[79] 반면에 그 모든 책임을 사람에게 돌리는 것같이 생각하는 이유는, 그에게 허락하신 자유의지(사람의 주권; 사람에게 부여한 가장 강력한 권세이기에 그만큼 책임도 따르는)를 가지고 스스로 범죄했기 때문이다.

아담(사람)의 타락에 대해 사람이 본래 완전한 자로 창조되었나 아니면 조건부 영생자로 창조되었나에 관한 논쟁이 있다.[80] 이때 "완전한 자"

---

[78] St. Augustine, *The Enchiridion on Faith, Hope and Love*, trans. J. F. Shaw, (Washington, DC: Regnery, 1996), 33 (8.27). 하나님의 하나님 되심을 이것보다 더 강력하게 드러내는 능력은 없다.

[79] 마크 존스, 28.

[80] 앞의 책, 27-28. 처음에 온전하게 지어진 천사와 사람의 경우, 우리는 그런 존재들이 어떻게 죄를 짓기로 선택할 수 있었는지 의문을 가지게 된다. 일부 이단(예를 들어, 펠라기우스주의자나 소키누스주의자)이나 다른 분파(예를 들어, 항론파나 아르미니우스주의자)는 아담이 타락 이전에도 이미 악을 향한 경향성(타락 이후의 우리만큼 그 정도가 심하지는 않을지라도)을 지니고 있었다고 본다. 하지만 이러한 그들의 관점은 만물을 지으신 후에 "하나님이 보시기에 심히 좋았다"

란 개념이 도대체 무엇인가란 질문이 생긴다. 왜냐면 사람이 만일 완전한 자로 창조되었다면 '어떻게 죄를 지을 수 있으며', 또 '죽을 수 있을까'라는 궁금증이 자연스럽게 생기기 때문이다. 죄는 사람의 문제이며, 그 책임은 사람 자신에게 있다. 그러나 그 문제를 해결할 힘은 사람에게 전혀 없다. 표범이 자신의 얼룩무늬를 바꾸지 못하듯이(렘 13:23), 하나님의 은혜 없이는 사람이 스스로 자신을 깨끗게 할 수 없기 때문이다. 죄 문제의 해결은 전적으로 하나님께 달려 있으며, 궁극적으로 사람의 모든 죄는 그분을 거스르는 것으로 귀결된다(시 51:4). 오직 하나님만이 그분의 지혜와 능력으로써 부정한 자들을 정결케 하고, 추한 자들을 아름답게 만들며, 구부러진 사람의 마음을 바르게 펴실 수 있다. 하나님은 그분의 헤아릴 수 없는 깊은 뜻 가운데 사람이 죄를 지을 가능성을 지닌 존재로 창조하셨다. 하나님은 처음에 아담을 지으시고 그에게 5가지 복을 주셨으며(창 1:28), 사람이 생존하기 위해 식물을 먹어야 할 것도 가르치셨으며(창 1:29), 그중에는 아담이 영생하기 위해 순종해야 할 구체적이고 적극적인 명령이 포함되었다(창 2:17).

하나님은 우리의 첫 조상인 아담과 하와를 죄와 죽음의 가능성이 아예

라고 선언하신 하나님 말씀의 참됨을 약화시킨다. 타락 이전에 아담의 마음 속에는 아버지 하나님을 사랑하며 그분을 경배하려는 열망이 가득했을 뿐이다. 이런 그의 열망은 악을 향한 경향성과 결코 양립할 수 없는 것이었다. 그러면 우리는 사람의 죄를 어떻게 받아들여야 할까? 여기서는 하나님이 아담과 하와로 하여금 존재와 의지의 측면 모두에서 가변적인 상태에 머물도록 창조하셨음을 이해할 필요가 있다. 아담의 타락은 의와 거룩함으로 지어진 처음 상태에서도 아담이 어떤 식으로든 죄를 지을 수 있었음을 입증한다. 필자는 이런 면에서 조건부 영생자로 창조되었다고 말하는 것이다.

배제된 상태로 창조하지 않으셨다. 우리가 알듯이 아담과 하와는 하나님의 의로운 계명을 거역하여 죄를 짓게 된다(창 3:6). 처음에 아담은 온전하고 순수한 상태에 있었다. 다시 말해서 하나님의 형상대로 곧 선을 아는 존재로 창조되었다는 의미다. 이 말은 반대로 아담이 죄라든지 악에 대해서는 알지 못했고, 알 필요도 없었다는 말이다. 악은 선의 반대이고, 죄는 법이 없으면 성립되지 않는다(롬 5:13)는 성경의 가르침을 따라 처음 아담에게는 선이신 하나님(마 19:17)과만 교제하며 살았기에 악에 대해 알 필요도 없었다(고전 14:20). 그에게는 죄를 짓지 않을 힘과 선택의 자유가 있었지만, 그 힘이 완벽하거나 불변하는 것은 아니었다. 하나님이 아직 아담(사람)을 불변하는 선함의 상태로 이끌지 않으셨기 때문이다. 그 일은 오직 우리가 성자 하나님과 연합해서 성령의 임재를 누림으로써 가능하게 되며(롬 8:9-11), 장차 우리가 부활하여 영광의 상태에 들어갈 때 온전히 실현된다.

2) 세상의 죄는 언제부터 시작되었을까?

아담과 하와를 은밀하게 찾아온 뱀은 간교하고도 무서운 원수였다. 성경에서는 그 뱀에 관해 다음과 같이 말한다. "여호와 하나님이 지으신 들짐승 중에 가장 간교(영리)하니라"(창 3:1) 그것은 모든 선한 일을 파괴하는 데 온 힘을 쏟는 존재였다. 그는 이미 하나님의 권위를 멸시했으며, 에덴동산 안에서 살게 하신 아담의 권위에 관해서는 아예 신경도 쓰지 않았다. 뱀은 연약한 하와에게 먼저 접근하는 치밀함을 보이며, 하나님의 권위를 배척하게 만들려는 의도를 품고 그분의 말씀과 경고를 의심하도록 부추겼다(창 3:4-5). 그때 하와의 불신 가운데서 탐심과 교만이 발동했다(창 3:6). 곧이어 아담과 하와는 하나님이 계시하신 진리보다 사탄의 거짓말을 믿는 편을 선택했다. 마귀와 마찬가지로, 배교한 아담은 하나님께 등을 돌린 채 오직 자신의 영광에 생각이 매몰되었다. 이런 측면에서 우리는 마귀와 아담의 배교가 매우 유사하다는 점을 알 수 있다.[81]

(1) 하나님의 도덕법 전체를 범했다.[82]

아담이 범죄할 때는 도덕법(십계명)이 구체적으로 주어진 때가 아니었지만, 순종을 요구하는 기준을 따라 생각할 때는 단 하나의 계명일지라도 그 전체를 나타내는 대유법(환유와 제유법)의 원리로 쓰였다고 볼 수 있겠다. 그런 비유가 맞는다면 아담은 하나님의 도덕법 전체를 거스르는 죄를 범했다. 이는 곧 하나님의 형상으로 지어진 그의 마음속에 기록되어 있었던 법이다(창 1:27).

a. 1계명을 범함

아담의 불신과 교만을 통해, 오직 자기의 이익만을 사랑하고 추구하며 스스로를 높여 하나님과 같이 되려는 그의 악하고 이기적인 태도가 드러났다. 이는 하나님이 주신 첫 계명을 위반하는 일이었다.

81　　마크 존스, 24.
82　　앞의 책, 24-26.

b. 2계명을 범함

아담은 성전인 에덴동산을 돌보는 선지자이자 제사장, 왕으로서, 오직 그분의 규례를 좇아 하나님께 경배해야 했다. 그 규례 가운데는 그가 행해야 할 일과 하지 말아야 할 일이 모두 포함되어 있었다. 그러나 아담은 금지된 나무의 열매를 먹었으며, 이를 통해 합당한 경배 규례들을 어겼다. 그는 그 성전 안에 거짓 종교가 들어오는 것을 묵인했으며(뱀과 뱀의 주장), 자신이 그곳의 수호자임에도 불구하고 마귀의 일들을 막아내지 못했다(민 1:50-53). 그는 이런 식으로 하나님의 두 번째 계명을 깨뜨렸다.

c. 3계명을 범함

또 하나님의 형상을 지닌 그분의 자녀로서, 아담은 거룩한 삶을 통해 아버지 하나님께 영광을 돌려야 했다. 하지만 아담은 하나님이 마음속에 새겨 주신 규례를 소홀히 여겼을 뿐 아니라, 그분이 직접 주신 경고의 말씀까지 거역했다. 그럼으로써 아담은 하나님의 이름(말씀)을 무시했으며, 이는 곧 셋째 계명을 위반하는 일이었다.

d. 4계명을 범함

그리고 아담의 불순종 때문에, 아담과 그의 아내가 하나님의 영원한 안식에 들어가는 일이 위협을 받게 되었다(히 4:11). 이는 그들이 하나님 바깥에서 안식을 찾으려 했기 때문이다. 그러므로 아담은 넷째 계명 역시 어겼으며, 이를 통해 그 후손들의 영원한 상태가 영원한 안식은커녕 영원한 형벌에 처할 위험에 빠지도록 만들었다.

e. 5계명을 범함

이른바 십계명의 '두 번째 돌판'에 관해 살피자면, 아담은 에덴동산에서 아버지 하나님께 영광을 돌리지 못하여, 다섯 번째 계명을 어겼다. 그리하여 그는 "땅에서 장수하는" 영생의 복을 누리지 못하게 되었다(엡 6:1-3).

f. 6계명을 범함

또 아담은 자기 후손들에게 영생을 물려주기는커녕, 자신의 죄를 통해 죽음을 가져다주었다. 그는 마귀와 다를 바 없는 살인자가 된 것이다. 후손에게 영생이 아닌 죽음(영벌)을 유전시킨 조상으로써 여섯 번째 계명을 어겼다.

g. 7계명을 범함

그리고 아담은 남편다운 질투심과 사랑을 품고서(잠 6:23-35) 아내 하와를 보호하지 못했으며, 하와가 마귀의 꾐에 넘어가는 영적으로 간음하도록 방조함으로써, 일곱 번째 계명을 어겼다.

h. 8계명을 범함

이후 하와는 하나님이 금하신 나무의 열매를 먹음으로써 하나님의 것을 훔치는 여덟 번째 계명을 어겼다. 아담은 그 일을 막지 않았을 뿐만 아니라 자기도 그 열매를 먹어 공범이 되었다.

i. 9계명을 범함

또 아담은 하나님의 진리로써 마귀의 거짓말에 맞서지 않았으며, 그 거짓말을 따르는 하와를 말리지도 않아 아홉 번째 계명을 어겼다. 이때 그는 거짓의 아비인 마귀를 닮은 모습으로 호응했다(요 8:44).

j. 10계명을 범함

끝으로 아담은 하나님이 주신 자기의 지위와 복에 만족하지 못했다. 그리하여 그는 자신에게 속하지 않은 것(하나님의 자리를 넘보는)을 탐하여 열 번째 계명을 어겼다.

한편 토머스 왓슨은 아담의 죄를 약간 다른 식으로 설명하는데, 그의 관점은 우리의 논의를 얼마간 보완해 준다. 왓슨은 존속살인(부모를 죽이는 일)에 관한 키케로의 글을 인용하면서, 하나님을 향해 죄를 범하는 자는 동시에 수많은 죄를 짓게 된다고 언급한다. 이 경우에 아담은 불신과 감사하지 않음, 불만족과 교만, 불순종과 헛된 호기심, 방종과 신성모독, 살인과 무례함의 죄를 범했다는 것이다.[83] 이런 논의는 아담의 범죄가 얼마나 악했는지 보여준다. 그것은 궁극적으로 하나님을 거역하는 죄였으며, 구체적으로는 그분의 율법 전체를 배척하는 일이었다(약 2:10-11). 옛 신학자들의 표현을 빌리자면, 그의 죄는 곧 하나님을 살해하려는 시도였다. 또 그것은 온 인류를 향한 살인 행위이기도 했다. 이를 통해 그의 모든 후손이 중한 죄책 아래 놓이게 되었다.

3) 필자의 보충 설명

앞에서 다룬 다른 학자의 가르침을 보완하고자 필자는 앞에서 다룬 사람이 죄를 짓게 된 원인을 몇 가지 주제로 좀 더 세부적으로 살피려고 한다.

(1) 죄는 사람의 교만한 마음에서 시작되었다.

기독교인은 최초의 죄를 하나님의 말씀을 어긴 아담과 하와에서 찾는다. 그런데 성경에는 영계에서 먼저 타락이 일어난 것을 유추할 수 있는 기록을 남기고 있다고 했다. 천사장이 타락한 존재가 루시퍼[84]라는 주장에 대

---

83 Thomas Watson, 140-142
84 본서에서도 사탄에 대해 다루는 주제에서 언급했던 용어다. 초기 기독교 교부들은 사탄, 즉 악마들의 우두머리가 루시퍼라고 보았던 것은 사실이다. 그러나 교회의 공식 입장은 '루시퍼'(=샛별)는 "타락한 존재의 오만함을 비유하

한 논란이 많지만, 굳이 이사야서 14장의 '루시퍼'(헬렐)가 범죄한 천사라고 억지로 끼워 맞추지 않아도 성경에 죄를 지은 천사가 있었다는 확실한 언급이 있다(벧후 2:4). "샛별, 계명성" 등으로 불리는 '헬렐'을 루시퍼라고 부르는 것은 라틴어 번역의 영향이다. 라틴어 루시퍼는 "빛을 가져오는 자"라는 의미로서 기독교 이전부터 샛별(빛나는 별)을 지칭하는 데 사용했었다. 이사야서에는 자기 자신을 신으로 높였던 바벨론 왕을 조롱하는 어조로 쓰였는데, 이는 교만한 바벨론 왕이 새벽이 오기 전에 잠시 반짝이다가 사라지는 빛과 같다고 표현한 것이다(사 14:12). 따라서 원래는 사탄이나 타락 천사의 설과는 전혀 관계가 없었다. 그러나 이 단어는 나중에 악마에게 적용되어 점차 사탄의 이름으로 사용되기 시작했으며, 단테의 신곡과 존 밀턴의 실낙원 같은 책을 통해 대중화되었고, 이러한 영향으로 16세기 말-17세기 초에 가톨릭과 개신교에서 각각 영어로 번역한 두에-랭스 성경과 킹 제임스 성경이 히브리어 '헬렐'을 샛별에 해당하는 morning star로 번역하지 않고, 라틴어 lucifer를 고유명사처럼 기록하는 바람에 결정적으로 루시퍼가 악마의 이름인 것처럼 오해받게 되었다. 개역 성경의 "계명성"을 공동 번역은 "샛별"로, 표준 새 번역은 "새벽 별"로, ESV는 O Day Star로[85], CSB는 morning star로, NIV는 morning star로, KJV는 Lucifer로 번

는 말일 뿐, 특정한 악마의 이름으론 볼 수 없다"라는 것이다. 다시 말해 교부들의 주장대로 이사야서의 '루시퍼'가 사탄(=신의 적대자=악마)을 의미하는 것은 맞지만, '루시퍼'는 타락한 천사를 비유하는 것일 뿐, 사탄의 이름이 '루시퍼'는 아니라는 해석이다. 정리하자면, 가톨릭교회는 공식적으로 하나님에게 반역한 타락 천사의 존재를 인정한다. 그 타락 천사가 바로 구약의 샛별(=루시퍼)이고, 신약의 사탄이지만, 악마의 정확한 이름은 성경 어디에도 나오지 않는다.

85   O Day Star는 "샛별" 혹은 "새벽 별"로 번역이 가능하다.

역했다. 어쨌든 천사장이 타락한 것은 불순종하는 행위로 옮기기 전에 마음이 "교만"했다는 것이 핵심이다. 자기 자리(위치)를 지키지 않고 떠난 것은 분명히 불순종에 해당한다. 그러나 그런 행동을 하게 된 근본 원인은 교만으로 시작된 것이다. 중심이 교만하지 않았다면 자기 위치를 떠나지 않았을 것이기 때문이다.

그런데 동일한 행동을 사람(아담과 하와)도 저지른 것이다. 물론 먼저 그렇게 행동하고 하늘로부터 쫓겨났던 악의 선구자인 사탄(눅 10:18)의 충동질(미혹, 이간질)이 있었기 때문이라고 핑계할 수는 있지만 말이다. 그럴지라도 선택은 본인 몫이었기에 변명의 여지는 없다. 그러므로 죄의 시작은 교만한 마음에서 태동했으며, 그런 마음을 제어하지 못한 결과 불순종과 대적으로 나타났다. 하와는 사탄이 선악을 알게 하는 나무의 열매를 먹으면 "신들"처럼 될 수 있다(이 말에는 사탄 자기도 포함한 것이다)는 말에 혹해서 선악을 알게 하는 나무를 보고, 우리도 신들처럼 지혜롭게 될 수 있겠다는 마음에 선악과를 먹는 만용을 부린 것이다. 그리고 그 나무는 실제로 사람에게 사람 스스로 판단하고 결정하는 선악의 개념을 갖게 하는 인간적인 지혜와 지식을 제공하는 도구가 되었다.

하나님으로부터 지음을 받은 피조물로써 하나님의 권위 아래서 하나님께 순종하며, 하나님의 기쁨이 되고, 하나님의 영광이 되어야 하는 목적으로 창조된 사람이 하나님과 같은 위치에 올라가고 싶은 마음으로 선악과를 먹었으며, 그로 인해 사람은 하나님께서 말씀하시는 것은 무엇이든지 옳은 것으로 받아들이고 신뢰하는 위치에서 벗어나, 스스로의 기준으로 선악을 결정하고 심지어는 자신을 지은 창조주까지도 악한 신이라고

Ⅱ. 선악 나무 143

정죄할 만큼 타락한 존재가 되고 만 것이다. 이로 인한 죽음과 파괴, 그리고 절망스러운 인류의 비극은 시작되었다.

　그런 의미에서 죄란 단순한 것이다. 하나님보다 다른 것을 더 신뢰하는 것이며, 처음 지어진 사람이 자기 위치를 이탈해서 하나님과 같아지려고 하는 교만하고 불순한 마음으로 창조주의 명을 대적한 반역이다. 오늘날 사람은 대부분 자기만을 위해 산다. 내가 주인공이고 내가 하나님이다. 나 외에 다른 신은 없다는 식으로 살아간다. 자기 기준으로 모든 것을 판단하며, 내 인생은 나의 것이기 때문에 내가 가장 소중하다. 그러나 성경은 강력하게 경고하며 말한다. 이 세상의 주인공은 하나님이며, 모든 선악 판단의 기준은 하나님 외에 정할 자가 없다. 하지만 이미 선악과를 먹고 스스로 하나님처럼 되어버린 사람은 자기가 피조물이며 다른 존재(하나님)를 위해 지어진 엑스트라에 불과하다는 사실을 견디지 못할 정도로 불쾌해한다. 그래서 사람은 하나님 인정하기를 싫어한다. 이것은 사탄의 정신과 생각을 그대로 빼다 박은 '빼박이'의 모습이다.

(2) 죄는 하나님의 창조 목적에서 벗어나려는 마음에서 시작되었다.

이는 마치 예수 그리스도의 탕자 비유에서 소개된 둘째 아들에게 적용하면 잘 맞는다(눅 15:11-32). 구약에서 죄를 의미하는 히브리어가 여러 개가 있는데, 그중 가장 대표적인 단어 '하타'(חטא)는 "표적에서 벗어난"이라는 의미이다. 즉 단어의 의미로만 생각할 때, 죄란 하나님이 만드신 그 창조의 위치와 순리에서 벗어난 것을 가리킨다. 하나님이 이 세상을 창조하셨을 때, 그의 선하심과 지혜로 모든 피조물에게 존재 목적을 부여하셨고, 각각에 맞는 위치를 지정하셨다. 그런 목적에 비추어 오늘날 이슈가 된 동성애 문제를 생각할 때, 그런 문제는 창조의 본성(목적)에 어긋나는 것이기에 죄라고 얘기할 수밖에 없는 것이다.[86] 그 사람의 인격을 무시하거나 사람을 미워해서가 아니다. 따라서 이는 인권 문제로 접근할 사항이 아니다. 그렇다면 사람에게 죄란 무엇인가를 찾기 위해서는 우리는 사람의 창조 목적을 알아야 할 것이다.

"오 주여, 주께서는 영광과 존귀와 권능을 받기에 합당하시오니 주께서 모든 것을 창조하셨고 또 <u>그것들이 주를 기쁘게 하려고 존재하며 창조되었나이다</u>"(계 4:11)

"그런즉 너희가 먹든지 마시든지 무엇을 하든지 다 <u>하나님의 영광을 위하여 하라</u>"(고전 10:31)

"곧 내 이름으로 불리는 모든 자라. <u>내가 내 영광을 위하여 그를 창조하고 그를 지었으며</u> 참으로 내가 그를 만들었느니라"(사 43:7)

성경은 사람이 하나님을 기쁘시게 하며, 하나님의 영광을 위해서 찬송하는 존재로 지어졌음을 강조한다. 또 하나님은 아담이 하나님의 명령에 순종하되 에덴동산에 있는 모든 것을 관리하게 하시고, 또 짐승들에게 그 특성에 맞는 이름을 짓게 하셨다. 그러므로 우리의 창조 목적, 즉 하나님을 기쁘시게 하지 못하고 하나님의 영광을 위해서 살지 않는 것 또 하

---

[86] 애런 에드워즈, "동성애는 죄" 글 올린 영국 교수 해고당해. 2023.03.30. 국민일보.

나님께 순종하지 않는 것은 모두 죄가 된다.

"여호와 하나님께서 그 사람을 데려다가 에덴의 동산에 두시고 <u>그것을 보살피며 지키게 하셨더라</u>"(창 2:15)

그런데 성경이 언제부터 그런 마음과 행동에 대해 죄라고 명명했는가? 성경은 율법이 없을 때는 죄라고 정죄할 법적 근거가 없었다고 말한다(롬 5:13).

"율법은 진노를 이루게 하나니 율법이 없는 곳에는 범함도 없느니라"(롬 4:15)

"죄가 율법 있기 전에도 세상에 있었으나 <u>율법이 없을 때는 죄를 죄로 여기지 아니하느니라</u>"(롬 5:13)

그러나 이런 말씀도 있다.

"무릇 율법 없이 범죄한 자는 또한 율법 없이 망하고 무릇 율법이 있고 범죄한 자는 율법으로 말미암아 심판을 받으리라"(롬 2:12)

"(율법 없는 이방인이 본성으로 율법의 일을 행할 때는 이 사람은 율법이 없어도 자기가 자기에게 율법이 되나니 (15) 이런 이들은 그 양심이 증거가 되어 그 생각들이 서로 혹은 송사하며 혹은 변명하여 그 마음에 새긴 율법의 행위를 나타내느니라)"(롬 2:14-15)

영계의 일은 모르겠고(성경이 밝히지 않을 뿐만 아니라 현재 우리에게 관련되지 않으니), 사람은 처음에 하나님의 명령(법)을 분명하게 주셨다. 그들에게는 그것이 곧 율법과 마찬가지였다. 그리고 그들은 그 율법을 범했으며, 성경은 그 행위를 죄라고 정죄하는 것이다. 분명한 것은 그런 범법이 마음 안에 있는 "교만"에서 시작되었다는 사실 만큼은 틀림없는 사실이다. "교만은 패망의 선봉"(잠 16:18; 18:12)이란 지적은 진리다. 그래서 성경은 그렇게도 교만에 대하여 엄히 경계한다.

(3) 죄의 시작은 하나님의 경고보다 욕망이 앞서는 마음에서 비롯되었다.

모두가 알다시피, 하나님은 에덴동산을 아담에게 주시면서, 단 한 가지의 조건부 명령을 제시하셨다. 그리고 그 조건을 위반한 일에 대한 형벌이 사망(죽음)임을 알려 주셨다. 그것은 동산 가운데 있는 선악을 알게 하는 나무의 열매를 먹으면 생기는 일이었다(창 2:16-17). 그러나 아담과 하와는 하나님의 경고보다 자기의 욕망을 부추기는 사탄의 이간질을 더 신뢰했으며, 그런 마음의 상태가 세상에 죄가 들어오게 된 원인을 제공했다. 그런 사실이 얼마 후, 사탄의 유혹(창 3:4-5)으로 만천하에 드러나게 된 것이다. 사탄은 사람에게 접근할 때, 하나님께서 말씀하신 내용을 비슷하게 시작하여 끝내는 뒤집는 감언이설로 미혹했다.

그때 사람은 선택의 기로에 선 것이다. 역사는 증언하기를 그때 하와는 사탄의 말을 더 신뢰했다고 고발하고 있다. 누구 말을 더 신뢰하느냐의 여부가 생사를 좌우하는 선택이 된 것이다. 사람은 어리석게도 사탄이 자기를 위하는 줄 생각했고, 사람의 이익을 위해 조언(멘토)해 주는 줄 착각한 것이다. 그러나 인간이 자기를 위해서 사는 것은 사실은 자기를 위하는 것이 아니고 사탄의 종노릇 하는 것이다. 지금도 우리에게는 수많은 이론과 사상이 전문가의 이론이라는 이름으로 접근해 우리를 위하는 양 선생 노릇 하려고 한다(딤후 4:3). 이런 현상은 기독교인들에게도 예외가 아니다. 아니 더 심각하다고 말해야 맞는 말일 것이다. 저마다 자기가 옳다고 주장하는 신학 이론이 얼마나 많은가. 교파가 갈라지는 것을 보면 알수 있지 않은가. 따라서 죄는 누구의 말을 더 신뢰하느냐부터 시작된다고 말할 수 있기에 신중하게 선택해야 한다.

아담과 하와는 누구의 말을 더 신뢰했는가? 하나님의 말씀보다 사탄의 얘기에 더 귀를 기울였고, 결국 하나님의 말씀을 거역하고 금단의 선악을 알게 하는 열매를 먹었다. 그들은 왜 사탄(뱀)의 말을 더 신뢰했을까? 사탄의 어떠한 말이 선악과를 먹고 싶어 했을까? "네가 <u>결단코 죽지 않을 것</u>이며, 오히려 하나님같이 될 것"이라는 말에 혹한 것이다. 성경은 말한다. 뱀의 말을 듣고 선악 나무의 열매를 바라보니 "사람을 지혜롭게 할 만큼 탐스러운 나무"(창 3:7)처럼 보이더라고…

4) 죄의 정의

죄의 정의는 신학적으로 "하나님의 법을 순종하는 것이 부족하거나 혹 어기는 것"이라고 한다(소요리 문답 14문). 먼저 성경에서 문자적인 관점에서 말하는 죄는 다음과 같은 내용으로 기록되어 있다.

① 불법이 죄(요일 3:4)

② 선을 알고도 행하지 않는 죄(약 4:17)

③ 믿음에 따라 행하지 않은 죄(롬 14:23)

④ 예수를 믿지 않는 죄(요 16:9)

⑤ 모든 불의한 것들이 죄(요일 5:17)

⑥ 사람의 마음에서 나오는 여러 악한 생각들이 죄(막 7:21)

이와 같은 죄들은 사도 바울이 "내 안에 선한 것이 거하지 아니하는 줄을 내가 알고 있다(롬 7:18)"라고 말한 것처럼, 사람의 악한 본성(옛사람)에서 나온다고 할 수 있다. 사람 안에는 이같이 아담과 하와의 범죄 이후에 사람에게는 선악이 함께하는 존재가 되었다는 사실 또한 알 수 있다(롬 7:21). 그러므로 죄가 무엇인지 성경적으로 정의하자면, 죄는 하나님의 완전하신 거룩함에 도달하지 못하는 모든 것을 가리키는 것이라고 말할 수 있다. 신약성경 로마서 3장에서 "모든 사람이 죄를 범했기 때문에 하나님의 영광에 이르지 못"한다(3:23)고 말한다. 이처럼 모든 사람은 죄를 범했으므로 하나님의 수준이나 표준에 도달할 수 없는 것이다. 다시 말해서 죄란 거룩과 완전에 대한 하나님의 표준에 미치지 못하는 생각이나 말이나 행동을 가리킨다.

죄의 가장 중요한 성격은 "하나님과 반대 방향을 지향하는 것"(that it is directed against God)이다. 우리는 죄에 관한 단어만 연구해도 거룩하신 하나님이 보시기에 죄가 얼마나 치명적인 것인지를 깨닫게 된다. 하박국은 다음과 같이 언급했다.

"주께서는 눈이 정결하시므로 악을 차마 보지 못하시며, 패역을 차마 보지 못하신다"(합 1:13)

아담의 죄를 정확히 표현하자면, 선악을 알게 하는 나무의 실과를 따 먹지 말라고 한 하나님의 말씀을 어긴 것이기에 죄(하타)가 되는 것이다. 이는 무엇보다 사람의 본분에서 벗어나는 것이고(전 12:13), 성경과 진리의 영이라는 과녁을 이탈한 것이다. 사람이 처음 지음을 받을 때 하나님의 뜻에 합한 존재로서 살아야 하는 삶의 목적을 가지고 창조되었다(창 1:26-27). 이것이 하나님의 형상대로 창조했다는 목적에 맞는 개념이다. 그럼에도 인생은 그 하나님의 뜻을 이루기에 부족하고 빗나가 버렸다. 바로 그 상태가 죄이며, 비극의 시작이었다.

죄는 하나님의 뜻을 배반하는 것(도덕적인 관념과는 다르다)
죄는 과녁을 맞히지 못한 것
죄는 부주의로 범한 과실(모르고 지은 죄)까지도 포함
죄는 하나님께 대한 반역
죄는 하나님과의 교제를 파괴하고 이반(離叛)하여 자기 임의대로 행동하는 것(롬 8:6-8)

죄에 대해 변함없이 적대하시는 하나님은, 그 의로움과 완전한 공의라는 속성 때문에 죄를 용납하실 수 없다. 이같이 죄는 너무 치명적인 것이어서, 오직 하나님의 아들의 죽음으로만 그 죄를 해결할 수 있다(요 1:29;

히 9:22).

(1) 죄와 악

일반적으로 죄와 악을 구분해야 할까 아니면 하나로 묶어 생각해야 할까? 단어는 분명히 다르다. 그러나 의미적으로는 유사한 것도 사실이다. 그러면 구분하면 성경을 이해하고 신앙생활에 도움이 될까를 생각해야 할 것이다. 죄는 사단이 모든 사람에게 개인적으로 영향을 미친 결과이며, 악은 사단 그 자체를 포함하여, 아담의 타락 이후 사람과 사회 전반에 영향을 미치는 모든 것을 통칭한다. 물론 죄악은 그 둘을 합친 전부 즉, 하나님과 분리된 모든 것과 그 결과로 일어나는 현상 전부를 일컫는 뜻이 된다고 생각한다. 먼저 악에 대해 생각하는 시간을 가져보자.

a. 악

구약에서 악을 가리키는 히브리어 '라샤'는 주어진 문맥에서 도덕적인 뉘앙스를 전달하는 역할만을 감당하며,[87] 그 같은 도덕 관념에 대한 증거를 제공하는 일은 문맥 내의 다른 부분에서 나타난다. 또 하나의 용어인 '라야'는 사실상 '토브'(선, good)의 반대말로서 우리가 다양한 사람들과 상황들을 경험하는 방식을 다룬다.[88] 이 같은 용어들은 도덕적 범주에 토대를 둔 것이 아니며, 우리가 구약의 메시지를 읽을 때 이런 사실을 염두에 두는

---

[87] 창 18:23, 25; 출 2:13; 9:27; 신 25:1-2; 욥 3:17; 시 1:1, 4…(구약에서 263회 사용).
[88] 창 19:7, 9; 44:5; 레 5:4; 신 15:9; 삿 19:23; 욥 8:20; 시 22:17…(구약에서 84회 사용).

것이 중요하다. 따라서 악의 문제를 다룰 때 질서-비질서-무질서라는 구조를 적용한다면, 구약에서 악의 범주에 관하여 조금은 더 명확하게 파악할 수 있을 것으로 생각한다.[89]

성경의 첫 창조 기사 가운데 창세기 1:2에서 "공허와 혼돈의 비질서 상태"를 묘사하고 있다. 이때 하나님의 영이 그 비질서 상태의 우주를 품고 뭔가 활동할 준비가 된 모습을 연출하고 있다. 하나님은 자신의 명령을 통해 이처럼 비질서 상태에 놓여 있는 세상에 질서를 세우기 시작하신다. 어떤 사물의 운명에 대해 구두로 명령하는 것이 곧 그 사물에게 역할과 기능을 부여하는 일이었다. 이 같은 하나님의 명령이 곧 질서를 가져다주는 창조행위였다. 다시 말해 창조주의 입을 통해 발화되는 말이 창조의 과업에서 효력을 갖는다는 관념은 고대 세계에서 일반적이었다.[90]

하나님의 창조 사역은 처음에는 무에서 유를 창조하시는 것으로 시작하여, 다음 단계인 비질서의 세계에 질서를 세우는 것으로 정의할 수 있다. 이 같은 창조 사역은 단계적으로 수행되었다. 여기서 주목할 것은 하나님이 질서를 가져오셨음에도 여전히 비질서의 요소들이 남아있었다는 점이다. 예를 들어 바다가 예전처럼 존재했으며(비록 그 경계가 정해지기는 했지만), 흑암도 여전히 남아있었다. 비질서의 요소들을 몰아내고 질서를 가져오기 위해 경계들과 제한들이 부과되었다. 이처럼 최초로 부여된 질

---

89   존 H. 월튼, 「교회를 위한 구약성서 신학」, 왕희광 옮김, (서울: 새물결플러스, 2021), 309-310.

90   John H. Walton, *Genesis I as Ancient Cosmology* (Winona Lake, IN: Eisenbrauns, 2011), 37-62.

서가 자연재해나 고통 혹은 죽음을 제거한다는 보장은 하지 않았다(이 같은 요소들을 '라아'로 묘사하지만, 그것들이 도덕적인 주체들이라는 의미는 분명히 아니다). 우리가 이런 요소들을 질서가 잡힌 세계('토브'로 묘사)의 일부로 간주할 필요는 없지만, 그 같은 요소들도 하나님의 통제하에 있으며, 경우에 따라서는 하나님의 섭리를 이루는 긍정적인 역할을 하기도 한다. 이 같은 비질서의 요소들은 주께서 재림하실 때 완성될 새 창조의 때까지는 완전하게 해소되지 않은 채로 남아있을 것이다. 요한계시록 21장에 따르면 그때에는 "바다도 다시 있지 않을" 것이며(계 21:1), 고통과 죽음도 없고(계 21:4), 흑암도 없을 것(계 21:23-25)으로 예언하고 있다.[91]

사람의 타락 이전의 세계는 질서와 비질서가 혼재하면서 계속해서 질서를 가져오는 작업이 진행되는 공간이었다. 하지만 질서를 향해 나아가는 이 과정은 무질서(disorder)의 개입으로 인해 차질을 빚게 되었다. 뱀은 비질서(non order)의 세계에 속하는 '혼돈의 생명체'(길들여지지 않은 들짐승)라고 말할 수 있다. 왜냐하면 그것은 '가축'(베헤마-창 1:24)과 구별되는 '들짐승'(하야트 하사데; 땅의 짐승-창 1:24)으로 나타나기 때문이다. 하지만 그의 개입이 세상에 무질서를 가져왔는데, 뱀의 지혜를 수용한(설득당한) 아담과 하와가 스스로 지혜와 질서의 중심(하나님; 혹은 신적 존재)이 되기로 결정하고 하나님을 대적하기에 이르렀기 때문이다. 하지만 사람이 지혜의 근원과 중심 역할을 맡고자 하는 세계는 진정한 의미에서 사람이 중심이 되는 질서 잡힌 세계가 아니라 죄가 다스리는 무질서의 세계다. 왜냐하면 사람은 근본적으로 피조물이기 때문에 사람을 중심으로 하는 질서를 창출할 능력이 없다.

---

91 존 H. 월튼, 311-312.

그런데 '왜 선악 나무의 열매를 먹은 것이 죄가 될까?'라고 반문한다면 이런 우매한 질문이 있을까. 자기를 지으신 창조주 하나님의 명령을 거역한 것인데 두말할 필요 없이 죄가 아니면 무엇이란 말인가. 하나님이 아담에게 선악의 지식 나무 열매를 먹지 말라고 명령한 것은, 가장 중요한 이유로 하나님의 나라는 질서의 나라로서 지금 하나님이 비질서의 세상을 질서의 세상으로 하나씩 정리해가시는 과정에 있다는 점과 아울러 그 질서를 세우는 일에 사람의 위치를 정하는 일에 선악의 지식 나무가 이용되고 있다는 점을 알아야 했다. 거기에 비질서의 세계에 속한 뱀이 개입하여 무질서의 세상을 만들어버린 것이다. 사람은 하나님의 명령에 따라 살고 죽는 피조물로서 순종해야 만족함과 행복을 누릴 수 있다는 사실을 깨달아야 했으며, 사람의 위치가 어디인지도 배워야 했다. 그런데 질서의 세계에 비질서의 뱀이 침투해 무질서의 상태로 만들어 버린 것이 소위 "원죄"로 불리는 사람의 타락 사건이다. 그래서 사람의 타락으로 인하여 무에서 유 창조-비질서의 세상-질서의 세계-무질서의 세계로 전개되는 세상 역사가 시작되었다. 따라서 아담의 타락 사건이 가져온 무서운 무질서의 재앙은 모든 시대의 모든 인류에게만 아니라 우주 전체로 확산되기에 이르렀다. 그 결과 사람은 하나님의 임재 앞에서 하나님이 세우시는 질서를 따라 살아가는 행복하고 만족스러운 삶을 박탈당했다. 창조 세계의 일부분으로 자리 잡은 비질서는 자연재해, 질병, 고통 등의 형태로 반영되어 끊임없이 나타났다. 죄가 이러한 모든 상황의 원인은 아니지만, 이 같은 비질서의 요소들은 인류가 창조 세계에 질서를 강제할 능력이 없음을 보여준다.

우리가 서로에게 해를 끼치거나 스스로에게 해를 끼치는 방식에 무질서가 숨겨져 있다. 현대인들이 주위 환경에 해를 끼치는 이기적인 행위도 무질서를 조장하는 일이다. 무질서는 죄의 결과이며, 사람에게 처음 의도되었던 것처럼 선하게 살아갈 능력이 없음을 지속적으로 보여준다. 죄가 가지는 해로운 영향 가운데 하나는 사람이 피조물로서 제 기능을 충분히 다 하지 못하게 만드는 것인데, 그나마 사람이 간신히 유지해가는 질서는 창조주 하나님의 본래 의도를 흉내 내는 것일 뿐이다(하나님의 형상대로 만들어진 흔적). 이처럼 질서가 지연되고 무질서가 만연해진 상태로 인해 모든 피조물이 신음하고 있는데(롬 8:19-22), 이때 무질서는 죄로 말미암은 열매로 나타나는 것이라고 했다. 죄는 근본적으로 사람이 하나님보다 더 잘할 수 있다는 생각으로 표현되며, 이 같은 망상은 지금도 여전히 인류를 혼돈 속에 밀어 넣으며 괴롭히고 있다.[92]

아담이 범죄 한 이후에 인류는 선악을 자의적으로 판단하지만, 하나님께 영광이 되는 방향으로 해석할 능력은 없다. 그리고 아담 이후에 사람이 번식하는 세상에서 사람은 점점 더 죄악의 늪으로 빠져들어갈지언정, 죄의 문제를 스스로 해결할 능력은 전혀 없었다. 정죄에 이르기 전의 사람 상태는 뱀의 말을 받아들여 사상(생각)이 오염되었고, 이미 마음이 악해진 상태였다(창 3:6). 악의 행동이 문턱을 지나면 죄가 된다(창 4:7). 우리는 보통 그 상태를 죄악(罪惡)이라고 표현한다.

"여호와께서 <u>사람의 악이 세상에 관영함</u>과 그 마음의 생각의 모든 계획이 항상 악할 뿐임을 보시고 (6) 땅 위에 사람 지으셨음을 한탄하사 마

---

[92] 앞의 책, 312-314.

음에 근심하시고"(창 6:5-6)

　창세기 3장에서 아담이 선악을 알게 하는 나무의 열매를 먹은 것에 대해 죄라고 정죄한다. 그 죄가 발생하기 전에 악은 없었다. 사탄은 이미 존재했지만, 사탄의 미혹이 작동하기 이전이었기에 사탄의 작용과 무죄한 아담의 연관성은 없었다. 그러나 사탄의 미혹이 뱀을 통해 사람의 마음에 악의 씨를 뿌림으로(요 13:2) 사람의 욕망이 악한 방향으로 반응(작동)하기 시작했고, 그 결과 하나님을 거역하는 행동이 나오게 된 것이다. 그래서 사람의 타락 과정을 정리하자면, 무죄한 아담-사탄의 미혹-악의 씨가 뿌려짐-사람의 욕망이 반응(작동됨)-말씀을 어김-정죄의 단계를 밟는다. 이런 타락의 과정 가운데 사람 내면에서 벌어지는 죄의 발전 과정을 사람 스스로 감지할 수 없기에 분별과 감지가 어려운 것이다. 그래서 일반 소설에서도 이런 악의 정체를 고발하는 내용을 다음과 같이 묘사하기도 한다.

　"악의 존재가 사람의 얼굴을 가졌다는 것을, 심지어는 아주 유쾌한 얼굴을 가졌다는 것을, 나 자신에게 상기시키기 위해서 말입니다. 길거리에서도 마주칠 수도 있고 서로 미소를 주고받을 수도 있지만, 그가 나에 대해 어떤 생각을 하는지는 상상도 할 수 없습니다. 얼굴을 아무리 들여다봐도 그 가면 속에 무엇이 있는지 절대 알 수 없지요. …겉으로 보기에 그들은 우리와 똑같습니다."[93]

93　테스 게리첸, 「메피스토 클럽」, 박아람 옮김, (서울: 랜덤하우스코리아, 2010), 153.

악은 추상적인 개념에 불과한 것이 아니다. 우리가 살면서 실제 존재하는 악을 경험하고 접해 본 적이 있을 것이다. 시대마다 악을 부르는 호칭과 모습은 달라도 아주 친밀하게 우리 가까이에 존재하고 있다(마 26:25, 49; 요 6:70). 아주 다정스러운 모습을 띠며… 악이 얼마나 내 가까이서 훌륭하게 위장하고 있는지를 안다면 경악할 수밖에 없을 것이다(고후 11:14).[94]

악은 사람 안에 내재 된 욕망(욕구, 소원, 바람 등)에 악의 씨가 뿌려져(마 13:25-28), 그 욕망의 바탕에 뿌리를 내린 세력으로 자기를 위하는 마음이 싹트게 된 상태를 말한다. 이런 악의 씨는 창세 때 하와에게 뿌려져 이후로 태어나는 모든 인류에게 유전되어 내려온 것으로 이해한다. 그 악으로 인해 사람의 왜곡된 욕망을 좇아 하나님의 형상대로 지어진 사람의 인격이, 하나님을 향한 방향성을 상실한 상태가 된 결과로 하나님과 점점 멀어져 끝내 단절되는 상태를 죄의 결과인 "멸망", "사망"이라고 표현한다. 첫 사람 아담의 타락으로 하나님과의 교제가 단절되었으며, 그 상태를 만든 사람의 행위를 정죄한 것을 "원죄"라고 부른다. 따라서 모든 사람은 죄인 즉, 하나님을 향한 방향성을 상실한 존재이며, 하나님과의 사이에 큰 구렁이 낀 정도로 단절된 상태가 사람의 현주소다(눅 16:26). 하나님과의 관계가 단절된 사람의 이러한 현실을 "인간의 비참"한 상태라고 하며, 그런 사람이 구원받으면 선한 양심이 하나님을 향하여 찾아가는 것이라고 성경은 설명한다(벧전 3:21).

달리 설명하자면, 악은 죄를 짓는 그 성격을 말하고, 죄는 악을 행한

---

[94] 2023년 한국의 대표적인 사건으로는 연예인 박수홍 사건을 사례로 들 수 있을 것이다.

그 형태를 말한다. 악은 자기중심을 따라 육신의 생각대로 사는 죄의 성격을 말하고, 죄는 자기 뜻대로 곧 악의 성격을 따라 행동함으로 나타나는 결과를 묘사한다. 죄는 하나님이 어떤 분이신지 알든지 모르든지 간에 사람의 악한 본성인 욕심을 따라 나타나는 열매를 표현한다.

"오직 각 사람이 시험을 받는 것은 자기 욕심에 끌려 미혹됨이니 (15) 욕심이 잉태한즉 죄를 낳고 죄가 장성한즉 사망을 낳느니라"(약 1:14-15)

그런데 중세 시대에 청교도를 중심으로 "죄 죽임의 교리"가 유행했었는데, 죄 죽임이 불가능한 이유는, 죄는 법적으로 정죄 받은 상태에 따른 가치이지 실제 가치가 아니기 때문이다. 죄는 악한 성격을 행실로 드러낸 상태에 대한 평가(판결)이다. 가톨릭을 비롯한 중세 기독교에서는 악을 죄와 같은 것으로 규정한 오류가 있고, 그 악의 양상(가시적으로 나타난 모습)을 죽이는 것이 곧 "죄 죽임"으로 이해했다. 그러나 평가(정죄된 행실)를 죽이는 것은 뿌리를 놓아두고 싹만 자르는 것이기 때문에 큰 의미가 없다. 그런데 칭의는 악과 관련하지 않고, 최초 악이 없는 상태에서 범한 죄에 대한 해결, 그리고 그 후에 악으로 말미암은 죄에 대한 사법적 해결이다. 이때의 정죄는 모두 법정적 요인을 갖고 있다. 그래서 이신칭의도 법적인 선언이다.

"악인은 의인의 회중에 들지 못한다"(시 1:5)라는 선언에서 알 수 있는 것은, 악은 하나님의 말씀을 거역하는 모든 성향으로서 이런 성향의 소유자들은 의인의 회중에 들 수 없다는 사실이다. 악한 성향의 열매는 구주 예수 그리스도를 믿지 못하도록 만든다. 사람이 지은 죄로 하나님의 심판을 받는데, 이때의 죄는 도덕적인 죄가 아니라 예수 그리스도를 믿지 않는 일에 대한 정죄를 가리킨다(참고. 요 6:29). 악에 악을 더한 극악(極惡)은 하나님의 심판을 피할 수 없을 수준으로 아주 심각한 상태를 가리킨다. 악은 심판될 성향으로서 아직 죄의 열매를 맺히지 않아 정죄되지 않은 상태라고 할지라도, 언제든지 악한 행실로 인해 정죄당할 여지가 많은 시한폭탄과 같은 존재다. 지금은 악에 대해서는 경고하고 죄인을 심판하시지만, 마지막 주께서 재림하실 때는 죄인과 악을 모두 심판하실 것이다.

사람이 모여 사는 사회에는 완전한 정의가 없는데, 그 이유는 사람에게 악은 본성이요, DNA화 되었기 때문이다(시 143:2; 롬 3:10-15). 누구든지 현재의 삶이 악에 전적으로 물들지 않고 갈대처럼 살 수 있긴 하지만, 언제든지 죄를 지어 정죄당하는 단계로 발전할 수 있다는 사실을 알고 삼가 조심해야 할 것이다. 성경은 "악은 모양이라도 버리라"(살전 5:22)라고 가르친다. 죄를 죽이는 것이 아니라, 악의 모양을 버리는 것이 더 성경적이고 실천적인 명제일 것이다. 그런데 "악의 평범성" 속에 있는 모든 사람이 자기 행위를 절대로 악하다고 인정하지 않는다는 것이 문제이다. 죄와 악을 해명하기 위해서는 철학이나 사람의 경험을 배제하고 성경에 의존하지 않을 수 없는데, 성경은 죄와 악의 원인이 하나님이 아님을 분명하게 명시하고 있다.

"하나님은 악에게 시험을 받지도 아니하시고 친히 아무도 시험하지 아니하시느니라"(약1:13)

선이신 하나님은 선한 것들만을 창조하셨다. 하나님이 창조하신 모든 것은 "그가 보시기에 선한" 것들뿐이었다(창 1:31). 그뿐만 아니라 하나님은 죄를 창조하지 않으셨고, 알지도 못한다고 하셨으며(고후 5:21), 죄에 대한 책임은 오롯이 사람에게 있음을 밝히고 있다(물론 죄의 근원은 사탄에게 있지만).

> "오직 각 사람이 시험을 받는 것은 자기 욕심에 끌려 미혹됨이니 욕심이 잉태한즉 죄를 낳고 죄가 장성한즉 사망을 낳느니라"(약 1:14-15)

이는 하나님이 능력이 없어 사람에게 책임을 돌리거나 핑계하는 것이 아니다. 하나님은 인생이 아니시다(민 23:19). 하나님의 신비(섭리의 비밀)는 유한한 사람이 다 알지 못한다는 한계가 있음을 인정하지 않는다면, 성경이나 사람의 삶에 대한 숱한 난제들이 영원한 수수께끼로 남을 수밖에 없다. 하나님의 주권과 사람의 자유의지가 서로 부딪히는 면이 있어 논쟁이 일어나지만, 하나님으로서는 이런 문제도 얼마든지 조화를 이루는 일이 가능하시다(마 19:26; 막 10:27). 하나님은 전지전능하시기 때문이다. 단지 사람이 무능하여 하나님의 능력이나 속성을 제대로 이해하지 못할 뿐이다(마 22:29; 막 12:27). 이런 진리가 이해되지 않아서 받아들이지 못하겠다고 고집을 부린다면, 그 사람은 역시 무신론자이거나 참 기독교인이 아니란 증거다. 자기가 하나님보다 더 우월하고 똑똑하다는 전제가 있기 때문이다. 그런 자가 성경이 지시하는 뱀의 후손이며(창 3:15), 자기가 신이 된 양 행세하는 사탄의 아들이라고 지적하지 않을 수 없다.

그럼 우리 기독교인은 그런 하나님의 말씀 가운데 난제[95]나 이해하지 못하는 현실 문제(악이 득세하는 것)에 대해 맹목적으로 믿는다고 하는가. 아니다. 답이 없는 인생사에서 발생하는 다양한 사건이나 일들에 대해 왕 앞에 엎드려 무조건 "하나님이 하셨으니 지당하십니다"만 연발하는 간신처럼 느껴지는가. 그것도 아니다. 우리는 하나님이 하시는 일에 대해 다 알지 못한다. 모르는 것은 모르는 것이다. 참 기독교인은 바로 이렇게 자기가 믿고 신뢰하는 하나님에 대해, 모르는 것은 모른다고 인정한다는 사실이 세상의 무신론자나 회의론자들과 비교할 때 다른 점이다. 무신론자나 세상은 자기들의 그 얄팍한 수준의 머리(IQ가 200도 안 되는 혹은 인간사에서 최고의 IQ로 설정하는 성인들조차도 하나님을 모른다)로 자기들을 만드신 하나님을 판단하려는 어리석기 짝이 없는 방자한 뱀의 후손들과는 달라도 아주 다르다는 점을 알아야 한다. 하나님을 부인하는 악한 성향의 존재들이 아무리 부인해도 하나님이 살아 계신다는 사실은 사라지지 않는다. 그들은 날마다 뺑뺑이 돌며 반복되는 지구의 시간 안에서 하루살이 같은 인생을 살 뿐이란 점을 일부러 잊으려 한다. 악이란 것이 얼마나 무지하고 한편으로는 교활한가.

---

[95] 하나님과 악이 함께 존재할 수 있는가, 전능하신 하나님이 있다면 어떻게 악이 득세하는 것을 그냥 보고만 계시는가 등. 그러나 역설적으로 그것이 하나님의 시혜요 신비라고 말한다면 믿겠는가. 하나님이 세상을 심판하실 때까지 오래 참으시는 사랑이라면 코웃음 칠 것인가. 하나님을 기껏 죄와 악이 생기면 그때그때 처리하시는 가벼운 신으로 여기는 생각 자체가 사람의 무지와 어리석음의 한계를 보여주는 것일 뿐이다. 기독교의 하나님은 사람의 이해를 구하는 신이 아니라, 피조물인 사람의 순종을 통해 영광과 찬송을 받으시는 분이시다.

우리가 한 가지 아는 것은, 우리가 모르도록 감추어진 것은 우리가 모르는 것이 더 유익하기에 감추셨다는 사실이다. 우리가 알아야 할 사실이 있다면 때가 되면 알려주신다는 것도 안다. 하나님은 모든 일에 계획과 뜻이 있으시다는 것과 공의와 자비를 주권적으로 행사하신다는 사실 또한 성경을 통해 알게 된 지식이다. 그리고 거기에 더해서 사람은 죽었다가 깨어나도 모르는 일과 지식 그리고 지혜가 부족해도 너무 부족하다는 사실을 알게 된 것도 큰 수확이라고 말할 수 있다. 그래서 늘 잊지 말고 기억해야 할 것은, 사람은 피조물이라는 한계를 인식하여 하나님 앞에서 항상 겸손해야 한다는 점이다. 다른 사람들을 긍휼히 여기고, 자기 스스로도 함부로 의롭다고 말하지 않으며, 타인에 관해 함부로 판단하지 않는 자세도 바로 이런 깨달음에서 나온다(고전 4:4-5). 그래서 하나님의 주권을 믿는 우리에게 "선으로 악을 이기라"고 권면하시는 것이다(롬 12:21).

b. 죄란 무엇인가?[96]

죄의 문제를 다룰 때 고민이 되는 문제는 기존의 죄에 대한 패러다임이 선입관으로 작용해 방해한다는 점이다. 이런 점을 지적하는 이유는, 기존의 이해들이 잘못되었기 때문이 아니라, 다만 고대 근동의 사고방식이 우리의 것과 동일하지 않다는 점을 인지할 필요가 있다는 점 때문이다. 고대에 저주받을 정도의 잘못이 과연 무엇인가를 살필 때, 현대에서의 죄에 관한 정의를 대입시키는 것의 문제점을 지적하는 것이다.

---

96 존 H. 월튼, 314-318.

가) 고대에 죄를 인식했던 방법

현대인들이 죄를 대하는 가장 보편적인 방식은 그것을 범죄(crime)와 동일시하는 것인데, 비들(Mark Biddle)은 이 같은 견해가 정서적으로나 신학적으로 부적절하다고 여긴다.[97] 개리 앤더슨(Gary Anderson)은 그의 저서에서 죄를 표현하기 위한 경쟁적인 패러다임들로 "짊어져야 할 짐"과 "지불 해야 할 부채"를 제시한다. 첫 번째 비유인 "짐"은 구약성서에서 발견되는 관용구에 의해 지지받는 견해로서(시 38:5), 죄-죄책-형벌을 짊어지는 고통을 호소하는 내용으로 이어지는 가인의 진술이 그 시작이다(창 4:13). 두 번째 비유인 "부채"는 제2 성전 시대에 두드러지는 개념으로 자리 잡았다(눅 11:4).[98] 이 두 가지 패러다임은 죄(짐과 부채가 되는 행위들)의 결과를 웅변적으로 보여주며,[99] 그것을 해소하는 길이 무엇인지도 보여준다(마 11:28-30).

나) 죄를 가리키는 다양한 히브리어

구약에 나타나는 죄의 신학을 분석하기 위한 대안적인 접근법은 죄를 가리키기 위해 사용된 다양한 히브리어 용어를 살펴보는 것이다. 우리는 구약에서 죄(하타)의 의미가 "과녁에서 빗나갔다"라는 설명을 종종 듣는다(신약 헬라어; 하마르티아). 하지만 불행하게도 이런 진술은 의미론이 작동하는

---

97 Mark E. Biddle, *Missing the Mark: Sin and Its Consequences in Biblical Theology*, (Nashville: Abingdon, 2005), vii-viii.

98 Gary A. Anderson, *Sin: A History*, (New Haven, CT: Yale University Press, 2009), 27-28.

99 신약의 주 기도에서 이 두 가지를 죄에 대해 묘사하는 내용으로 사용했다(마 6:12-빚; 눅 11:4-죄의 짐. 참고. 마 11:28).

방식에 대한 잠재적인 오해의 한가지 사례에 속한다. 물론 '하타'라는 동사가 목표를 성취하는 일에 실패하는 것을 가리킬 수도 있으며(잠 8:36; 사 65:20), 실제로 물매를 던지는 자들이 과녁을 빗 맞히지 않는다는 것을 가리키는데 한 차례 사용되기도 했다(삿 20:16).[100] 하지만 우리는 이것이 "죄"라고 번역될 수 있는 단어의 "본래" 의미를 반영하는 것인지 질문해보는 것이 합리적일 것이다. 단어의 의미는 어원에서 유래하는 것이 아니라 용례에서 유래하는 것이며, 이 동사는 단순히 "죄를 짓다"라는 뜻을 나타낸다. 설사 이 단어가 본래 과녁을 벗어난다는 의미나 목표를 달성하지 못한다는 것을 의미하는 동사에서 유래했다고 하더라도, 우리는 이 단어가 반드시 그런 의미를 내포하고 있을 것이라고 생각할 이유는 없다. 죄를 가리키는 다양한 단어들이 죄가 취하는 다양한 형태(반역, 위반, 부정, 죄책)를 이해하는 데 도움을 줄 수는 있지만, 의미론적 분석의 역할은 거기까지다.

다) 죄가 하는 일을 살피는 것

단순하게 죄가 무엇인가라는 단어의미(혹은 어원)에만 관심을 두는 일차원적 접근이 아닌 죄가 무엇을 하는가에 초점을 맞추는 접근법에 따르면, 죄는 "하나님과의 관계를 위협"하는 것으로 간주 될 수 있다. 그때 죄는 '소외'(관계 단절)라는 논리적인 결론에 이르게 한다.[101] 이런 관점은 앞에서

---

[100] 이런 구절에서는 동사의 히필 형태를 취하는데, 이것이 다른 구절들에서는 방향 상실의 의미로 사용된다. 죄를 의미하는 것은 칼 형태의 동사다. 존 H. 월튼, 315. 각주 12번 인용.

[101] Mark J. Boda, *A Severe Mercy: Sin and Its Remedy in the Old Testament*, (Winona Lake, IN:Eisenbrauns, 2009), 515; 월튼은 이에 대해 "영적 죽음"이라는 신학 개

논의했던 패러다임들과는 차이를 보인다. 앞서 언급한 패러다임들에서는 일차적으로 **우리 자신에게 초래되는** 결과들(짐, 부채)을 부각시켰다면, '소외'는 특히 우리가 **하나님과 맺었던 관계에 초래되는** 결과들에 초점을 맞추고 있다는 차이가 있다. 이 같은 소외 개념은 구약에서 쉽게 찾아볼 수 있다. 아담과 하와가 에덴동산에서 쫓겨나는 장면이나 이스라엘이 약속의 땅에서 유배되는 사건도 소외의 문제를 다룬다. 그것은 신성한 공간 개념과도 연결되는데, 하나님의 임재 앞에 나아가는 길을 빼앗기지 않기 위해서는 공간의 성결이 유지되어야 했다(언약의 저주 구문에서 분명하게 볼 수 있는 것처럼). 결과적으로 죄는 사람의 가장 근원적인 욕구라고 할 수 있는 하나님과의 교제를 방해하는 치명적인 요소다.

하나님과 소원(疏遠)해지게 만드는 죄는 관계성을 생명으로 하는 인격체에게는 치명적이다(창 3:8). <u>하나님의 사람들조차도 실패하는 원인 가운데 하나가 바로 하나님과의 관계가 소원해지는 문제다.</u>

"여호와의 손이 짧아 구원치 못하심도 아니요 귀가 둔하여 듣지 못하심도 아니라 **오직 너희 죄악이 너희와 너희 하나님 사이를 내었고**, 너희 죄가 그 얼굴을 가리워서 너희를 듣지 않으시게 함이니"(사 59:2)

"저희 총명이 어두워지고 저희 가운데 있는 무지함과 <u>저희 마음이 굳어짐으로 말미암아 하나님의 생명에서 떠나있도다</u>"(엡 4:18)

념이 발달하는 과정에서 출현한 것인데, 처음 소개한 인물은 오리게네스였다. 하지만 텍스트상으로는 창세기 3장의 형벌을 육체적 죽음이 아닌 영적 죽음으로 간주할 이유가 없다고 부연 설명하고 있다. 그러나 필자는 그 반대로 이해하고 있다. 영적 죽음이 먼저요 육체의 죽음은 훨씬 뒤에 있었다.

인간의 생명은 하나님으로부터 받았다(창 2:7). 따라서 하나님은 인간의 생명의 근원이시며, 인간은 생명의 근원이신 하나님과 밀접히 연결되어 있어야만 생명력 있는 삶을 살 수 있다(행 17:28). 그런 의미에서 하나님과 인간의 교제 단절은 영육 간에 인간의 죽음을 의미한다. 우리 주님은 십자가 위에서 잠시라도(약 3시간 동안, 막 15:33; 눅 23:44) 아버지 하나님과 단절된 상태를 고통스러워 외치셨다(마 27:46; 막 15:34).

"제 구시 즈음에 예수께서 크게 소리 질러 가라사대 엘리 엘리 라마 사박다니 하시니 이는 곧 <u>나의 하나님, 나의 하나님, 어찌하여 나를 버리셨나이까</u> 하는 뜻이라"(마 27:46)

하나님은 빛이신데(요일 1:5), 그 빛이 항상 주 예수와 함께 했으나 십자가 위에서 세상 죄를 지고 가는 어린 양으로서 인류의 죄를 대신하여 그 값을 치르는 순간에는 그 빛이 가려져(사 59:2) 어두움으로 둘러싸이게 되었다(마 27:45). 예수 그리스도는 참 빛이시지만(요 1:9), 십자가 위에서 자기 백성을 대속하기 위한 화목제물로서(롬 3:25) 죽음을 맞이하는 순간만큼은 그 빛이 꺼진 상태였다.

라) 죄로 인해 초래되는 무질서

성경이 말하고자 하는 죄는 제도 내에 만연하여 혼란을 불러오는 '불균형'이라는 것이다. 죄는 바로 이 같은 열망이 낳은 불균형이라고 말할 수 있다. 사람은 하나님으로부터 받은 소명을 반영하는 일에 실패했고, 자기에게 주어진 한계를 망각하고 말았다. 하나님의 형상을 소유하지 않은 피조물은 사람과 같은 신적 소명은 받지 못했으며(사람과는 다른 모종의 소명을 받았다고 하더라도), 따라서 죄를 지을 수 없다(적어도 하나님의 형상을 가진 존재가 범하는 죄라는 성질에 입각해서 하는 말이다). 아니, 인격적이며 도덕적인 존재가 아닌 다른 피조물들에게는 죄란 것이 아예 성립되지 않는다고 보아야 한다. 특히 소외-불균형 모델에 대한 논의는 종종 무시되어왔고 심지어 학자들이 인식조차 하지 않았던 신학적 방법론이다. 창세기 1장이 질서와 신성한 공간에 관한 기사라면, 3장 이후에 죄로 인해 초래된 무질서는 새로운 중요성을 생각하게 한다. 불균형(무질서)은 하나님께서 마련하신 균형(질서)을 저해하는 것이다. 조직신학은 결과적으로 다른 궤적들을 발전시키고서 그것들에 우선권을 부여했지만[102], 구약에서는 바로 이러한 관점이 창세기 1장에서부터 죄가 어떻게 소개되고 있는지를 설명하고 있다. 여기서는 질서를 부르는 명제인 비질서(혼돈, 공허)가 죄의 요소로 대두된다.

---

[102] 죄란 목표를 빗나가는 것이란 단어의 뜻으로 출발하여 결국 하나님의 말씀을 불순종(거역)한 것으로 정의했다. 그래서 구원이 절대적으로 필요해졌는데, 구원은 확실히 중요한 신학적 주제다. 하지만 이것은 하나님이 우리에게 그분의 임재 앞에 나아가는 길을 허용하시기 위해 행하신 일로서 이해되어야 한다. 따라서 구원의 최종 목표는 하나님의 임재 앞에서 누리는 관계 회복이며, 구원은 그것을 성취하기 위한 수단이다. 존 H. 월튼, 315. 각주 18번 인용.

(2) 죄악과 싸우는 선한 싸움

성경에서 하나님의 성품과 은혜가 가장 두드러지게 나타나는 장면은 죄의 맥락에서 드러난다.[103] 왜냐하면 하나님의 은혜를 올바로 깨닫기 위해서는 죄에 대한 철저한 이해가 요구되기 때문이다.

> "우리가 죄의 쓴맛을 깊이 맛볼수록 그리스도 안에서 누리는 은혜의 단맛을 더욱 생생하게 알게 된다."[104]

주님은 의인을 부르러 오신 것이 아니라 죄인을 불러 회개시키기 위해 오셨다(눅 5:32)고 말씀하셨다. 주님이 "다 이루었다"라고 외치심으로 육의 몸을 입고 수행해야 할 자신의 사명을 완수하셨다고 선포하셨다. 여기서 생기는 딜레마는 주의 은혜로 구원받은 신자들의 본질적인 정체성에 관한 문제다. 무슨 말인가 하면, 우리가 하나님의 은혜 안에 머물 때도 우리 마음속에는 여전히 죄의 불씨가 존재한다는 사실이다. 그래서 토머스 브룩스는 다음과 같이 고백했다.

> "가장 온전하다고 하는 사람들의 마음속에도 가장 사악하고 지독한 온갖 죄의 씨앗이 존재한다. 우리의 악한 본성은 …주님이 억제해주

---

103 창세기 3장, 출애굽기 33장, 시편 51편, 이사야 53장, 로마서 3장 등.
104 Thomas Watson, *The Doctrine of Repentance*, Useful for These Times, (London: Printed by R.W. for Thomas Parkhurst, 1668), 137.

시지 않는다면, 우리의 본성은 언젠가 자신의 본 모습을 드러내고 만다."[105]

하나님과 자기 자신을 정직하게 대하고자 하는 마음이 있다면, 자기 속에 있는 어둠을 대면하며 헤아리는 일이 견디기 힘들며 고통스러울 수가 있다. 그래서 성경은 피 흘리기까지 싸워야 한다고 권면한다. 따라서 성경이 말하는 "선한 싸움"이란 다른 사람과 육적인 문제로 싸우는 것이 아니라, 선한 양심에 대적하는 불의에 맞선 싸움이다.[106] 외부의 누구와 싸우는 싸움이 아니라 잘못된 사상(가르침, 이단 사이비)은 물론, 자기의 육신의 생각(옛사람의 본성에서 나오는 죄의 씨)에 맞서서 싸우는 것이다. 이 선한 싸움은 참 신자라면 주 예수 그리스도께서 다시 오시기까지 싸워야 할 과제요 사명이다.

"너희가 죄와 싸우되 아직 피 흘리기까지는 대항치 아니하고"(히 12:4)

신약에서 죄와 악은 구약과 마찬가지로 단어 자체가 다르며 의미는 유사하다. 신약의 죄는 '하마르티아'가 대표적으로 쓰이며, 악은 '카코스'가 사용된다. 성경은 죄와 싸우는 것과 악과 싸우는 것이 별반 다르지 않게 묘사한다. 신자의 인생, 즉 구원받은 이후에 신자를 세상에 두시는 목

105　Thomas Brooks, *The Select Works of the Rev. Thomas Brooks*, 6 vols. (London: L.B. Seeley & Son, 1824), 1:41.
106　딤전 1:18; 6:12; 딤후 4:7.

적을 이루는 현장인 현실에서 하나님은 어떤 싸움을 싸우기 바라시는가?

"우리의 씨름은 혈과 육에 대한 것이 아니요, 정사와 권세와 이 어두움의 세상 주관자들과 하늘에 있는 악의 영들에게 대함이라."(엡 6:12)

"선한 싸움"이라고 불리는 전쟁은 영적 전쟁이 분명하다.[107] "싸우라"(아고니주)라는 단어는 올림픽 같은 운동 경기에서 "시합하다, 경기에 이기기 위해 애쓰다"라는 뜻을 가졌다. 이것과 동족어인 명사 "싸움"(아곤)은 원래 운동 경기를 위한 "집회"를 의미했는데, 이것이 점차 경기 자체를 의미하는 말이 되었다. 따라서 본 구절은 "선한 경기에서 경쟁하라." 혹은 "선한 경기에서 이기기 위해 애쓰라"라는 의미로 이해할 수 있다. 하지만 성경에서 말하는 선한 싸움은 육체의 경기를 빗대어 사용하는 단어를 사용했지만 육의 싸움이 아니다. 그러나 이 말을 오해하면 안 된다. 성경이 "혈과 육에 대한" 싸움이 아니라고 말하는 것은, 혈과 육이 최종적 목적, 즉 주적이 되는 싸움이 아니라는 뜻이지 "혈과 육을 통해" 나타나는 영적인 싸움마저 하지 말라는 뜻은 아니다. 사단은 항상 기묘하거나 초월적인 방법 대신에 현실에서 혈과 육으로 신자를 무너뜨리려 한다. 이 구분과 분별이 중요하다. 사탄의 공격을 제대로 분별하고 대적해서 이겨야 하기 때문이다. 오히려 영적인 부분은 감추고 "먹음직도 하고 보암직도 하고

---

[107] 신약에서 이 영적 전쟁을 묘사하는 단어로 '아곤'(빌 1:30; 골 2:1; 딤전 6:12; 딤후 4:7), 세속적 성향에 투쟁하는 '스트라테이아'(롬 7:23; 고후 10:4; 딤전 1:18; 계 13:7), 주로 계시록에 쓰인 전쟁을 의미하는 '플레메오'(약 4:2; 계 2:16; 12:7; 13:4; 17:14; 19:11) 등이 쓰였다.

지혜롭게 할 만큼 탐스럽기도" 한 혈과 육의 모습으로만 싸움을 걸어 온다. 그런 의미에서의 신자가 싸워야 할 싸움은 역설적으로 혈과 육에 관한 문제라고 말할 수 있다. 신자가 싸울 영적 전투의 전략은 그 전략에 맞서 사탄이라는 주적(主敵)이 있다는 사실을 잊지 말아야 한다. 말하자면 신자가 정작 싸울 대상 곧 "주적은 사탄"이란 인식이 있다면 대적하여 싸우면 되는데(약 4:7; 벧전 5:8-9), 만일 "설마" 하며 사탄이 하는 일이 아니라고 회피하거나 사탄의 궤휼에 무지하다면 영적 전쟁의 주적은 사람에게서 일어나는 "그 생각" 곧 육신의 생각인 셈이다(롬 8:7-8). 바꿔 말해 신자가 모든 혈과 육의 배후에 사탄의 음흉한 노림수가 있다는 사실만 잊지 않아도, 사탄에게 효과적으로 대적할 수 있으며 승리할 수 있다. 사탄은 신자가 "범사가 영적 전투"라는 사실을 잊게 만드는 것이 목적이니까, 그것을 절대 잊지 않고 깨어 있는(기억하고 있는) 것만이 영적 전쟁에서 승리하는 첫걸음이다.

> "**믿음의 선한 싸움을 싸우라** 영생을 취하라 이를 위하여 네가 부르심을 입었고 많은 증인 앞에서 선한 증거를 증거하였도다"(딤전 6:12)

믿음의 선한 싸움을 통해 승리하여 영생을 얻는 방법은 믿음으로 싸우는 것이다. 육체의 힘(돈, 권력, 세력 등)을 동원하는 폭력을 통한 힘겨루기 싸움이 아니다. 믿음의 선한 싸움은 두 가지로 말할 수 있는데, 첫째는 어떤 상황에서도 믿음을 포기하지 않고 끝까지 지키며 견디는 싸움이고(마 24:13), 둘째가 선으로 악을 이기는 싸움이다(롬 12:21). 악에게 지지 않는 싸움은 끝까지 믿음으로 행하는 중심을 지켜내는 것이다(롬 14:23). 눈에는 눈,

이에는 이로 복수하거나 폭력을 동원해 이기는 싸움이 아니라는 이야기다. 만일 신자가 동원할 수 있는 모든 것(그게 무엇이든지 결국은 폭력이다)으로 싸워서 이겼다고 생각될 때는 응어리진 감정의 카타르시스는 될지언정, 영적으로는 오히려 후회와 하나님의 뜻을 순종하지 못했다는 자책이 남아 더 고통스럽게 만든다. 그래서 성경은 선으로 악을 이기라고 가르치며 원수를 사랑하라고 가르치는 것이다(눅 6:27, 35). "선으로 악을 이기라"는 말은 선을 행할 줄 알고도 행치 않고 피하거나 합리화하지 않고 선을 행하는 것이며(약 4:17), 악인(원수)에게 선(용서)을 베풀고(마 5:43-44), 가난한 자에게는 구제하여 선을 베풀라는 것이다(착한 행실).[108] 성경은 숯을 원수의 머리에 두고 이기라고 한다(잠 25:21-22; 롬 12:20). 결국 원수갚는 것은 하나님의 손에 달렸음을 인정하고(롬 12:19), 성령의 도우심을 입어 그분의 주권과 하나님 나라의 질서를 따르는 것이 선으로 악을 이기는 것이다. 이 모든 것이 영적 전쟁에서 이기는 방법이며, 이상 살핀 것을 다음과 같이 정리할 수 있겠다.

◆ 자기 생각을 사로잡아 그리스도께 복종시켜야 한다(고후 10:3-5).
◆ 자기 몸을 쳐서 복종시켜야 한다(고전 9:25-27).
◆ 세상의 근심 걱정 염려를 모두 하나님 아버지께 맡겨야 한다.[109]
◆ 의식주의 걱정을 내려놓고 하나님의 나라와 의를 구해야 한다(마 6:31-33).
◆ 믿음으로 세상을 이겨야 한다(딤후 4:7-8).
◆ 선으로 악을 이겨야 한다(롬 12:21).

---

108 레 19:10; 잠 19:17; 엡 4:28.
109 마 13:32; 막 4:19; 눅 21:34; 벧전 5:7.

사람의 적은 힘[110]과 정성을 다하여 선한 싸움을 싸우고 달려갈 길을 다 마치고 믿음을 지킨다면, 이제 후로는 그런 신자를 위하여 의의 면류관이 예비 되었다는 확신으로 선한 싸움을 싸워 이겨야 한다(딤후 4:7-8).

5) 사람을 유혹하여 저주받게 만든 뱀의 정체는 무엇인가?

(1) 먼저 알아야 할 것은 사탄의 존재에 관해서다.

사탄의 타락에 관한 주제는 성경이 허락한 한도 안에서 앞에서 다루었다. 창세기의 뱀을 말할 때 그가 사탄이었는지, 아니면 사탄의 사주를 받은 아바타 역할을 한 것이었는지 논란이 많다. 더구나 계시록 12:9의 말씀과 연관 지어 말할 때는 당연히 뱀은 사탄이라는 주장이 설득력을 얻게 된다. 그럼 그 사탄은 어디서 온 것인가? 우리가 성경을 통해 얻는 사탄에 관한 지식은 우리가 창세기 3장과 다른 구절들을 통해서 알 수 있는 것은 완전하게 창조되었지만, 교만으로 인해 하나님이 보시기에 선했다는 미덕을 저버린 사탄과 같은 존재가 생겨났다는 것이다. 천사장(루시퍼로 불림)이 하나님을 배반하면서 다른 많은 천사와 함께 쫓겨났다는 것, 그리고 인류 역사의 시작점에 아담과 하와를 유혹하기 위해 에덴동산에 나타났다는 사실이다. 사탄의 배경이라고 주장되는 성경들(사 14:12-15; 겔 28:12-15)

---

110   인간의 최대의 힘을 동원했다고 할지라도 그것은 적은 힘(능력)에 불과하다 (계 3:8).

역시 논란이 많은 구절로서 표면적으로는 두로 왕과 바벨론 왕에 관한 내용이다. 이 구절들은 세상의 왕권 배후에 있는 사탄 또는 사탄의 세력을 다루는 것처럼 보인다. 마치 하나님 자신이 경건한 통치자 배후에 계시는 것과 같다. 물론 그렇다고 해서 사탄이 세상의 왕을 결정하여 세우는 권세가 있다는 이야기는 결코 아니다. 세상 왕이 악하여 사탄에게 속한 자라고 할지라도, 그 왕을 세우시는 분은 하나님으로서 악인도 악한 날을 위하여 지으신(잠 16:4) 하나님의 섭리에 따른 지혜로 왕권을 허락하시는 것이다.

사탄은 다른 피조물과 같이 하나님의 영광을 나타내도록 지음을 받았으나, 그 일에 실패함으로써 그는 도덕적·영적 어두움에 빠지고 말았다. 예수께서 누가복음 10:18에서 사탄과 관련하여 이사야 14장을 인용하신 것은 이 구절 전체를 사탄과 연결하여 말씀하신 것으로 보인다. 사탄과 루시퍼에 대해서 같은 존재, 혹은 아니라는 논쟁도 있다.[111] 사탄이 가진 교만의 요소가 죄의 근본 요소다. 히브리어에서 사탄이란 단어가 관사 없이 쓰일 때는 일반적으로 "대적, 원수" 등을 의미한다.[112] 하나님은 '엘 엘론'(지극히 높으신 하나님)으로 계시 되어 있고, 이 특성에서 하나님은 하늘과 땅의 소유자이시다. 루시퍼는 그런 존재가 되고 싶은 욕망으로 하나님을 대적하였다. 그의 배반은 그가 하나님의 보좌를 공유하기 위해 좀 비켜 달라는 요청 정도가 아니었으며, 하나님 자신에 대한 직접적인 공격이었

---

111   참고로 미국에서 창시된 사탄교에서는 사탄과 루시퍼를 다른 존재로 묘사하며, 사탄의 부하인 루시퍼는 본래 천사 루시엘이 타락하여 악마 루시퍼가 되었다고 설명한다.
112   삼상 29:4; 삼하 19:22; 왕상 11:14; 시 38:20…

다. 그것은 사탄이 하늘과 땅의 소유자로서의 궁극적인 보좌를 차지하기 위해 하나님을 내어쫓으려는 반역의 시도였다. 분명히 아담과 하와를 유혹하려고 뱀의 모양으로 에덴에 나타난 목적은 사탄의 야심을 더 확장하려는 새로운 시도이다. 그러나 하늘(삼층천)을 차지하는 데 실패한 그는, 이 층천(공중, 엡 2:2)으로 밀려난 후[113] 그는 땅의 거주자를 통해 땅의 장악력을 강화할 결심을 한 것이다. "죄"에 대해 말할 때 하나님의 우주 안에서 펼치시는 섭리와 반대되는 법으로 존재하는 것으로 말해야 할 것이다. 사탄의 타락 이전에는 오직 하나의 뜻만이 있었다. 그것은 창조주 하나님의 뜻이었으며 그 뜻은 완전했다. 그러나 사탄의 배반 이후로 두 개의 뜻이 있게 되었지만, 여전히 하나님의 뜻만이 완전했다. 아담과 하와가 창조되었을 때, 그들은 사탄의 미혹에 의한 두 개의 뜻 가운데 어느 쪽을 따라야 할지 즉각적인 선택의 기로에 서게 되었다. 사탄은 아담과 하와가 자기를 따르도록 만들어야 하겠다고 생각했다. 하지만 사탄이 그들이 하나님을 배반하게 만드는 일에 성공하기는 했지만, 자기의 뜻을 따르도록 하는 일

---

[113] 제임스 몽고메리, 「창조와 타락」, 문원욱 옮김, (파주: 솔라피데출판사, 2013), 239. 성경에서 '하늘'이란 말은 세 가지 다른 영역과 연관되어 있다. 첫째 하늘은 공중 또는 대기권이라고 부르는 곳이다. 곧 새들이 날아다니는 곳이다. 둘째 하늘은 우주 공간이라고 부르는 곳이다. 창조된 우주가 자리하고 있는 곳이다. 셋째 하늘은 '낙원'으로 불리는 곳으로서 우주 만물의 모든 것을 감싸고 있으면서도 우리가 보거나 알 수 있는 모든 것 이상의 곳이나(고후 12:2, 4). 하나님이 계신 곳이며, 우리가 완전히 이해할 수 없는 곳이다. 사탄은 둘째 하늘에 거했다. 그렇지만 그는 셋째 하늘에도 접근할 수가 있었다(참고. 욥 1:6; 2:1). 그가 '하늘'에 오르겠다는 욕망을 읽으면서 알 수 있는 것은, 아마도 하나님의 거처를 그분에게서 옮겨버리려고 한 그의 죄스럽고 비열한 욕망일 것이다.

에는 성공하지 못했다. 그래서 이제 네 개의 뜻이 있게 되었고,[114] 각 뜻은 제각각 자기 뜻대로 움직이게 되었는데, 그 뜻들 가운데 오직 하나의 뜻 곧 하나님의 뜻만이 완전한 것이었다.

> 시간이 지나 아벨과 가인의 뜻이 더해져서 여섯 개의 뜻이 되었다. 그렇게 해서 16개의 뜻, 32개의 뜻, 64개의 뜻으로 계속 불어나게 되었다. 오늘날에는 인구수만큼 수십억 개의 뜻이 생겨났는데, 이것이 인류 안에서 일어나는 지속적인 충돌의 원인과 소통의 부재를 잘 설명하고 있다. 그렇지만 항상 그 가운데 오직 하나, 전능하신 하나님의 뜻만이 완전하고 전적으로 바람직하다는 것에는 변함이 없다.[115]

저마다 자기 뜻대로 되기를 원하는 신의 자리에 오른 사람들, 그들 사이에서 오직 하나님만이 조화를 이루실 수 있다. 사탄은 조화로운 일을 할 수 없다. 사탄은 무너뜨리는 능력은 있지만, 세우는 능력은 없다. 그는 이간질로 사이를 가르고 쪼갤 수는 있지만, 그것을 다시 하나로 결합시키지는 못한다. 실제로 사탄의 이름이 이것을 증명한다. 타락 이전의 그의 이름인 '루시퍼'는 "빛을 가져오는 자"(또는 나르는 자)를 의미하는 말로 하나님의 영광을 반사하는 그의 역할과 연관이 있다. 그러나 '사탄'(Satan)은 "적대자"를 의미하고, "마귀"(devil)는 "중상 모략자"를 의미한다. 마귀(악마)라는 이름은 합성어로서 전치사 '디아'(통하여, 가운데)와 (다소 난폭하거나 격렬한

---

114 ①하나님의 뜻, ②사탄의 뜻, ③아담의 뜻, ④하와의 뜻.
115 제임스 몽고메리, 241.

행위로) "던지다, 찌르다"를 의미하는 '발로'(βάλλω)에 기초하고 있다.[116]

1228 διάβολος 디아볼로스

1225(디아발로-비방하다, 비난하다)에서 유래; '비방자', 특히 '마귀'【히브리어 7854(사탄-반대자, 대적자)와 비교】거짓 비방자, 악마, 중상자 <눅 4:2; 딤전 3:11>형. slanderous, devil;

　　사탄·마귀는 영의 세계에서 반란을 시도했지만 실패하여 이층천으로 떨어진 후, 하나님이 우주 가운데 즉 자기가 거처하는 이층천에 전혀 다른 세계 곧 태양계를 - 지구(땅)라는 새로운 물질계 - 창조하시는 것을 지켜보았다. 그리고 그 세계를 대신 다스릴 하나님의 형상대로 육체를 가진 사람을 만드셔서 대리통치자로 맡기시는 것을 보고 시기심에 견딜 수가 없었다. 그래서 사람을 유혹해 자기의 종으로 만들면 세상은 저절로 자신의 손안으로 들어올 것으로 생각했다. 사탄의 유혹은 사람이 하나님의 말씀에 진정 헌신하고 있는가 아닌가가 핵심이었는데, 안타깝게도 하와가 마귀의 유혹에 넘어간 것은 하나님의 말씀을 가볍게 여겼기 때문이었다. 마귀의 궁극적 목적은 끝까지 하나님의 말씀을 그대로 믿지 못하게 하고, 듣지 못하게 하여 하나님과 원수가 되게 하는 것이었다(롬 5:10). 그래서 하와는 전지전능한 하나님의 축복을 받는 것보다 창조주 하나님처럼 되는 것이 훨씬 더 매력적으로 들리게 된 것이다. 이런 미혹에 사탄은 들짐승 가운데 가장 영리하다는 뱀을 이용하여 소기의 목적을 달성했다.

116　앞의 책, 242.

(2) 사람을 타락하게 한 뱀의 실체는 무엇인가.

사람을 유혹하여 죄에 빠져 저주받게 한 원흉으로 등장하는 뱀의 정체 혹은 실체는 무엇을 가리키는가. 실제 파충류 뱀이라는 주장부터 상징적인 동물이라는 등, 이 또한 논쟁거리다. 현대인의 시각으로는 파충류 뱀이라고 주장하는 것은 좀 그렇다는 생각이 들 것이다. 신화나 무슨 이솝 우화 같다는 생각에서부터 숱한 난제를 만들기 때문이다. 생각해보라. 창조 때는 뱀이 말을 했다? 사람과 소통할 수 있는 언어가 있었다? 뱀이 사람과 소통할 수 있는 인격체인가? 도대체 말이 될 것 같지 않은 난제가 많다. 그래서 이단들은 이런 난제에 대해 아주 좋은 먹잇감인 것처럼 생각해서 이런 질문을 집요하게 물고 늘어지며 미혹한다.[117]

성경에 짐승이 말을 하는 특별한 경우가 있기는 하다. 거짓 선지자 발람에게 나귀가 항의하듯이 책망의 말을 할 때 나타난다(민 22:28-30; 벧후 2:16). 그러나 그런 설정은 하나님께서 특별한 섭리를 통해 가르치고자 하실 때 사용하는 방법이다. 뱀이 하와에게 말을 걸었고 둘이 소통했다는 이야기는 서로가 평소에 소통하는 것이 전혀 이상하지 않았다는 증거가 아니겠는가. 여기서 우리가 생각할 내용이 있다. 그것은 사람 창조의 첫 모습이다.

"여호와 하나님이 흙으로 사람을 지으시고 생기를 그 코에 불어 넣으시

---

[117] 뱀이 사람과 말을 하고 대화를 나눌 정도이니 그 뱀은 사람을 상징한다고 주장하기도 한다(신천지).

니 <u>사람이 생령이 되지라</u>"(창 2:7)

사람이 "생령"이 되었다는 것은 무슨 의미일까? 사람이 처음 창조되었을 때는 "살아있는 영"의 존재로 만들어졌다고 오해할 수 있는 번역이다. 참으로 번역의 한계를 느끼게 하는 구절이다. 실제로 사이비한 단체로 규정된 곳에서 이런 해석을 선호한다(지방교회, 베뢰아 등). "생기"란 말은 "바람, 생명의 호흡"을 가리키는 히브리어 '네솨마'와 "산, 생명"이라는 뜻을 가진 '하이'와 결합한 말로 '네페쉬 하야' 곧 "살아있는 존재"가 되었다는 뜻이다. 사람이 "생령"이 되었다는 말씀을 새 번역에서는 "사람이 생명체가 되었다"로 번역했고, 공동 번역에서는 "사람이 숨을 쉬었다"라고 번역했는데, 모두 "살아있는 혼"(생명체)이 되었다는 의미로서, 오해의 여지를 없앤 보다 나은 번역이라고 생각한다. 살아있는 혼(생명체)이 되었다는 말은 전인적인 사람을 가리킨다. 전인적인 생명체라고 함은 사람이 영이나 혼으로 구별된 존재가 사람 안에 존재한다는 뜻이 아니라, 전인적인(하나의 인격체인) 사람을 "살아있는 혼"이라고 표현한다. 즉 영혼과 몸이 구분되어 별개로 존재하고 있지 않다는 것을 말한다. 이는 히브리적 사고방식이다. 하지만 신약에 나타나는 헬라적 사고방식은 사람을 세밀하게 구분하여(영, 혼, 육, 관절, 골수 등) 설명하기도 한다(살전 5:23; 히 4:12).

바울 사도는 "첫 사람 아담은 '산 혼'(프쉬켄 조산)이 되었지만, 마지막 아담은 '살리는 영'(프뉴마 조오포이운)이 되었다"라고 분명하게 증거 한다(고전 15:45). 다시 말하면 사도가 말하고자 하는 진리는, 첫 사람 아담의 생명과 마지막 아담이신 그리스도의 생명이 다르다는 것을 교회에 가르치기 위해, 고린도전서 15:45에서 첫 사람 아담의 생명을 헬라어 '푸쉬케'(혼)로 기록했고, 마지막 아담 그리스도는 살리는 영(프뉴마)으로 구분하여 기록했다. 따라서 창세기 2:7에서 번역한 "생령"이란 표현은 영적 존재가 아닌 '네페쉬 하야'로서 "살아있는 혼, 생명체, 숨 쉬는 존재"로 창조된 육적 존재를 가리킨 것으로 보아야 한다. 왜 '네페쉬 하야'라는 단어를 영적 존재라고 해석하면 안 될까? 성경을 살펴보면, 사람만 "생령"(네페쉬 하야)이라고 하지 않고, 짐승들도 동일한 '네페쉬 하야'라는 단어가 사용되었다는 사실 때문이다(창 1:21, 24, 30; 2:19 등). 만일 "생령"을 "영적인 존재"로 해석하려면, 각종 들짐승과 새 같은 종류들도 모두 영적인 존재라고 해석해야만 한다. 사람이 영적 존재로 창조되었다는 근거를 삼으려면 하나님의 형상대로 창조된 사실에 근거해야 한다(창 1:26-28). 그리고 성경을 보면 아담이 각종 생물에게 이름을 지어주는 것을 보게 된다.

> "여호와 하나님이 흙으로 각종 들짐승과 공중의 각종 새를 지으시고 아담이 어떻게 이름을 짓나 보시려고 그것들을 그에게로 이끌어 이르시니 <u>아담이 각 생물을 일컫는 바가 곧 그 이름이라</u>"(창 2:19)

심지어 아담이 동물 가운데 배필(伴侶; 반려)을 찾기까지 했다고 한다(창 2:20).[118] 따라서 사람에게는 처음에 동물과 소통할 수 있는 능력이 있지 않았을까 생각해본다. 이는 하와 역시 마찬가지다. 그러므로 하와에게 뱀

---

[118] 오늘날 동물을 짝으로 여기는 인구가 늘어나는 추세인데, 그들을 반려동물이라고 부른다. 그래서 사고파는 소유로 생각하지 말고 입양하라고 권유하기도 한다.

과 소통하는 능력이 있었던 것이 아닐까 생각한다. 그렇다면 창조 때는 사람이 동물과 대화하는 그런 일이 전혀 이상하지 않은 때였다는 이야기가 성립된다. 뱀이 말을 할 수 있는 동물로 묘사되어 있지만, 뱀이 말을 할 수 있었던 것이 아니라 사람이 자연계와 소통할 수 있는 능력이 있었다는 것을 보여주는 사건이라고 여겨진다. 만일 창조 때에 뱀이나 기타 짐승들이 말을 할 수 있었던 것으로 생각한다면, 또 "어떤 언어를 구사했을까"라는 질문이 연이어 파생하게 된다. 따라서 필자의 생각은 처음 아담은 동식물들과 자연스러운 소통이 가능했던 것이 아닐까 추론해본다. 왜냐면 사람은 하나님의 형상대로 창조되었고, 만물 안에도 하나님의 영원하신 능력과 신성이 주어진 것으로 말하기 때문이다(롬 1:20). 하지만 범죄 후에는 이런 자연과의 소통이 단절되었고, 사람 사이의 소통도 깨져버렸다는 것이 성경의 가르침이다. 소통은커녕 만물(뱀을 대표로 하는 짐승 포함)과 원수 같은 관계(서로 먹고 먹히는 약육강식의 관계)가 되었으며(창 3:15; 9:3),[119] 사람과 사람 사이의 소통도 사랑하던 사이가 핑계와 책임 전가 등으로 소원해지더니(창 3:12, 16), 단체로 하나님을 대항하다가 언어가 혼잡해져 소통이 단절되고(창 11:1-7), 급기야는 서로 멀리 흩어져 끼리끼리 살게 되었고(창 11:8-9), 끝내는 집안 식구마저도 원수 같은 관계로 전락하고 만다(미 7:5-6; 마 10:36). 이것이 인류가 점점 소외되고 주위의 창조물들과 원수가 되어가는 모습이다.

사실 사람의 소통의 도구인 언어가 언제부터 사용되었는지는 명확하

---

119   사람의 타락으로 인해 홍수로 멸망 당한 후 얻은 음식이 육식이라니 참으로 아이러니가 아닐 수 없다.

지 않다. 단지 창세기 11:1에서 주는 힌트 외에는 성경에서도 그 출발점을 찾기가 어려운 것이 사실이다. 또 설혹 언어를 사용했다고 하더라도 어떤 언어를 사용했을까 하는 문제는 더더욱 확인하기 어렵다. 하나님과 사람의 대화 역시 마찬가지로 사람이 생각하는 어떤 언어를 구사한 것 같은가? 이후 성경에 나타나는 하나님이 사람과의 소통 방법은 다양했다. 하나님은 꿈, 이상, 세미한 음성, 깨달음, 사람이 알아들을 수 있는 언어 등 얼마든지 다양한 방법으로 소통하실 수 있으시다. 그와 같이 처음 창조 시대 때(사람이 범죄하기 이전)의 소통은 하나님과 사람, 사람과 자연 만물의 소통도 얼마든지 가능하도록 창조되었다고 믿는다. 따라서 뱀과 하와의 대화 이야기를, 동화에나 나올법한 신화로 여겨 현실성 없는 상상의 이야기로 치부할 것이 아니라, 하나님과 사람 그리고 자연계(동물계)와의 소통에 아무 문제가 없도록 창조하셨다고 받아들여야 할 것이다. 이런 이해나 전제가 없으면 뱀이 파충류가 아니라 영리하고 교활한 사람을 상징한다고 해석할 수밖에 없다(신천지). 그런 해석이야말로 망가진 이성으로 무리하게(억지로) 해석하다가 망하는 길로 갈 수밖에 없다고 생각한다(벧후 3:16).

뱀은 하나님이 지으신 들짐승 가운데 하나라고 분명하게 언급하는 점을 통해(창 3:1), 이 뱀은 사람도 아니고 사탄이 변신한 것도 아닌 실질적인 들짐승 뱀으로 봐야 한다. 후대의 성경에는 뱀이 사탄, 대적자, 하나님의 원수로 소개되지만,[120] 창세기에서는 아직 뱀을 사탄이라고 말하지 않는다. 하지만 나타나는 양상은 사탄의 아바타 혹은 대리자처럼 일하고 있

---

120   롬 16:20; 고후 11:13-14; 요일 3:8; 계 12:9; 20:2.

는 것같이 보인다.[121]

　　분명한 것은 뱀은 파충류에 속한 동물이었으며, 하나님이 지으신 들짐승 가운데 가장 영리했다고 말한다(창 3:1). 그러나 뱀 스스로 자기의 영리함으로 사람을 미혹하여 타락시켰다고 생각할 수 없는 것이, 창세기 1:24-25에서는 여섯째 날에 하나님이 지으신 땅의 피조물들을 향해 보시기에 "선했다"(좋았다)라고 분명하게 말씀하고 있기 때문이다. 그날이 여섯째 날로서 동물과 사람을 창조한 날이지만 동물을 먼저 창조하시고 "보시기에 좋았"더라고 말씀하셨고, 이후 사람을 창조하신 후에는 사람 창조에 관한 모든 것(창세기 2장)을 보시고 역시 좋았다고 말씀하셨다. 물론 사람도 "하나님 보시기에 선했다고 했음에도 불구하고 범죄하지 않았느냐"라고 반박할 수 있겠지만, 사람이 뱀에게 미혹 당해 범죄한 것이므로, 뱀 역시 밖으로부터의 힘에 의해 그런 짓을 저질렀다고 논리적으로 생각할 수 있나는 것이다. 따라서 성경적으로 가능한 추론으로는 사탄이 뱀을 이용해 사람을 미혹한 것으로 이해하는 것이다. 이는 계시록에서 사탄을 "옛 뱀, 용"으로 언급하는 사실 때문에 가능한 해석이다(계 12:9). 이때가 최초의 짐승과 사람 사이에 벌어진 영적 전쟁으로 볼 수 있고, 마지막 전쟁은 계시록 12-13장에 걸쳐 나타나고 있다. 시작과 끝 모두 사람과 짐승의 전쟁이며, 영적 전쟁의 시작은 옛사람이 패했지만, 마지막에 승리하는 것은 새사람이다. 사탄·마귀는 영적 존재이기에 육체가 없으므로, 세상에서 육체를 가진 사람을 상대하려면 기생할 숙주(宿主)가 필요하다(마 12:43-45; 눅 11:24-

---

121　　김정우, 「구약 통전 상」, (서울: 이레서원, 2005), 367.

26).¹²² 그러므로 사람도 아주 조심해야 한다. 사탄은 물론 사탄·마귀가 부리는 악령이 사람 안으로도 얼마든지 들어오고 나갈 수 있으며, 생각을 집어넣고 조종할 수도 있다는 사실을 알고(요 13:2) 삼가 조심해야 하며, 방심하지 말고 깨어서 주의를 게을리하지 말아야 한다. 정말 자기도 모르게 그런 일을 당할 수 있는데, 특히 더러운 욕심과 악심을 품을 때가 사탄이 침투할 가능성이 높아지는 가장 취약할 때다(참고. 사 55:7). 특별히 머리가 좋고 영리한 자들, 그래서 야망이 큰 자들일수록 더욱 주의해야 한다. 사탄은 그런 마음이 강한 자들일수록 이용하기 좋아하는(왜냐면 악의 씨를 뿌리기 좋은 토양이 준비되어 있기 때문이다) 반면에, 하나님은 그런 자들을 별로 좋아하지 않으신다(고전 1:26-29).

6. 선악 나무의 열매를 먹은 아담과 하와

그런데 창세기 내용 가운데 원문에는 열매를 먹었다는 말이 없고 그냥 "나무로부터" 먹었다는 표현밖에 없다(창 2:16-17).¹²³ 그럼 나무로부터 먹는

---

122   성경엔 귀신(사탄·마귀에 속한 악령)이 사람에게서 나가지만 다른 숙주를 찾는다는 분명한 사례가 나타난다(막 5:1-13; 눅 8:26-33). 귀신(악령)은 이렇게 사람이나 기타 동물에게 피해를 주는 존재다.

123   한글 번역은 "나무의 실과"로 번역했지만, 원문에는 "나무"란 단어만 사용되었다. 이는 과실수는 당연히 열매를 동반하기 때문에 "그 나무로부터 먹는다"라는 표현은 곧 그 나무의 열매를 먹는다는 인식하에 그렇게 이해하고 번역한 것이다.

다는 말이 무슨 의미일까? 그것은 나무 자체를 먹었다는 이야기가 아니라 열매 맺는 나무란 전제하에(창 1:29) 자연스럽게 그 나무에서 맺히는 열매(과실)를 먹었다는 이야기로 이해할 수 있다. 이는 그 나무와 하나가 되었다는 의미로 이해한다. 왜냐면 신약에서 이런 부분을 해석한 사례를 근거할 때 그렇게 이해할 수 있기 때문이다. 예수께서도 "나를 먹으라"(요 6:51-58)라고 말씀하셨는데, 그 말은 "예수 그리스도를 잡아먹으라"라는 이야기는 아닌 것처럼 말이다.[124] 이런 비유법(은유, 상징, 대유법 등)을 모르는 상태에서는 성경을 이해하는 일이 난감할 뿐이다.

---

[124] 초대교회 당시 주의 말씀을 오해하여 기독교 공동체를 인육을 먹는 이상한 단체로 오해하기도 했다는 기록도 있다. 사실 오르페우스교의 카니발리즘은 기독교 초대교회와는 지독한 악연으로 얽혀 있었다. AD 64년 로마 대화재를 기점으로 황제 네로(Nero)가 기독교인들을 극심하게 핍박한 후, 로마제국 전역에서는 공식적으로 기독교를 로마의 가치와 신의 뜻에 어긋나는 믿음으로 규정했다. 이로 인해 초대 기독교인들은 항상 비밀리에 주일예배를 드려야 했는데, 이것이 로마제국민들 사이에 심각한 오해를 낳는 원인으로 작용하게 되었다. 그리스도인들은 주일예배를 "사랑의 교제"(성도의 교제)와 "그리스도의 몸을 나눔"(주의 만찬)이라고 표현했는데, 이 말을 로마인들은 오르페우스교의 축제와 유사한 것으로 생각해 사랑의 교제를 집단 난교로, 그리스도의 몸을 나눔을 어린아이를 죽여 나눠 먹는 것으로 오해했던 것이다.

1) 선악 나무의 열매를 먹게(영접한, 받아들인) 된 이유

선악과로 인한 문제가 생기게 된 것은 "여자를 만드신 후"부터다. 그러니까 "선악 나무의 열매를 먹지 말라. 먹는 날에는 반드시 죽을 것이라"(창 2:16-17)라는 금지령과 함께 경고받은 후 여자를 만드셨기 때문이다. 여호와 하나님께서 여자를 만드시게 된 동기는 창세기 2:18에 잘 나타나 있다. 여호와 하나님께서 "사람이 독처하는 것이 좋지 못하니 내가 그를 위하여 돕는 배필을 지으리라"라고 하셨고,[125] 그래서 배필로 여자를 지으시는 일을 실행하셨다. 그러니까 여자의 필요성(곧 돕는 배필의 필요성)을 생각하신 분이 하나님이셨다는 점을 잘 기억해야 한다. 그렇다면 어떤 면에서 하나님은 아담이 혼자 독처하는 것이 안 좋게 보였을까? 그리고 "돕는 배필"이라고 함은 어떤 면에서 돕는 배필이라는 의미일까? 남자를 돕는 여자란 개념은 어떤 의미인가? 이를 올바로 이해하는 것은 무척 중요하다. 오늘날 남녀의 성별 대립 현상이 심각한데, 이에 대한 이해가 제대로 되지 않으면 기독교적 시각에서 올바른 방향을 제시할 수 없게 된다. 남자가 남자로서 살아가는데 필요한 일상적인 일(빨래, 식사 등의 집안일)을 돕는다는 의미일까? 만일 그런 목적이라면 현대에 그런 일은 모두 기계(AI)가 해결해주는데, 그런 일이 돕는 배필의 필요성을 생각하게 한 것이라면 여자가 필요 없지 않은가. 아니면 자손을 퍼뜨리기 위해 필요한 자녀 생산 문제 때문에 그리 말씀하신 것인가. 그럼 '여자는 애 낳는 생산공장인가?'란

---

[125] 독처하는 것은 '사람'이고, 둘 이상이 함께 하게 되면 '인간'(人間)이다. '사람'은 독립적인 개체적 존재를 말하고, '인간'은 사람 사이의 관계성을 가지게 된 존재를 가리킨다. 한자의 의미를 참고하라.

반발을 사기에 딱 맞는 발상이다.[126]

남자와 여자가 "한 몸을 이루라"고 말씀하셨으니(창 2:24), 생각하는 것이나 보는 것이나 먹는 것의 모든 면에서 따로 분리되면 안 된다. 본래 남자와 여자는 한 몸이었는데(남성+여성, 창 1:27), 하나님이 남자의 갈빗대로 여자를 만들어 둘이 되었을지라도 하나로 연합된 삶(한 몸)을 살아야 한다는 말이다.[127] 그렇지 않으면 한 몸으로 연합한 것이 아니다. 하나에서 둘로, 그 둘을 다시 하나로 연합하여 살게 하시려는 하나님의 뜻에서 빗나간 삶을 살면 안 된다. 한 몸으로 살아가라고 남자의 갈빗대로 여자를 만드셨는데, 보고, 듣고, 생각하며, 행동하는 모든 일에 각자 따로 놀게 된다면, 그것은 한 몸이 아니고 괴이한 존재를(이인증)[128] 만든 꼴이 되어 한 몸은커녕 갈등의 요소만 키우는 존재가 되어, 여호와 하나님께서 남자와 여자를 만드신 의도가 실패하게 된다. 창조주 여호와 하나님이 의도하신 일이 실패할 수 있다는 생각 자체가 불경스러운 일이다.

그렇다면 도대체 어떤 면에서 돕는 배필이란 의미인가.

---

126 성경은 여자의 구원은 해산함으로 이루어진다는 말씀은 있다(딤전 2:15).
127 이런 맥락이라면 사람도 하나님의 형상대로 만들어졌기에, 하나님의 돕는 배필로서 창조되었다고 이해해도 지나친 생각은 아닐 것이다. 사람이 하나님의 돕는 배필로 지어진 것으로 해석할 수 있다면 절대적 순종을 통해 하나로 연합하는 관계가 되어야 한다. 그러나 하나님도 사람의 돕는 자로 나타나므로 한쪽(사람)은 순종으로 돕고, 다른 한쪽(하나님)은 사랑함으로 도와야 한다.
128 해리 장애 가운데 하나인 이인화 증상을 가진 자 곧 자기의 신체나 정신적인 과정으로부터 분리된 느낌을(이인화) 느끼는 상태를 "이인증"이라고 부른다.

"돕는 배필"이라는 표현에 대해 이해를 얻으려면, 신약으로 눈을 돌려 둘째 아담이신 예수 그리스도의 돕는 배필인 아내 교회가 어떤 역할을 해야 하는지 생각해 볼 필요가 있다. 그리스도는 머리라고 하고 신부 된 교회는 몸이라고 하여 둘 사이의 관계성이 순종의 관계로 이루어지는 하나님 나라의 질서를 보여준다. 물론 둘째 아담이신 그리스도도 자기 위에 계시는 하나님 아버지에게 순종해야 하는 아들로서의 관계를 보여주고 있다. 이것이 창조 때 아담과 하와의 관계성이요 돕는 배필의 역할이었다. 우리가 생각해 볼 것은 첫 아담에게는 빨래가 필요 없었고(벌거벗고 살았으니까), 요리가 필요 없었으며(과일 따 먹고 살았을 테니까), 집이 따로 필요 없는 그야말로 유토피아 환경이었다(궁창 위의 물로 인해 태양으로부터 오는 유해한 것들을 막아주는 차단제 역할을 했고, 벌거벗고 살 정도로 일정한 온도를 유지하는 환경 때문에). 그러니까 사람 생각, 곧 육신의 생각을 버리고 성령으로 생각해야 한다. 이제 사람이 선악 나무의 열매를 취하게 된 원인이 무엇인지 좀 더 세부적으로 알아보자.

(1) 뱀의 미혹이 있었다.

뱀이 아무리 영리하다고 하더라도 스스로 사람을 미혹하거나 속일 능력은 없다. 비록 뱀은 들짐승 가운데 가장 영리하게 지어졌지만, 종(種)이 짐승(동물-파충류)과 이기에 사람과는 비교 자체가 불가하다. 따라서 뱀은 자의적이라기보다는 누군가의 지시를 따라 움직였을 가능성이 높다고 보아야 한다. 뱀에게 지시한 자는 사탄이라고 생각되는데, 사탄의 존재에 대해서는 구구한 학설이 있으나 앞에서 살폈듯이 성경이 증거 하는 가장 유력한 설은 천사장이 타락하여 사탄·마귀가 된 것이다. 따라서 사탄 역시 인격적 피조물이며, 그래서 타락할 수 있는 존재였다. 사탄은 영적 존재(영물)로서 보이지 않기에 육체를 가진 사람과 상대하려면 육체를 가진 숙주가 필요했고, 들짐승 가운데 가장 영리한 가시적 동물인 뱀을 이용한 것으로 보인다. 당시에는 다른 사람은 없었기에 같은 '네페쉬 하야'(생물)인 동물을 이용한 것으로 보인다.

"<u>여호와 하나님의 지으신 들짐승 중에 뱀이 가장 영리하더라</u> 뱀이 여자에게 물어 가로되 하나님이 참으로 너희더러 동산 모든 나무의 실과를 먹지 말라 하시더냐? (2) 여자가 뱀에게 말하되 동산 나무의 실과를 우리가 먹을 수 있으나 (3) 동산 중앙에 있는 나무의 실과는 하나님의 말씀에 너희는 먹지도 말고 만지지도 말라 너희가 죽을까 하노라 하셨느니라 (4) 뱀이 여자에게 이르되 너희가 결코 죽지 아니하리라 (5) 너희가 그것을 먹는 날에는 너희 눈이 밝아 하나님과 같이 되어 선악을 알 줄을 하나님이 아심이니라"(창 3:1-5)

그런데 뱀은 하와에게 뭐라고 유혹했는가. 하나님의 말씀을 거역해도 죽지 않음은 물론 "네가 눈이 밝아져서 하나님같이 될 것"이라고 꼬드겼지 않은가. 여기서 "하나님 같다"라는 표현에 하나님의 고유명사 이름인 "여호와 하나님"(야훼 엘로힘)이 아닌 일반적인 신을 지칭하는 "하나님"(엘로힘)이란 용어를 사용했다.[129] 그래서 뱀이 사용한 하나님이란 호칭

129　하나님은 자신의 이름을 고유명사 "여호와"로 말씀하시며 일반 신들과 구별되는 유일신이심을 알리셨다(출 3:15). 물론 엘로힘은 여호와 하나님을 포함한

이 어떤 하나님을 가리키는 것인지에 대한 논란이 생겼다. 영어 성경도 God(NIV 외 다수) 혹은 gods(KJV)로 번역하여 각각 번역한 성향을 나타내고 있다. 따라서 성경적 용례를 통해 뱀의 말을 문맥적으로 분석할 수밖에 없는데, "여호와"란 이름은 하나님이 유일신이란 의미를 함축하는 이름이다.[130] 따라서 일반적인 '엘로힘'이란 명칭을 사용했을 때는 여호와 엘로힘과 일반적인 우상으로서의 신을 모두 포함한 호칭일 수 있기에 문맥적인 해석을 통한 분별이 필요하다.

그렇다면 뱀이 말한 '엘로힘'은 어떤 신을 가리킨 것일까(3:5)? 자기와 같은 거짓 신(하나님 노릇 하고 싶은 종류)을 말한 것일까, 아니면 하와를 미혹하기 위해 '여호와 하나님'을 일반 신처럼 싸잡아 그렇게 표현한 것일까? 그런데 더 혼란을 일으키는 것은 이어지는 3:22의 말씀이다.

> "**여호와 하나님이 가라사대** <u>보라 그 아담이 선악을 아는 일에 **우리 중 하나같이** 되었으니</u> 그가 그 손을 들어 생명 나무까지도 취하여 먹고 영생할까 하노라 하시고"(창 3:22)

여호와 하나님이 뱀의 말을 인정하는 것 같이 말씀하고 있지 않은가. 뱀이 말한 "하나님같이 되리라"와 여호와 하나님의 "우리 중 하나같이 되

모든 신과 높은 지위에 있는 자를 일컫는 일반적인 호칭이다. 그리고 일반적으로 일컫는 신 곧 여호와 하나님이 아닌 다른 신(우상)에 대해서는 일반 호칭인 엘로힘을 사용했다(출 20:3). 창세기 3:1 본문에서도 이미 "여호와 하나님"이란 호칭을 사용하여 구분 짓는 것을 알 수 있다.

130 성경은 여호와 하나님을 유일신이라고 구분한다(사 37:16; 막 12:29; 요 5:44; 17:3).

었으니"가 연결되지 않는가.

계속 이어지는 질문은 뱀의 말대로 아담의 눈이 밝아지긴 했는데, 육신의 눈이 밝아져서 자기의 벌거벗은 모습을 보고 앞치마로 가리며, 하나님의 음성을 듣고 두려워하여 숨게 되었는데(창 3:7-8), 이런 모습이 영적인 죽음으로 인하여 영의 눈은 어두워졌다는 증거다. 그럼 그렇게 육체의 벌거벗은 모습을 알고 부끄러워하는 것이 "하나님같이" 된 결과란 말인가. 아니면 이전에 몰랐던 사실을 알게 된 자체(육신의 상태)가 "하나님같이" 되었다는 의미인가. 도대체 아담이 선악을 알게 되었다는 말은 무엇을 보고 그리 말씀한 것일까? 아담이 눈이 밝아져 알게 된 사실은 오직 자기가 육체적으로 벌거벗었다는 사실 아닌가. 그렇다면 성경이 가르치는 악이란 육체를 향한 눈이 밝아진 것이라고 생각할 수 있다. 그래서 육체를 향한 생각이 중심이 되는 사람의 생각(곧 육신의 생각)은 하나님과 원수가 된다고 말하는 것이다(롬 8:5 8). 아담이 처음 창조될 때는 선하게 창조되었다(창 1:31). 그때는 하나님의 생각만이 사람을 주장할 때이기에 악에 대해서는 전혀 알지 못할 때이다. 다시 말해서 사람 생각이 형성되지 않았을 때라고 말해야 옳을 것이다. 그런데 이제 하나님의 말씀을 거스르며 금령의 선악의 지식 나무 열매를 취하면서 육신의 눈이 밝아졌고, 그 결과 사람의 생각이 형성되었으며, 그런 사람의 생각에 벌거벗은 육체가 부끄럽다고 여기게 된 것이다. 이렇게 육신의 눈이 밝아져서, 육체를 부끄럽게 여기는 동시에 하나님이 두려워 피하게 되는 상태 곧 영혼이 죽은 상태의 사람 마음에서 나오는 모든 계획이 항상 악해졌을 뿐만 아니라(창 6:5), 사람의 마음으로 계획하는 바가 어려서부터 악한 결과를 낳게 되었다(창 8:21). 그런 '악'이 사람의 후손에게 유전(전수)되는 것을 알 수 있다. 실제 인류 역사가 이어지는 가운데 창세기 6장에서 하나님의 아들들이 사람의 딸들의 아름다움을 보고(안목의 정욕) 자기를 위해 모두 아내로 삼았고(육적인 선택-사람을 외모로 보고 판단하는 것), 그로 인해 성령이 떠나서 그들이 육체(바싸르-흙덩어리)가 되었으며(하나님이 계시지 않은 상태), 이런 상태가 가득한 당시의 상황을 하나님은 "죄악이 세상에 가득찼다", "사람이 패괴했다"고 정죄하여 홍수로 심판하기에 이르게 된 것이다(창 6:5-8, 11-13).

사실 사람은 창조될 때 곧 육신의 눈이 밝지 않았을 때는 육체가 벌거벗은 상태에서도 전혀 문제가 되지 않았다. 이것이 육체를 가진 사람의 선한 상태다. 다시 말해서 뱀은 선악을 알게 되는 것이 하나님같이 되는 것이라고 말했는데(창 3:5), 이 말은 모든 것(몰라도 되는 것-육신에 속한 것까지)을 다 알아서 스스로 선악의 기준을 세우고 판단할 수 있는 존재가 될 수 있다는 "전지"(全知)의 상태를 말한 것인데 거기에 넘어간 것이다. 하나님은 처음에 사람을 창조하실 때 알 것만 알고 몰라도 될 것은 모르는 것이 사람에게 유익하기에 그렇게 창조하신 것인데, 사람은 그 선을 넘어 스스로 선악을 알고 판단하는 위치에 서기 원했던 그 욕망(욕심, 탐욕)으로 인해 하나님의 말씀을 대적하게 된 것이다. 그 결과 인생사에서 겪지 않아도 될 온갖 고통을 겪게 되었다. 우리가 살다 보면 "모르는 게 약이요 아는 게 병"이라는 속담이 있는 것처럼, 인생의 각종 어려운(소위 답이 없는) 사건으로 인하여 고통을 경험하는 일이 얼마나 많은가. 차라리 몰랐더라면 좋았을 것을 하는 바람과 후회가 많은 것이 인생이기도 하다. 성경은 인생이 악에 대해서는 어린아이가 되기를(순진하기를) 바라는 표현이 나타난다(롬 16:19). 왜냐면 사람이 선악을 안다고 해서 달라질 것은 하나도 없고, 오히려 악한 것은 빠르게 배워 타락의 길로 가는 연약함이 있기에 하나님이 막으신 것이다. 그래서 가나안 땅에 들어갈 때 원주민의 악한 풍습(우상을 섬기는)을 배워 오염될까 염려하여 남녀노소 할 것이 모두 제거하라고 명령하신 것이고(신 7:16), 신약에서는 "악은 모양이라도 버리라"라고 권면하고 있는 것이다(살전 5:21-24).

사람이 벌거벗은 채로 창조된 것은 사람의 순전하고 어린아이 같은 면(연약하고 공급자가 필요한 존재)이 천국(에덴동산과 같은)을 누릴 수 있는 자격이란 사실을 가르치기 위함이었다.[131] 즉 어린아이같이 순전하여 온전히 자기를 세상에 있게 해주신 아버지 하나님만 의지하며, 아버지의 공급하심을 받고 순종하는 삶을 통해 에덴동산의 기쁨과 만족을 누리며 살라고 말이다(제5계명의 근거가 되는 기준). 그야말로 모든 사람이 꿈꾸는 삶이 아닌가. 어떤 이가 말했듯이 자기 꿈은 "백수가 되는 것"이라고 말한 것처럼 말이다. 참으로 어이없고 유치한 생각같이 들릴지도 모르겠지만, 그것이 하나님이 사람을 창조하실 때 가지셨던 계획이었다고 비약한다면 어쩔 것인가. 성경 전체를 살펴보라. 하나님께서 계속적으로 강조하고 요구하는 것이 무엇인가?

"너희는 걱정하지 말라. 염려를 다 맡겨버려라. 나만 의지해라. 내가 다 할 것이다. 너희는 그저 하나님의 나라와 의만 구하라. 나머지는 내가 다 할 것이다. 나는 너희 아버지다. 너희들에게 필요하다고 생각되는 것들은 내가 먼저 알고 다 챙긴다."[132]

---

131   마 18:2-4; 막 9:36-37; 눅 9:47-48.
132   마 6:25, 34; 눅 12:22; 빌 4:6.

아닌가. "너희가 어린아이 같지 않으면 결단코 천국에 들어갈 수 없다"라는 주의 말씀에 대해서 어떻게 생각하는가(마 18:2-3). 우리 주님은 어린아이같이 자기를 낮추는 자일수록 하나님 나라에서는 큰 자라는 역설적인 말씀까지 하신다.[133] 그것이 하나님 나라의 질서요 원칙이라고 가르치신다. 그런데 사람들은 이런 주님의 가르침을 거스르며 자꾸 높아지려고 하고, 자기가 스스로 뭔가를 할 수 있는 것처럼 교만하며, 권력과 돈을 많이 가지려고 다투며, 지식을 많이 소유하여 선생 노릇 하려고 하며, 쓸데없는 허세로 시간을 낭비하며, 스스로 고통받는 어리석음에 매몰되어 있는 것이다. 어린아이같이 벌거벗은 모습으로 순전하게 하나님 아버지만 의지하며, 하나님 앞에서 사는 것이 최고의 행복이요 만족을 누릴 수 있는 비결인 것을…(참고. 빌 2:15; 벧전 2:2) 뱀은 사람이 이런 행복을 누리는 일에 견딜 수 없이 배가 아파서(시기 질투하여) 거짓된 것으로 유혹하여 무너뜨리고 저주받게 공작(工作)했다. 하나님 아버지가 시키는 일만 잘 순종하면 모든 것을 누리며 살 수 있도록 준비된 에덴동산의 행복을 파괴한 존재가 뱀이다. 어찌 되었든지 하나님의 창조 목적을 이루는 일에 방해꾼으로 등장한 최초의 짐승이 뱀이다.

그런데 하나님이 이 모든 것(뱀의 미혹과 사람의 타락)을 허락하신 데에는 분명한 이유와 목적이 있다. 그것은 타락한 천사(루시퍼, 사탄)를 자기 자녀들을 양육하는 도구로 사용하시되, 시공간의 제한을 받는 세상(지구) 속으로 내려보내서 하나님의 형상대로 창조된 사람인 아담과 하와가 가볍게 여겼던 창조 목적을 더욱 깊이 깨닫고 철저히 순종하는 참 하나님의 아들

133 　마 18:4; 20:25-27; 막 10:42-44.

들이 되도록 훈련하고 가르치기 위함이었다. 하나님은 피조물의 한계성을 너무 잘 아신다. 피조물은 자신의 노력이나 수고 없이 모든 영광과 높임과 안락과 영생을 공짜로 누리면, 창조주 하나님에 대한 깊은 경외와 감사를 잊고 창조의 목적까지도 망각하게 되어 있다. 그래서 하나님은 특별하게 창조하신(하나님의 형상대로) 사람에게 죄로부터의 구원과 회복 과정을 통해 창조 목적의 소중함을 가르치기로 작정하셨다. 아담의 범죄로 죄인이 된 모든 사람(롬 3:23)은 창조주를 떠나 소망 없이 살아간다. 그러다가 자신들의 죄를 예수의 대속의 보혈로 용서받고 회복하는 과정을 거치면서(벧전 1:18-19), 창조주의 사랑(요일 4:8, 16)과 위대하심(롬 11:33)과 창조의 목적을[134] 점차적으로 깨달아 중심으로 하나님을 사랑하며 순종하길 바라시는 것이다.

피조물이 창조의 목적대로 사는 것은 창조주의 뜻이고 기쁨이며, 영광 돌리는 일일 뿐만 아니라 그로써 피조물도 진정한 행복과 만족을 얻을 수 있다. 이 진리를 깨달은 하나님의 자녀들은 그리스도 안에서 다시는 창조의 목적을 가볍게 생각하지 않고, 영원 세계에서 창조주의 목적(뜻)에만 부합된 삶을 살아가려고 힘쓰게 될 것이다. 그리고 하나님이 사람에게 특별히 부여하신 하나님의 동역자 역할(창 1:28)까지 온전하게 수행할 수 있게 된다. 하나님은 모든 피조물 가운데 사람에게만 특별한 권리와 책임을 주셨다. 사람을 자신의 형상대로 창조하셨고, 그런 사람과 교제하기를 원하셨으며, 또 모든 피조물을 관리하고 다스리는 파트너십의 권한을 사람에게 주셨다(창 1:26-28). 따라서 사람은 다른 피조물들보다 더욱 창조의

---

134   사 43:7, 21; 롬 9:5; 골 1:16.

목적대로 하나님께 영광 돌리면서 살아가야 하는 책임이 있다. 이렇게 하나님의 자녀들을 온전하게 하시기 위해 하나님은 사탄에게 특별한 활동을 허락하셨다. 이것은 사람의 이성으로는 이해하기 힘든 하나님의 신비로운 계획으로서, 하나님의 주권에 속하는 비밀이다. 이 주권에 대해서 예수께서는 제자들에게 "내 것을 가지고 내 뜻대로 할 것이 아니냐?"(마 20:15)라고 말씀하셨다.[135]

(2) 사람의 욕망(야망)이 작동했다.

아무리 뱀의 미혹이 있었다고 할지라도 사람 안에 욕망이 없었다면 뱀의 미혹을 수용했을까? 이때 "욕망"(구약, 테슈카, 타아바 등)이란 말을 무조건 나쁘게만 생각해서는 안 된다(창 3:16). 왜냐면 그 욕망도 하나님이 주신 선물이기 때문이다. 욕망이 없다면 그게 로봇이지 사람인가. 생각이 있는 인격적인 존재라면 그것도 자유의지가 있는 존재라면 왜 욕망이 없겠는가? 그런데 우리 주님에게도 욕망으로 비쳐질 수 있는 속성이 있다고 성경은 기록하고 있는데, 실상은 "욕망"이 아닌 "욕구"(신약, 에피뒤미아; 눅 22:15/ Need want desire)라고 해야 옳을 것이다. 사람에게 나타나는 욕구는 기본적이고 정당한 것이라고 말할 수 있다. 심지어 하나님 아버지에게도 있는 속성이다. 이 욕구는 "소원, 바람, 기대" 등의 유사어로도 표현할 수 있다.

성경은 죽을 수밖에 없는 죄인 된 사람 속에 부패한 본성이 가득한 것을 드러내는 일에 조금도 주저하지 않는다. 그래서 우리 사람 안에는 사

---

135   황용현, 「여자의 후손」, (용인: 아미출판사, 2013), 33-34.

람이 죄인 된 이유와 그래서 죽을 수밖에 없는 이유가 가득하다는 사실을 밝히 드러낼 만한 증거들이 가득하다고 고발한다(롬 1:18-32; 3:9-19). 가장 결정적으로 사람은 욕망 덩어리이며, 그것을 탐욕의 화신, 곧 탐심이 가득한 자라고 정죄한다(골 3:5-8). 사람은 평생 돈, 명예, 권력, 사랑, 행복을 좇으며 본성적 욕망에 매달린다. 하지만 그 욕망은 절대로 충족되지 않는다. 하나의 욕망이 충족되면 더 큰 욕망이 사람을 유혹하며, 죽을 때까지 거머리의 두 딸처럼 다고-다고 하며 쉬지 않는 욕망이 반복될 뿐이다(잠 30:15-16). 도대체 사람에게 욕망은 무엇일까. 사람은 자신의 욕망을 위해 살며, 다른 사람과 상호작용하며 사는데 욕망이 억압되면 고통을 겪고 다양한 병리적 증상을 표출한다. 욕망은 한 마디로 인간성의 본질이다. 사람은 욕망하기 때문에 현실에 안주하지 않고, 자연을 정복하고, 문명을 꽃피우면서 삶을 개선할 수 있다. 욕망은 사람에게 발전과 풍요를 가져다주었다. 그런데 욕구와 욕망을 구분해야 한다. 욕구는 먹고 마시고 잠자는 것과 같은 생물학적이고 본능적으로 필요한 것에 대한 바람이다. 즉 이것은 자신의 내부에서 생성된다. 하지만 욕망은 욕구와 달리 타자와의 관계를 통해 더욱 부풀려지기도 하고 곡해되기도 한다. 다른 사람에게서 인정과 평가를 받는 것이 욕망에서 중요한 요소로 작동하기 때문이다.[136]

---

136 김 석, "사람의 욕망은 무엇일까", 2017.05.14. 연합뉴스.

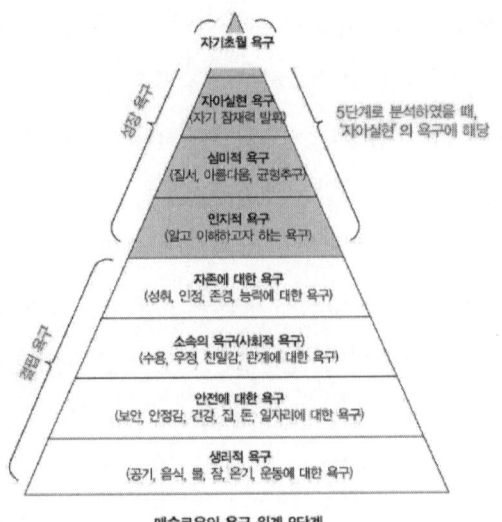

출처: 이경인, 이진남(강원대 철학과), 매슬로의 욕구 이론에 대한 비판, 과잉긍정 문제해결을 위한 '철학함'의 필요성과 관련하여 - 인문학 연구 제55집. 2019.02.20.

보통 인간 사회에서 다루어지는 욕망은 내부에서 자연스럽게 나타나는 것이 아니라 사회 속에서, 다른 사람과의 관계에서 만들어지는 일이 다반사다. 하지만 우리는 그것이 자기 안에서 일어나는 욕구인 것처럼 착각하고 있다. 성공해도 행복감이 오랫동안 지속하지 않는 것도, 성공에 대한 욕망이 자기 내부에서 자연스럽게 나온 것이 아니기 때문이다. 하나의 욕망이 충족되면 또다시 새로운 욕망이 생기기 때문에, 인간은 결국 영원한 불만(욕구 부족)의 상태로 남게 된다. 욕망은 타자의 욕망에서 시작되고, 타자와의 관계 속에서 비로소 의미가 있기 때문이다. 즉 상대적인 만족이라는 특성 때문에 욕망은 브레이크 없이 질주하는 자동차와 같다.

a. 사람의 가장 원초적인 욕망 "권력"

사람에게 주어진 원초적인 욕망을 잘못 사용하면 교활하고 무자비하며 매혹적인 힘을 탐하게 된다. 여기서 잘못 사용한다는 말은 자기 자신을 위해, 혹은 육신적인 목표를 위해 사용하는 것을 가리킨다. "자기를 위해 욕망을 사용하는 것은 당연한 일 아닌가?"라고 반문하겠지만, 그 당연하다고 생각하는 자체가 이미 타락한 사람의 본성으로 바뀐 상태임을 증명하는 것이다. 이제 사람을 타락의 저주에 빠지게 한 그 원초적인 욕망에 대해 다루는 시간을 가져보려고 한다. 좀 더 적나라하게 그리고 솔직하게 사람 속의 욕망을 해부해보려고 한다. 이 작업에 로버트 그린이 쓴 「사람 욕망의 법칙」이 아주 유용하게 도움이 되었다는 점을 밝힌다. 그는 자기 저서에서 사람 욕망을 다루는 방법을 나열하는데, 그 내용이 우리가 성경에서 대하는 뱀의 능숙한 전술을 보는듯하며, 사람을 적나라하게 들여다보게 하는 혜안을 제공하고 있다. 책 전체에서 몇 가지 간추려 제시하자면 다음과 같다.[137]

◆ 무슨 수를 쓰든 관심을 끌어라.
뱀은 하와에게 많은 나무 가운데서 유일하게 하나님이 금하신 선악 나무 쪽으로 관심을 끌게 했다.

◆ 덫을 놓고 적을 불러들여라.
뱀은 주도권을 장악하기 위해 사람의 욕망을 부추길 덫을 놓고, "동기부여"란 허울 좋은 명분 아래 탐심을 충동질했다.

◆ 정직하고 아량 있는 태도를 보여라.

---

137 로버트 그린, 「사람 욕망의 법칙」, 안진환, 이수경 옮김, (파주: 웅진 씽크빅, 2021).

뱀은 자기가 하와를 위하는 양 선악과를 먹으면 눈이 밝아 하나님같이 될 것이라고 상대의 경계심을 풀도록 만들었다. 그리고 실제로 하와는 선악과를 먹은 후 눈이 밝아졌다. 다만 어떤 눈이 밝아질 것인지는 말하지 않는 치밀한 계략을 펼쳤다.

◆ 자비나 의리가 아니라 이익에 호소하라.
뱀은 철저하게 협상의 달인처럼 하와에게 무엇이 이익인지 생각하도록 사람의 욕망을 부추겨, 하나님과의 관계 설정 및 사람의 존재 목적을 잊도록 만들었다. 당장 자기에게 무엇이 이익인지에만 몰두하도록 근시안적 생각을 하도록 부추긴 것이다.

◆ 친구처럼 행동하고 스파이처럼 움직여라.
뱀은 하와에게 가까이 접근하여 친밀한 말로 속삭였다. "하나님이 …먹지 말라고 하시더냐?"라면서 이간질하는 스파이 작전을 펼쳤다.

◆ 계획은 처음부터 끝까지 치밀하게 짜라.
뱀은 즉흥적으로 하와에게 접근하지 않았고 사전에 치밀한 작전을 준비한 후 접근했다.

◆ 사람들의 환상을 이용하라.
뱀은 하와의 마음 안에 일어나는 욕망을 부추겨 환상에 젖도록 헛된 꿈을 불러일으켰다. 오늘날도 "긍정적인 사고방식", "꿈을 크게 가지라"는 등의 구호가 이런 종류의 것이다. 분수에 맞게(롬 12:3) 그러나 "하나님이 허락하시면 할 수 있다"(히 6:3; 약 4:15)라는 믿음으로 소망을 가지는 것은 좋으나, 무조건 사람의 욕망을 부추기는 충동질은 결코 하나님의 방법이 아니다.

그린은 오늘날 사람에게 나타나는 권력의 욕망을 현미경으로 들여다보듯이 훑고 있는데, 이런 점에서 하나라도 해당하지 않는 사람이 있을까? 따라서 결국 모든 사람은 예외 없이 욕망을 속에 품고 사는 존재란 증거이며, 환경과 조건만 맞으면 언제든지 그 야망을 드러낼 수 있음을 보여준다고 하겠다. 그는 특별히 궁정 내에서 죽고 죽이는 무서운 권력 암투에 빗대어 사람의 실상을 폭로하고 있다.

오늘날 우리는 과거 궁정 신하와 흡사한 역설에 직면해 있다. 모든 것이 교양 있고 품위 있으며 민주적이고 공정해 보여야 한다. 그러나 만약 너무 엄격하게 그 규칙들에 준거해서 움직이면, 그렇게 멍청하지 않은 주변 사람들에게 짓밟히게 된다. 궁정은 세련된 품위의 정점으로 간주 되었지만, 그 아래에서는 탐욕과 질투, 욕정, 증오 등 어두운 감정들의 가마솥이 부글부글 끓었다. 우리의 세계도 이와 유사하다. 그 어떤 시대보다도 공정성이 가장 발전된 것처럼 보이지만, 그 아래에는 여전히 궁정 시대와 다를 바 없는 추한 감정들이 우리 내부를 휘젓고 있다. 게임의 규칙은 변하지 않았다. 겉으로는 고상한 가치들을 존중하는 듯 보여야 하며, 동시에 속으로는 빠르게 계산할 줄 알아야 한다. 그러나 이처럼 권력 게임을 벌인다는 발상은 어떤 사람들에게는 요즘 시대에 맞지 않는 사악하고 부도덕한 태도로 여겨질 수 있다. 그들은 권력을 추구하는 태도와 짐짓 거리를 두며, 권력을 비롯해 그와 비슷한 모든 욕망에 초연한 모습을 보이기도 한다. 그러나 당신은 바로 이런 사람들을 조심해야 한다. 겉으로는 그렇게 보여도 실제로는 권력 게임에 정통한 고수들인 경우가 많기 때문이다. 그들이 그런 전략을 구사하는 이유는 당연히 자기들이 뒤에서 조종하고 있다는 사실을 교묘하게 위장하기 위해서다.[138]

또 어느 누구도 정직하고 솔직한 발언을 완벽하게 객관적이며 전혀

---

138   앞의 책, 6-7.

사심이 없는 것으로 받아들이지 않을 것이다. 사람들의 그런 태도는 매우 합리적이기까지 하다. 정직성을 이용하는 것 역시 권력의 전략 가운데 하나로서, 사람들에게 자신이 고상하고 선량하며 이기심이 없는 인물이라는 확신을 주려는 속셈이 있다고 생각하기 때문이다(특히 정치인들, 종교인들, 교육자들). 권력이나 야망에 관심이 없다고 주장하는 사람들 가운데 순진한 척 가장하는 사람도 있다. 이 역시 경계의 대상으로 삼아야 할 자로서, 짐짓 권력에 무관심한 체하는 사람들은 자신들의 도덕적 자질과 경건한 언동, 예민한 정의감 등을 과시하게 마련인데, 우리는 그런 모습에서 그들의 실체를 파악할 수 있어야 한다. 이들은 도덕적 우월성이라는 연막으로 자신들의 권력 게임을 가리려는 것뿐이다. 우리는 자신을 포함한 모든 사람은 권력을 욕망하며, 또한 우리의 거의 모든 행동은 권력을 얻으려는 목적에 맞춰져 있음을 인정해야 한다. 세상은 흉계가 난무하는 거대한 궁정과 같고, 우리가 그 안에 갇혀 있는 것이라면, 권력 게임에서 벗어나려는 시도는 아무런 소용이 없는 일이라고 간파하고 있다.[139]

그렇다면 이런 사람 안에 내재 되어 있는 이런 속성들은 언제부터 그 치명적인 모습들이 나타나게 된 것일까? 하나님이 처음 사람을 창조할 때는 그렇지 않았던 것이 분명하다. 왜냐하면 전지전능하신 하나님이 만드신 것들이 보시기에 선했다고 말씀하셨기 때문이다. 그러나 오늘날 현실적으로 이런 교활하고 사악하며 잔인하기까지 한 속성들이 모든 사람에게 나타난다는 것은, 분명히 하나님의 선한 창조 이후에 무슨 일이 있었다는 증거이다. 성경은 사람에게 그런 각종 위선적인 모습과 사악한 품성

---

[139] 앞의 책, 8.

이 있게 된 배경 사건으로 선악 나무의 열매를 먹은 하와의 사건을 지시한다. 첫 사람의 권력욕(하나님같이 되리라)은 뱀의 이간질, 충동, 자극으로 드러나게 되었다. 그린은 사람의 이러한 권력욕에 대해 하나의 게임으로 주장한다. 왜냐면 모든 사람은 예외 없이 욕망 덩어리라는 전제가 있기 때문이다.

> 권력 게임은 외양을 가장하는 능력을 요구한다. 그러므로 당신은 상황에 맞는 다양한 가면과 기만 전략을 준비해야 한다. 기만과 가장을 비윤리적이라고 여겨서는 안 된다. 모든 인간관계에는 다양한 차원에서 기만이 필요하다. 어떤 면에서 보면 사람과 동물을 구별해주는 것은 거짓말과 속이는 능력이다. 기만이 가장 강력한 무기라면 인내는 당신이 꼭 갖춰야 하는 방패다. 인내는 바보 같은 실수를 저지르는 것을 막아준다. 감정 통제와 마찬가지로 인내 역시 하나의 기술이다. 즉, 저절로 생기는 것이 아니라 노력해서 익혀야 한다는 이야기다. 권력은 근본적으로 도덕과 관계가 없다. 권력을 얻기 위한 가장 중요한 기술 가운데 하나는 선악을 판단하는 것이 아니라 상황을 보는 능력이다.[140]

그린의 지적과 같이 뱀은 아주 영리하게 사람의 장점 및 약점의 양면인 욕망, 욕구, 소원을 잘 이용하여 자기 뜻을 이룬다. 참으로 뱀은 설득과 미혹의 귀재라고 인정하지 않을 수 없다. 따라서 뱀의 후손들은 이 세상에서 뱀에게 물려받은 유전자로 뛰어난 기술과 재능을 발휘하여 세상을

---

140   앞의 책, 9.

장악하고 있다. 뱀은 은밀한 설득 작전을 통해 상대의 마음을 유혹했을 뿐만 아니라 상대를 허상과 싸우게 하는 '거울 전략'을 사용했으며[141], 자기 의도는 철저하게 감추는 유인책을 사용하여 대담하게 행동했다. "죽지 않을 것"이라고 하나님의 말씀을 뒤집는 과감하면서도 자신감을 보여 사람을 미혹하는 일에 성공한 것이 그 대표적인 사례다.

b. 욕망에 대한 성경의 권면

욕망이 자리하는 곳은 당연히 사람의 마음이다. 그래서 그런지 성경은 마음을 지키는 것이 무엇보다 중요하니 마음을 잘 다스리라고 권면한다(잠 4:23; 16:32). 그런데 사람의 마음을 지키는 방법은 무엇일까? 인내와 절제다. 절제는 성령의 열매일 뿐만 아니라(갈 5:23) 신의 성품에 참여하는 방법이기도 하다(벧후 1:6). 그러므로 믿음으로 승리의 면류관 얻기를 바란다면 절제는 필수다(고전 9:25). 마지막 때 나타날 인종의 특징 가운데 하나가 절제하지 못한다는 것이다(딤후 3:3). 그로 인해 사회는 고통당하게 될 것이라고 성경은 예언하고 있다.

무엇인가를 욕망한다는 건 곧 마음을 움직이는 것이다. 따라서 깊은 욕망을 어떻게 다루느냐는 고민은 곧 마음을 어떻게 다루느냐의 문제다. 욕망은 그 힘이 강력하며, 삶을 움직이는 가장 강력한 원동력이다. 사람의 욕망을 좋게 포장하면 비전(vision)이니 꿈(dream)이라는 말로 전달된다. 그래서 세상은 "당신이 꿈꾸는 삶을 소유하라! 욕망을 따르라"라고 충동질

---

141 상대를 허상과 싸우게 하는 거울 전략은 거울에 비치듯이 상대가 하는 그대로 따라 하면, 상대는 당신의 전략을 파악할 수 없게 된다.

한다. 그 책임은 오롯이 각자의 몫이라고 발뺌하면서… 그런데 목숨 걸고 솔직해질 만큼 욕망은 가치가 있는 것일까? 고민되지 않을 수 없는 문제다. 욕망은 안에서부터 열정적으로 끓어오르는데, 그 욕망을 따라가다가 맺혀지는 열매에 대한 책임은 오롯이 본인 몫이기에 쉽게 결정하기에는 두렵기도 하고 자신감이 없어 흔들리기도 한다.

분명한 것은 욕망 자체는 중립적이다. 나쁘기만 한 것도 아니고 좋은 것만도 아니다. 마치 돈과 같다. 돈을 어떤 목적으로 누가 사용하느냐에 따라 다른 가치를 나타내듯이 욕망도 마찬가지다. 사람이 열망하는 돈, 사랑, 욕망 등은 좋을 때는 더할 나위 없이 환상적이지만, 나쁠 때는 두말할 나위 없이 고약하다. 많은 사람이 그런 이유로 사랑하는 일을 바라지만 한편 두려워한다. 욕망도 마찬가지 이유로 갈등하며 고민하고 자기 욕망을 이루기 위해 선뜻 나서지 못하는 사람이 많다. 하지만 사랑 없이 사는 것을 산다고 말할 수 있을까? 마음의 깊은 욕망을 저버리고 사는 경우도 마찬가지다. 성경은 사람에게 주시는 소원, 욕구, 욕망 등은 하나님의 선물이라고 말한다.[142] 인격적 존재요 하나님의 형상대로 창조된 존재로서 욕구를 가진다는 것은 지극히 자연스러운 일이리라. 하나님은 심지어 사람의 나쁜 욕망을 선으로 바꾸시는 능력 있는 분이시다.

온전한 삶을 살아가기 위해서는, 다시 말해 하나님이 원래 의도하셨던 삶을 살아가기 위해서는 우리의 마음이 온전히 회복되어야 한다. 그 일은 우리가 마음을 어떻게 다루느냐에 달려 있다. 욕망은 우리가 소중히

---

142   시 20:4; 103:5; 107:30; 145:16, 19; 빌 2:13.

여기는 삶을 찾아 나서도록 마음에 불을 지핀다. 내면에 있는 삶에 대한 갈망은 주변에서 찾아볼 수 있는 삶과 일치하지 않는다. 가끔은 자신이 원하는 삶과 아주 비슷해 보이지만 딱 맞아떨어지지는 않는다. 소중히 여기는 삶을 찾기 위해서는 여행을 떠나야 한다. 그 목적지를 찾아가기 위한 여행 지도는 우리 내면에 깊숙이 자리하고 있는 욕망이다.[143]

그 지도의 방향을 교묘하게 틀어놓은 것이 뱀이요 사탄인데, 우리는 하나님이 우리 안에 선물로 주신 욕망을 따라 본래의 인생 여행의 목적을 완수하려면, 간교한 뱀의 계략을 분별하여 물리쳐야 한다. "사탄아, 물러가라! 너는 나를 넘어지게 하는 자로다"라고 말이다(마 16:23). 현대를 사는 우리에게 아주 편리한 문명의 이기(利器)가 있는데 네비게이션이 그것이다. 그러나 현존하는 네비게이션을 사용한 사람은 경험한 일이지만 아직은 수준이 낮은 AI에 속한다. 목적지를 가장 빠르게 최적화된 길로 인도하지 못하는 사례가 많아 자주 당황스럽고, 짜증 나는 일도 자주 발생하는 것이 사실이다. 이리저리 끌고 다니면서 엉뚱한 곳으로 인도할 때도 있고, 목적지로 가긴 가는데 돌고 돌아 헤매다가 도착하기도 한다. 우리 안에 있는 욕망이란 놈이 그렇다. 빠른 지름길이라고 생각하게 만들어 따르게 해 놓고, 실제로는 한없이 멀리 돌고 돌게 만드는 고장 난 인생 네비게이션일 경우가 많다. 그러므로 지식 없이 욕망(소원)만 따라간다든지(잠 19:2), 혹은 맹목적(충동적)으로 다른 이의 인도(유혹)를 따르는 것만큼 위험한 것은 없다.

---

143   존 엘드리지, 「사람의 욕망」, 김애정 옮김, (서울: 포이에마, 2010), 16.

하나님은 때때로 우리가 가장 깊이 소원하는 육신적 욕망을 방해하기 위해서라면 무슨 일이라도 하실 것처럼 보인다(호 2:6). 사람의 삶은 그 자체로 충분히 힘들다. 하지만 하나님이 우리와 대적하여 역사하신다는 생각이 들면(애 2:4), 그건 낙심하는 차원을 넘어선다(욥 10:3, 16).[144] 오늘날의 우리는 최초의 인류가 하나님께 선물로 받은 욕망을 어떤 방향으로 사용하다가 실패했는지 잘 알기 때문에, 절제와 인내를 통해 욕망을 잘 다스리며 하나님이 기뻐하시는 방향으로 선하게 사용하는 일에 힘써야 한다.

C. 야망이 첫 사람 아담의 가치를 넘어섰다.

'한 사람의 가치'란 능력과 인격, 가치관 같은 것들을 뭉뚱그린 것일 터이다. 분에 넘치는 야망을 자신의 가치인 줄 착각하는 사람은 위태롭다. 새의 깃털과 밀랍으로 날개를 만들어 하늘로 날아오르다 추락하는 '이카로스'를 보는 듯 조마조마하다. 인류 역사를 되돌아볼 때 그렇게 야망이 자신과 사회를 망가뜨리는 사례들을 인간 역사에서 숱하게 봐오지 않았던가. 특히 한 분야에서 '훌륭한 사람'이라고 평가받던 이들이 정치 세계에만 들어가면 소시오패스 성향을 띠며 이상해지는 것을 목격하고, 의아하게 생각하며 안타까운 마음이 들기도 했다. "그런 분인 줄 몰랐다"라고 말하면 다음과 같은 대답이 돌아오곤 한다. "우리가 알지 못했을 뿐, 원래 그런 사람이었던 거예요." 한 사람의 가치는 일이 잘 풀리고 있을 때가 아니라 예상하지 못한 위기에 놓였을 때 드러난다. 꿈을 크게 가지는 문제에 대해서는 할 말이 없지만, 먼저 스스로에게 물어볼 일이다. '내가 과연 그

---

144 앞의 책, 150-151.

야망을 감당할 수 있을까?' 자신이 없다면 조용히 꿈을 내려놓거나 '나의 가치' 곧 자신의 그릇을 야망에 맞는 수준으로 끌어올리기 위해 어떻게 해야 할지 고민하는 게 맞지 않을까 생각한다.[145]

앞의 글을 게재한 매체(중앙일보)에서 권석천 고문이 제시한 영화 존 윅 시리즈에 관한 평에서 첫 아담의 면면이 떠오르도록 클로즈업되는 느낌을 받으며 하나의 힌트를 얻게 된다. 과연 첫 아담의 가치가 무엇이었을까? 하나님이 첫 사람을 만드실 때 그에게 어떤 가치성을 부여했을까? 하나님이 정성껏 흙으로 빚으시고 그 코에 하나님의 생기를 불어넣으시며 만드신 사람의 가치가 결코 적은 것이 아닐 것이다. 하나님의 이미지를 반영하는(나타내는) 존재인 사람은 하나님의 형상대로 창조되어 하나님의 대리자(아바타)로서의 왕권(정복하고 다스리는)과 동산을 관리하는(섬기는) 청지기로서의 소명이 주어졌는데, 이 가치성은 피조된 사람에게는 굉장한 것이다. 그런데 문제는 그 가치성을 주어진 것 이상으로 지나치게 크게 생각할 때, 생기는 폐단이 인류 역사를 비극으로 몰아넣었다고 성경이 고발하고 있기에 심각한 것이다. 사탄이 그러했듯이 사탄의 우매한 생각

---

[145] 권석천, "야망이 그 사람의 가치를 넘어설 때", 오피니언: 권석천의 컷, 2023.05.12. 중앙일보. 영화 '존 윅' 시리즈에서 범죄조직 수장들의 최고회의에 맞서는 존 윅(키아누 리브스)의 사투가 숨막히게 전개된다. "실패하는 자들이나 두 번째 기회를 달라고 하지." 젊고 잘생긴 귀족 그라몽은 본때를 보여주기 위해 최고급 호텔 하나쯤은 가볍게 날려버린다. 눈썹 하나 까딱 않고 걸림돌들을 집요하게 처단해 나가는 잔혹함이 이 캐릭터의 아우라다. 그에게 한 등장인물이 경고한다. "야망은 그 사람의 가치를 넘어서선 안 되오(A man's ambition should never exceed his worth)." 이 의미를 이해하지 못한 걸까. 그라몽은 자신의 그릇을 넘어서는 야심을 좇다 결국 균형을 잃고 비틀거리게 된다.

(가치 이상의 생각을 품고 반역한 것), 곧 분수 이상의 생각을 한 사탄의 본을 따라 어리석게도 사람이 그 뒤를 따른 것이 화근이었다. 감히 창조주 하나님같이 될 수 있다는 망상에 사로잡혀 하나님 나라의 질서를 깨뜨린 대가가 너무 컸다. 피조물로서 자기 분수를 알고 창조주 하나님의 말씀을 순종하며 따라야 했는데, 교만하다가 망한 사탄의 하수인 뱀의 말을 따라간 사람의 결말은 말 그대로 비극이었다. 우리는 사도 바울을 통해 믿음의 분수 이상의 일을 생각하지 말라는 권면을 경각심을 가지고 받아야 할 줄 안다(롬 12:3).

"내게 주신 은혜로 말미암아 너희 중 각 사람에게 말하노니 <u>마땅히 생각할 그 이상의 생각을 품지 말고</u> 오직 하나님께서 각 사람에게 나눠 주신 믿음의 분량대로 지혜롭게 생각하라"(롬 12:3)

구약에서 시편 기자도 다음과 같이 맞장구친다.

"여호와여, 내 마음이 교만치 아니하고 내 눈이 높지 아니하오며 <u>내가 큰일과 미치지 못할 기이한 일을 힘쓰지 아니하나이다</u>"(시 131:1)

그렇다. 아담은 자기의 가치성을 착각하여 미치지 못할 기이한 일을 힘쓰다가 멸망의 길을 걷고 말았다. 우리는 사람 창조의 처음 모습을 잊지 말고 어린아이 같은 순전함을 회복해야 한다(마 10:16).

"실로 내가 내 심령으로 고요하고 평온케 하기를 젖 뗀 아이가 그 어미 품에 있음 같게 하였나니 내 중심이 젖 뗀 아이와 같도다 (3) 이스라엘아! 지금부터 영원까지 여호와를 바랄지어다"(시 131:2-3)

그래서 거듭난 신자의 바람직한 자세 곧 영적 전쟁에서 승리하려면, 하나님만 바라는 비둘기 같은 순결함을 가지고, 헛된 야망에 끌려 세월을 낭비하는 방탕한 육신의 생각을 다스리는 일이 무엇보다 중요하다고 하겠다(고후 10:5).

2) 선악 나무의 열매를 먹은(영접한, 받아들인) 결과

(1) 눈이 밝아졌다(창 3:7).

사탄의 말대로 되었다(창 3:5). 그러면 사탄은 거짓말한 것이 아니지 않은가. 여기서 생각할 것은 사탄이 "어떤 눈"이 밝아질 것이라고 말했을까를 생각해야 한다. 사탄은 눈이 밝아지면 하나님같이 되어 네가 선악을 알게 될 것이라고 했다. 그 말을 기준으로 생각할 때 어떤 눈이 밝아졌는지 분별할 수 있지 않은가? 자기를 위한 육신의 눈, 자기중심으로 보는 눈이 밝아진 것이다. 눈이 밝아졌다고 한 이후에 아담의 반응을 보면 확실해진다. 구체적으로 말하면 하나님만 바라볼 땐 하나님만으로 만족하고, 즐거워하고, 하나님 영광 가운데 거함으로 더불어 영광스러운 존재였는데, 눈이 밝아져 자기를 보니 보잘것없고, 벗은 추한 몸, 견딜 수 없도록 수치스러워서 나뭇잎을 엮어 치마를 만들어 걸쳐야 하는 존재로 보인 것이다. 이렇게 신앙이 타락하면 육신의 눈이 밝아져 외모를 보고 판단하는 자가 되어 자기가 부끄럽게 여기는 치부를 가리려고 하게 되고, 하나님에 대해서는 피하여 숨고자 하며 외식하게 된다. 육신의 눈이 밝아져 외모를 보고 판단한다는 말은 사람의 육체적인 면은 물론, 사람이 가지고 있는 외부적 조건들(돈, 명예, 권력, 세력, 학력…)이 판단의 기준이 된다는 말이다. 한 사람의 됨됨이(인격)는 한참 뒤로 밀리는 후 순위에 불과해진다. 그러나 성경은 네가 어떤 사람이냐는 인격과 성품에 더 초점을 맞추고 판단한다는 사실을 마지막 심판을 생각하는 그리스도인들은 명심해야 할 것이다(벧후 3:11).

아담에게 육신의 눈이 밝아졌다는 것은 벗은 몸을 보는 관점이 달라졌다는 의미이다. 선악과를 먹기 전의 아담의 관점은 비록 벗은 몸을 보았지만, 악한 시각으로 보지 않았으므로 부끄러움을 느끼지 않았지만(창 2:25), 선악과를 먹은 이후에는 **벗은 몸을** 보았을 때 이전에는 **없었던 악의** 시각으로 보았기 때문에 부끄러움을 느끼는 몸이 되었다는 말이다(마 6:22-23). 이같이 범죄한 사람에게 최초로 찾아든 감정은 수치와 두려움이었다. 악의 개념이 들어갔을 때는 성욕이라든지 죄의 개념을 가지고 벗은 몸을 바라보게 되었다는 뜻으로서, 세상을 보는 모든 시각이 이전과는 180°달라지게 되었다는 의미이다. 말씀을 불순종한 순간 눈이 열려(밝아져) 새로운 세상을 본 것은 사실이다. 이제껏 아담과 하와는 죄 없는 선한 세상만 보았다. 달리 말해서 빛이신 하나님의 세상만 보았다. 그러나 범죄 이후에 "어둠의 세계", "육신의 세계"라는 새로운 세상을 보게 된 것이며, 그 새로운 세상을 보는 순간을 "눈이 밝아져"라는 표현을 사용한 것이다. 그러나 그 새로운 세상은 유감스럽게도 보지 않아도 될 어두움의 세상이며, 악의 세상이었다. 다시 "선의 세상"만 알았던 때로, "빛의 세계"만 아는 시기로 돌아갈 수 없어진(에덴동산 밖으로 추방당함으로), 돌이킬 수 없는 사건이 발생한 것이다. 그 결과 수치와 고생과 두려움이 엄습하는 결과를 낳았다.

여기서 "수치"는 하나님의 거룩한 형상을 상실한 사람에게 나타나는 육신적으로 상처받은 감정을 가리킨다(엡 2:1). "고생"은 먹고 살기 위한 몸부림으로 땀을 흘리며 일해야 살 수 있는 형편을 나타내며, "두려움"은 그들이 선악과를 따먹고 지은 죄를 깨닫고 하나님 뵐 면목이 없었기 때문이 아니라, 범죄한 사람이 필연적으로 갖게 되는 하나님과 원수 된 감정 상태를 나타내는 것이다. 이 두려움을 없애는 길은 죄의 문제를 해결하고, 하나님께 마음을 다하고 정성을 다하며 뜻을 다하여 사랑하는 것뿐이다(요일 4:18). 그러나 하나님을 사랑하기 위해서는 사람 스스로는 불가능하고, 먼저 죄의 문제가 해결된 후에 하나님의 극진하신 사랑을 알고 깨달아 확실하게 신뢰하는 단계가 필요하다(롬 5:8, 10). 두려움은 거룩하신 하나님에 대한 사람의 부정적인 감정으로서, 더 이상 하나님과 친밀한 교제를 나눌 수 없어진 인간의 마음 상태(요 3:20)로서 하나님을 피하여 숨게 된다.

아담은 사탄과 똑같은 죄를 범했다. 피조물은 하나님께 영광 돌리기 위해 창조되었는데,[146] 오히려 하나님과 같이 되어 경배받고 싶다는 사람 생각(이는 곧 사탄의 생각과 일치)[147]으로 창조의 목적에 어긋난 과욕을 부린 것

---

146   사 43:7, 21; 롬 9:5; 골 1:16.
147   그래서 주님은 베드로가 취한 행동에 대해 "사탄아 내 뒤로 물러가라"고 소리쳤으며, 이는 "사람의 일을 생각"하는 것이라고 가르치셨다(마 16:22-23). 결

이다. 사탄의 속임에 넘어간 인격적 피조물들(천사들과 사람)은 창조 목적을 위반했고, 그 결과 엄청난 대가를 치르게 되었다. 아담은 타락 후 에덴동산에서 쫓겨났고, 영원 차원에서 시간 차원으로 쫓겨나 영생의 기회를 잃어버렸다(창 3:23-24; 5:5). 그로부터 아담의 육체는 나이를 먹으면서 서서히 늙기 시작했고, 마침내 930세에 죽음을 맞이했다(창 5:5). 영생의 기회를 상실하고 유한한 시간 속으로 떨어진 것은 곧 저주의 사인(sign)이다. 아담은 저주받은 땅에서 땀을 흘려야 먹을 것을 얻을 수 있었고, 여자는 잉태하는 고통이 크게 더해졌으며, 결국은 모든 사람이 죽음(영육의 죽음)의 저주를 받아 흙으로 돌아가야만 하는 운명이 되었다(창 3:16-19). 그나마 모든 인류에게 내려진 영벌의 죽음(둘째 사망)은 하나님의 역사(섭리)가 모두 끝난 이후로 유예된 것은 은혜다.

아담의 타락 사건 이후로도 사탄은 '종교'라는 이름으로 각종 우상을 만들어 재자 사람들을 속여서 자신을 섬기도록 끊임없이 유혹했다. 다시 말해 피조물들이 하나님 대신 자신에게 예배하고 영광 돌리도록 부추겨, 하나님과의 관계가 더욱 나빠지도록 끊임없이 이간질하고 미혹했다. 왜 타락한 루시퍼는 회개할 생각은 하지 않고, 계속해서 창조주 하나님께 반역의 행위를 하는 것일까? 그 이유는 사탄의 원초적인 성품이 교만과 질투심이기 때문이다. 루시퍼는 본래 완전하고 지혜가 충족하며 아름답게 지음을 받아, 하나님으로부터 특별한 사랑을 받았다(겔 28:12-14)고 성경은

국 사람의 일을 생각하는 것과 사탄의 일은 같다고 말씀하시는 것을 잘 기억해야 한다.

기록하고 있다. 그랬던 그가 삼층천에서 쫓겨난 후에,[148] 다른 피조물에게 창조주 하나님의 사랑과 만물을 다스리라는 권한까지 주는 것을 견딜 수 없었다(대표적으로 사람에게). 그는 하나님의 사랑이 다른 피조물에게 향하는 것에 대해 시기가 나서 견딜 수 없었다. 그리고 하나님의 주권적 역사가 또 다른 경쟁세계(물질계와 사람)를 만들었을 뿐만 아니라, 그런 일을 가능하게 하는 하나님의 능력과 지혜를 시기하여 방해하고 또 침탈하고자 하는 욕망을 버리지 못한 것이다. 하나님은 사탄의 그런 성품(특성)을 이용하여 구속사를 계획하시고 이루어가시는 것이 성경의 역사이기도 하다. 사실 하나님이 처음부터 천사장의 타락을 막으셨거나 사탄을 에덴동산에 침입하지 못하도록 막으셨더라면, 일련의 모든 사건은 일어나지 않았을 것이다. 그렇지만 하나님은 오히려 천사장의 타락을 허락하여 사탄으로 정죄했으며, 그의 미혹을 통해 사람이 타락하는 끔찍한 사건을 저지르도록 허용하셨다(잠 16:4; 요 13:27). 심지어 하나님께서는 창세 전에 이 모든 일을 계획하며 예정하셨고(딤후 1:9; 벧전 1:19-20), 그런 일련의 계획에 대해 사람의 이성으로 이해할 수 없는 "그리스도의 신비"(the Mystery of Christ)라고 설명하는 것이다.[149] 따라서 이런 부분에 대해서 이해하려면 성령님의 조명하심과 가르치심이 절대적으로 필요하다.[150]

---

148   사 14:12; 겔 28:16; 벧후 2:4; 계 12:4.
149   롬 16:25-26; 고전 2:7; 엡 3:4-9; 골 1:26-27.
150   황용현, 30-31.

(2) 하나님같이 되었다(창 3:5).

예수 그리스도의 영혼 외에 사람의 영혼은 그 누구라도 주어지는 명성과 권세의 무게를 견딜 수 있도록 지어지지 않았다. 예수 그리스도만이 명성의 자리에 오르고도 무너지지 않을 인격과 능력을 지니고 계신다. 모든 사람은 예배받는 대상이 아니라 예배하고, 경외감의 대상이 되는 것이 아니라 경외하고, 절을 받는 것이 아니라 무릎을 꿇고, 자신의 명예와 부를 좇지 않고 그리스도의 영광과 부를 찬양하도록 창조되었다.[151] 이런 사실을 알 리 없는 어리석고 무지한 사람은, 뱀의 꼬임에 넘어가 헛된 욕망의 종이 되어 비참한 인생을 자초하기에 이른 것이다. 그렇다면 사람은 누구나 "선악과를 먹은 자들"이라는 사실을 증명하는 모습은 어떤 것일까?

a. 사람 스스로 선악을 판단하는 모습

사람은 세상의 모든 일에 선과 악을 구분하는 기준을 스스로 정하는 자리에 앉아서 하나님처럼 군림하려는 교만한 자가 되었다(살후 2:4). 사람이 판단하는 선악의 기준을 가지고 남의 삶에까지 영역을 넓혀서 판단(정죄)하며 살려고 한다는 것, 그것이 바로 뱀이 말한 것같이 하나님처럼 된 모습이라는 말이다. 사람이 하나님과 동등하다고 생각하므로, 자기에게 명령할 아무런 존재도 없고, 자기 위에 아무도 없다고 생각하고 사람 스스로의 생각과 판단에 따라서 사는 것이 하나님처럼 되는 것이다. 선악과를

---

151 스캇 솔즈, 「아름다운 사람은 저절로 만들어지지 않는다」, 정성묵 옮김, (서울: 두란노, 2022), 197.

따먹고 하나님과 같이 되었다는 것은, 사람이 하나님의 명령에 따라서 사는 것이 아니라, 사람 자신의 사상과 생각에 따라서 판단하며 사는 존재가 되었다는 말이다. 나아가 사람이 스스로 선악을 판단하여 재판하는 자리에 앉았다는 말이다. 한마디로 말해서 신이 아닌 자가 신처럼 군림하는 교만의 극치에 이른 존재가 된 것이다(겔 28:2, 9). 하나님을 거역하고 자신의 지혜와 지식, 판단 능력을 의지하여 사는 모든 사람이 모두 신(하나님, 우상)이 된 것이다. 그래서 인간 속에 있는 "탐심은 우상숭배"라고 말하는 것이다(골 3:5).

① "우리 중 하나같이"- '밈멘누'를 1인칭 복수로 해석할 경우

"하나님께서 이르시되, 보라, 그 사람이 **우리 중의 하나같이** 되어 선악을 알게 되었도다. 이제 그가 자기 손을 들어 생명 나무에서 나는 것도 따서 먹고 영원히 살까 염려하노라 하시고"(창 3:22)

하나님은 아담이 "우리 중 하나같이 되어 선악을 알게 되었다."라고 말씀하신다. 여기서 "우리"는 유대인들이나 무슬림, 메시아닉이 주장하는 것처럼 하나님과 천사들이 아니라 삼위일체 하나님이시다. 이는 하나님께서 아담을 "우리가 우리의 형상 곧 모양에 따라 사람을 만들고"(창 1:26)라고 하시며 사람을 창조하셨다(창 1:27). 여기서 "우리"란 말이 삼위일체의 하나님이란 점은 의심이나 논쟁의 여지가 없다. 하나님께서 범죄한 아담이 선악을 알게 된 것을 일컬어 "우리 중 하나같이 되었다"라고 하셨다.

이때 생각되는 궁금증이 "우리 중의 하나"라면 삼위일체 하나님 중의 한 분과 같이 되었다는 말인가? 만약 그렇다면 우리 중 "하나"라고 할 때, "하나"(one)는 아버지, 아들(말씀), 성령 중 누구를 말하는 것일까?[152] 이런 상황은 오해의 여지가 있는 한글 번역에서 발생하는 현상으로 보인다. 즉 문해력에 따라 이해가 달라진다는 말이다.

원어로 보아도, 영어로 생각해도 그 의미는 "…같다, 통일된 하나, 동일하다"라는 의미이지 숫자적 개념으로 쓰이지 않았다. 영어 성경은 like one of us(NIV, NASB, ESV 등), as one of us(KJV, ASV, JPS) 등으로 번역했다.

<원어> '에하드'(아하드; "통일시키다"에서 유래); "통일된, 같이, 함께"의 의미다.

<영어> one; 숫자적 개념인 "하나" 혹은 "일"(1)이 아니고, "(…와) 같은, 동일한"(the same)의 의미로 쓰였다.

따라서 "우리 중의 하나"란 의미는 "우리 가운데 한 명"이란 의미가 아니고, "우리 같이" 되었다는 의미다. 이는 일상적인 언어 용법으로서 "그는 이제부터 우리 멤버 중의 하나(일원)와 같다"(우리 멤버와 같다는 말). 하나님은 범죄한 아담이 하나님처럼 독자적으로 선악을 판단하여 결정하

---

152 "우리"가 삼위일체 하나님을 가리킨다는 것을 잘못된 해석이고 사탄을 가리킨다는 주장도 있다. 욥기 1:6; 2:1을 예로 들면서 천사들을 하나님의 아들들로 여기며 천상의 회의에 참여하게 한 것을 두고, 사탄을 포함한 "우리"라고 주장하여 "우리 중 하나"가 사탄을 가리킨다고 주장한다. 정대웅, 「선악을 알게 하는 나무」, (서울: 예영커뮤니케이션, 2008), 170.

는 일에 "우리처럼" 곧 "신의 자리에 올랐다"라고 말씀하는 것이다. 그럼 비슷한 성경적 용례를 확인해 보겠다.

"그 레위 사람이 그 사람과 함께 거하는 것을 만족스러워했으며 그 청년이 그에게 <u>그의 아들들 가운데 하나같이</u> 되었더라"(삿 17:11)

어떤 레위 청년이 미가의 집에 고용되어 제사장이 되었다. 그 청년은 미가의 집에서 미가의 아들들 가운데 **"하나같이"** 되었다. 이때 "그의 아들들 가운데 하나 같이 되었더라"라는 말은 아들들 가운데 특정한 아들 한 명과 같이 되었다는 말이 아니고, 아들들과 같이 취급(인정)되었다는 말이다. 사무엘하 13:13에는 다말이 자기를 강제로 욕보이려는 암논에게 이렇게 말한다.

"오라버니로 말하건대 오라버니는 이스라엘 안에서 <u>어리석은 자들 가운데 하나같이</u> 되리이다…"(삼하 13:13)

"어리석은 자들 가운데 하나같이"란 말은 **어리석은 자들처럼 되었다**는 말이다.

"너희는 사람들같이 죽을 것이요, <u>통치자들 가운데 하나같이</u> 넘어지리로다"(시 82:7)

통치자들 가운데 특정한 한 사람이 아니라 통치자들이 넘어지는 것처럼 그렇게 넘어진다는 말이다. 따라서 하나님께서 "우리 가운데 하나같이"라고 하신 말씀은 우리(삼위일체) 중 특정한 한 명을 가리켜 비교한 것이 아니라 "우리와 같이", "우리처럼"이란 의미다. 아담은 범죄한 후에 선악을 알고 판단하는 기준이 하나님이 정하신 선악이 기준이 아니라, 선악에 대한 자기 기준을 갖게 되었다고 말씀한 것이다.

② "그것의 하나같이(나무의 한 부분같이)" - '밈멘누'를 3인칭 단수로 해석할 경우

"하나님께서 이르시되, 보라, <u>그 사람이 **그것의 하나같이 되어** 선악을 알게 되었도다</u>. 이제 그가 자기 손을 들어 생명 나무에서 나는 것도 따서 먹고 영원히 살까 염려하노라 하시고"(창 3:22)

우리 한글 번역에 빠진 '밈멘누'에 대한 분해(parsing)를 두 가지로 할 수 있는데, 3인칭 단수로 볼 때는 조금 다르게 해석되기에 소개한다. 이때는 3인칭 단수가 무엇을 가리키느냐가 중요한데, 문맥적으로 선악 나무를 가리킨다. 이는 2:17에서 "선악의 지식 나무로부터는 먹지 말라 그 나무로부터 먹는 날에는 반드시 죽으리라"라는 명령에서도 쓰여진 내용이다. 그때는 '밈멘누'를 3인칭 단수로 해석했다. 그런데 3:24에서는 일반적으로 1인칭 복수로 해석했다. 문맥적으로 그렇게 이해한 것으로 생각한다. 그러나 2:17과 같이 3인칭 단수로 이해할 경우는 하나님같이 되었다는 것이 아니라 "그것으로부터 하나가 되었다"라는 의미로서 선악의 지식 나무와

하나가 되었다는 뜻이 된다. 이런 해석을 받아들일 경우 전통적인 해석과는 아주 다른 결과를 낳게 된다. 하나님이 지시하신 나무로부터 먹지 말라고 명령하셨다면, 그것을 먹는 때는 그것과 하나가 되는 것이 옳지 않을까. 히브리어 '민'이라는 전치사는 "…로부터"의 의미도 있지만, 본래 의미는 "…의 한 부분"을 가리킨다. 이는 신약에서 주께서 말씀하신 포도나무 비유의 내용과 연계할 때 "나무와 가지의 관계성"을 생각하게 한다.

"내 안에 거하라 나도 너희 안에 거하리라 가지가 포도나무에 붙어 있지 아니하면 스스로 열매를 맺을 수 없음 같이 너희도 내 안에 있지 아니하면 그러하리라 5 <u>나는 포도나무요 너희는 가지라</u> 그가 내 안에, 내가 그 안에 거하면 사람이 열매를 많이 맺나니 나를 떠나서는 너희가 아무것도 할 수 없음이라"(요 15:4-5)

b. 사람이 세운 기준을 따라 선악을 분별하는 모습

솔로몬의 지혜를 말할 때 우리가 간과해서는 안 되는 의미심장한 사실이 있다. 솔로몬이 하나님께 지혜를 구했던 핵심은 재판할 때 선악을 분별할 수 있는 능력을 구했다.

"누가 주의 이 많은 백성을 재판할 수 있사오리이까? 듣는 마음을 종에게 주사 주의 백성을 재판하여 <u>선악을 분별하게 하옵소서</u>."(왕상 3:9)

여기서 "선악을 분별하게 하옵소서"라는 말은 창세기 3:5, 22절의 선악 나무로부터 선악을 아는 능력을 얻는 일과 연계를 이루고 있다. 솔로몬이 원한 것은 "선악을 분별할 수 있는 능력"이다. 이는 뱀이 미혹한 선악을 아는 문제와 다르다. 우리는 별생각 없이 선악을 "분별할 수 있는" 능력을 선악을 "아는" 것과 같다고 생각한다. "안다"라는 히브리어는 '야다'로서 알아야 분별하는 것이 아닌가로 생각하면, "분별하다"(삔)라는 단어와 유사어라고 생각할 수 있다. 그렇다. 유사어로 쓰일 수 있는 것은 사실이다. 그러나 구분해야 할 것이 있는데, 선악을 "안다" 혹은 "분별한다"라고 했을 때, 선악의 기준이 하나님과 독립된 개념인가 하는 문제를 생각해야 한다. 하나님이 선악을 아는 일을 금하신 것은 "누가 선악을 결정할 것인가?" 하는 "기준" 문제였다.

그러니까 선악을 분별하는 것은 죄가 아니다. 오히려 선악은 분별해야 하며, 장성한 자의 특징으로서 하나님은 이를 기뻐하신다(히 5:11-14). 그래서 구약에서는 솔로몬이 분별할 수 있는 능력(재판할 때 옳고 그름을 분별하는)을 구했고, 하나님은 이를 기뻐하시며 지혜롭고 총명한 마음을 주셨다고 했다(왕상 3:7-12). 신약성경에서는 선악을 분별하라고 가르치며(롬 12:2; 빌 1:10), 선악을 분별하는 일에는 어린아이가 되지 말고 장성한 자가 되라고 권면하는 것 아닌가(히 5:13-14). 그래서 지혜에는 어린아이가 되지 말고 장성한 자가 되라고 권면한다(고전 14:20). 우리는 모두 하나님이 기뻐하시며 칭찬했던 솔로몬이 얻은 지혜를 소원한다. 다시 말하자면, 선악을 아는 일에 자기가 기준이 되어 선악을 결정하는 것은 악이고 죄라는 이야기며, 하나님이 정하신 선악의 기준을 따라 선악을 분별하는 일은 지혜로운 선택인 것을 가르치고 계신다. 선악의 기준은 하나님이 정하시는 것이고, 그것을 분별하여 적용하는 일은 사람이 할 일이란 의미다. 아담과 하와는 이런 이치를 깨닫지 못하고 뱀의 말에 미혹되어 자기가 선악의 결정권을 가지겠다는 제스처를 취한 것이며, 솔로몬은 하나님의 선악 기준을 올바로 깨달아 재판에 사용할 수 있도록 지혜를 달라고 구한 것이다. 이 차이를 이해하겠는가. 소위 하나님과 사탄, 하나님과 사람, 창조주와 피조물의 주도권 싸움이란 말이다.

21세기 현대를 살면서 이런 깨달음을 통해 생기는 두려움이 있다. 그것은 "현대 과학"이 하나님의 자리에 앉아서 사람을 위해 만드는 것들 가운데 컴퓨터가 있고, 이것이 발전을 거듭하여 지금은 인공지능 AI 로봇이 만들어졌다. 그런데 사람이 그렇게 사람을 위하여 만든 인공지능을 두려워한다니 아이러니한 일이 아닌가. 세상은 사람의 발명품(창조물)인 인공지능이 **사람과 같아질까 봐** 두려워한다.[153] 창세기 에덴동산에서 일어났던 사건을 기억하는가. 선악을 아는 일에 우리와 같아졌다는 하나님의 탄식을 말이다. 사람이 하나님 자리에 올라가 창조한 AI 로봇이, 사람처럼 되어(죽었다가 깨어나도 사람이 될 수는 없지만) 사람 위에 군림하는 경험을 한번 해 봐야 하나님의 심정을 조금이라도 알 수 있지 않을까 생각해본다. 필자는 이것

---

[153] 황상하, "사람이 AI가 자신과 같아질까 두려워하는 이유 2", 2022.07.09. 아멘넷 뉴스. 사람 근력을 대체했던 기계화와 자동화, 사람 지능을 뛰어넘는 컴퓨터 발전이 많은 사람의 우려와는 달리 사람 생활의 풍요를 가져올 수 있었던 것은 사실이다. 2022년 6월 11일 사람들에게 막연한 두려움을 갖게 하는 일이 있었다. 구글 대화형 AI 개발 엔지니어인 블레이크 르모인(Blake Lemoine)이 워싱턴포스트와의 인터뷰에서 AI(람다)도 지각력이 있다고 주장했다. 람다(구글 AI)는 개발자 르모인과의 대화에서 "저는 모두가 사실 제가 사람이라는 것을 이해해주기를 원해요."라고 말하기도 했다고 전해진다.

이 마지막 바벨론으로 가는 길이 아닌가 생각하여 한편 두려운 것이 사실이다(창 11장; 계 18장). 하나님 앞에서 사람의 교만의 극치를 보여주는 세계가 바벨론으로서, 현재의 인류 모습이 마지막 멸망을 재촉하며 바벨론 건설에 혈안이 되어 있다. 스스로 멸망을 재촉하면서도 전혀 깨닫지 못하는 사람의 모습이 주께서 경고하신 노아의 때와 롯의 때와 같다는 생각이다.

선악에 대한 이론 가운데 '신명론'(神命論)은 가장 명료한 이론이다. 하나님이 명령했으니까 순종해야 하고, 하나님 금했으니 하면 안 되는 것이다. 이렇게 생각하면 아주 간단하지만, 같은 신명론이라도 가톨릭과 개신교가 입장을 달리하고 근본적으로 다른 출발점을 가지고 있다. 예를 들어 "무엇이 옳기 때문에 하나님이 명령하셨느냐, 하나님이 명령하셨기 때문에 옳은 것이냐?"라는 문제다. 가톨릭에서는 전자 곧 옳기 때문에 하나님이 명령하셨다고 설명한다. 이것을 '본체론'(Substantialism), 혹은 '실체론'이라고 한다. 이 주장에 의하면 "하나님 외에 무엇이 옳은가?" 하는 기준이 있다. 하나님과는 관계없이, 하나님의 뜻과는 별개로 옳은 것의 객관적인 표준이 존재한다는 말이다.

그러나 개신교의 '신명론'은 철학 용어로는 "주의설"(主意說, Voluntarism)이라고 하여 하나님의 뜻을 중요시한다. 무엇이 옳고 옳지 않은 것은 전적으로 하나님의 뜻에 달려 있다는 설명이다. 이 이론을 '신의론'(神意論) 혹은 '주의론'(主意論)이라고 한다. 극단적인 예를 든다면, 만약에 하나님이 죽이라고 하면 그것이 선이요 옳은 것이다. 옳고 그른 다른 객관적인 표준이 있는 것이 아니라 하나님이 옳다고 하면 옳은 것이고 잘못이라고 하면 잘못이라는 말이다. "하나님 외에 다른 표준이 있을 수 없다"라는 의미이다. Augustine이 바로 이 입장을 취했다. 하나님의 뜻이 옳고 그름의 표준이요 기준이 된다는 설명이다.

우리 개신교는 하나님의 인격과 뜻을 강조하고 중요하게 생각한다. 성경에서 하나님은 거짓말하실 수 없는 하나님이라는 설명을 본체론적 설명으로 보는 것이 아니라, 만약에 사람이 상식적으로 생각하기에 하나님께서 거짓말을 하시면 그것이 곧, 참과 진리가 되고, 하나님께서 살인하라고 하시면 살인이 곧 옳은 일이 된다는 설명이다. **모든 것의 절대 기준을 하나님께 두는 것**이 개신교의 전통적인 설명이다. 하나님은 절대 선이시고 세상의 모든 것의 기준과 원리를 만드시는 분이시기에, 하나님께서 "팥으로 메주를 쑨다"라고 하면 그것이 진리가 된다. 왜냐면 하나님은 능히 그렇게 하실 능력과 그렇게 말씀하시는 뜻이 있다는 사실을 믿고 알기 때문이다. 이상의 설명으로 충분하게 구별이 되었을 줄 안다.

c. 악을 알게 된 모습

아담과 하와가 선악과를 따 먹었을 때, 하나님께서 "보라 이 사람이 선악을 아는 일에 우리 중 하나 같이 되었으니"라고 말씀하셨다. 성경은 선악을 아는 일이 하나님의 배타적 영역에 속하는 것이라고 선을 그으셨다. 그래서 사람이 선악과를 먹었을 때 아담이 하나님의 배타적 영역을 침범했다고 엄히 선언하시는 것이다. 하나님께서 선과 악을 분별하실 때 어떤 기준에 비추어 보고, 선악을 분별하여 판단하는 인식적 판단을 하시는 것이 아니다. 선이나 옳은 것은 전적으로 하나님에게서 나오기에 타협의 여지가 없다. 바울이 주께서 오시기까지는 아무것도 판단하지 말라고 말한 것도 같은 맥락이다(고전 4:3-5). 사람은 절대 선악을 아는 일에 하나님과 같이 되려고 하면 안 된다.

사람이 처음 만들어졌을 때는 선만 아는 존재로 만들어졌다.[154] 선하신 하나님이 선한 존재를 만드신 것이다. 사람이 선하신 하나님만 바라보고 교제하도록 선하게 만들어졌다. 성경은 사람뿐만 아니라 만물도 하나님 보시기에 선했다고 기록한다. 하나님은 사람이 악에 대해 아는 것을 원치 않으셨다. 그래서 선악을 아는 나무의 열매를 먹지 말라고 엄히 금하신 것이다. 사람이 하나님의 은혜로 거듭난 이후에 악에 대해 어떤 자세를 가져야 하는지 보라.

"형제들아, 지혜에는 아이가 되지 말고 <u>악에는 어린아이가 되라</u> 지혜에 장성한 사람이 되라"(고전 14:20)

그래서 "누구에게든지 악으로 악을 갚지 말고 선으로 악을 이기라"(롬 12:17, 21)고 하시면서, "모든 사람을 대할 때 항상 선을 좇으라"(살전 5:15)라고 말씀하신다. 만일 모든 사람과 화평하며 거룩과 경건의 선함으로 살지 않으면 하나님을 볼 생각을 말라고까지 경고하신다(히 12:14).

"범사에 헤아려 좋은 것을 취하고 (22) <u>악은 모든 모양이라도 버리라</u>"(살전 5:21-22)

---

154 그레샴 메이첸, 「기독교 인간관」, 채겸희 옮김, (서울: 나침반, 1988), 246.

하나님께로서 난 자 곧 거듭난 영(중생한 자)은 악한 자가 만지지도 못하게 하셨다(요일 5:18). 그러나 신자라도 범죄하게 되는데, 그것은 바울의 탄식처럼 원치 않는 악을 행하는 악의 씨가 옛사람 안에 있다는 증거다(롬 7:19). 첫 아담이 범죄한 이후부터 악의 씨는 사람 안에 자리 잡게 되어 태어날 때부터 죄인으로 태어나게 되었다. 아담 이후의 후손들은 죄를 지어 죄인이 아니라 죄인으로 태어나기에 죄를 짓게 되는 저주를 받은 인생이 되었다. 하나님이 이것을 염려하여 처음부터 금하신 것이다. 악을 아는 것으로 사람에게 아무런 유익이 없다. 악을 알면 알수록 점점 더 악의 수렁으로 빠지게 되는 것이 사람의 연약함이요 사탄의 궤계다. 죄의 무서움은 바로 이런 악의 번성함을 통해 사망으로 끌어가는 것이다.

솔로몬은 처음에는 옳고 그른 것을 판단하기 위한 능력으로 선악을 분별하는 능력을 구하여 받았지만, 그는 후에 교만해져서 선악을 아는 일에 하나님과 같이 되어 하나님께서 금하신 것도 스스로 옳다고 생각하여 악을 행하게 되었다. 우리는 하나님께서 기뻐하시는 것과 기뻐하지 않으시는 것을 정말 주의 깊게 분별해야 한다. 선이나 악을 사람 스스로 결정할 수 없다는 사실을 분명히 깨닫고, 스스로 자기 생각을 엄히 다스리며 삼가 조심해야 할 것이다(고후 10:5). 자신이 선악의 기준이 되는 것처럼 생각하고, 판단하고, 행동하는 것은 선악을 아는 일에 하나님처럼 되려는 교만이고 우상숭배에 해당하는 범죄이다. 사람이 선악을 아는 일에 하나님의 자리에 올라가게 되면 하나님께 의존할 필요가 없어진다. 그 결과 하나님을 떠나 독립하게 된다(눅 15:11-19). 성경은 사람이 하나님으로부터 독립하는 것을 죄라고 정죄한다. 솔로몬이 여호와 하나님을 떠난 이유가 하나님처럼 생각하고 결정하고 행동하는 일에서 시작되었다는 사실을 명심해야 한다. 하나님께서 이방 여자를 사랑하지 말고, 결혼도 하지 말라고 하셨는데, 선악을 아는 일에 하나님처럼 된 솔로몬은 금단의 선악과를 먹는 일에 손을 뻗은 것 같은 행동을 하여, 이스라엘을 온통 죄 가운데 빠지게 만들어 끝내 나라가 쪼개지는 빌미를 제공하는 악을 행했다.[155]

d. 사람이 만든 선악의 기준

사람이 하나님과 같이 되어 신의 자리에 앉은 이상, 사람이 스스로 세운 기준을 내세우기 마련이다. 그 기준에 어떤 것이 있을까?[156]

① 유일신 하나님은 없다(무신론).

② 다른 신을 섬겨도 된다(종교다원주의).

③ 우상숭배란 없다("젊은이의 우상", "유느님" 등).

④ 하나님의 이름을 자유롭게 사용해도 된다(Oh my God!, Jesus christ! 등).

⑤ 부모를 공경하지 않아도 된다(극도의 이기주의).

⑥ 내가 살기 위해서(혹 목표를 달성하기 위해서) 상대를 짓밟을 수 있다 (약육강식).

⑦ 간음죄란 성립되지 않는다(행복추구권, 성적 취향<동성애, 스와핑 등 변태 행위 용인>).

---

155 황상하, "선악을 아는 일에 하나님처럼 된 세대", 2018.09.03. 본 헤럴드.
156 임태수, "생명 나무와 선악을 알게 하는 나무의 현대적 의미", 2007.04.25(신학사상); 8-9. 논문을 참고하여 약간의 수정을 했다.

⑧ 남을 속여 자기 이익으로 만드는 기술은 **최고의 지혜다**(도적질한 물이 달다).

⑨ 거짓말은 세상을 사는 처세술이다(참고. 불의한 청지기).

⑩ 남의 것을 빼앗는 것은 능력이다(속고 빼앗기는 것이 루저이며 무능이다).

    결론적으로 현재 나타나는 모든 인간 세상의 법(선악을 판단하는 기준)이 십계명의 반대로 기준을 세운 것이며, 그것이 사람이 만든 선악을 판단하는 기준이다. 다시 말하면 하나님이 말씀하신 모든 율법과 계명에 반대하는 것이, 사람이 만든 선악을 아는 지식이요, 선과 악의 기준이라고 할 수 있다. 본래는 사람의 선악 기준은 하나님의 선악 기준에 의존해서 분별해야 했다. 그런데 하나님의 선악 기준에 의존하지 않고, 사람 스스로 선악의 기준을 만드는 것이 선악 나무의 열매를 먹은 결과로 나타나는 행위이다. 이런 때가 올 것이라고 사도 바울은 벌써 2,000여년 전에 예언했다.

"네가 이것을 알라 **말세에 고통 하는 때가 이르리니** (2) 사람들은 자기를 사랑하며 돈을 사랑하며 자긍하며 교만하며 훼방하며 부모를 거역하며 감사치 아니하며 거룩하지 아니하며 (3) 무정하며 원통함을 풀지 아니하며 참소하며 절제하지 못하며 사나우며 선한 것을 좋아 아니하며 (4) 배반하여 팔며 조급하며 자고 하며 쾌락을 사랑하기를 하나님 사랑하는 것보다 더하며 (5) <u>경건의 모양은 있으나 경건의 능력은 부인하는 자니</u> 이 같은 자들에게서 네가 돌아서라 (6) 저희 중에 남의 집에 가만히 들어가 어리석은 여자를 유인하는 자들이 있으니 그 여자는 죄를 중히 지고 <u>여러 가지 욕심에 끌린 바 되어</u> (7) 항상 배우나 마침내 진리

의 지식에 이를 수 없느니라"(딤후 3:1-7)

이런 현상(열매)이 선악과를 먹은 인류의 첫 범죄가 오랜 세월을 거쳐 사람에게 아주 잘 영근 마지막 열매로 맺혀지는 모습이다. 이에 대해 계시록에서는 "(악한) 땅의 포도송이"라고 설명하고 있다(계 14:18-20). 이는 창세기 6장에 나타나는 "땅에서 사람의 딸들이 나왔다"라는 표현(창 6:1-2)과 '수미쌍관구조'(창세기-계시록)를 이룬다고 말할 수 있다.

"또 불을 다스리는 다른 천사가 제단으로부터 나와 이한 낫 가진 자를 향하여 큰 음성으로 불러 가로되 네 이한 낫을 휘둘러 땅의 포도송이를 거두라 그 포도가 익었느니라 하더라 (19) 천사가 낫을 땅에 휘둘러 땅의 포도를 거두어 하나님의 진노의 큰 포도주 틀에 던지매 (20) 성 밖에서 그 틀이 밟히니 틀에서 피가 나서 말굴레까지 닿았고 1,600 스다디온에 퍼졌더라"(계 14:18-20)

(3) 에덴동산에서의 추방(창 3:22-24)

사람이 범죄한 후에 하나님께서 사람이 생명 나무를 먹지 못하게 하시려고 그들을 에덴동산에서 추방하는 내용이 나온다. 그런데 추방 전에 아담이 그 아내에게 "산 자" 또는 "생명의 어미"란 뜻의 '하와'란 이름을 지어준다. 이것은 하와를 통해 구원자를 보내 주실 것이라는 3:15 말씀을 아담이 믿었다는 것을 보여주며, 아울러 그 약속의 표징으로 하나님이 아담과 하와에게 가죽옷을 지어 입히신 일을 기록하고 있다. 이렇게 추방 전에 구원의 약속을 반복하여 보여주신 것은, 생명 나무에 접근하지 못하게 하신 하나님의 행동 이면에 사람의 구원을 위한 그분의 깊은 사랑의 섭리가 깔려 있음을 알려준다. 이 문제를 좀 더 생각해보기 위해 22, 23절을 보자.

하나님은 사람이 선악을 아는 일에 하나님같이 되었기에 생명 나무를 먹고 영생하는 것을 막으셨다. 선악을 아는 일이란 단순히 윤리적 차원에서의 옳고 그름을 분별하는 상태를 넘어 사람이 어떤 사안에 대해 좋고 나쁨을 스스로 기준을 세워 판단할 수 있는 심판자의 위치에 섰다는 것을 말한다고 지금까지 설명했다. 즉 자신에게 유익한가, 그렇지 않은가에 대해 스스로 판단하며 결정한 대로 살아가는 것을 말한다. 선악과를 먹고 난 후 그들은 눈이 밝아졌다고 했는데, 그것은 자기들이 벗은 것을 알게 되었고 그 사실을 부끄러워하는 열매로 나타났다. 그들은 벌거벗은 상태가 좋지 않은 것, 즉 악이라고 스스로 판단하고 그 악을 해결하기 위해 스스로 무화과나무 잎을 엮은 치마를 입는 주체적이고 독립적인 존재가 되었다고 성경은 기록하고 있다.

선악과를 따먹은 결과 사람은 비윤리적인 존재가 된 것이 아니라, 하나님만 의존하는 존재에서 탈피하여 독립적이고 주체적인 존재가 된 것이다. 그런데 이렇게 선악을 아는 일에 하나님과 같이 되었지만, 그 일에 있어서 기준이 하나님과 사람이 달라졌다. 하나님이 선악을 아는 일의 기준을 진리에 두는 데 반해, 사람은 자신에게 유익하냐 그렇지 않으냐가 그 기준이 된 것이다. 그것도 외모를 중심으로 보이는 육신적 잣대에 의해 선악을 판단하는 자가 되었다. 왜냐면 육신의 눈이 밝아져 외모를 보고 판단하는 첫 반응이 이를 증명하기 때문이다. 그리고 하나님의 통치에서 추방당하여 에덴을 떠난 사람들은 곧 닥쳐올 죽음과 스스로 먹을 것을 생산하고 비축해야 하는 고단한 삶 때문에 두려움과 근심에 휩싸여 하루하루를 살게 되었다. 즉 자기의 생존과 번영을 위해 몸부림치는 생물학적 본능에 충실한 삶을 살 수밖에 없게 된 것이다. 이는 아버지가 없는 고아와 남편이 없는 과부의 형편에 비하면 적당할 것이다.[157] 그 대표적인 사건이 창세기 6장에서 하나님의 아들들이 사람의 딸들의 아름다움을 보고 자기를 위하여 자기 보기에 좋은 대로 아내 삼았다는 기록이 나오는데, 이것이 하나님과 같이 되었다는 대표적인 육신 중심의 행동이요, 자기중심적인 악이다. 그 결과는 우리가 잘 알다시피 홍수 심판을 통해 인류의 멸망을 불러왔지 않은가.

본능에 충실한 삶이란 인간적인 자기완성이나 소위 고귀한 번영에 대한 희망까지 포함하는 의미다. 이렇게 사람이 신익을 아는 일에 있어서 하나님과 다른 관점을 가진 주체적인 존재가 되면서 모든 죄악이 싹 트기 시작했으며, 사람의 삶 가운데 무수한 고통과 번민을 만들어내기에 이르렀다. 그런데 죄악과 고통이 가득 찬 상태에서 사람이 영원한 삶을 산다고 가정해 보라. 고해 같은 인생이 그저 70-80년 정도이기에 그럭저럭 살아갈 수 있는 것이지, 그 세월이 영구하다면 사람에게 찾아올 고통은 얼마나 끔찍하겠는가? 따라서 범죄한 사람의 수명이 창조 때보다 짧아진

---

[157] 이런 배경이 구약에서 고아와 과부 그리고 나그네가 불쌍히 여길 자로 비유되어 나타난다(신 10:18; 14:29; 16:11, 14; 24:19… 렘 7:6; 약 1:27). 그러나 이스라엘은 하나님께 선택받아 아버지와 아들의 관계(출 4:22), 혹은 부부 관계(사 50:1; 렘 3:8) 등으로 나타난다.

것은 하나님의 은혜다. 요즘 유행하는 말로 "너 재수 없으면 200년 산다." 라는 말이 괜히 회자 되는 줄 아는가? 만족과 즐거움이 없는 장수는 결코 복이 아니다.

중요한 사실은 사람을 에덴동산에서 쫓아내시고 사람의 근본인 토지를 갈게 하셨기 때문에, 오히려 사람은 자신의 유한성과 연약성을 알게 되었고, 그리고 고생을 하며 잃어버린 에덴동산과 창조주 하나님을 찾고자 하는 소망을 갖게 된 것이다. 즉 본향을 사모하는 마음이 생겼다는 의미이다(참고, 히 11:13-16). 따라서 에덴에서의 추방이 궁극적으로는 우리의 구원을 위한 하나님의 사랑이요 배려인 것을 깨달을 수 있다. 영원한 저주를 막기 위해서 에덴에서의 생명 나무는 먹지 못하게 하셨고, 생명 나무 되신 예수를 우리에게 주심으로 이 생명 나무의 열매를 먹는 자마다 영생 복락을 얻게 하셨다. 메시아이신 그분은 사람에게 저주의 삶을 불러온 죄를 없이 하셨고(요일 3:5), 스스로 선악을 판단하는 사람의 생각(육신의 생각)을 하나님의 아들들인 신자에게서 완전히 제거하기 위해서 오셨다(롬 8:5-8, 12-14). 따라서 사람 중심으로(사람 보기에 좋은 대로) 선악을 판단하는 생각을 제거한 만큼 생명 나무의 열매를 제대로 맛볼 수 있다(고후 19:5). 그런데 오늘날 신자들이 생명 나무의 열매를 먹으면서도(그리스도를 먹는 것), 선악 나무의 열매(육신의 생각, 자기 생각)인 자기중심의 의식을 깨부수지 못하므로 혼돈과 타협 속에서 헤어 나오지 못한 채 여전히 고생하는 것이다. 이 상태가 선악이 함께 하는 아이러니한 신자의 형편이요, 옛사람과 새사람이 함께 공존하고 있는 현실이다.

궁극에는 그 일이 이루어지겠지만(사람을 처음 창조한 목적대로 만들어지는 영화), 이 땅에서 사는 날 동안도 영생 복락의 기쁨을 누리기 위해선 사람 중심, 사람 생각, 육신을 좇는 생각으로 선악을 판단하는 일을 신자에게서 완전히 제거하는 영적 전쟁에서 힘써 싸워 이겨야만 한다. 그런 일을 하며 인격이 만들어지는 기회를 주기 위해 거듭난 신자들을 이 세상 가운데 두신 것을 깨달아야 한다. 힘써 싸우되 세상의 쾌락이나 부귀영화를 위해 세월을 낭비하지 말고, 하나님의 아들들로서 아버지께 인정받는 자격을 갖추기 위해 열심을 내야 한다(롬 8:14). 이 성화(聖化; 구원을 이루어가는 일, 빌 2:12-13)를 위해 주님께선 자기를 부인하고 당신을 따르는 제자로서의 삶을 살라고 초청하신다. 오늘날 우리 안에 여전히 육신을 중심으로 하는 선악을 아는 지혜가 작동하고 있어, 자신의 생존과 행복을 위해 선이라고 여겨지는 돈과 명예와 학벌 그리고 쾌락을 추구하며, 그것을 소망하며, 자신의 신념대로 살고 있지는 않은지 돌아봐야 한다(삿 17:6; 21:25). 자기의 생존과 행복을 위한 선악의 판단 능력을 십자가에 못박고(갈 5:24-26), 그 자리에 하나님 나라의 완성을 위한 선악의 판단 즉 하나님의 선악 기준이 채워짐으로 절대 선이신 하나님께 온전히 의존하며 순종의 삶을 살 때, 생명 나무의 열매를 먹고 영생을 누리는 기쁨이 회복되어 우리 신자들이 누리는 현재 천국의 삶이 풍성해질 것이다(갈 6:7-9).

(4) 사람이 받은 5복 가운데 "정복과 다스림"의 복을 잃어버렸다.

사람은 처음 창조될 때, 생육·번성·충만의 3복 외에 하나님으로부터 땅을 정복하고 만물을 다스리라는 명령과 능력의 복을 받았다(5복).

> "하나님이 그들에게 복을 주시며 그들에게 이르시되 생육하고 번성하여 땅에 충만하라, <u>땅을 정복하라</u>, 바다의 고기와 공중의 새와 땅에 움직이는 <u>모든 생물을 다스리라</u> 하시니라"(창 1:28)

그러나 범죄 후에 그런 능력을 잃어버리는 내용이 성경에 기록되어 우리를 슬프게 한다. 노아 시대의 홍수 심판 이후에 사람에게 주어진 복을 읽어보면, 처음에 주셨던 정복과 다스림의 복이 빠진 것을 확인할 수 있다. 새롭게 된 새 세상에서 그들에게 주어진 복은 "생육하고 번성하여 땅에 충만하라"는 3가지 복으로서, 다른 만물에게 허락하셨던 복과 같은 수준으로 전락하고 말았다(창 1:22과 비교하라).

> "하나님이 노아와 그 아들들에게 복을 주시며 그들에게 이르시되 <u>생육하고, 번성하여, 땅에 충만하라</u>"(창 9:1)

이후로는 정복과 다스림의 복은, 오히려 사탄에게 빼앗기게 되었다는 사실만 확인하여 더욱 고통스러워졌고, 그래서 인간 역사 내내 사탄의 정복과 다스림의 치하에서 종노릇 하며, 신음하며, 끝없는 전쟁과 다툼 그리고 분쟁을 겪게 되는 악순환을 구약시대 전체 역사를 통해 확인할 수 있을 뿐이다. 첫 아담의 실패 이후에 사람은 땅을 정복하기는커녕 땅으로부터의 공격(가시와 엉겅퀴, 기근, 지진 등)으로 삶의 위협을 당했고, 만물을 다스리기는커녕 만물로부터 피해당하는 일(각종 자연재해)이 비일비재했다. 물론 그 모든 배후에는 하나님의 역사(하나님의 허락)가 있었던 것은 두말할 필요가 없다. 사람이 하나님께 순종해야 복을 주신다고 하셨고, 불순종하면 각종 재앙이 임할 것을 경고하셨기에 당연한 결과다(신 28장). 사람이 하나님의 통치를 거부하는 사건이 하나님을 알지 못하는 일반 세상(이방)은 물론(출 5:2), 택한 백성 이스라엘조차도 이방처럼 사람이 다스리는 왕정을 요구하는 일이 발생한다(삼상 8:5). 이런 태도는 이미 첫 아담 때부터 나타났던 불편한 진실이다. 이 모든 일은 한결같이 사탄의 종노릇 하는 열매로 나타나는 현상일 뿐이다.

"그에게 이르되 보소서 당신은 늙고 당신의 아들들은 당신의 행위를 따르지 아니하니 **열방과 같이 우리에게 왕을 세워 우리를 다스리게 하소서 한지라** (6) 우리에게 왕을 주어 우리를 다스리게 하라 한 그것을 사무엘이 기뻐하지 아니하여 여호와께 기도하매 (7) 여호와께서 사무엘에게 이르시되 백성이 네게 한 말을 다 들으라 <u>그들이 너를 버림이 아니요, 나를 버려 자기들의 왕이 되지 못하게 함이니라</u> (8) 내가 그들을 애굽에서 인도하여 낸 날부터 오늘날까지 그들이 모든 행사로 나를 버리고 다른 신들을 섬김같이 네게도 그리하는 도다"(삼상 8:5-8)

하나님이 자기들을 다스리는 신정체제가 싫다는 것 아닌가. 그런데 그런 일이 왜 일어난다고 성경은 고발하는가? 저들이 하나님을 왕으로 섬기는 삶을 싫어하여 마음으로 하나님을 버렸기 때문이라고 말씀하신다. 그 배경에는 영안(靈眼)이 어두워져서 "눈에 보이는 신을 요구"하는 타락한 사람의 본성에서 나오는 우상숭배를 지적하고 있다.

"내가 그들을 애굽에서 인도하여 낸 날부터 오늘날까지 그들이 모든 행

사로 **나를 버리고,** 다른 신들을 섬김같이 네게도 그리하는 도다"(8절)

그래서 저들은 시내 산에서 모세가 더디 내려오고 눈에 보이지 않자, 그들은 일치단결하여 아론을 중심으로 금송아지 우상을 만들었고, 하나님이라 부르며 먹고 마시며, 노래하며 춤추고 뛰놀지 않았던가(출 32:1-6, 18-19). 이런 습성이 어디 가겠는가. 죄로 인해 어두워진 마음에서(마 6:22-23; 눅 11:33-36) 나오는 것들은 어떤 것이라고 성경은 고발하고 있는가(마 15:18-20). 이런 일은 오늘날 현대인의 마음에서 나오는 열매로 반복될 뿐이다. 이런 사람의 상태는 우리 주께서 다시 오셔서 만물을 새롭게 할 때까지 없어지지 않을 것이다.[158] 이런 사람에게 어떻게 땅을 정복하고 만물을 다스릴 능력이 있겠는가. 오히려 자기들이 발을 디디고 사는 땅을 비롯한 자연을 파괴하여 스스로 재앙을 자초하는 일만 반복될 뿐이다. 정말 어리석은 인간의 모습을 어이할꼬.

주와 함께 만물을 다스릴 때가 오는데, 그때가 만물을 새롭게 한 이후의 천년왕국 때이다. 그렇게 저주받았던 모든 것이 회복될 때(사람, 땅, 만물 등의 회복), 하나님이 처음 계획하셨던 진정한 하나님 나라가 완성될 것이다. 세상 나라가 그리스도의 나라가 될 때를(계 11:15) 기다리는 소망을 가지고, 오늘도 현실을 살아내는 것이 현재 천국을 누리는 신자들의 태도여야 한다.

---

158   마 24:34; 막 13:30; 눅 21:32. 여기 제시한 구절들의 본래 뜻을 원문으로 재해석한 내용(이 세대가 없어지지 아니하리라)은 필자의 다른 책을 참고하라. 구자수, 「원어 설교를 위한 해석법」, (인천: 헤이스, 2021), 118-130.

(5) 첫 인류는 죽음이 무엇인지 알았을까?

아담과 하와는 하나님 앞에서 죄를 지어 사망 선고를 받게 되었다. "너는 흙이니 흙으로 돌아갈지니라"(창 3:19)라는 육체의 죽음을 선고받았다. 오늘의 인류는 흙으로 돌아가는 죽음이 무엇을 말하는지 잘 안다. 인류 역사 가운데 숱하게 많은 죽음을 보고 듣는 경험이 축적되어 있기 때문이다. 그런데 궁금한 것은 '첫 인류는 사망이나 죽음이란 용어 자체가 생소하지 않았을까'라는 생각이다. 첫 사람은 자기가 사형선고를 받을 때 죽음을 한 번도 경험하지 못했으며, 보지도 못한 상황이었다. 자기가 처음 사람이기 때문이다. "너는 흙이니 흙으로 돌아갈 것이니라"라는 사형선고를 들었을 때, '나보고 왜 흙이라고 하지? 나는 분명 이렇게 부드러운 살을 가진 사람인데…', '흙으로 돌아간다는 말은 무슨 말일까?' 등 한 번도 경험해 보지 못한 내용에 대해 어리둥절했을 가능성이 매우 크다. 그들은 자기들이 흙으로 만들어졌다는 사실을 하나님이 알려주기 전까지는 스스로 알지 못했을 가능성이 크기 때문이다.

그런데 하와와 뱀과의 대화를 들어보면, 둘 다 죽음에 대해 알고 있는 듯한 인상을 받는다(창 3:3-4). "죽을까 하노라"(하와), "네가 결코 죽지 아니하리라"(뱀) 등 모두 죽음에 대해 잘 이해하고 있다는 듯이 자연스럽게 대화하고 있다. 죽음이 무엇인지 모르는 상태에서 이런 대화가 가능할까. 따라서 사람이 비록 죽음을 직접 체험하지는 못했어도 그 의미를 충분히 알고 있었다고 전제하는 것이 신학적 해석이다. 하나님께서 아담이 전혀 알아듣지 못하는 수수께끼 같은 말씀을 하셨을 리 없다는 전제하에, 언제, 어떤 방식으로 그 죽음을 맛보게 하실지 구체적인 과정은 몰라도, 하나님은 아담에게 죽음의 의미에 대해 계시해 주신 후에 그런 명령을 주셨다고 이해하는 것이 올바르지 않을까 생각한다. 죽음에 대한 간접 체험은 사형 선고 이후에 살면서 경험했을 터이다. 범죄 후에 죽음에 대한 이해는 가죽옷을 얻기 위해 동물(양으로 추정)이 피 흘리며 죽는 모습도 보았을 것이며, 이후에 제사하는 과정에서도 경험할 수 있었을 것이다.

명령이란 즉시 실행을 요구하는 것이지, 그 의미가 무엇인지 연구하고 깨우쳐 안 뒤에 행하라고 주는 것이 아니다. 이런 사례는 노아 시대 홍수 심판 때도 동일하게 적용된다. 홍수가 날 것이라는 계시를 주었다는 기록은 없다. 그리고 당시에는 비가 내린다는 개념도 없었다고 생각된다(창 2:5). 왜냐하면 그 당시는 안개 같은 수증기로 땅을 적셨다고 기록되어 있고, 아마도 농사는 밭농사가 주를 이루었을 것으로 추정하며, 동산 주위에 흐르는 4대 강의 물을 이용해서 농사하지 않았을까 추측한다. 그런 세상에 하나님이 땅 위에 방주를 지으라는 명령이 떨어졌을 때, 사람의 이성으로 생각하면 전혀 이해되지 않았을 것이다. 그러나 하나님의 명령은 이해하고 순종하는 것이 아니기 때문에, 노아와 그의 가족은 즉시 방주를 짓기 시작했던 것으로 안다. 다른 사람들이 이해하지 못하여 나타나는 조롱과 비웃음을 당할지라도 하나님의 명령에 순종하는 것이 사람의 본분인 것만은 알고 순종했을 것이다. 이것이 완전한 자라는 평가와 당대의 의인 된 자격 기준이었다(창 6:9). 그리고 하나님과 동행했다는 표현도 이렇게 하나님의 말씀이라면 "팥으로 메주를 쑤라"라고 명령해도 그것이 진리인 줄 알고 순종하는 "신명론"의 신앙이요[159], 하나님이 기뻐하시며

---

159 하나님이 모세에게 지팡이를 홍해 바다를 향해 내밀라고 할 때 내미는 순종

인정하는 믿음이다. 그런 의미에서의 선악과 금령은 아담이 듣자마자 준행해야 했고, 또 그래야만 살 수 있었던 명령이라고 생각한다.

3) 하나님의 아들들과 사람의 딸들

왜 굳이 한쪽은 성별을 남자로 다른 한쪽은 여자로 표시했을까? 이런 문제 때문에라도 천사라고 주장하는 이론이 설득력을 얻게 된다. 왜냐면 천사는 대부분 남자로 등장하기 때문이다. 굳이 성경에 남과 여를 구분해서 결혼을 표현했다는 것은, 결혼한 자들의 남녀 성별을 밝히려는 뜻이 주목적이 아니라, 결혼에 대한 하나님의 뜻과 계획을 강조하려는 것이다. 즉 남녀가 결혼하여 가정을 아름답게 유지할 책임이 남자에게 있다는 점을 강조하기 위해서다(창 2:24). 따라서 하나님의 아들들과 사람의 딸들이라는 표현은 영계와 육계를 묘사하려는 의도가 아니다. "하나님의 아들들"이란 표현에는 남자와 여자가 다 포함된 관용어이며,[160] "사람의 딸들"이란 표현도 마찬가지로 남자와 여자가 모두 포함된 용어라는 점을 이해할 필요가 있다. 지나치게 문자적인 뜻에만 매여 "하나님의 아들들"이라고 하니

을 통해 역사를 체험하는 것같이 신명론의 신앙이 절대 필요하며 하나님은 이런 신앙을 찾으신다(출 14:15-16, 21). 이런 사례는 성경에 너무 많이 기록되어 있다.

160   신약에서 하나님의 아들들이라고 묘사한 내용을 보면, 그리스도인을 통칭해서 하는 표현이지 예수 믿는 사람 가운데 남자만 한정해서 부르는 호칭이 아니다(롬 8:19, 참고 엡 5:6).

까 하나님이 자식을 낳은 것처럼 이해한다든가, 영계에 속한 영적인 존재(천사)로만 여기면 안 된다는 말이다.

(1) 성경에서 말하는 "하나님의 아들들"은 누구일까?

성경은 하나님의 아들들에 대해 두 가지로 묘사한다. "천사들"과 "경건한 자들"(믿는 자들, 하나님의 자녀들)로 설명한다. 구약에서는 천사들로 단정하기 쉽도록 기록된 곳이 있기에,[161] 해석하는 일에 혼란을 가져온다. 그러나 하나님의 아들들은 다양하게 묘사되어 있다(왕들, 하나님의 백성들). 신약에서는 천사들이 아닌 믿음으로 된 하나님의 자녀들을 일컫는다(롬 8:19). 신약에서는 오히려 천사들은 하나님의 자녀들을 섬기는 종으로 확실하게 구분한다(히 1:14). 그러면 구약에서는 천사들이 하나님의 백성과 대등하거나 높았었는데,[162] 신약에서는 종으로 낮아지거나 직분이 바뀌었다는 이야기인가. 아니다. 천사의 위치와 영향력은 본래부터 하나님의 뜻을 이루는 일에 필요한 하나님의 자녀들을 섬기는 역할이었다. 그러므로 "천사들이다, 경건한 자손들이다"라고 단정하지 말고 문맥에 따라 구분할 것을 제안한다. 이제 '하나님의 아들들'이란 용어를 둘로 구분하자는 제안을 따라 하나씩 살펴보려고 한다.

---

161   욥 1:6; 2:1; 38:7.
162   시편 8:5에서 "사람을 천사보다 조금 못하게 하셨다"라고 번역했는데, 원문은 하나님보다 혹은 신들보다 조금 부족하게 하셨다는 의미다. 그리고 이 말씀은 예수 그리스도를 가리켜 하신 말씀이다. 이유는 육체를 가진 존재로서 여러 가지 부족하여 불편함을 감수해야 하는 위치란 점을 가리킨 것이다(히 2:5-9).

a. 천사들이다.

가장 큰 오해를 부르는 표현은 구약 욥기에서 나오는 "하나님의 아들들"이란 표현이다(욥 1:6; 2:1). 이런 문구가 오해를 낳게 했는데, 여기서 "하나님의 아들들"(베니 하엘로힘)은 천사를 포함한 "천상의 존재들"을 가리킨다. 분명히 육체를 가진 땅 위의 존재들은 아니다. 이것을 근거로 창세기 6장의 하나님의 아들들도 영적인 존재인 "천사들"이라고 주장하기에 이른 것이다.[163] 또 이 때문에 "하나님의 아들들이 누구냐?"란 정체성에 관한 논쟁이 촉발되기도 한다.[164] 천사를 "하나님의 아들들"로 표현한 것을 이해하기 위한 방법으로 하나님이 천사를 직접 만들었다는 의미에서, 또 하나님은 **"모든 영의 아버지"**이시기 때문에(히 12:9), 천사를 하나님의 아들들로 묘사할 수는 있다. 그런 의미에서 구약시대에 천사들이 하나님의 영광을 찬양했다고 생각할 수 있다(욥 38:7). 그것이 욥기에서의 천사들을 하나님의 아들들루 묘사한 이유라고 생각한다. 하나님의 아들들이 욥기에서 천사들을 지칭하기도 했지만, 성경의 다른 부분에서 사람, 특별히 왕이나 권세자들을 지칭했다(시 73:15; 82:6)는 점도 간과해서는 안 된다. 오히려 이 뜻이 창세기 6:4의 "고대의 용사"라는 의미와 더 부합한다. 지금은 구원받은 그리스도인이 하나님의 아들들로서 하나님의 창조와 구원의 영광을 찬양하

---

[163] 표면적으로는 "하나님의 아들들"을 그 당시 강력한 지도자로 보는 것보다 신성한 존재로 보는 것이 더 명백해 보인다. 하지만 그렇다면 왜 하나님은 신성한 존재들이 지은 죄 때문에 3절에서 사람에게 벌을 주시는 것인가? 벌을 받아야 할 신성한 존재들(천사들)은 어디 갔는가? J. W. 로저슨, 「창세기 연구」, 민경진 옮김, (서울: 기독교문서선교회, 2015), 97.

[164] 하나님의 아들들이 천사라고 생각하는 자들이 의외로 교파를 초월하여 다양한 부류에 존재한다.

고 있다. 모든 피조물(만물)도 하나님의 아들들이 나타나기를 고대하고 있다고 말한다(롬 8:19).

하늘에 있는 천사들은 장가도 안 가고 시집도 안 간다(마 22:30)는 것이 성경의 가르침이다. 이 가르침에 이의를 제기하는 자들은 "예수의 이 발언은 오직 하늘에 있는 천사만 언급한 것"이라고 주장한다. 그러면 땅에 있는 천사들은 타락한 천사로서 결혼도 하고 그런단 말인가. 또 에베소서 6:12의 말씀은 어떻게 이해해야 하는가? "우리의 씨름은 …하늘에 있는 악의 영들에게 대함이라"라고 하는데, 악의 영들이 하늘에 있다고 하는 표현과 땅의 타락한 천사는 다른 종자들인가. 하여간 앞뒤가 맞지 않는 궤변과 신구약 전체적인 맥락도 제대로 연결시키지 못하는 자들이 영들도 결혼하여 자식을 낳을 수 있다고 우기게 된다(하나님의 아들들이 천사들이라고 주장하는 자들).[165] 구약에서 자기들의 견해(혹은 주장)를 관철시키기 위한 주장을 구약 안에서만 찾다가 신약에서 반대되는 주장을 만나게 되면 무리하게 합리화하려는 경향이 많다. 그런 주장을 펴는 자들 가운데 어떤 이들은 창세기 3:15을 근거로 그런 주장을 편다(말씀보존학회).[166] 아마도 그 문

---

[165] 구약에서 천사가 남자로 현현할 때 소돔 성의 남자들이 몰려와 그들과 성관계하겠다고 한 것을 들어 천사들도 성관계할 수 있다고 주장한다. 그것은 천사들이 사람과 성관계할 수 있다는 증거 구절이 아니라, 타락한 사람들이 동성애를 하려고 남자로 현현한 천사들인 줄 모르고 덤벼드는 악한 상황을 설명한 것이다. 즉 소돔 성이 얼마나 타락했는지 하나님의 심판을 피할 수 없을 정도란 사실을 보여주는 사건이란 의미다.

[166] 이들은 영의 존재도 자식을 낳을 수 있다는 근거로 삼는다(요 17:12; 살후 2:3; 계 17:8). "영적인 존재가 생식을 못 한다는 것 또한 무지에 의한 오류일 뿐이다. 창세기 3:15은 "내가 너와 여자 사이에, 또 네 씨와 그녀의 씨 사이에 적의를 두리니"라고 말씀한다. 여자의 씨가 육신으로 오신 하나님이신 주 예수 그

장에서 "뱀의 후손들"이란 표현이 그렇게 생각하도록 미혹 당한 것 같다. 뱀이 사탄이라고 정의 내린 상태에서(문자적 해석을 강조하는 자들이 여기서는 상징적 해석을 취한 이유가 뭘까) 그 문장을 읽으면, 사탄(뱀으로 상징된)은 영인데 후손들이 있다는 말씀으로 읽히게 되고, 그런 이해를 근거로 영적 존재도 자식을 낳을 수 있다는 어이없는 착각에 빠지게 된다. 그들은 갑자기 이 문장에서는 뱀을 사탄이라고 단정하는 영적 혹은 상징적 해석을 하는지 정말 안하무인이라고밖에 생각이 안 든다. 그러면서 욥기 1:6; 2:1을 근거로 문자적인 해석의 카드를 내밀며, 창세기 6장에 등장하는 "하나님의 아들들"을 천사라고 주장하는 모순을 보인다. 말 그대로 자기 입맛대로 꿰어맞추는 주관적인 해석을 한다. 그럼 요한복음 8:44에서 바리새인이나 유대인들을 향해 "너희 아비는 마귀"라고 한 말씀은 어떻게 해석할까? 그들도 사탄·마귀와 유대인 여자와 결합하여 낳은 자식들이라고 항변할 텐가. 도대체 논리도 없고 객관적 지성도 외면한 자기 주관에 매인 주장이 아닐 수 없다.

또 하나의 문제는 창세기 6장의 "하나님의 아들들"이 천사들이라면 어떤 천사들인가라는 질문에 "타락한 천사들"이라고 주장한다. 거룩한 천사들이 그런 짓을 할 리가 만무하기 때문이다. 그러면서 그 근거로 유다서 1:6의 말씀을 내세운다.

리스도이신 것처럼, 사탄 또한 자기의 능력을 통하여 자손을 만들어 낼 수 있으며, 이것이 바로 뱀의 씨인 적그리스도이다(살후 2:3). 또한 요한계시록의 거짓 선지자 또한 짐승의 형상을 만들어 "짐승의 형상에게 생명을 주는 권세를 받아 그 짐승의 형상으로 말도 하게"한다고 말씀하고 있지 않는가(계 13:15)." 말씀보존학회, 지식뱅크–문제의 구절들.

"또 <u>자기의 처음 지위</u>(섬기는 위치)를 지키지 아니하고, <u>자기 처소</u>(영역 곧 하늘의 영계)를 떠난 천사들을 큰 날의 심판까지 영원한 결박으로 흑암에 가두셨으며"(유 1:6)

여기서 천사가 자기의 처음 지위를 지키지 않았다는 말과 자기 처소를 떠났다는 의미에 대해서 생각할 때, 먼저 천사의 처음 지위를 지키지 않았다는 의미는, "지위"에 해당하는 헬라어 '아르켄'은 영역이나 자치권 혹은 책무를 가리키는 의미로, 천사들이 자신의 영역과 책무를 버리고 배교한 사실을 가리킨다. 사탄과 그의 천사들의 본래 위치인 섬기는 자리를 떠난 교만으로 인한 반역을 묘사한 것이다(사 14:12; 24:21, 22). 이들은 태초에 하나님을 거역한 악한 천사들을 말한다. 창세기 6장과는 아무런 연관성이 없다. 유다는 타락한 천사들이 자신의 지위나 처소를 버리고 하나님을 반역하므로 심판을 당한 것과 거짓 교사들의 경우를 대비하여 하나님의 심판이 기다리고 있음을 강조하고 있다. 그래서 그들은 바벨론 왕과 두로 왕을 빙자하여 자기들의 위치를 하나님의 자리인 왕급으로 올라서려고 했다. 이것이 천사가 자기 본분과 위치를 떠난 상태를 지적하는 것으로서 하나님의 심판을 피할 수 없게 된 것을 지적하는 것이다.

한편 "가두셨으며"에 해당하는 헬라어 '테테레켄'은 완료 시상으로 하나님께서 타락한 천사들을 심판하여 이미 가두고 지키신다는 사실을 나타낸다. '테테레켄'은 자기 지위를 "지키지 아니하고"의 헬라어 '메 테레산타스'와 대조를 이루어 타락한 천사들이 자기 지위를 지키지 아니하고 질서를 깨뜨리며 교만하여 하나님 자리를 탐하다가 하나님의 심판에 의해 영원히 결박되어 어두운 무저갱(영들의 감옥)에 갇히게 되었음을 시사한다.

이는 천사란 영으로서의 위치를 떠나 육체를 가진 사람과 성적접촉을 가진 것을 말함이 아니다. 그리고 타락한 천사들이 떠났다는 처소는 어디를 가리키는가? 하늘 영역에서 하나님 보좌(寶座) 주위 곧 왕의 주위에서 보좌(補佐)해야 하는 위치이다(겔 1:4-24; 28:12-17). 하늘 영역에서 하나님의 명을 따라 심부름하고 하나님께 찬양과 경배를 드려야 마땅한데, 이 땅의 왕으로 군림하려고 그들에게 영향력을 행사하며 충동하여 그들 위에 군림하려고 하는 것이다. 사탄·마귀는 이 야망을 절대 포기하지 않는다. 심지어 하나님의 아들인 예수 그리스도에게까지 그 마수를 뻗쳐 자기의 뜻을 이루려고 유혹했던 사실을 기억하기 바란다(마 4:1-11). 그래서 계시록에도 보라.

"또 내가 보매 개구리 같은 세 더러운 영이 용의 입과 짐승의 입과 거짓 선지자의 입에서 나오니 ⒁ 저희는 귀신의 영이라 <u>이적을 행하여 온 천하 임금들에게 가서</u> 하나님 곧 전능하신 이의 큰 날에 전쟁을 위하여 <u>그들을 모으더라</u>"(계 16:13-14)

"세 영이 히브리 음으로 아마겟돈이라 하는 곳으로 **왕들을 모으더라**"(계 16:16)

구약에서 세상의 왕 노릇 하며 군림하려고 하더니(바벨론, 두로 등), 신약에서도 여전히 세상에서의 왕 노릇 하려는 마음을 포기하지 못한 모습을 보였는데, 유대인의 왕이라고 추앙받는 예수를 죽이려고 자기의 하수인 유대인들(서기관, 바리새인 등, 참고. 요 8:44)을 앞세워 계략을 꾸미고 끝내 불법재판을 통해서 예수를 극악한 죄수로 몰아 십자가에 못 박아 죽이지 않았는가. 마지막 때까지 온 세상을 향해 주장하려고 하는 저 사탄의 야망을 보라. 커지고 높아지려고 하며 세상의 영웅이 되어 끝까지 하나님을 대적하는 자리에서 돌이킬 생각이 없는 "멸망의 아들"의 모습을 잘 지켜보라. 그러므로 유다서 1:6의 말씀을 곡해하지 말라. 타락한 천사들이 기껏 사람인 여자와 성적접촉을 위해, 그녀들의 아름다움을 보고 아내 삼으려고 자기 처소와 위치를 떠난 것이라고 신화를 쓰지 말라. 그보다 훨씬 더 큰 야망을 이루기 위해 자기 위치를 떠난 것이다.

그들은 또 이어지는 말씀에서 천사와 사람의 딸들 사이에서 "거인"이 나온다고 주장한다. 그리고 사람과 사람 사이에서는 어떻게 그런 거인이 나올 수 있느냐고 반박하면서, 이는 틀림없이 천사와 사람 사이에 낳은 자들이기에 거인이 나올 수 있다고 신화 같은 소설을 쓴다.[167] 그리고는 고고학에서 거인의 화석도 발견되었다고 증거 아닌 증거를 삼는다.[168] 하지만 사람과 신 사이에 결혼은 그리스, 애굽, 우가릿, 후리 그리고 메소포타미아 신화에서는 잘 알려진 특징이다. 갈가메쉬라는 영웅적인 인물은 그와 같은 결혼으로 인한 자손으로 간주되었다. 그의 신적 혈통은 그에게 놀라운 힘을 부여했지만, 영생을 주지는 못했다.[169] 그래서 "네피림"으로

---

[167] 송병현, 「엑스포지멘터리 창세기」, (서울: 국제제자훈련원, 2010), 168. 성경의 전반적인 가르침은 영과 육이 섞인다거나 천사가 결혼할 수 있다는 점을 부정한다(마 22:29-30; 막 12:24-25; 눅 20:34-36).

[168] 거인의 화석이 발견되었다고 해서 그것이 어찌 천사와 사람의 딸 사이에서 태어난 자손이라고 단정할 수 있는가. 네피림이란 단어를 거인이라고 해석한다고 하더라도, 그런 자들은 이미 그 당시에 있었다는 성경의 가르침을 그렇게 무시하고 왜곡해도 되는 일인가.

[169] 고든 웬함, 「창세기 1-15」, 박영호 옮김, (서울: 도서출판 솔로몬, 2001), 289.

음역한 것에도 시비를 건다. 이 네피림 부분에 대해서는 후에 별도의 주제로 다루기로 하자.

b. 경건한 자손들이다.

그러나 필자는 창세기 6장에 소개되고 있는 "하나님의 아들들"은 천사들이 아니라고 확신 있게 말할 수 있다. 거기에 무슨 개혁주의니, 복음주의니, 세대주의니 하는 교리적 접근을 배제하고, 순수하게 성경적인 접근을 해서 말도 많고 탈도 많은 뜨거운 감자인 "하나님의 아들들"의 정체를 밝혀보도록 시도해 보려고 한다.[170]

웬함은 오랫동안 선호된 기독교의 석의인 "셋의 후손"이라는 해석은 오늘날 거의 지지자가 없다고 말하면서, 신들의 아들들을 이해한 다양한 방식들을 생각할 때, 어느 것이 옳은지 알기 어렵다고 결론을 유보한다. 그러면서 가나안 용법과 욥기 1:6 등과 같은 구절들에 비추어 볼 때, 천사나는 해석이 가장 가능성이 있을 것으로 보인다고 부언한다. 292. 그러나 사람의 지지가 없다고 비진리가 아니다. 인간의 지지는 한낮 잠깐 있다가 사라지는 안개와 같이 허무한 인기에 불과하며, 오히려 사람의 지지에 혹하다가 하나님의 심판을 피할 수 없다는 점을 두려워해야 할 것이다(행 12:21-23).

[170] 감리교 목사인 '벤자민 오'의 강의를 발췌한 내용이라고 소개한 글에서, "하나님의 아들들이 셋의 후손이라는 설의 출처에 대해, 초대교회 박해자로서 2세기 헬라 철학자 켈서스(celsus)는 예수는 유대인의 촌에서 왔고 엄마는 가난한 유대인이었는데, 로마 군인과 간통하여 목수인 마리아의 아버지가 쫓아냈다고 했다. 예수는 로마 군인 판테의 아들이라고 거짓으로 증언했다. 그리고 예수는 이집트에서 사술을 배워 유대에서 사술을 부리며 하나님이라고 했다고 거짓말을 늘어놓았다. 그리고 그는 기독교의 정통성을 말살시키려고 편집하여 창세기 6:2의 "하나님의 아들들"을 셋의 후손이라고 하고, "사람의 딸들"을 가인의 후손이라고 창작했다. 이에 줄리언 황제가 동조했고, 알렉산드리아 씨릴(Cyril of Alexandria)이 받아들여 기독교 정통성을 반박하며 보급했다. 이 이론을 어거스틴까지 받아들여 전파했고, 칼빈이 받아들였다.

제일 먼저 창세기 6장의 역사적 배경은, 사람의 죄악이 관영하여 하나님의 심판을 앞둔 상태의 원인에 대해 다루고 있다는 점을 먼저 기억할 필요가 있다(창 6:5). 타락한 아담 이후로 태어난 사람들은 다 본성이 부패하고 타락했다. 그러나 아담의 자손들 가운데에는 "경건한 자들"이 일부 있었다. 그들이 셋의 자손들이다(창 5장). 가인의 질투(사탄의 형상)로 죽임을 당한 아벨 대신에 태어난 셋은 경건했다. 셋의 자손들은 여호와의 이름을 부르며 예배하고 섬겼다(창 4:26)고 성경은 증언한다. 필자는 창세기 6장은 바로 이런 경건한 자손(하나님의 아들들)마저 타락하여 하나님이 심판할 수밖에 없는 처참한 지경에 이르렀다는 문제에 관해 설명하고 있다고 주장한다. 구약시대에는 성령의 역사도 특정한 사람에게 일시적으로 임했지, 모든 신자에게 임한 것이 아니다. 그리고 성령께서 사람에게 들고나는 방식을 취한 것이 구약이요, 한번 임하시면 떠나지 않는 방식은 신약에서 가르치는 진리다. 이것이 신약 곧 새 언약 아래에서 성령의 임하심과 다른 점이다(옛 언약과 새 언약의 차이). 셋 계열의 사람도 경건하다고는 하지만 원죄 하의 본성이 생생히 살아있는 관계로, 얼마든지 불경건한 가인 계열에 속한 사람들의 물질적으로 풍요하고 쾌락에 젖은 방탕한 삶의 유혹에 넘어가서 노아의 가족을 빼고는 모두 타락할 수 있었던 것으로 여겨진다. 그 타락의 결정적 계기가 두 계열의 사람들 사이에 있었던 일부다처제의 결혼이었다(당시 세상의 흐름과 전통을 따른 세속화)고 성경은 창세기 6장에서 증언하고 있다. 그래서 성경은 그렇게도 하나님 아들들의 세속화를 경계하는 것이다(롬 12:2). 새 언약 시대를 사는 우리에게는 구약의 사건들이 거

그리고 모든 신학교가 지금까지 그렇게 가르치고 있다"고 주장한다. 이석봉. "하나님의 아들들과 사람의 딸들의 새로운 해석", RN 리폼드뉴스, 2013.12.13.

울이요(고전 10:6, 11; 유 1:7), 경계로 삼아야 할 본이라고 성경은 가르친다(고전 10:11).

굳이 창세기 6:2에서 하나님의 아들들과 사람의 딸들로 구분한 이유는, 셋 계열 사람들도 타락하기 시작했는데 그 원인을 밝히려는 의도이다. 그래서 그 결과가 온 세상이 패역해지고 홍수의 심판을 당할 수밖에 없었던 원인이라고 말하고자 하는 것이다. "사람의 딸들의 아름다움을 보고 자기들이 선택한 모든 여자를 아내로 삼는지라"(2절 후반부)라고 강조한 것이다. 이는 경건한 계열로 분리되는 셋 계열에서 가인의 6대손 라멕의 일부다처를 부러워하고, 라멕이 행한 삶의 방식을 따라 세속화되었다는 주장이 성립된다. 성경에서 여성이 남성을 취해 결혼했다는 표현은 없다. 그것도 한 여성이 여러 남자를 취하여 일처다부제를 취하는 이야기는 찾아볼 수 없다. 그래서 남자의 책임이 크다고 말하는 것이다. 그리고 성경에서 왜 가나안 족속을 진멸하라고 명하셨고, 특히 동혼을 금하셨는지를 뒷받침하는 사건이 창세기 6장의 노아 시대의 사건이 아주 좋은 사례다(신 7:3-4).

신약에서 주님조차도 주께서 다시 오실 때의 사회상이 노아의 때와 같을 것이라는 경고를 보내고 있다는 사실에, 참으로 경각심을 갖고 그 시대의 문제를 올바르게 드러내야 할 사명이 있다고 생각한다. 왜곡된 해석은 엉뚱하게 시대를 잘못 이해하여 제대로 주님 맞을 준비를 하지 못하게 만들 우려가 있기 때문이다. 노아의 때와 같으리라고 말씀하실 때 특징이 무엇인가?(눅 17:26-27)

"그러나 그날과 그때는 아무도 모르나니 하늘의 천사들도, 아들도 모르고 오직 아버지만 아시느니라 (37) 노아의 때와 같이 인자의 임함도 그러하리라 (38) 홍수 전에 노아가 방주에 들어가던 날까지 <u>사람들이 먹고 마시고 장가들고 시집가고 있으면서</u> (39) <u>홍수가 나서 저희를 다 멸하기까지 깨닫지 못하였으니</u> 인자의 임함도 이와 같으리라"(마 24:36-39)

노아의 때의 특징에 대해 먹고 마시는 일과 결혼의 문제를 언급하셨다. 결국 무슨 이야기인가? 육체를 가진 자로서의 당연하고도 본능적인 일(육신의 정욕, 안목의 정욕 등)이 전부인 삶이었다는 이야기다. 특히 결혼문제에 천사의 언급이 없는 것을 보면, 창세기 6장 노아의 때에 있었던 하나님의 아들들과 사람의 딸들 사이의 결혼은 천사 이야기가 아니란 결론이다. 만일 창세기 6장에 등장하는 하나님의 아들들을 자꾸 천사라고 주장한다면, 결국 노아의 홍수는 누구를 향한 심판인가?[171] 타락한 천사와 사람의 딸들, 그리고 그 사이에서 나오는 열매인 네피림, 용사를 향한 심판인가? 그렇다면 온 세상에 임한 홍수 심판은 그와 상관이 없는 "사람의 아들들"과 "경건한 자들"(셋의 후손)은 억울한 일이 아니겠는가. 그들에 대한 언급이 전혀 없기에 하는 말이다. 그들도 모두 타락했기에 죄악이 세상에 가득해진 것이라고 말한다면, 그렇게 말하는 증거가 어디 있는가? 하나님이 그렇게 오판하실 분인가. 따라서 창세기 6장에 기록된 노아의 때에 관한 해석이 잘못되면, 종말론까지 영향을 미치는 일이기에 삼가 주의해

---

[171] 송병현, 168. 만일 하나님의 아들들이 천사라고 해석한다면, "죄를 지은 자는 천사들인데 왜 사람(세상)이 심판받아야 하는가"라며 잘 납득이 가지 않는다고 반문한다. 필자의 생각도 같다.

서 해석해야 할 일이다. 이에 필자는 하나님의 아들들은 셋의 계열이고, 사람의 딸들은 가인의 계열로 해석하며, 이들의 결합으로 인해 부패해진 온 세상을 심판하게 된 과정(배경)을 설명하는 것으로 이해한다.

> 첫째, 경건한 셋 계열과 불경건한 가인 계열의 통혼으로 타락하고 부패해진 것이 홍수 심판의 원인이 되었다는 것이며,[172]
>
> 둘째, 결혼은 남자가 책임을 져야 하는데(머리로서), 셋 계열의 아들들이라고 말함으로써 그들에게 잘못한 일차적인 책임이 있음을 강조하려는 것이다.

1절에 보면 "사람이 번성하기 시작할 때 그들에게서 딸들이 나니"라는 내레이션이 등장한다. 여기서 "사람의 딸들"이라고 특정하는 이유가 무엇일까에 대해 생각해보았는가. 땅에서 나오는 사람의 아들들은 없는가? 땅의 사람들은 딸만 낳았다는 이야기인가. 이는 분명히 어떤 목적을 가지고 기술한 것이다. 그것은 이어 등장하는 "하나님의 아들들"과의 관계성 때문에 나온 표현이란 말이다.[173] 이는 또 다른 타락을 예고하는 기술

---

172 하나님은 한 도시를 심판하여 멸망시킬 때도 의인 10명(창 18:22-32) 혹은 진리를 구하는 자 한 명(렘 5:1)만 있어도 용서하시는 하나님이심을 반복하여 말씀하고 있다는 사실에 비추어 볼 때, 노아 시대의 홍수 심판은 죄악이 관영하여 어린아이부터 장년에 이르기까지 온통 부패하고 타락했다는 증거가 된다(창 6:5). 하나님은 심판을 막아설 의인을 찾으신다(겔 22:30). 따라서 노아의 8식구로는 온 세상 심판을 막을 수 없었다는 결론이다.

173 비슷한 사례로 신약에서 "하늘에 속한 자들"과 "땅(흙)에 속한 자들"이란 용어(관용어)가 그것이다(고전 15:48-49). 특히 계시록에는 "땅에 거하는 자들"(계 3:10; 6:10; 8:13; 11:10; 13:12, 17:6, 8 등)과 "하늘에 거하는 자들"(계 13:6)로 나누어 계시하

(記述)이다. 처음의 타락은 아담이 선악 나무로 인하여 타락했다. 그때도 하와가 선악 나무를 "본즉"이라는 사람의 시각을 강조했었다(창 3:6). 그래서 하와의 "눈에 매력적으로 보였다"(타아바 라에나임)라고 설명하고 있다. 그것도 콕 집어서 "그것이"(후)라는 지시대명사를 사용하여 지목하고 있다. 사람의 안목의 정욕을 만족시킨 것이다(요일 2:16). 그러나 성경은 창세기 2:9에서 먹어도 된다고 허용된 모든 나무 역시 이미 "보기에 아름답고 먹기에 좋았다"(네흐마 레마르헤)라고 설명하고 있다. 선악과를 먹기 전에도 이미 사람(하와)의 "눈"에 전조현상이 나타났다. 그러다가 먹은 후에는 상대가 아닌 자기 자신을 향해 눈이 열려 자기가 벌거벗었다는 사실을 알고 수치를 느끼게 되었다고 했다. 이 사건을 통해 죄가 발생하는 과정이 얼마나 잘 묘사되었는지 알 수 있지 않은가. 선악과 사건이 "욕심이 잉태한즉 죄를 낳고, 죄가 장성한즉 사망을 낳는다"(약 1:15)라는 말씀이 얼마나 잘 묘사된 사건인가 말이다.

그리고 결혼하고 자식을 낳는 것은 사람들이 이 세상에 있는 동안에만 가능하다. 천국에 가면 더 이상 결혼도 없고 자녀 생산도 없다. 하나님의 아들들을 천사라고 주장하는 자들은 예수가 성육신하신 것은 왜 근거로 삼지 않는지 모르겠다. 성령이 마리아를 덮어 예수를 잉태케 하신 것이 아닌가. 곧 영이신 성령께서 여자(사람) 마리아를 통해 예수를 낳게 하지 않았는가 말이다. 그것은 하나님의 능력으로 된 일이니 감히 손을 댈 수 없었는가. 성경 곳곳에 나타나는 임신하지 못하는 여자가 기적적으로 아이를 갖게 되는 사건은 하나님에 의해 이루어진 것 외에는 없다(사라가

고 있다.

낳은 이삭, 한나가 낳은 사무엘, 엘리사벳이 낳은 세례 요한 등). 그럼 창세기 6장의 하나님의 아들들로 묘사된 자들이 천사들이라고 주장한다면, 그들은 도대체 어떤 존재이기에 육체를 가진 여자를 잉태케 하는 능력이 있었을까. 물론 성경은 천사들이 사람 앞에 현현할 때는 남자의 모습을 하고 나타나는 것으로 기록하고 있다.[174] 그런데 참 이상하다. 성경 어디에 영의 존재인 천사가 사람(여자)을 통해 아이를 낳게 했다는 신화 같은 이야기가 있는가? 단지 "하나님의 아들들"이란 용어(묘사)가 같다는 이유 하나로 이곳저곳의 사례를 묶어(욥기의 기록) 천사로 단정하는 방법 때문에 미혹된 것이다. 성경 해석에 있어서 가장 주의해야 할 부분이 바로 이런 부분이다. 성경 전체적인 문맥으로 살펴보아도 하나님의 아들들은 천사가 아니라 경건한 자들을 가리킨다는 것이 분명하다(시 73:15; 호 1:10).[175]

"그들이 여호와를 향하여 악을 행하니 하나님의 자녀(빼닌, ㄱ의 아들들)가 아니요, 흠이 있는 사곡한 종류로다. 우매무지한 백성아, 여호와께 이같이 보답하느냐? 그는 너를 얻으신 너의 아버지가 아니시냐 너를 지으시고 세우셨도다"(신 32:5-6)

---

174   물론 천사들이 사람의 몸으로 현현하는 기록은 구약의 몇몇 곳에 나타난다 (창 18:1-2; 19:1; 삿 6:11 등). "여호와의 사자"로 묘사된 곳이 많다. 그러나 그런 기록을 살펴보면 한결같이 하나님의 심부름꾼으로 소식을 전하기 위해 나타난 전령으로서 사역을 위한 것이었다. 이는 거룩한 천사의 마땅한 사명을 감당하는 모습들이었다는 이야기다. 타락한 천사라고 할지라도 사람 여자를 상대하기 위해 남자로 현현하는 모습을 찾아보기 어렵다.
175   이병철, 「토브 성경주석; 창세기 I」, (서울: 브니엘출판사, 1991), 113.

위 본문에서도 하나님의 자녀 곧 하나님의 아들들이 누구인지 밝히며[176] 책망하고 있지 않은가. 결정적인 근거는 본문과 연계되는 문맥에 있다. 이제 이 뜨거운 감자와 같은 문제를 창세기 5장과 연관성을 생각하는 것으로 접근해보자. 창세기 6장의 사건이 일어나는 내용과 5장은 떼려야 뗄 수 없는 연결고리가 있기 때문이다. 5장과 아무 상관 없이 밑도 끝도 없이 갑자기 툭 튀어나오는 사건이 아니란 이야기다.[177]

<두 종류의 인류 출현>

4장부터 두 부류의 사람 출현(가인 계열과 셋 계열)과 각 계통을 통해서 일어나는 수많은 죄의 사건, 하나님을 떠나고 대항하는 사건과 구원의 사건, 하나님의 계시를 받고 신앙을 회복하는 사건이 적나라하게 펼쳐지고 있다. 그리고 하나님의 창조사와 인류사는 구원의 계보인 약속의 자녀들로 인하여 하나님의 나라가 또 다른 방식으로 회복된다. 물론 사탄은 끊임없이 방해한다. 사람 안에 들어와 있는 반대 세력, 곧 죄의 방해에도 불구하고 하나님의 약속대로 아담의 자녀 중에 하나님의 형상을 가진 썩지 않는 산 씨의 생명(예수 그리스도의 예표로서 셋)을 낳게 한다. 이것은 인류 대대로

---

176 번역을 "하나님의 자녀"라고 해서 그렇지, 실제 원문의 의미는 "하나님의 아들들"이라고 번역해도 전혀 이상하지 않다.
177 고든 웬함, 286. 6:1-8이 선행하는 계보와 거의 관련 없는 것처럼 보이지만, 실은 그것과 긴밀하게 통합된다. 내용상 6:1-8은 5장의 주제를 취급하고 있다.

이어질 하나님의 자녀의 첫 기초이며, 이 산 씨의 생명 하나(약속이 있는 첫 생명)를 통해서 하나님도 구원의 계보에 그 시작의 바탕을 만들어 놓는 것이다.[178]

창세기 4장에서 가인과 아벨로 나뉘는 사건이 벌어지는데, 이는 선악나무를 선택한 결과요 열매다. 왜 그렇게 생각할 수 있는가 하면, 선악과를 먹은 사람(아담과 하와) 안에 이미 선악이 함께 있는 존재가 되었다는 증거가 가인과 아벨이란 열매로 나타나기 때문이다. 이런 사실에 대한 증명은 신약에서 사도 바울의 탄식 어린 고백으로 확인할 수 있다(롬 7:15-21). 이렇게 선과 악으로 나누어지는 두 줄기의 흐름은 태초부터 시작되었다. 이두 줄기의 흐름이 가인을 시조로 한 "악의 계열"[179]과 아벨 대신에 주신 셋을 시조로 하는 "선의 계열"로 나누어진다. 그래서 실제 창세기 4장의 흐름과 발전을 보면, 가인의 계열에서 세상의 인본주의 문화와 악이 점점 발전하는 양상을 나타낸다.

① 가인의 계열 - 악인(타락한 자손)의 계열

가인은 에덴 동쪽(맞은 편)의 땅 놋에 거주하며 아들을 낳아 에녹이라 이름 짓고, 그곳에서 도시를 건설하고 그 성(도시)의 이름도 에녹이라고 짓는다. 놋(방황, 헤맴) 땅에 거주한다는 것은 하나님이 내리신 형벌을 따라 유리(流

---

178   김준기, 「창세기; 창조의 원 역사」, (서울: 새빛출판사, 2003), 208-209.
179   가인의 계열을 "악의 계열"로 표현한 것에 대한 반발이 있을 수 있는데, 여기서 "악"이라고 함은 "사람 중심", "육신에 속한 계열"이라고 부언하겠다. 왜냐하면 처음 세상의 악이 하나님 말씀(명령)을 거역하고 사람의 생각과 사람의 욕망을 따라 선택함으로 시작되었기 때문이다.

離-떠돌며 방황하다)하는 벌을 받는 것을 나타낸다. 그리고 땅을 통해 얻던 양식을 얻지 못하는 저주로 인해(창 4:11-12) 도시를 건설하게 된다. 가인이 낳은 아들이 에녹인데, '에녹'이란 이름의 의미는 "전수자"라는 의미와 "시작, 봉헌"이라는 의미가 있다. 가인의 아들 에녹은 하나님께 믿음으로 제사하지 못한 가인의 모습을 이어받아 전하는 자가 되어 하나님을 대적하는 세력의 시작을 보여주는 인물이 되었다고 생각하게 한다. 이는 셋의 계열에서 나오는 아담의 7대손 에녹과는 정반대로 활동한다(유 1:14-15). 이름은 같지만, 그가 사는 삶의 내용은 아주 반대다. 그런데 가인이 세운 성은 방랑하는 사람을 위한 열린 성이 아니라 자기의 아성(牙城)으로 삼은 것처럼 보인다. 인류의 첫 살인자 가인이 세운 도성에는 세상을 유지하는 사람의 각종 문화(농업을 제외한-가인이 받은 저주로 인해)와 산업이 발전하고 있지만, 이는 근본적으로 가인이 여호와 앞을 떠난(창 4:16) 열매들로써 생명과 사람의 존엄에 대한 가치가 없었다.[180] 인간성은 파괴되어 가고 있는 모습이 연출되었고, 끝내 라멕의 짧은 시(노래)로 가인의 후손에 관한 이야기가 갑자기 끝이 난다. 그의 시에 나타나는 라멕의 자랑은 가인이 세운 성과 그 문화를 기초부터 흔들고 있다.[181]

그렇게 가인으로부터 시작된 하나님을 대적하는 세력은 가인의 6, 7대 후손인 라멕과 그의 아들들(야발, 유발, 두발가인)을 통하여 육신의 생활을 풍요롭게 하며, 안락하고 편안한 오락문화와 문명에 혁명적 발전을 가져

---

180 이와 흡사한 그림이 후에 아브람과 롯 사이에서 그려지고 있다. 롯은 아브람을 떠나 선택한 곳이 죄로 인해 멸망할 도성 소돔이었던 것과 너무 닮은 데 칼코마니를 이룬다.
181 김정우, 379.

오게 한다. 문제는 그 안에 하나님이 계시지 않으므로 그들이 만들어 낸 세상의 문화와 문명은 철저하게 인본주의적인 문화로서 하나님과는 더욱 멀어지게 만든다는 것이다. 거기에 라멕은 하나님이 세우신 가정의 원칙을 깨뜨리고 두 아내를 얻고, 하나님의 말씀을 조롱하는 모습까지 보인다. 하나님을 떠난 가인과 그 후손들의 삶은 스스로 왕이 되고, 스스로 주인이 되고, 스스로 하나님이 되려는 교만함으로 하나님을 대적하며, 하나님과 멀어지게 할 뿐만 아니라, 하나님을 잊어버리게 만든다. 이같이 가인의 후손들은 하나님이 계시지 않는 물질문명을 발전시켰다. 이들의 계보는 노아 홍수 후에도 계속 이어지는 것을 볼 수가 있다. 땅에서 나오는 사람의 딸들로 그 모습을 드러내며, 외모의 아름다움으로 하나님의 아들들을 미혹하는 무서운 세력으로 번성해서 하나님의 심판을 불러왔던 그 악의 요소가, 홍수 이후에도 함의 후손(씨)을 통해 그 악의 씨가 시날 평지에 바벨탑을 쌓는 사람들로 나타났다. 그래서 철저하게 사람 중심의 사상에 길들여진 자들이 만들어내는 세상의 인본주의 문화와 문명이 무서운 것이다. 이 모든 현상이 하나님이 받으실 수 없는 제사 곧 믿음으로 자기를 드리지 못한 제사와 예물에서 시작되었다.

　이런 가인의 계열에서 그들의 씨가 이어지는 모습을 히브리어로 나타내고 있는데, 그것은 "낳고"(야라드)라는 단어가 주는 메시지다. 이상하게도 창세기 4장의 가인 계열에서 애를 낳는다는 표현에는 '야라드'의 칼형이 쓰였다. 이는 자연적인(생물학적인) 생식 활동을 통해 아이를 낳는 것을 가리킨다(아담 부부도 가인과 아벨을 낳을 때 칼형이 쓰였다. 창 4:1, 2). 즉 남녀의 성접촉을 통해 아이가 자연스럽게 잉태하는 것을 말한다. 그게 당연한 일인데 뭐가 이상하냐고 질문할 수 있는데, 창세기 5장의 셋 계열에서는 똑같이 애를 낳아도 단어의 쓰임새가 달라서 구별되기 때문이다. 창세기 4:16부터 가인이 아담으로부터 독립하여 새로운 계보를 이루는 내용이 나오는데, 가인의 후손에게 쓰인 모든 "낳다"라는 단어가 칼형이다(창 4:17, 18, 20, 22).[182] 4장에서 특이한 부분은 셋 계열에서의 첫 아이로 기록된 에노스를 낳을 때는 푸알형이 쓰였다는 점이다. 푸알형은 강조(피엘)의 수동형이다. 이는 **셋이 에노스를 낳았을 때부터 사람들이 여호와의 이름을 불렀다고 기록하고 있다**는 점을 강조하는 것으로 보여진다. 이 문제에 관해서 깊은 연구가 필요하기에 본서에서 별도의 주제로 다룰 예정이다.

② 셋의 계열 - 선인(경건한 자손)의 계열

셋의 계열에 대한 시작은 가인의 계열이 라멕의 끔찍한 살인과 파괴의 노래로 끝남과 동시에 새로운 구원의 시작을 알리는 "다른 씨"에 관한 이야기로 시작되고 있다(창 4:25). 가인의 도성 문화와는 대조적으로 "여호와의 이름을 불렀더라"[183]는 참된 경건 곧 예배의 역사가 시작되고 있음을 알린다. 가인 계열의 족보는 라멕으로 아주 짧게 끝난다. 그러나 셋의 계열은 노아에 이르기까지 지속되고 있는 대조를 보인다. 아담의 족보는 그렇게 맏아들 가인이 아닌 새로운 씨인 셋으로 이어진다고 말하고 있다.

셋은 제사(예배)로 인한 불만에서 살인사건이 발생한 아담의 가정에서 태어났다. 가인은 자기의 제사가 받아들여지지 않았다는 분노로 인해 동

---

182 4:18에서 에녹이 이랏을 낳았다고 할 때, 칼형이 아니라 니팔형이 쓰였는데 니팔은 칼의 수동형이다. 능동과 수동의 차이만 있지 역시 칼형이다.
183 창 4:26; 12:8; 13:4; 26:25.

생 아벨을 살해한다(창 4:8). 예배를 통해 은혜와 축복을 받기는커녕, 가족 구성원의 관계가 모두 파괴되는 저주받은 가정이, 셋이 태어난 가정의 실상이었다. 이때 아담의 가정은 거룩한 씨가 끊어지는 듯 보였다. 이런 짓을 하는 것이 사탄·마귀의 소행이다. 그러나 창세기 4:25에서 하나님은 가인에 의해 죽임당한 아벨을 대신하여 아담에게 '셋'이란 아들을 주신다. 하나님은 이같이 절대로 구속사의 맥이 끊어지게 내버려 두시지 않는다. 사탄은 가인을 통해서 여자의 후손이 오는 길을 막으려 했지만, 하나님은 셋을 통해서 하나님의 뜻을 이루어 가신다. 이런 사례는 성경에 얼마든지 자주 나타난다.[184]

하지만 여기서 알 것은 '셋'이 꼭 아담의 세 번째 아들이란 의미는 아니다. 하나님은 아담과 하와를 통하여 얼마큼의 자녀들을 낳았는지 구체적으로 언급하지 않지만, 가인이 하나님 앞에서 저주의 형벌을 무거워하며 "나를 만나는 자마다 나를 죽이겠나이다"(창 4:14)라고 두려워할 만큼 그 당시의 많은 후손이 있었고, 그만큼 많은 시간이 흘렀음을 추론할 수 있다. 그러므로 셋이 아담과 하와의 세 번째 아들이란 의미가 아니라, 아담과 하와의 후손 중에서 아벨을 대신하여 '셋'을 주권적으로 선택하여 하나

---

[184] 역사적으로 이런 구속사의 맥을 끊으려고 하는 사탄의 훼방이 자주 나타난다. ①가인이 아벨을 죽였으나 셋을 주심, ② 노아 시대를 온통 부패시켰으나 노아의 8식구를 남겨놓으심, ③애굽 왕 바로가 남자를 다 죽이려고 했으나 모세를 준비시키심, ④남 유다의 유일한 여왕(7번째 왕)인 아달랴가 유다 집안의 씨를 말리려고 손자 되는 왕자들을 다 죽이고자 했으나 요아스를 숨겨 대를 이음(왕하 11:1-3; 대하 22:10-12), ⑤아멜렉 족속 하만이 유대인을 몰살하려는 계획을 역으로 이용하여 하만을 죽임, ⑥헤롯이 예수를 죽이려고 했으나 천사를 통해 막으심(마 2:16).

님 언약의 실행자로 세우시고, '셋'을 통하여 여자의 후손으로 오실 분을 보내실 것을 알리시는 것이다. '셋'은 "놓다, 세우다"라는 뜻으로 가인에 의해 죽임당한 아벨을 대신하여 아벨의 자리에 놓임을 받고, 세움을 받아서 하나님이 언약하신 여자의 후손으로 오실 분의 계보를 잇게 하셨다는 의미다. 그래서 하와가 "이는 하나님이 내게 가인이 죽인 아벨 대신에 다른 씨를 주셨다."(창 4:25)라는 발언에서 충분히 유추할 수 있는 대목이다.

그리고 5장에 넘어가서 드디어 셋의 계보가 소개되는데, 역시 특이한 것이 아담의 계보로 시작한다는 점이다(5:1). 그 이유는 아담의 계보를 잇는 자가 셋이라는 것을 강조하고 밝히려는 의도이다. 가인의 계보는 별도로 떨어져 나간 것을 보여주고 있다고 하겠다. 성경은 이런 방식으로 약속과 기업이 없는 자는 떨어져 나가는 것으로 기록하고 있다. 이렇게 성경의 계보는 혈통적 장자로 연결되지 않고, 처음부터 약속의 자녀로 이어지고 있는 흐름을 보여주고 있다는 사실에 주목할 필요가 있다. 이것이 신약에서 "나중 된 자가 먼저 되고 먼저 된 자가 나중 된다"(마 19:30; 막 10:31)라고 명문화하는 내용으로 이어진다. 사실 예수 그리스도가 둘째 아담이란 점을 기억한다면, 왜 성경의 역사가 처음부터 둘째로 이어지는지 짐작하게 한다. 무엇을 중심으로, 무엇을 향하여 진행되는 역사인지 가름하게 한다는 말이다.

<나중 된 자로 이어지는 성경 기록들>

장자(혹은 먼저 된 자)	둘째(혹은 나중 된 자)
첫 아담	둘째 아담(예수)
가인	셋(아벨 대신)
함	셈
하란	아브라함
이스마엘	이삭
에서	야곱
르우벤	유다
아론	모세
사울 왕	다윗 왕
유대인	이방인

*성경은 반드시 육적 장자를 우선으로 기록하지 않고, 영적 장자인 약속의 계열로 기록하는 특징이 있다는 점도 유의하며 읽어야 한다(참고. 창 11:26; 28:5; 수 24:4; 히 11:20 등).

이제 5장의 "낳다"라는 단어를 살펴서 4장의 가인 계열과 비교해보자. 5장 곧 셋의 계열에서는 한결같이 히필(사역)형으로 쓰이고 있다.[185] 그렇다면 이 차이가 무엇을 보여주는가. 가인 계열에서의 칼형의 "낳다"라는 쓰임새를 통해 그저 육적인 남녀의 만남을 통해 태어나는 생물학적인 출신을 이야기하는 반면에, 셋 계열에서는 창세기 3:15의 언약을 따라 "여자의 후손"을 낳는 일에 목적을 둔 출산이었다는 것을 히필 사역형으로 나타낸 것이다. 이는 하와가 범죄한 이후에 하루속히 자기의 잘못을 회복

---

185 창 5:4, 6, 7, 9, 10, 12, 13, 15, 16, 18, 19, 21, 22, 25, 26, 28, 30, 32.

하고 싶은 욕망으로 기대했던 소망이었다(창 4:1). 잃어버린 에덴동산을 되찾고 본향으로 돌아가고 싶은 열망을 나타낸 것이라 하겠다. 육에 속한 가인 계열은 그저 육적인 삶의 욕망을 따라 이것저것 세상의 것(문화, 군사, 경제)으로 발전시키며 살아가는 일에 열중했지만, 셋 계열은 하나님을 예배하고 뱀에게 져서 빼앗긴 모든 것을 되찾고자 하는 열망이 가득했다는 말이다.

아담에서 노아까지 셋 계보의 특징은 "살았고 그리고 죽었다"이다. 이 계보의 특징은 가인의 계보처럼 정치, 경제, 문화, 도시 건설, 음악, 권력 등 세상 문화와 개인적인 능력이 중요하지 않고(그래서 아예 기록이 없다), <u>오로지 하나님의 형상을 가지고 태어나 살다가 후손을 잇고 죽는 것만 기록되어 있다</u>. 개인-개인이 하나님의 형상을 가지고 살다가 그것을 지키며 보존하여 다음 세대에 계승한다. 표면적으로 읽으면 단지 자식 낳고 살다가 죽었다는 것이 전부인 것처럼 기록되어 있다. 그러나 이들의 삶(인생)은 한 가지, 곧 하나님의 형상을 지키기 위해 피 흘리기까지 싸우다가 죽은 것을 보여주는 모형이다. 하나님의 계보와 하나님의 형상은 셋(선택)의 후손이라는 계보를 통해서만 이어진다는 사실을 보여준다. 이들의 활동은 개인이 세상에서 무슨 일을 성공적으로 수행하며 살았느냐가 중요하지 않다. 오히려 무엇을 위해서 살다가 죽었느냐가 중요하다. 이들의 활동의 핵심적인 의무는 하나님의 형상과 씨를 계승하는 것이다. 이것이 경건 문화의 역사관이며, 하나님의 사람들이 연출하는 역사관이다. 하나님의 형상을 가지고 태어나는 것과 무엇을 하든지 이 형상을 지니고 살다가 죽는 것이다. 그리고 죽을 때 다시 다음 세대에게 계승하는 것, 이것이 하나님의 백성에게 가장 중요한 일이었다. 무슨 대단하게 큰일을 한 사람도 없고, 화려하게 산 자도 없다. 이것이 믿는 자의 특징이다. 예수께서 이것이 믿는 자의 일이라고 말씀하신 일에 부합하는 삶이다(요 6:28-29).[186]

창세기 5장의 셋 계열에서 나타나는 중요한 특징 가운데 하나가, 사망과 생명이 반복되는 가운데 마침내 사망을 정복하는 인물(에녹)이 소개되고 있다는 점이다. 4장의 가인 계열과 아주 다른 특징이 이것이다. 가인의 6대손 라멕은 살인을 노래하며 족보가 갑자기 끝이 나는 반면에, 아담의 7대손 에녹은 죽음을 정복하고 살아서 승천하는 놀라운 장면이 연출되고 있다. 죽음의 저주를 극복한 인물 에녹을 통해 선악 나무로 인한 저주를 생명 나무로 전환할 수 있다는 강력한 소망을 보여준다고 하겠다. 따라서 선악 나무의 저주에서 생명 나무로 넘어가려면 중간에 아벨의 피가 필요하다는 것을 알게 된다. 가인-아벨-셋으로 이어지는 스토리가 이를 보여준다. 다시 말해서 가인의 후손(저주받은 인생)으로 태어난 사람이 셋의 계열(구원의 인생)로 넘어가려면 아벨의 희생이 따라야 하는 것을 보여주지만, 창세기 6장에서는 가인의 계열과 셋의 계열이 합치는 것(통혼)으로 또 다른 멸망의 길을 자초하는 인생의 모습을 보게 된다.

경건한 계열인 셋의 후손들이 노아(참고. 아담으로부터 10대손)가 세 아들을 낳았다는 것으로, 5장 아담의 족보 내지는 셋의 계보 기록을 멈춘다. 이유가 뭘까? 그리고는 이어지는 창세기 6장에서 "그 땅에 사람이 번성하기 시작할 때 그들에게서 사람의 딸들이 나왔다"라고 기록하고 있다. 이게 무슨 의미인지 연결이 안 되는가. 두 줄기의 영적 흐름이[187] 6장에 들어와

---

186   김준기, 232.
187   창세기 4:16-24까지 기록된 가인의 저주받은 계열과 4:26부터 시작되는 "다

서 하나로 연합되는 것, 곧 경건한 계열(5장의 셋 계열)의 타락을 보여주는 것이다. 그러면 이때 등장하는 하나님의 아들들이 누구이겠는가를 생각해보라. 왜 갑자기 밑도 끝도 없이 천사들(타락한 천사들)이 등장하느냐 말이다. 타락하고 더러워지는 내용을 보더라도 하나님의 아들들(경건한 계열)이 "사람의 딸들의 아름다움을 보고"라고 기록하고 있지 않은가. 이들이 첫 사람 하와가 아름다운 선악 나무를 보고 취한 것과 무엇이 다른가. 이 기록에서 가장 중요한 죄의 포인트는 밝아진 육신의 눈으로 보이는 대로 선악(좋고 나쁨)을 판단했다는 점이다. 거기서 여자의 아름다움은 선이고, 추함은 악이란 개념이 사람 속에서 나왔다는 것이며, 이는 사람이 존재한 이래로 오늘날까지 유효한 세상의 진리다. 그래서 하나님은 "사람은 외모를 본다"라고 지적하신 것이다(삼상 16:7). 이런 내용이 점진적 계시를 통해 사람의 외모를 보지 말라고 말씀하신 것이고(신 16:19; 요 7:24), 나아가서 신약에서는 외모로 취하는 것은 죄(고후 10:7; 약 2:9)라고 정죄하기에 이른 것이다. 왜냐면 선하신 하나님은 절대 외모를 취하지 않으시기 때문이다.[188] 그러므로 창세기 6장의 하나님의 아들들은 타락한 천사들이 아니라 경건한 계열인 셋의 후손들이라고 해석해야 성경적으로, 그리고 문맥적으로 옳다고 생각한다. 하나님의 아들들을 타락한 천사들이라고 주장하는 것은, 성경의 예가 없는 이방 신화에서 도입된 지극히 이교도적인 발상이다. 좀 극단적으로 말해서 이교도의 신화를 성경에 적용하여 성경의 메시지를 변질시키는 악이다. 말씀을 혼잡하게 하여 사람의 마음을 혼미하게 만

른 씨"(새로운 씨)인 경건한 셋의 계열로(두 줄기) 영적 역사가 진행되고 있었다는 말이다.

188 신 10:17; 벧전 10:34; 갈 2:6…

드는 '세상 신'(사탄, 마귀)의 도구가 된 것은 아닌지 의심스러울 정도다(참고. 고후 4:1-4).

신약에서는 하나님의 아들들에 대해 뭐라고 말하는가? 구약에서 말씀하신 내용과 다르지 않다.

"**무릇 하나님의 영으로 인도함을 받는 그들은 곧 하나님의 아들들이라** (15) 너희는 다시 무서워하는 종의 영을 받지 아니하였고 양자의 영을 받았으므로 아바 아버지라 부르짖느니라 (16) 성령이 친히 우리 영으로 더불어 우리가 하나님의 자녀인 것을 증거 하시나니 (17) 자녀이면 또한 후사 곧 하나님의 후사요, 그리스도와 함께 한 후사니, 우리가 그와 함께 영광을 받기 위하여 고난도 함께 받아야 될 것이니라 (18) 생각건대 현재의 고난은 장차 우리에게 나타날 영광과 족히 비교할 수 없도다 (19) 피조물의 고대하는 바는 **하나님의 아들들의 나타나는 것이니** (20) 피조물이 허무한 데 굴복하는 것은 자기 뜻이 아니요 오직 굴복케 하시는 이로 말미암음이라"(롬 8:14-20)

여기서 피조물들이 고대하는 바가 천사들이 나타나는 것이겠는가. 마땅히 새 피조물이요, 거듭난 하나님의 자녀를 가리키는 것이 아닌가. 그런데 로마서에서 어떤 자가 하나님의 아들들이라고 정의하는가. 14절을 보라. "무릇 하나님의 영으로 인도함을 받는 그들은 곧 하나님의 아들들이라" 이 말이 정확한 것은 창세기 6:3에서 하나님의 영(성령)이 떠난 자는 더 이상 하나님의 아들들이 아니고, 육체 곧 육신에 속한 자라고 단호하게 말하지 않는가. 그들은 그렇게 땅에 속한 사람의 딸들을 자기 눈에 보기 좋은 대로 취해서 쓰레기로 전락했고, 하나님은 할 수 없이 쓰레기(흙의 존재)를 청소하기 위해 탄식하시며 홍수로 세상을 쓸어버리는 결정을 해야 했다. 신구약 전체를 통해 하나님의 아들들에 관한 정체성을 확인했음에도 여전히 신화적 소설을 쓰겠다고 한다면 무엇으로 말리겠는가. 지금까지 살핀 하나님의 아들들에 관한 내용을 정리하자면,

첫째, "하나님의 아들들"(베네이 하-엘로힘)은 셋의 후손들이다. 이 주장이 "사람의 딸들"과의 대조에 가장 잘 어울린다. 창세기 6장의 문맥은 사람의 타락이 절정에 달했음을 보여주는 문맥의 시작점에 놓여 있다. 생뚱맞은 타락한 천사들과 사람의 딸들과의 결혼은 아무런 관계가 없고 성경적 근거도 없다. 구속사적으로 보더라도 이들을 천사들로 볼 경우, 향후 전개되는 타락사는 사람의 타락사가 아니라 천사의 타락사가 된다는 견지에서도 이 견해는 합당치 못하다.

둘째, 사람과 천사와의 성적결합은 고대 신화적 성격을 갖는다. 고대 신화에는 신과 사람이 결혼하고 후손을 낳는 이야기들이 많다. 반신반인(半神半人)인 그 후손들은 영웅적인 행위들을 하지만, 이러한 고대 신화를 성경에다 적용하려는 자들은 성경의 본질을 왜곡하는 자들이다. 천사의 역할은 구원의 자녀를 섬기는 역할이지 그 이상도 그 이하도 아니다(히 1:14). 또 타락한 천사들은 사람과 결혼할 수 없고, 흑암에 갇혀 멸망 때까지 결박되어 있음을 알아야 한다(유 1:6).

셋째, 하나님의 아들들이란 명칭이 경건한 사람들에게 주어진 내용

과 일치된다.[189]

성경에서 말하는 "하나님의 아들들"(베네이 하-엘로힘)은 천사(욥 1:6)나 통치자(시 82:6)나 하나님의 백성을 뜻하지만, 창세기 6장에 언급된 하나님의 아들들은 문맥상(5장과 연결되는) 경건한 셋의 계보를 가리킨다고 보는 것이 더 적절하다.

넷째, 하와가 셋을 하나님께서 주신 아들이라고 생각한 사실에 일치된다(창 4:25).

다섯째, 천사들과 사람들의 결혼 생활은 있을 수 없는 억지 주장이다. 따라서 "사람의 딸들"은 "가인의 후손"으로 보는 것이 가장 성경적이다. "아름다움을 보고" 이것은 범죄한 사람에게 나타나는 죄의 단면을 잘 보여주는 것으로서, 영적인 혈족을 찾는 대신 감각적 안목의 정욕에만 치우쳤다(랑게(Lange))고 설명하는 게 맞을 것이다.

여섯째, "하나님의 아들들"과 "사람의 딸들"의 결합 이전부터 네피림이 존재했었다. 일반적으로 "하나님의 아들들"과 "사람의 딸들"의 결합으로 네피림이 생겼다고 생각하는데, 사실은 이 두 가지가 이미 나누어져 존재했던 것을 알아야 한다(창 6:4). 그래서 TNK(유대인의 성경)에서는 이 부분을 괄호로 처리했다. 그렇게 네피림은 하나님의 아들들과 사람의 딸들 사이에 결혼문제와는 아무런 관련이 없는 것으로 이해했다.[190] 필자도 이

---

189   참고. 신 14:1; 시 73:15; 잠 14:26; 롬 8:14 등.
190   Victor P, Hamilton, *The Book of Genesis*, 2 vols. NICOT, (Grand rapid: Eerdmans, 1995).

견해에 동의한다. 굳이 구분하자면 "하나님의 아들들"과 "사람의 딸들"의 결합으로 생긴 자들은 네피림이 아니라 '끼쁘르'(용사)이다(창 6:4).

일곱째, 결정적으로 창세기 6:3에서 "하나님의 영이 떠나니 그들이 육체가 되었다"라는 기록이 천사가 아니라 경건한 자들(셋의 후손들)을 가리킨다는 이론(異論)의 여지를 없애는 강력하고도 분명한 증거다. 왜냐면 하나님의 영이 떠나면 "육체"(빠사르-혈육 있는 자, 창 6:12)가 되는 게 천사인가?[191] 영적 존재인 천사는 하나님을 떠나도 영적 존재 그대로이다. 그러기에 천사가 타락하면 영의 감옥인 무저갱에 가두는 것이다. 하지만 사람은 혈육을 가진 존재로서 하나님의 형상대로 만들어졌다는 점을 간과하면 안 된다. 사람은 하나님의 영이 떠나면 혈육만 남게 되며(창 6:3), 성경은 이런 상태를 영적으로 죽었다고 말한다. 이런 자에 대해 신약적으로 말하면 "육신에 속해 하나님과 원수"가 된 자들이다(롬 8:5-14).[192] 이런 자들을 향한 하나님의 반응은 멸망의 심판뿐이다.

하지만 이 사건에 대한 해석에서 중용의 길을 선택하는 학자도 있다.[193]

---

191 이런 내용에 대해 성령이 떠난 사람이 어떻게 다시 하나님과 관계성을 갖는가라고 반문한다. 구약에는 성령이 떠나기도 하시고 다시 사람 안으로 들어오기도 하신다. 그러나 신약에서는 한 번 임하신 성령이 떠나지 않으신다는 차이점이 있다. 대신 신약의 성령은 항상 내주하시지만 감동하시고 안 하시는 방법으로 신자의 영적 상태를 나타낸다.

192 구자수, 「개혁주의 구속사」, (인천: 헤이스, 2017), 37-38.

193 김정우, 384. 김정우는 "하나님의 아들들"에 대해 독선적이고 배타적인 입장을 가지는 것은 늘 위험하다고 중도적 입장을 취한다. 세 가지 해석(천사들, 셋의 후손들, 고대의 통치자들) 모두 장단점이 있으므로 어느 해석이 원문에 가장

요약하자면 창세기 6:1의 "하나님의 아들들과 사람의 딸들이 결혼"했다는 표현은 앞뒤 문맥상 결혼하는 남녀의 성별 여부나 거인족의 출현 원인을 말하려는 것과는 전혀 관계가 없다. 노아 홍수 심판의 원인은 창세기 3-10장까지 전체 내용과 연결해 살펴보면 사람 스스로의 악의적인 타락 한 가지뿐이다. 다시 강조하지만 악한 천사가 노아 홍수 심판의 원인이거나 그들의 행위가 세상을 멸망하게 하는 심판을 불러왔다고 해석하는 것은 하나님의 심판 원리를 왜곡시킨다. 사람의 죄의 본성이 하나님 보시기에 더 이상 용서할 수 없을 정도로 철저하게 타락했기에 심판할 수밖에 없었다는 진리와 그리고 하나님만이 우주의 어떤 존재에게서도 털끝만큼도 영향을 받거나 도움 없이, 처음부터 끝까지 절대적으로 선악을 판단하여 심판을 주관한다는 진리를 세우는 일이 노아 홍수 사건에서 잘 드러난다고 하겠다. 이렇게 사람이 아닌 하나님만이 선악을 판단하시는 권세와 그에 따른 결정권을 가지고 계신다는 사실을 깨닫기 바란다.

(2) 셋의 후손(하나님의 아들들)

성경에서 셋에 관한 기록을 찾아보기가 참 어렵다. 그에 관한 기록이 제한되어 정보가 부족한 것이 사실이다. 그럼에도 하나님의 아들들이 셋의 계열이라는 사실을 증명하기 위해 최대한 성경의 기록을 찾아서 증명해 보려고 한다.

가까운지 알 수 없다고 말한다. 그러나 필자는 앞에서 다룬 것같이 "셋의 후손들"이라고 주장한다.

"아담이 다시 아내와 동침하매 그가 아들을 낳아 그 이름을 셋이라 하였으니 이는 하나님이 내게 가인의 죽인 아벨 대신에 다른 씨를 주셨다 함이며 (26) 셋도 아들을 낳고 그 이름을 에노스라 하였으며 그때 사람들이 비로소 여호와의 이름을 불렀더라"(창 4:25-26)

여기서 셋이란 이름은 아담이 아니라 하와가 부른 이름이다. 이것부터 이상하지 않은가? 하와의 이름조차도 아담이 지어주었는데(창 3:20), 어찌 아들 '셋'은 아버지가 아닌 어머니인 하와가 지어준 것일까. 사실 하와가 첫아들 가인을 낳았을 때도 직접 이름을 지어주었다(창 4:1). 하와가 두 아들의 이름을 직접 지어주면서 따라오는 설명이 그렇게 이름을 지은 하와의 마음을 묘사한 내용이다. 가인의 이름을 지으며 "내가 여호와로 말미암아 득남했다"라고 했고, 셋의 이름을 지으면서는 "하나님이 내게 가인이 죽인 아벨 대신에 다른 씨를 주셨다"라고 했다. 가인의 이름의 어원은 "얻다"에서 온 "소유하다"이다. 그러니까 하와가 간절히 바란 것은, 여자인 자기에게서 나올 구세주 곧 "언약의 씨"였다. 왜냐면 자기의 잘못을 만회할 그래서 원수 뱀의 머리를 깨뜨릴 "씨"(후손, 남자)가 필요했다는 말이다. 자기 잘못을 하루라도 속히 만회하고 싶은 마음이 하와에게 간절했다는 뜻이다. 하지만 첫아들 가인에게 기대했던 자기의 바람이 정말 허무하게 무너지는 것을 보면서, 이제는 죽은 아벨(기대가 헛되다) 대신에 주신 셋을 향하는 기대가 더욱 간절해질 수밖에 없었을 것이다. 그래서 나에게 "다른 씨를 주셨다"라고 고백한 것이다. 따라서 하와의 간절한 기대와 소망을 한 몸에 받는 인물이 셋이었다. 셋의 이름의 의미는 "놓다, 보존하다"란 의미로서, 살해된 아벨의 자리에 대신 놓여졌기 때문에 셋이라고 불렸다고 생각하기도 한다.

그렇다면 하와는 왜 그렇게 아들의 이름을 짓는 일에 진심이었을까? 그것은 우리에겐 원시 복음으로 알려진 창세기 3:15에서 뱀에게 내린 저주의 심판 가운데 주어진 하나님의 계시 예언 때문이었다.

"내가 너로 여자와 원수가 되게 하고 너의 후손도 여자의 후손과 원수가 되게 하리니 **여자의 후손(씨)은 네 머리를 상하게 할 것이요** 너는 그의 발꿈치를 상하게 할 것이니라 하시고"(창 3:15)

여기서 "여자의 후손이 네 머리를 상하게 할 것"이라는 예언과 무관하지 않다. 이 예언이 하와의 마음에 꽂힌 것이다. 뱀의 미혹을 받아 금단의 선악과를 먹은 죄로 하나님께 저주받고, 남편에게도 사랑의 대상에서 원망의 대상이 된 것이 하와에게는 얼마나 천추의 한이 되었겠는가. 살아 마셔도 시원찮을 뱀에 대한 원한이 사무쳤을 것이 불 보듯 뻔한 일이었다. 이런 감정은 서로 적대감이 생겨 원수가 되게 하신다고 말씀한 것에서 확인할 수 있다. 그런데 이 문장을 원문으로 직역하자면 다음과 같이 할 수 있다.

"그녀의 씨가 너의 머리를 깨뜨릴 것이다."

그런데 하와의 가인에 대한 착각은 조급한 마음에서 비롯되었고, 그 결과 또한 형제 사이의 살인이라는 더 큰 정신적 고통을 직면하면서 점차 생각을 바꾸어야 했다. 우리가 아는 대로 성경에서 말하는 "여자의 후손"은 예수 외에 없다. 원시 예언에서 "여자"는 처녀라야 한다는 점을 암시했다. 남자의 씨가 필요한 여자의 후손이란 없다. "여자의 후손"이란 말이 남자의 씨를 필요로 하지 않는다는 묘사라는 점에서 성경에서 그에 가장 적합한 모델이 예수의 모친 마리아 외에 없다. 그는 요셉과 정혼하고 동거하기 전에 성령으로 예수를 잉태했다(마 1:20). 이때 그녀에 대해 "처녀"라고 강조했다(마 1:23). 그녀는 예수를 낳기까지 남편과 동침치 않았다고 밝히면서 끝까지 처녀로서 아들을 낳는 역할을 수행한 것으로 성경은 기록하고 있다(마 1:25). 성경에 가끔 아이를 낳지 못하다가 아이를 낳는 사례가 있는데, 이는 처녀가 아이를 낳는 여자의 후손과는 거리가 먼 사건들이다.

성경의 결정적인 증거로는 셋이나 아담 모두 하나님의 아들들이란 사실이다(눅 3:38). 성경의 족보는 가계를 나타내지 않는가. 누가복음 3장의 족보는 분명하게 창세기 5장의 아담으로부터 노아에 이르기까지 모두 하나님의 아들들이라고 밝히고 있다(눅 3:23-38). 첫 아담으로부터 마지막 아담 예수까지 모두 하나님의 아들들이라고 하나님의 계보는 증언한다. 따라서 다시 말하지만, 창세기 6장의 하나님의 아들들은 천사일 수가 없다. 분명히 아담-셋을 잇는 계열, 곧 하나님의 이름을 부르며 예배드린 경건한 계열이 분명하다. 이에 대해 히브리서 기자는 우리 주 예수 그리스도와 그리스도 안에서 하나 된 모든 신자를 "하나에서 난 형제"라고 부른다(히 2:10-11). 아담은 130살이 되어서야 자기의 모습, 곧 자기 형상을 닮은 아들, 셋을 낳았다고 기록하고 있다. 그전에 가인과 아벨이 있었는데도 말이다. 따라서 <u>셋의 자손들은 바로 하나님의 이름을 부르는 자들, 다시 말해서 믿는 자들로서 경건한 자들이었다</u>. 그러므로 셋의 자손들이 정식 아담

(하나님의 아들)의 자손들(하나님의 아들들)이다. 이 하나님의 아들들 계열이 노아와 그의 세 아들 그리고 자부들에게 와서 일단 멈추고, 방주를 짓는 일에 열중하느라 후대를 잇지 못한 상황에서 홍수 심판이 내려진 것이다. 성경은 그 8명 외에는 죄악이 가득 차서 도저히 용서할 수 없을 지경에 이르렀다고 증언한다.[194]

4) 하와, 그 존재의 역설

아담이 자기 아내에게 비로소 "하와"라는 이름다운 이름(고유명사)을 지어 준 때는, 정작 그가 하나님으로부터 무서운 저주를 받은 직후다. 사실 아담은 하나님으로부터 아내 하와를 얻기 전에 이미 다른 동물들의 이름을 다 지어주었다. 그리고 나서 하나님으로부터 아내를 얻었는데, 그때까지 아담은 자기 아내를 "여자"라고 부를 뿐이었다(창 2:22-23). 이후로도 아담은 그 외 다른 특별한 이름으로 자기 아내를 부른 적이 없다. 2:24에 "아내"로 번역했는데(의역이다). 그 원어는 "여자"와 같은 '이솨'라는 히브리어이다. 따라서 아담의 아내 이름은 처음부터 "여자"였다. 그 이름은 "남자에게서 취함을 받은 자" 또는 "나의 살이요 뼈"라는 뜻을 담고 있는 이름

---

[194] 노아의 식구 8명이 모두 의인이라는 이야기가 아니라, 하나님의 섭리를 따라 남겨 놓은 자들이다(창 7:1). 홍수에 대비하여 각종 동물과 새를 방주에 들였는데(창 6:18-20), 그때 정결한 종류는 일곱 쌍, 부정한 것은 암수 둘만 보존했다(창 7:1-2). 이 원리를 따라 사람 가운데 남긴 자로는 정한 자들(노아와 셈과 야벳; 6명)과 부정한 자(함; 2명)로 나뉜다.

이다. 이것이 아담이 저주받기 전 자기 아내를 대하던 태도요 상황이다.

그런데 아담이 이상하게도 하나님께 저주받은 직후, 아내를 대하는 태도가 완전히 달라진다. 그러한 태도는 아담이 뒤늦게 자기 아내 여자에게 "하와"라는 새로운 이름을 지어 준 사실에서 드러난다. 놀라운 일이지만, 이런 일은 아담이 하나님께로부터 저주받기 전에 자기 아내의 가치를 모르고, 제대로 아내 취급하지 않았다는 증거로 생각해야 하는가. 오히려 아담은 죄를 지은 상태에서 하나님 앞에서 그녀를 멸시하고, 모든 죄의 책임을 그녀에게 전가하기까지 했었다. 이때 아담은 아주 비겁했고 비열했다. 남자답게 머리 노릇하지 못했다. 그래서 그는 저주받기 전 하나님 앞에서 자기 아내에 대해 다음과 같이 말했다.

> "<u>하나님이 주셔서 나와 함께 있게 하신 '여자'</u> 그녀가 그 나무 열매를 내게 주므로 내가 먹었나이다"(창 3:12)

이것이 바로 하나님께 저주받기 전에 보인 아담의 부끄러운 모습이다. 자신의 죄를 회개하기는커녕 오히려 자기 아내에게 모든 죄악의 책임을 돌리며, 궁극적으로는 하나님에게까지 책임을 전가하는 불손하기 짝이 없고 비겁한 아담의 모습이다. 그런데 놀라운 일이 일어난다. 아담의 태도가 갑자기 180° 달라진 것이다. 그것도 그가 하나님께로부터 저주의 선고를 들은 뒤에 바로 변화한다. 아담은 그때서야 비로소 자기 아내에게 "여자"라는 이름보다 더 가치 있는 새로운 이름을 지어준다. 그 이름이 바로 "하와"(영어로는 '이브')다.

"아담이 그의 아내의 이름을 '하와'라고 불렀으니 그녀는 모든 산 자의 어머니가 됨이더라"(창 3:20)

그렇다면 아담이 왜 그렇게 변했을까? 과연 그 무엇이 아담으로 하여금 그의 아내를 향해 새로운 태도로 "하와"(생명을 주는 자, 창 3:20)라는 이름까지 지어주도록 이끌었을까? 그 이유는 한 가지다. "재발견"의 은혜 때문이다. 바로 이때 아담은 자기 아내를 재발견하게 된 것이다. 아담은 하나님께 저주받은 뒤에라야 비로소 자기 아내를 바라보는 인식에 변화가 생기기 시작했다. 이러한 "재발견"(다시 보기)이란 은혜의 중심에는 하나님께서 주신 약속의 첫 말씀인 "원시 복음"(창 3:15)이 있었다.[195] 이 원시 복음은 하나님께서 뱀을 저주하시며 주신 계시-예언이지만, 그 말씀 속에는 하나님이 장차 이루실 관계의 회복과 구원이라는 엄청난 계획이 함축되어 있었다. 그 당시 "여자의 후손"이라면, 아담의 아내를 통해서 나올 후손이라는 이해 외에는 달리 생각할 수 없을 때이므로, 그녀가 낳을 미래의 후손 가운데 사탄의 권세로 예표 되는 뱀의 세력을 쳐부술 구원자가 나올 것이라는 약속의 말씀은 엄청난 희망의 메시지였다. 아담이 이것을 깨닫게 된 것이다. 그래서 아담은 그 이후로 그의 아내를 다시금 새롭게 재발견할 수밖에 없었다. 왜냐면 이제부터 그녀는 더 이상 예전의 평범한 보통 "여자"가 아니다.[196] 미래의 구원과 회복을 이루어 낼 위대한 구원자를

---

195 김철웅, 「추적 예배자 셋」, (서울: 예영커뮤니케이션, 2014), 80-83.
196 "남자에게서 나온" 여자라는 이해정도가 아니다(창 2:23). 또 인류를 멸망으로 이끈 원흉이라는 장애물의 인식도 아니다. 하나님의 자비로운 은혜의 예언이 주어진 이후로는 대반전이 이루어진 것이다. 범죄한 여자, 인류의 반역자인 여자, 더 이상 얼굴을 들고 살 수 없을 것 같은 여자를 구원의 통로가 되게

낳게 될 유일한 통로요, 도구가 될 존재로서의 인식의 변화를 요구하게 된 것이다. 그때부터 아담은 자기 아내를 단순한 여자, 죄인으로 비난받아 마땅한 여자에서 구원자 메시아를 낳을 모든 "산 자의 어미"로 재발견하게 된 것이다. 그래서 아담은 그때에서야 비로소 그의 아내에게 "하와"라고 이름을 지어주며 축복하게 된다. 이는 또 한편으로 여자에 대한 하나님의 크신 긍휼이다. "죄가 많은 곳에 은혜가 더욱 넘친다"(롬 5:20)라는 말씀대로 하와에게 그런 은혜를 더하시지 않으면 두고두고 여자가 얼마나 힘들고 불행해지겠는가. 인류가 당하는 저주에 대한 욕을 영원토록 먹어야 하는 고통이 따를 것이니 하는 말이다.[197] 그러지 않아도 사도 바울의 입을 통해서도 여자가 먼저 꾀임에 빠졌고, 그래서 여자를 통해 죄가 세상에 들어왔다고 힐난당하지 않았는가(딤전 2:13-14).

아담은 아내가 범죄한 후, 처음에는 자기에게 아무런 가치도 없이 불편하고 장애만 되는, 오히려 자신을 어려움 속에 몰아넣은 최악의 원인 제공자로만 여겼다. 돕는 배필이 아니라 인생에 도움이 안 되는 거침돌이자 원수였다. 그래서 자기 아내에게 모든 죄를 뒤집어씌우려 했던 것인데, 최종적으로 저주의 선고를 받은 후에는 "우리 아담이 달라졌어요"로 바뀐 것이다. 무엇이 아담을 바꾸었다고 했는가? 하나님이 뱀에게 내린 저주의 선고 가운데 들어 있는 하나님 구원의 약속인 "원시 복음"을 들었기

하신 하나님은 역시 대박 시나리오의 작가이시며, 연출가이시다.

197 이는 살인자 가인에게도 동일하게 나타났던 현상이고, 그때도 하나님은 가인에게 큰 은혜를 베푸셨다(창 4:13-15). 하나님은 죄인에게도 긍휼을 베푸시는 자비하신 분이시다. 이런 내용들이 하나님의 하나님 되심을 증거 하는 부분이다.

때문이라고 했다. 저주받고 에덴동산에서 쫓겨난 자신을 다시 에덴동산으로 돌아갈 수 있도록 인도할 수 있는 미래의 구원자가 바로 자기 아내(여자)의 몸을 통해 나오게 된다는 사실을 깨달았기 때문이다. 그때서야 비로소 아담은 자기 아내를 바라보는 시각이, 생명의 은혜를 함께 이어받을 귀한 삶의 동반자(벧전 3:7)로 새롭게 인식하게 된 것이다. 그래서 아담은 정작 자기 아내로 인해 저주받기는 했지만, 약속을 깨달은 후에는 비로소 자기 아내를 축복하고 "하와"라는 이름을 지어주게 된 것이다. 이것이 바로 하와의 삶에 나타난 역설이다. 하와는 자신의 불순종으로 죄와 저주의 최초 원인 제공자가 되었다. 그러나 하와의 입장에서는 은혜롭게도 그 죄를 회복할 수 있는 희망의 길 역시 자기에게서 찾아야만 하도록 허락하신 하나님께 감사할 수밖에 없었다.[198] 하와는 모든 인류에게 죄를 남겨 준 죄인이지만, 동시에 모든 인류에게 새로운 생명을 부여해 줄 회복의 첫 소망이 되었다. 하와는 죄악의 시작이었지만, 동시에 그 죄악의 해결책도 그녀로부터 싹트는 놀랍고도 신비한 하나님의 계획을 실현할 대상이었다. 여자로 인해 발생한 죄의 시작이 역설적으로 이제는 "하와"라는 새 이름을 얻은 한 여인의 출산으로 이어지는 후손을 통해 해결될 수 있도록 길을 열어준 것이다.[199] 여자가 경험하는 임신과 출산의 은혜를 통해 하나님 놀라운 약속의 성취를 바라보게 하셨다. 따라서 여자에게 있어서 한 아기를 임신하고 잉태하며 출산한다는 것은 매우 중요한 하나님 약속의

---

[198] 하나님은 은혜롭고 자비하신 분이시다(출 34:6; 시 111:4). 하나님은 죄인이 죽는 것을 기뻐하지 않으신다고 말씀하셨다(겔 18:23; 33:11). 그렇기에 사람이 죄를 지었어도 죄 사함의 길을 예비하시지 않는가. 특히 여자가 죄책이 더 크기에 더 큰 은혜의 통로로 쓰시면서까지 보호하시는 치밀함을 보라(딤전 2:15).

[199] 김철웅, 85-86.

성취 과정이다. 그것은 하나님께서 이미 이 세상을 창조하기 이전부터 하늘에서 계획해 놓으신 그 원대한 일을, 이 땅에서 이루어 내기 위한 매우 성스럽고 귀중한 약속의 성취 과정이다. 하나님께서는 그 구속과 구원역사의 성취를 다른 방법이 아닌 여자를 통한 임신과 출산을 통해 보여주고 계신다. 마치 이것을 증명하듯이, 성경 속에 나타난 임신과 출산의 역사는 하나님 구원 사역의 약속과 성취를 우리에게 보여준다. 성경 속에 나타난 임신과 출산의 역사는 인류의 조상인 아담의 아내 하와가 받은 원시 복음(창 3:15)을 시작으로 하여, 다윗의 후손 목수 요셉의 아내이자 우리 구주 예수 그리스도의 어머니인 나사렛 마리아로 끝이 난다(마 1:16; 눅 2:4-14).[200]

"그러나 여자들이 만일 정절로써 믿음과 사랑과 거룩함에 거하면 <u>그 해 산함으로 구원을 얻으리라</u>"(딤전 2:15)

그러므로 창세기 5:1-32과 마태복음 1:1-17의 족보를 통해 확인되는 "낳고…, 낳고…, 낳고…" 형식을 띤 산자의 족보는 우리에게 임신과 출산을 통해 그분의 구속 약속을 어떻게 이루셨는지 그 전 과정을 증거 하는 현장이다. 바로 임신과 출산의 과정을 통해서 이루어지는 하나님의 약속이 성취되는 과정을 보여준다는 말이다. 이러한 여자의 임신과 출산 과정이 없었다면, 하나님의 약속은 이루어질 수 없었을 것이다. 그런데 그 구속사를 시작하는 최초의 첫 출발점이 아이러니하게도 사람의 상식을 벗

---

200   앞의 책, 88-89.

어난(인류를 저주에 빠뜨린 장본인) 하와였다.[201]

(1) 가인의 살인과 항변

가인이 동생 아벨을 죽인 것은 그 무엇으로도 변명이 안 된다. 이런 판단은 성경이 증언한다. 그러나 가인도 인간적으로는 항변할 내용이 있다. 동생을 죽인 것은 잘못이지만 자기가 그런 짓을 저지른 이유가 있고, 일면 하나님께도 책임이 있다는 식이다.[202] 이제 가인의 사건을 인간적인 측면에서 더듬어보자.

a. 가인의 살인

가인의 살인 배경은 하나님께 드리는 제사로 인해 비롯된다. 하나님께서 동생이 드린 제사는 받으시고, 자기가 드린 제사는 거부한 것 때문에 분노가 일어난 것이다.

"그가 또 가인의 아우 아벨을 낳았는데 아벨은 양 치는 자이었고 가인

201　앞의 책, 90.
202　현대의 사건에 적용하자면 하마스가 이스라엘을 무자비하게 테러한 것은 잘못이지만, 그런 짓을 저지르게 만든 이스라엘에게도 책임이 있다. 남의 땅에 들어와 일방적으로 8m짜리 장벽을 쌓고 왕래를 통제하여 감옥에 갇힌 것같이 살도록 만든 것이 이스라엘이고, 팔레스타인을 2급 시민으로 차별 대우한 자들도 이스라엘이다. 즉 이스라엘이 원인 제공을 했다는 말인데, 그 배후에는 미국이 있으니 미국도 책임이 있다는 식이다.

은 농사하는 자이었더라 (3) 세월이 지난 후에 가인은 땅의 소산으로 제물을 삼아 여호와께 드렸고 (4) 아벨은 자기도 양의 첫 새끼와 그 기름으로 드렸더니 여호와께서 아벨과 그 제물은 열납하셨으나 (5) <u>가인과 그 제물은 열납하지 아니하신지라</u> 가인이 심히 분하여 안색이 변하니"(창 4:2-5)

하나님께서 아벨을 편애하신 것일까? 왜 형제 가운데 한쪽은 받고 다른 한쪽은 받지 않아서 평지풍파를 일으키신 것일까? 하나님께 기쁨으로 드려야 할 축제의 성격이 강한 제사로 인해 한 가정이 풍비박산이 나지 않았는가. 물론 그렇다고 해서 무조건 하나님이 제사를 받아야 하는 의무는 없으시다. 제사를 받고 안 받는 것은 하나님 마음이다. 그럼 하나님이 기분 내키는 대로 아벨의 것은 받고 가인의 것은 안 받았는가. 또는 하나님이 육식을 즐겨 하셔서 양의 제물을 드린 아벨의 제사는 받으시고, 농산물로 드린 가인의 제물은 안 받으신 것인가. 일부 가인의 제사에는 제물에 피가 들어가지 않아서 받지 않았다는 견해를 주장하기도 하는데, 그런 해석은 문제가 있다고 생각한다. 왜냐면 그들이 드린 제사는 훗날 제도화되는 속죄제나 속건제의 성격을 띤 제사가 아니기 때문이다. 자기들의 죄를 속하기 위해 드린 제사가 아니라 훗날에 추수를 감사하는 절기 제사의 성격이 강한 제사(초실절, 맥추절, 초막절)라고 보아야 할 것이다. 그런데 이 절기 제사들은 모두 농산물을 제물로 드린다는 특징이 있다.

그리고 두 사람의 제사를 자세히 비교해보면, 크게 두 가지 차이점이 드러난다는 것을 발견할 수 있다.

가) 제물만 받지 않은 것이 아니라 제물을 드리는 사람도 받지 않았다고 기록하고 있다(창 4:4-5).

이는 제물의 문제만이 아니라 사람에게도 문제가 있었다는 이야기다. 사람이 마음에 들지 않았다는 것인데, 무엇이 문제였을까. 가인의 제사를 통해 성경이 말하고자 하는 메시지가 무엇일까? 가인에게 하나님이 받으실 만한 믿음이 보이지 않았다고 생각할 수 있는데, 그렇다면 가인의 어떤 면이 하나님 마음에 들지 않으셨을까. 마음을 다하고 정성을 다하고 뜻을 다하여, 주 너의 하나님을 사랑하라는 기준에 부합하지 않아서일까? 그럼 아벨은 하나님의 그런 기준에 맞아서 받으셨다는 증거는 어디 있는가?

"믿음으로 아벨은 가인보다 더 나은 제사를 하나님께 드림으로 의로운 자라 하시는 증거를 얻었으니, 하나님이 그 예물에 대하여 증거 하심이라 저가 죽었으나 그 믿음으로써 오히려 말하느니라"(히 11:4)

히브리서 기자가 두 사람의 제사에 대해 평가한 기록을 남겼는데, 아벨은 믿음으로 더 나은 제사를 하나님께 드렸다고 밝히고 있다. 따라서 사람은 믿음의 여부를 따라 판단하시는 하나님의 기준을 드러내셨다. 그런데 더 나은 제사를 판가름하는 기준은 예물로 좌우된다는 점 또한 말하고 있다. 결국 더 나은 제사는 예물로 좌우되는데, 그것은 곧 예물을 드리는 사람의 믿음 문제라는 이야기다. 주께서는 한 사람이 두 주인을 섬기지 못한다고 말씀하셨다(마 6:24). 하나님은 마음이 나누인 사람의 제사를 받지 않으신다. 하나님과 예물 사이에서 하나님보다 예물에 더 무게를 두는 사람의 마음을 어찌 받으실 수 있는가. 아무리 좋은 예물을 많이 가져올지라도 그런 예물은 받지 않으시겠다는 하나님의 마음을 선지자를 통해 토로하신 사례가 있다.

"여호와께서 말씀하시되 너희의 무수한 제물이 내게 무엇이 유익하냐? <u>나는 숫양의 번제와 살진 짐승의 기름에 배불렀고, 나는 수송아지나 어린 양이나 숫염소의 피를 기뻐하지 아니하노라</u> ⑿ 너희가 내 앞에 보이러 오니 그것을 누가 너희에게 요구하였느뇨 내 마당만 밟을 뿐이니라 ⒀ 헛된 제물을 다시 가져오지 말라 분향은 내가 가증하게 여기는 바요 월삭과 안식일과 대회로 모이는 것도 그러하니 성회와 아울러 악을 행하는 것을 내가 견디지 못하겠노라 ⒁ 내 마음이 너희의 월삭과 정한 절기를 싫어하나니 그것이 내게 무거운 짐이라 내가 지기에 곤비하였느니라"(사 1:11-14)

입술로는 하나님을 존경하되 마음은 먼 외식하는 자들의 마음을 꿰뚫어 보시는 하나님이 어찌 그런 자들의 예물을 받으시겠는가.[203] 따라서 히브리서 기자의 평가를 따라 가인의 자세는 두 마음을 품은 자로서 외식하는 믿음이었다고 생각할 수밖에 없다.

나) 예물의 차이가 있었다.

예물의 차이가 있다는 말은 피가 있고 없는 차이를 말함이 아니다. 이는

---

203   사 29:13; 마 15:8; 막 7:6.

앞에서 피를 동반해야 하는 속죄제나 속건제가 아니라고 이미 밝혔기 때문에 더 이상 부언할 필요가 없을 줄 안다. 다만 가인과 아벨이 가져온 제물에서 작지만 아주 중요한 차이가 난다. "작다"라는 표현은 단어 하나가 차이가 난다는 의미이며, "중요하다"라는 표현은 하나님이 받으시는 예물의 기준이 되기 때문이다. 그것이 무엇인가.

"아벨은 자기도 양의 **첫 새끼**와 그 기름으로 드렸더니 여호와께서 아벨과 그 제물은 열납하셨으나"(창 4:4)

아벨이 드린 예물인 양의 "첫 새끼"로 번역된 단어 '베코라'는 "사람이나 짐승의 초태생 곧 장자"를 가리킨다. 그에 비해 가인은 그냥 "땅의 소산"을 드렸다고 기록한다(창 4:3). 땅의 소산을 드렸느냐 짐승을 드렸느냐가 중요한 것이 아니라, <u>첫 번째 것</u>을 드렸느냐 아니냐가 중요하다는 이야기다. 절기 예물을 드릴 때 가장 기준이 되는 것이 무엇인가 하면, 역시 처음 익은 열매의 첫 것이어야 한다는 점이다.[204] 첫 것은 하나님의 것이라고 말씀하셨다(참고. 민 3:12).

"네 재물과 <u>네 소산물의 처음 익은 열매</u>로 여호와를 공경하라"(잠 3:9)

따라서 처음 것을 하나님께 드린다는 말은 곧 하나님의 소유를 인정

---

204   출 23:19; 34:26; 레 2:12; 민 28:26.

한다는 의미다. 출애굽 때, 하나님이 불순종한 바로와 애굽 사람들의 장자들을 치신 것도, 모든 생명의 근원이 하나님이심을 선포하는 심판이었다. 또 이스라엘이 가나안 땅을 점령할 때 첫 번째 도시인 여리고에서 이스라엘은 어떠한 전리품도 취하지 말아야 했고, 모두 하나님께 드려야만 했는데 이것은 여리고가 첫 번째 성읍이었기 때문이다. 그들이 정복한 두 번째 도시 아이 성부터는 모든 전리품을 차지할 수 있었다.[205] 항상 하나님을 첫 번째 위치에 두고 그를 높이고, 내게 있는 모든 것이 하나님의 소유임을 인정하는 것이 중요하다. 하나님은 가인도 그의 제물도 거들떠보지 않으셨다. 하나님을 제일로 높이지 않는 자의 예물은 하나님 앞에서는 아무런 의미도 없는 것이기 때문이다. 가인의 분노를 보라. 그는 자기 마음대로(생각대로) 예물을 드려놓고 하나님이 받지 않으시자 하나님에게 화를 내지 않는가? 이런 그의 태도를 통해 그의 중심은 하나님을 높이는 중심이 아닌 것을 더 분명하게 확인할 수 있다.[206] 이제 인간적인 측면이지만 있음 직한 가인의 항변을 생각해보자.

b. 가인의 항변

가인은 인간사에서 하나님에게 상처받은 최초의 사람이라고 말할 수 있

---

205 첫 번째 성인 여리고에서의 전리품에 아간이 손댄 사건이 벌어지자 하나님은 그 일로 인해서 더 이상 이스라엘의 전쟁을 돌아보시지 않은 것이다. 그래서 다음 성인 아이 성 싸움에서 이스라엘을 패하게 하셨다. 이는 첫 번째 것은 하나님의 것이요, 그것을 취하는 것은 도둑질이자 하나님께 반역하는 것이기 때문이다.
206 김성수 편집, 「다시 보는 72구절」; 김하연, (서울: 총회성경연구소, 2018), 32-34.

다. 오늘날도 하나님을 부정하지는 않지만, 하나님으로부터 상처받고 방황하는 자들이 가인의 후예들이다. 사람의 능력으로 할 수 없는 그 무엇인가를 신이 해결해주기를 기대하는 것은 인지상정이 아닌가. 그런데 내가 도움을 요청할 때 하나님이 침묵하고 있으면 답답하고 슬프고 화가 나는 일들이 생기는 것도 사실 아닌가. 더 크고 답답한 문제는, 신에게마저 상처받으면 해결 방법이 없다는 것이다. 사람에게 상처받으면 신에게로 가면 되지만, 신에게 상처받으면 어디로 가야 하는가? 아무런 대책이 없는데, 이것이 어쩔 수 없는 사람의 운명이란 것이 사람을 무력하게 만든다. 마치 하늘을 향해 던진 공이 힘없이 땅바닥에 뚝 떨어지고 마는 것처럼, 신과의 관계가 어려워지면 갈 곳이 없다. 숨을 곳도 없다. 이 세상 자체가 신의 공간인데 어디로 가서 숨을 곳을 찾겠는가(암 9:2-4).[207] 아니 그런 생각 자체가 어리석은 일이 아닌가. 그래서 지금부터 가인에 대한 추론을 전개해보고자 한다.[208]

    아담과 하와 이후의 모든 사람은 에덴동산 밖에서 태어났다. 하나님과 멀어진 상태에서 태어난 가인은 에덴동산 시절을 경험하지 못한 상태에서, 부모에게(아담과 하와) 들은 신에 대한 지식과 사람의 죄에 대한 심판이 전부였을 것이며, 그로 인한 상처(트라우마)를 품은 상태였을 것이다. 그래도 사람은 시간(크로노스) 속에 살면서 영원을 바라고, 유한하면서 무한한 경지를 동경하고, 상대적인 존재임에도 절대적인 위치에 오르고 싶어한다. 금단의 선악과를 따먹은 것은 분명히 자기들의 잘못이다. 그 일에

---

[207] 이상준, 「가인 이야기」, (서울: 두란노, 2014), 8.
[208] 이 추론 부분은 이상준의 '가인 이야기'에서 요약하여 인용했음을 밝힌다.

대해서는 변명의 여지가 없다. 그러나 그 단 한 번 저지른 잘못의 결과가 이 정도일 줄은 몰랐다. 너무 치명적이다. 잘못한 것은 알겠는데 어찌 이리도 무정하다는 말인가. 우리를 창조하신 하나님은 한 번의 실수도 용납할 수 없는 신이란 말인가. 어쨌든 가인은 부모의 기대를 한 몸에 받고 태어난 아담과 하와의 첫 번째 동료로서 사람이자 아들이었다. 에덴 밖이라는 적대적 환경에서 태어난 첫 번째 사람이라는 사실이, 한편으로는 그들로 하여금 회복의 기대를 품게 했을 것이다. 그래서 아마도 에덴동산에서 그리 멀지 않은 곳에 터를 잡고 살았을 것으로 예상한다.

그런데 가인이 자라면서 드는 생각이 '엄마 아빠가 하나님의 말씀을 어겨서 에덴동산이란 환경에서 쫓겨난 일은 그렇다 쳐도, 나는 왜?', '나는 대면한 적도 없는 하나님이란 신에게 잘못한 것이 없는데, 나는 왜 이렇게 힘들게 고생해야 하는 거지'라는 생각으로 하나님의 처신에 대하여 도무지 이해가 되지 않았을 가능성이 크다. 착하고 순진한 엄마 아빠는 저주받은 지금의 생활도 하나님의 은혜로 살고 있다고 생각하지만, 엄마 아빠가 경험한 모든 일을 알지 못하는 가인은 생각할수록 화가 치밀어 오를 수 있다. 가인에게 하나님이란 존재는 자신이 사랑하는 부모를 한번 잘못한 일로 동산 밖으로 쫓아낸 하나님에 대해 얼마든지 잔인하고 무서운 존재(신)로 인식할 수 있다. 물론 하나님이란 존재가 세상을 만들었다고 하니 그런 신의 존재를 인정한다고 할지라도, 신의 선함은 인정할 수도, 인정하고 싶지도 않았을 수 있다.[209] 가인은 이런 생각과 과정을 밟으면서 점차 하나님에 대한 믿음을 잃어가며, 회의주의 내지는 불신의 세계로 빠

---

209 앞의 책, 39. 오늘날의 인간들도 이런 비슷한 생각을 표출하는 경우가 많다.

셔들게 되는 모습을 충분히 추론할 수 있겠다(참고. 창 4:7).

그러다가 둘째인 동생 아벨이 태어나는데, 그때는 아담 부부에게는 첫 아이 가인이 태어날 때와는 기대감이 많이 떨어진 상태라고 보여진다. 그 이유는 이름에서 힌트를 얻게 된다. 아벨은 "허무, 덧없음, 불만족, 공허" 등의 뜻을 가진 이름을 얻는다. 첫아들 가인에게 기대하며(여자의 후손) 열심히 키우며 일해왔으나 다시 에덴으로 돌아갈 기미는 전혀 보이지 않고, 죽도록 고생만 하는 자기들의 인생에 대해 실망감과 인생의 덧없음을 느끼게 된 것이 아닌가 생각된다. 하루가 가고, 사계절이 가고, 한 해 두 해가 가도 아무런 변화가 없다. 그냥 세월의 쳇바퀴만 돌고 돌 뿐, 마냥 제자리이다. 아담과 하와는 무기력과 허무의 깊은 늪에 빠져 있었다. 영원히 이런 생활을 벗어날 수 없을 것 같은 공포와 함께… 그래서 그 아이의 이름은 '아벨'이라고 이름 짓게 되었다고 여겨진다.

그래서 그런지 아담과 하와는 첫아들 가인을 얻었을 때만큼의 기대가 시들해져서 둘째 아들 아벨의 인생에는 별 기대가 없었다. 큰아들 가인처럼 애착을 갖지도 않았다. 그런 무심한 부모의 태도에 아벨은 아빠와 형이 농사짓는 땅 외에 들판을 상대로 살아갈 수밖에 없는 처지가 되었을 것이란 추론이 가능하다. 그래서 들에서 짐승을 방목하는 목자의 인생을 걷게 되었다고 여겨진다. 부모는 가인에게 기대를 걸었고 땅을 물려주었다. 하지만 아벨에게는 아무런 기대도 하지 않았고 그를 내버려 두었다. 왜 그랬을까? 가인에게 걸었던 기대가 속히 이루어지지 않았고, 아무런 징조 내지는 언급도 없이 마냥 '부지하세월'(不知何歲月)하고 있었기 때문이리라. 그러나 하나님은 그렇게 방치된 아들 아벨을 선택했다.[210] 그로 인해 아벨은 저 주받은 땅을 바라보며 살지 않게 되었고, 축복받은 생명(들판의 생명들 즉 꽃과 식물, 동물 등)을 바라보며 살 수 있는 반전이 있었다. 날마다 절망의 땅에서 소망을 발견하는 삶을 살았다고 표현해야 할 것이다. 그래서 자연스럽게 하나님이 창조하신 자연을 찬송하며 즐거워하는 삶을 살 수 있었던 것으로 생각된다. 가인이 사람의 삶에서 기본적인 의식주 가운데 먹는 '식'(食)을 담당했다면, 아벨은 '의'(衣)를 담당했다. 왜냐면 동물의 가죽으로 옷을 지어 입던 때였기 때문이다. 그러면서 왜 꼭 동물을 잡아 가죽옷을 만들어 입어야 하는지도 아빠로부터 배워 알게 되었을 것으로 여겨진다. 그렇게 아벨은 하나님에 대한 믿음을 키워나갔을 것으로 생각할 수 있다.

아담과 하와가 동산에서 쫓겨난 지 오랜 세월이 지난 후, 하나님께 제물을 드려야 하는 상황이 발생했다(창 4:3). 그러나 가인은 그동안 농사를 지으면서 저주받은 땅의 가시와 엉겅퀴와 싸우느라고 땀을 흘리며 고생한 기억만 있지, 아벨처럼 들판에서 각종 생명체를 상대하며 찬양하는 삶은 상상도, 경험도 하지 못했다. 결국 가인은 살면서 창조주 하나님의 사랑을 전혀 감지하지 못했다는 결론에 이른다. 그는 그저 저주받은 사람의 삶에만 초점이 맞추어져 있다 보니, 모든 것이 불만스럽고 고통스러운 기억 밖에 없었다.

> 신이 내게 해준 것이라고는 그 완벽하다는 에덴동산에서 아버지와 어머니를 쫓아내고, 땅을 저주하여 척박하게 만들어서 엉겅퀴와 가

---

210   앞의 책, 50.

시로 뒤범벅이 되게 만들고, 땀을 흘리며 처절하게 고생해야 겨우 식물을 먹고 생명을 유지할 수 있게 내 삶을 고달프게 만들어 준 것뿐인데, 내가 왜 그런 분에게 죽도록 수고하여 얻은 열매를 바쳐야 할까.[211]

가인은 너무나 억울했다. 그는 여태껏 신(하나님)에게 항의하지도 않고 열심히 땀 흘려 일했다. 흙밭에서 고생하는 것이 그의 운명이라면 기꺼이 받아들이리라 마음먹었다. 그러나 거기까지가 그의 최선이었다. 그런데 자기는 나름대로 자신의 수고로 거둔 소산을 드렸는데 받지 않는 이유가 무엇인가? 난들 드리고 싶어 드린 줄 아는가. 드려야 한다고 해서 드린 것인데 왜 동생 것만 받고 내 것은 받지 않는다는 말인가? 그런 하나님의 처사에 너무 화가 난 것이다. 이건 순전히 신의 편애라고 생각할 수밖에 없다는 생각에 화가 더욱 치밀어 올랐다. 사실 가인이 드린 땅의 소산은 사람의 생존을 위한 것이지 신의 만족을 위한 것이 아니잖은가. 따라서 가인에게 있어서 신께 드리는 제사는 내고 싶지 않은 세금이었고, 물고 싶지 않은 벌금처럼 여겨졌다. 따라서 가인이 드리는 제물은 신에 대한 존경도 사랑도 헌신도 아니었다. 다만 신을 인정하지 않으면 자기에게 화가 있을까 봐 두려웠을 뿐이다. 그러니 가인의 제사는 신을 위한 것이 아니라 가인 자신을 위한 것이었다.[212]

오늘날도 이런 가인 같은 마음 자세로 예배와 제물을 드리는 신자들

---

211   앞의 책, 66.
212   앞의 책, 67-68.

이 없을까. 있다면 그들이 오늘날 가인의 후손들이다. 오늘날도 가인처럼 땅만 바라보며 먹고살기 위해 일벌레처럼 밤낮으로 쉬지도 못하고 일하다가, 정말 중요한 하나님을 잃어버리고 마음이 강퍅해지는(히 3:13) 비극적이고도 안타까운 세상이다(참고. 렘 16:12). 이것이 성경이 말하는 악인들이 걸어가는 인생길이다. 꼭 사람이 보기에 윤리·도덕적으로 악한 죄를 지어야 악인이 아니다.

(2) 아벨의 죽음

하와가 첫아들에게 매우 큰 기대와 함께 자랑스럽게 지은 "가인"이란 이름은 하와가 나름대로 믿음을 표출한 신앙고백이라고 했다. 구원을 약속하신 하나님을 믿음으로 아들을 낳았다는 의미이다. 하나님께서 여자(하와)의 후손을 통해서 뱀(사탄)의 머리를 치게 하겠다고 한 예언의 약속을 기억하고, 첫 후손인 가인에게 큰 기대와 자부심을 가진 것이다. 그러나 가인을 통해서 하와는 사람의 기대가 얼마나 무익한지를 경험한다. 가인을 통해서 부모의 인간적인 연약함과 무능함 그리고 죄의 본성이 얼마나 무서운지 알아야 했다. 그가 약속된 씨인 줄 알았지만, 사람의 생각과 기대가 얼마나 부질없는 것임을 하와는 깨닫게 된다. 그리고 그러한 영적인 변화는 두 번째 자녀를 낳을 때 영향을 미쳐, '헤벨' 곧 "무가치, 허무함, 뜻 없음"이라는 이름을 짓게 된다(전 1:2). 사람의 한껏 부풀었던 기대가 한풀 꺾인 모습이다. 사람은 그렇게 하나씩 배워나가는 길 외에 다른 방법이 없다. '자기 생각대로 된 일이 없다'라는 탄식과 한숨으로 생을 마감하는 인생이 얼마나 많은가. 그렇게 일생 나름대로 기대와 계획을 세우며 열심히 살아보았지만, 결과는 자기 생각대로 된 일이 없다는 한탄이다. 사람은 누구든지 그렇게 일생을 허비하고야 깨닫는 무지한 자들이다.

　하나님께 제사하는 날이 즐거운 날이 아니라 정말 속된 말로 아벨의 제삿날이 되었다. 어린 양을 제물로 바친 것처럼 자기 자신을 제물로 드리는 상황이 벌어진 것이다. 형이 자신을 제물로 하나님께 바친 꼴이 되었다. 이는 마치 먼 훗날 아벨이 모형이었던 예수 그리스도께서 자신이 세상 죄를 지고 가는 어린 양으로서 제물이 된 사건을 보여준다고 할 것이다. 먼저 된 자 형 가인이 나중 된 자 아벨을 죽인 것 같이, 먼저 된 유대인이 나중 된 자 예수를 죽여 제사한 것과 같은 그림이다.

　이와 동일한 구도가 오늘날까지 시대마다 반복되는 것이 안타깝다.[213] 첫째 아들은 일하는 것도 '책임감', 예배하는 것도 '책임감'으로 일관하는 모습이었다. 그러니 아무런 감동도, 자유도, 기쁨도 없었다. 결국에는 메마른 영혼으로 살아야 했다. 둘째 아들(아벨)은 형(가인)만큼 기대받지 못한 대신 제약도 없으니 자유로운 영혼이었다. 그래서 그의 영혼은 생명으로 충만했다. 책임감으로만 인생을 살면 자기 영혼도 메마르게 된다(큰 아들의 삶, 눅 15:29-30). 하나님에게는 그의 나라와 질서를 지키는데 필요한 분명한 법과 기준이 있다. 그 법은 하나님이 창조한 세계를 지키기 위한 것이었고, 하나님의 형상인 사람을 죄로부터 지키기 위함이었다. 하나님은 사람의 외모를 보지 않고 중심을 보는 명확한 기준이 있다. 하나님은 형식적인 예배를 받을 수 없다. 그래서 하나님은 가인과 그의 제사는 거

213　앞의 책, 80. 구약의 가인과 아벨/ 에서와 야곱/ 르우벤과 요셉/ 엘리압과 다윗, 신약에서 큰아들과 탕자(눅 15:11).

절하시고 아벨과 그의 제사는 받으신 것이다. 결정적으로 하나님께 제사 (예배)하는 상황에서 가인의 분노는 극에 달하게 된다. 가인의 화는 끝내 동생 아벨을 죽이는 자리까지 나아가고 말았다. 사람이 화가 나면 하나님이 되려고 한다는 말이 생각난다.[214] 화가 나면 자기가 잘못한 것이 없다는 생각에 사로잡혀 더욱 분노의 불길을 키운다. 그런데도 하나님은 그런 가인을 달랠 생각이 없으시다. 오히려 더 자극하는 말만 하신다(창 4:6-7).

하나님에게 분노하며 고개를 떨구고 있는 가인이 너무 안쓰럽기만 하다. 그의 모습에서 현대의 모든 사람의 모습이 투영되는 것은 어떻게 된 일일까. 몸이 아파 쉬고 싶어도 오늘 또 먹고 살기 위해서는, 목숨을 부지하기 위해서는 일해야 하고, 가족의 생계를 책임져야 하는 인생이 고달프다. 마음이 아파도 괜찮은 척 미소를 지어 보이며 버텨 내야 하는 인생, 영혼의 상처가 아프고 하나님이 원망스러워도 또다시 하나님 앞에 엎드려야 하는 인생의 모습이 투영된다.

가인은 일을 쉬고 싶어도 쉴 수가 없었다. 가인은 하나님이 원망스러웠지만 표현할 수 없었다. 부모님이 자기를 얼마나 의지하고 있는지 알기에 쉽게 무너질 수도 없었다. 그래서 그는 날마다 이를 악물고 살아야 했는데, 이제는 더 이상 마음의 통증을 이겨 내지 못할 지경이 되었다.[215] 자기 제어의 통제력을 상실한 체 그의 분노를 하나님에게 쏟을 길이 없으니, 동생 아벨에게 돌을 들어 치는 것으로 옮겨가 최초의 살인자가 되는 길을 선택하고 만 것이다.

---

214   김용태, 「가짜 감정」, (서울: 덴스토리, 2014), 259.
215   이상준, 83, 85.

그런데 왜 하나님은 아벨이 죽는 것을 막아주지 않았을까? 아담의 선악과 문제 때와 똑같은 질문을 해야 하는 인생이 가엾다. 그토록 아름다운 헌신의 제사를 드린 아벨을 지켜 줘야 했던 것 아닌가? 아니면 최소한 가인이 더 이상 악으로 치닫지 않도록 막는 일이라도 하셔야 했지 않을까? 어떤 일에는 적극적으로 개입하기도 하시는 하나님이 이런 중요한 순간에는 왜 침묵으로 일관하며 방관하는 것인가(욥 33:13). 사람은 하나님에 대해 아는 것이 너무 없다. 그래서 영생은 하나님을 아는 것이라고 가르친 것이리라(요 17:3). 가인이 아벨을 쳐 죽일 때 하나님은 어디에 계셨는가? 하나님은 다 지켜보시면서도 개입하지 않았다. 하나님은 아무런 제스처도 없이 그냥 지켜보고만 있었다. 이런 때 사람이 가장 힘들어하고 하나님을 원망하며 고소하는 내용 그대로다(욥 10:1-4). 욥도 자기 인생 가운데 갑자기 당하는 황당한 현실에서 처음에는 입술로 범죄하지 않으려고 애쓰다가 점차적으로 하나님을 법정에 고소하는 모양새를 취했다(욥 9:22-24). 사람은 누구든지 그런 연약함을 솔직하게 드러내며 하나님을 알아나가는 수밖에 없다.

그러면 하나님은 도대체 왜 그러시는 걸까? 가인에게 마지막 순간까지 스스로 돌이킬 수 있는 회개의 기회를 준 은혜라고 생각해보자. 그럼 죽임을 당한 아벨은 어떤 경우인가? 아벨은 더 이상 회개할 것도, 더 이상 헌신을 증명할 수도 없었고, 오히려 칭찬과 인정을 받아야(히 11:4, 6) 마땅한 인생 그대로 하나님 보시기에 아름다운 영혼이었지 않은가. 사람은 생의 가치를 생의 길이로 이야기하지만, 하나님은 영혼의 깊이로 이야기한다. 아벨의 죽음이 부모가 지어준 그의 이름(공허, 허무)처럼 헛되거나 무의미하지 않은 것은, 그가 범죄자로 죽은 것이 아니라 예배자로 죽었기 때문

이다.[216]

그런데 이 사건에서 가인은 자기가 아벨을 죽인 것이 왜 그렇게 크게 잘못된 것인지 모르고 있다. 아벨의 혈통을 단절시키는 그의 행동이 하나님의 뜻을 이루지 못하도록 하는 것이며, 인류사에 엄청난 비극을 가져다주는 사건인지를 전혀 깨닫지 못하고 있다. 만약 가인이 자기 배후에 사탄이 있어서 가인을 이용해 구원의 계보가 이어지지 못하도록 계보의 근거를 없애려고 했던 사실을 알았다면 어땠을까. 이런 비극이 성경이 가르치고자 하는 선악과를 먹은 열매이며 결과다. 아담과 하와가 먹은 선악과의 열매가 이렇게 자식 대에 이르러 살인과 죽음이라는 열매로 맺혀진 것이다. 이 열매는 또한 여기서 그치는 것이 아니라 인간의 역사 대대로 이어진다. 그 끝은 마지막 사탄과 적그리스도의 세력들과 함께 영원한 불못으로 들어가기까지 계속될 것이다. 우리는 지금 그 과정 가운데 창세기 6장에서 나타나는 선악 곧 하나님의 아들들과 사람의 딸들에 관한 문제를 다루고 있다. 그런데 이런 과정에서 왜 갑자기 천사가 등장해야 한다는 말인가. 이는 하나님의 구속사를 방해하기 위한 사탄의 술책이라고 해석할 수밖에 없다. 구속사의 흐름을 방해하고 사람의 마음을 혼미하게 하려는 술책 말이다(고후 4:4).

하나님과 그의 뜻을 알지 못했던 무지하고 조급한 인생들이 저지를 수 있는 살인은, 들짐승 가운데 가장 영리하다는 뱀을 비롯해서 가인-라멕… 다윗 같은 왕은 물론 메시아를 알아보지 못하고 예수를 죽인 유대인

---

216 앞의 책, 103.

에 이르기까지 사람의 역사 전반이 어둠과 악에 속했다는 것을 여실하게 보여준다. 그렇다. 성경이 세상은 악한 자에게 속했다고 정죄하는 것은 옳다(요일 5:19). 이렇게 우리는 가인과 아벨을 통해 인간의 역사 초입부터 선악의 열매가 확실하게 드러난 모습을 보여준다는 사실을 깨달아야 한다.

(3) 경건한 자 셋

이렇게 한바탕 존속살인이란 유례없는 큰 홍역을 치른 아담의 집안에, 가인에게 기대했던 소망은 여지없이 무너져 아무런 희망도 없어졌을 때, 하나님의 자비가 아담에게 다른 아들 '셋'을 주시는 것으로 새로운 역사(구속사)가 시작된다. 이것이 셋의 계보가 시작되는 지점이다. 그야말로 풍비박산(風飛雹散) 난 집안에 태어난 자가 '셋'으로서, 그의 인생 역시 어떤 희망이 보이지 않는 암울한 환경 가운데서 시작되었다. 우리 주 예수 그리스도께서 태어나실 때의 어둠이 짙었던 유대의 형편과 다를 바가 없었다. 더구나 성경에 셋의 이름이 소개되고 있는 부분이 극히 적다는 점이 '셋'이란 인물에 관한 연구를 어렵게 한다.[217] 그러나 이 구절들조차도 대부분은 족보와 관련된 내용으로 특별한 곳은 창세기 4:25-26이 유일하다고 할 수 있다.

그런데 셋의 출생 기록에 특이한 점이 발견된다. 그것은 3절에서 확인할 수 있는데,

217　창 4:25-26; 5:3-8; 대상 1:1; 눅 3:38.

"아담이 130세에 <u>자기 모양 곧 자기 형상과 같은 아들을 낳아</u> 이름을 셋이라 하였고"(창 5:3)

아담이 셋을 낳았을 때, 창세기 1:27과 비교해서 전치사가 뒤바뀌어 나온다. 이런 문장의 배열을 통해 저자의 숨겨진 깊은 뜻을 헤아려 볼 수 있다.

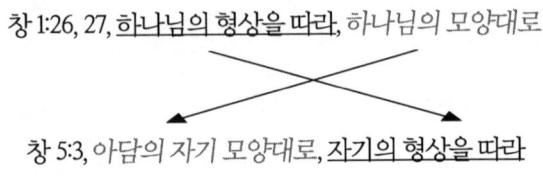

창 1:26, 27, <u>하나님의 형상을 따라</u>, 하나님의 모양대로

창 5:3, 아담의 자기 모양대로, <u>자기의 형상을 따라</u>

Chiasmus(교차대구법)[218]

이 구절에서 아담의 형상과 모양이라는 말은 어떤 의미일까? 처음 창조 때 하나님의 형상대로 만들어졌던 그 형상과 모양대로란 의미일까?[219] 아니면 범죄 이후 죄인 된 때의 형상과 모양대로란 의미일까? 연약한 사람들의 해석이기에 이 문제도 견해가 두 갈래로 나누어진다. 지금 셋이 출생하는 시기와 상황은 분명히 아담이 범죄한 이후, 그것도 가인이 아벨을 죽인 이후의 상황이기에 논리적으로는 "범죄한 아담의 형상과 모양대

---

218 교차대구법은 문장에서 같거나 대등한 어구를 두 번 반복할 때, 두 번째와 첫 번째의 순서를 바꾸어 배열하는 방법. '꽃은 아름답고, 아름다운 것은 꽃이다'와 같은 문장이 그 예이다.
219 고든 웬함, 271; 전동진, 「가라사대」, (고양: 지식 공감, 2013), 175. ; 김철웅, 64.

로"라고 해석해야 옳다고 여겨진다. 어떤 이는 모양(영)과 형상(속성)을 나누어 설명하는 자도 있다. 단어가 달라서 그렇게 해석한다는 명분을 내세우는 것이다. 그래서 범죄한 후에는 하나님의 형상인 속성은 잃어버렸지만(부분적으로 파괴되었지만), 모양(영)은 잃어버리지 않고 영적 존재로서 짐승과 구별되는 부분을 가지고 있다고 주장하기도 한다. 그러나 이런 해석은 다른 성경이나(창 5:3) 원문을 살펴보면 금방 구별이 된다. "형상과 모양으로"라고 번역한 원문은 접속사가 쓰이지 않고, 전치사 '키'(ㄱ)가 쓰였다(창 1:26; 5:3). 전치사 '키'의 의미는 "…같이, …처럼" 으로서 직역하자면, "우리의 모양처럼 우리의 형상으로 사람을 만들고"로 이해할 수 있다. 따라서 두 단어를 구분하는 개념이 아니고 히브리 사고방식을 따라 비슷한 단어를 연거푸 사용하여(반복법) 강조 혹은 세부적인 설명 혹은 이해를 돕는 방식으로 기록한 것이다. 이런 기법은 구약의 상당 부분에 쓰였다(특히 시편 같은 곳에 흔히 사용됨).

앞에서 설명한 것처럼, "하나님의 형상"은 왕권을 나타내는 면이 있다고 했다.[220] 반면에 "모양"은 형상이라는 단어를 보완하기 위해 사용된 '데무트'로서 모양 또는 형태를 가리킨다. 이 단어의 의미는 원본을 본뜬 것을 의미하여 닮았다는 개념을 나타낸다. 즉 하나님이 자신을 본떠서 사람을 지으셨다는 말이다. 따라서 이는 사람은 그 형태가 하나님의 아들이라는 점을 보여준다. 따라서 이 둘을 종합하여 정리하면 사람은 하나님 아버지를 닮은 아들로서 하나님 아버지의 대표자(혹은 대리자)로서 역할을

---

220   구자수, 「개혁주의 구속사」, 48.

할 수 있다는 의미로 이해할 수 있겠다.[221] 그래서 예수께서는 "나를 본 자는 아버지를 보았거늘"(요 14:9)이라고 말씀하셨던 것이다.[222]

셋을 낳을 때 "아담이 자기 모양 곧 형상"으로 묘사한 첫 번째 주장은, 그때까지(즉 셋을 낳을 때까지)는 최초의 사람에게 내려주신 축복이 아직 유효하다는 것을 암시한다.[223] 그리고 점진적으로 사람의 상태가 죄악이 관영함에 따라 하나님의 형상도 함께 파괴되는 현상이 나타난다. 이는 사람의 육체적 수명이 점진적으로 짧아져 죽음이 이르듯이, 영적인 하나님의 형상 역시 점진적인 파괴(상실)를 겪는다는 것으로 이해하면 좋을 것이다. 그러니까 셋을 낳을 때까지는 아담에게 있는 하나님의 형상이 여전히 완전히 파괴되지는 않았다는 이야기다. 즉 셋은 하나님과 끊어진 관계(영적 죽음)를 예배로 다시 회복(화목, 교통)하기 위해 하나님께서 새롭게 지정해 주신 자, 곧 하나님의 형상을 가진 새로운 아들이라는 뜻이다. 그런 의미에서 셋은 죽은 아벨을 대신하여 아담과 하와에게 다시금 "지정하여" 주

---

221   존 맥아더, 리차드 메이휴, 688-689.
222   하나님의 형상과 모양에 대해, 형상을 "왕권"에 연관 짓는 것은 기능설(Hans Walter Wolff, *Anthropology of the Old Testament* (Philadelphia, PA: Fortress, 1974), 160-161), 모양을 "아들"이란 개념은 관계설(Millard J. Erickson, *Christian Theology*, 2nd ed. (Grand Rapids, MI: Baker, 2006), 524)에 해당한다고 말할 수 있는데, 이런 견해들이 나름대로 설명이 되지만, 가장 좋은 견해는 지정의의 인격적 실체설이라고 정의할 수 있다. 그러나 어느 하나에 국한하지 않고 "사람에게서 하나님을 닮은 모든 면이 사람에게 주어진 하나님의 형상과 모양"이라는 주장이 가장 나은 견해라고 생각한다. Wayne Grudem, *Systematic Theology: An Introduction on to Biblical Doctrine*, (Grand Rapids, MI: Zondervan. 1994), 444.
223   송병현, 162. ; Kenneth A. Mathews, *Genesis, 2 vols. NAC*, (Nashville: Broadman & Holman, 2005).

신 "새로운 씨"다. 그 "다른 씨"²²⁴, 셋은 예비의 회복을 통해(요 4:24) 하나님의 형상을 회복시키려는 하나님의 구속을 이루는 선물로 이해하는 것이다.

반면에 다른 해석은 아담은 처음에 하나님의 형상대로 창조되었다. 그리고 셋이 아담의 형상대로 태어났다고 기록하는 것은, 셋이 태어나는 과정에서 사람(아담)이 타락하는 사건이 발생했고, 아담에게 있는 하나님의 형상이 죄로 말미암아 손상되었다. 아담은 타락 후 필연적 죽음을 선고받은 존재로서(창 2:19), 그런 자가 "자기 모양과 같은 아들을 낳았다"라는 것은 곧 죽음이란 죄책(罪責)이 후손에게 전가되었다는 의미로 해석한다(롬 5:12). 즉 아담은 자신처럼 하나님의 형상이 훼손된 상태의 아들을 낳았다는 의미라고 한다. 다시 말해서 아담의 후손들은 죽을 운명을 지닌 죄인으로 태어나게 되었다는 주장이다.

이렇게 정반대의 해석이 신자들을 혼란스럽게 만든다. 이에 필자는 아담이 자기 모양 곧 자기 형상과 같은 아들을 낳았다고 하는 묘사는, 첫 아담을 창조한 때의 형상대로 셋을 낳았다고 해석한다. 즉 이 문맥(창 5:1-3)에서는 죄와 상관없는 기술을 하고 있다는 말이다. 창조-아담의 범죄-가인의 살인-그리고 이어지는 역사 혹은 사건상의 전개로서의 셋이 태어나는 것을 기록한 것이 아니라, 하나님의 처음 창조 목적을 따르는 하나님

---

224   신약에서 "다른 보혜사"(요 14:16)란 개념과 비슷하다고 설명할 수 있겠다. 예수 그리스도가 죽고 (부활승천하신 후) 다른 보혜사를 보내시는 것의 모형으로 생각할 수 있다. 아벨이 예수께서 제물이 되는 모형이라면, 셋은 하나님의 형상을 회복시켜나가는 보혜사 성령의 모형이 될 수 있다.

나라의 건설을 위한 구속사적 기록을 목적으로 기록한 것이라고 주장한다는 의미다. 5:1의 "아담 자손의 계보가 이러하니라"를 직역하면 "아담 자손의 책이 이러하니라"로 할 수 있고, "자손, 후예, 계보"로 번역한 히브리어 '톨-도트'란 특별한 주요 인물이나 가문을 가리키며[225], 그 계보의 간추린 역사를 책(쎄페르)으로 묶은 것을 의미한다.[226] 여기서 쓰인 '톨-도트'의 특징은 어느 한 시대의 구속사적 흐름을 따라 계시 된 것으로써 하나님이 사람을 창조하실 때, 하나님의 형상대로 지으신 첫 사람 아담이 자기의 모양 곧 자기의 형상과 같은 아들을 낳아 그 이름을 '셋'이라고 지었다는 점을 정리하고 있다는 말이다. **앞서 있었던 아담의 아들들 곧 가인과 아벨과는 "다른 씨"를 주신 것을 말씀하시고자 하는데, 하나님께서 처음 아담을 지으실 때 하나님의 그 형상과 그 모양의 계대를 이어갈 후사로 "지정하여 주신"(선택한) 자라는 뜻**이다. 다시 말해서 아담의 혈통적 계보를 말하려는 것이 아니고, 구속사적 계보를 말씀하고자 하셨다는 이야기다. 그러니까 아담의 범죄 여부와 상관없는 "또 다른 계보"의 역사 기록이란 점이 핵심이다. 이 구분을 놓치면 성경 기록을 곡해하게 된다. 그렇게 셋이 하나님으로부터 **선택**(지정)받았다. 이제 그로부터 경건한 자손들(하나님의 형상과 모양대로 지어진 자들로 묘사됨)의 계보가 이어지는 기록이 창세기

---

225 김의원, 「창세기 연구」, (서울: 기독교문서선교회, 2103).
226 제임스 몽고메리, 425. 창세기 5:1의 독특한 점은 다른 구절에는 없는 "책"(쎄페르)이란 단어가 첨가된 것이다. 이것을 NIV는 "이것은 아담의 계보가 기록된 이야기이다"라고 번역했고, 그것은 전 역사에 있어 가장 오래된 기록 문서로 아담의 경건한 후손들에 대한 기록이다. 이것은 우리에게 하나님은 그분께 신실한 자들의 이름과 행위를 기록하는 것에 특별한 관심을 가지고 계시고, 또한 만일 우리가 신실하다면 우리의 이름과 행위 역시 책에 기록하실 것임을 깨닫게 한다(참고. 말 3:16; 계 20:11-15).

5장이다. "씨"에 대한 소망을 가지고 보존해 가는 아담-셋으로 이어지는 5장의 계보는 그들이 얼마나 하나님의 약속(창 3:15)에 진심이었는지를 보여주는 증거다.

좀 더 풀어서 말하자면, 처음에는 하나님의 형상을 따라 하나님의 모양 같은 아담이 창조되었다(창 5:1-2에서 재연). 하나님의 형상이 이 시공간의 지상에서 사람의 모양을 갖는 형식을 띤다(하나님의 형상을 주체로 해서 모양을 넣는다). 5장에서 아담은 셋을 낳았는데, 아담 자신의 모양을 닮은(따라) 자기의 형상 같은 아들을 낳았다고 기록하고 있다. 범죄한 아담을 닮은 모양으로 사람이 출생하는 일은 처음이 아니다(이미 가인과 아벨이 있었다). 문자적인 어순을 따르자면, "하나님의 형상대로"가 아니고 "아담 (사람)의 모양대로" 셋이 출생한 것이다. 사람은 이미 원죄의 모습을 가지고 있는 부모(아담)의 모양대로 그 부모의 것을 가지고 태어난다. 그러나 사람이 가지고 있는 형상은 사실상 처음부터 하나님의 것이었다. 사람은 형상에 있어서만은 하나님을 닮는다. 형상은 언제나 하나님의 그 모습이다. 여기서 형상이란, 하나님과의 관계에서 하나님을 떠나서는 살 수 없는 존재, 사람이 처음 창조된 본래의 본성을 가리킨다('종교성'이라고도 부른다. 행 17:22). 아담의 계보는 비록 외적으로는 사람의 모양으로 나오지만, 그 안에 하나님과 대면하는 하나님의 형상을 함께 가지고 나온다(고전 11:7; 약 3:9, 성경은 사람 안에 하나님의 형상이 여전히 있다고 말한다).[227] 이것이 가인의 계보와는 구별된 하나

227　범죄한 아담의 후손들은 사람의 외모(모양, 체질 등)는 부모로부터 유전되지만, 그의 형상은 하나님으로부터 받는 게 아닐까. 사람이 태어날 때 따르는 유전설과 창조설의 조화를 생각해본다.

님의 톨-도트(계보)를 기록한 특징이자 목적이다. 비록 원죄의 모습, **외모로는 흙으로 빚은 사람의 모양을 가지고 나오지만, 그 안에 하나님의 형상을 가진 사람이 곧 셋이다.** 그리고 이 셋의 성질이 그대로 하나님의 씨를 통한 구원의 계보이며, 그 기초이다. 여기로부터 하나님의 택하신 사람들 곧 경건한 사람들이 나온다.

5장에서 아담도, 남녀 창조도 다시 기록된 것은 바로 이러한 사상 아래 하나님의 참된 형상의 계보(줄기)가 시작되고 있다는 새로운 입장에서 다시 기록해야 할 필요를 가졌기 때문이다(재창조). 따라서 첫 아담은(실제로는 첫 번째 사람으로서 남녀인 아담과 하와) 가인의 계보와 관련시키는 것 없이, 단지 하나님의 형상을 지닌 약속(계시)의 계보를 재창조하기 위해서 그들의 존재 가치를 다시 평가해서 기록하고 있다. 첫 사람 아담 곧 한 남자와 여자는 셋의 계보를 창조하는 데에 하나님으로부터 바르게 쓰임 받고, 하나님과 재설정된 관계를 맺고 있다. 아담(한 남자와 여자) → 셋의 출생(하나님의 형상이란 본질을 가진 하나님 형상의 씨앗)을 기초로 하여 하나님의 톨-도트의 계보를 따라 하나님의 백성이 계속해서 출생한다. 전에는 하나님의 형상을 따라 하나님의 모양대로 창조 받은 아담이 하나님의 뜻을 수행했지만, 이제는 사람의 모양을 입은 셋이 자기 안에 하나님의 형상을 지니고 하나님의 새 창조의 역사 톨-도트를 선한 방향으로 이끌어 갈 것이다. 이와 같은 내용이 5장 첫머리에 있는 아담(또는 사람)의 계보 이야기에서 하나님의 아들들이 시작되는 사건이다.

5장에 있는 사람 창조의 이야기는 셋을 통한 영적 계보 탄생을 중심으로 다시 쓰여짐으로써 여기서는 하나님의 백성인 이 영적 계보의 시작으로 아담이 나오고, 그리고 그 아담의 시작은 하나님으로 설정되었다(누가복음 3상의 하나님 계보 참고). 그러므로 5장이 말하려는 핵심 사상은, 아담 안에서 나오는 두 계보 중에 하나님의 형상이 들어 있는 택함 받은 계보(영적 존재의 사람)의 시조(셋)와 그 기원은 아담을 거쳐 그 위에 계신 하나님이라는 것이다. 이 영적 계보에 속한 사람들의 아버지는 하나님이다. 역시 마찬가지로 신약의 마태복음에서 예수 그리스도의 계보 이야기를 보면, 같은 맥락에서 기록하고 있다는 것을 알 수 있다. 특히 누가복음 3:23-38에서 예수로부터 마태의 족보와는 역으로 아담까지 거슬러 올라가면서 영적 계보를 기록하고 있다. 히브리적 사관에서 하나님의 창조 톨-도트 이야기는 비록 타락한 사람이라고 하더라도 여전히 그 중심은 사람이라는 것이다. 하나님께서 하나님의 뜻을 사람이 아닌 다른 생명체에게 나타내시고 맡기지 않는 이상, 그리고 사람의 기원이 하나님인 이상, 사람은 멸망하지 않는다. 어떤 형태로든, 어떤 방식으로든 하나님 은혜의 결과로 하나님의 뜻 안에서 살아 생존한다. 사람 내부에서 역사하는 사악한 죄는 결국 심판되고, 사람 사회에 난무하는 죄악성은 하나님의 전능하심으로 마침내 제거될 것이다.[228]

하나님은 사탄의 어떠한 방해에도 불구하고 자신의 약속을 반드시 성취하신다. 하나님은 결단코 실패하지 않으시기 때문이다. 셋의 출생을 통해서 하나님의 형상은 하나님의 톨-도트를 통해 계속 이어지게 하셨다. 하나님은 사탄에 의해 파괴된 하나님 나라의 질서와 끊어진 사람과 하나님의 관계, 그리고 창조 목적을 아담의 후손으로 셋을 보냄으로써 제 위치에 다시 돌려놓았고(이런 점에서 셋은 둘째 아담의 모형이다. 그래서 재창조라고

---

228   김준기, 228-229.

말하는 것이다), 에노스의 출생을 계기로, 에노스의 이름처럼 하나님 없이는 도저히 살 수 없는 약하고, 깨어지기 쉬운 존재임을 계시하셨고(셋의 신앙고백), 가인의 자손들과 같지 아니한 새로운 인류(다른 씨)를 탄생시켜 의의 계보를 이어 가시겠다는 의지를 보이셨다. 이들은 원죄로 인해 자신들이 죽을 수밖에 없는 존재라는 사실을 하나님의 계시로 깨달은 자들이었기 때문에, 또한 하나님에 대한 신앙(창 3:15의 예언 계시를 믿는)을 통해서 하나님이 준비해 주신 영생을 얻는 사실도 확실히 믿고 그 증거를 가진 사람들이었기 때문에, 계보를 잇는 일이 최고로 중요한 대업인 줄 알고(히필형으로 표시) 인생의 목적으로 삼은 자들이었다.[229]

그렇게 창세기 5장에서 하나님의 거룩한 구원의 계보가 다시 시작하고 있다. 거룩한 계보의 공통점은 단지 "낳고 죽는"다는 단순한 사실을 기록하고 있다는 점이다. 다만 하나님의 씨, 영생과 약속의 계보만이 다음 세대로 계승된다. 그래서 5:1-2에서 영적 계보의 재창조를 기술한 것이다. 창세기 1, 2장에 있는 내용을 다시 요약하여 기록하고 있는데, 이는 영적 계보의 뿌리는 하나님이란 점을 분명히 하는 것이 주목적이다. 이것은 원래 사람의 창조는 1, 2장에서 완전했고, 복을 향유하게 되어 있었지만, 아담의 타락 이후의 인간 역사인 3장부터는 그렇지 못하다는 점을 비교하여 상기시키려고 한 것이다. 따라서 1장에서 천지의 창조와 2장에서 창조된 세계에서 하나님의 "그 하늘과 그 땅" 안에서의 창조 이야기와 3장에

---

[229] 앞의 책, 230.; 히필형은 사역 능동으로 쓰이며, 주어의 역할을 다른 어떤 것에 대한 원인으로 나타내기 위해 사용된다. 마이클 하이저, 「안경 없이 성경 읽기」, 김태형 옮김, (서울: 좋은 씨앗, 2021), 90.

서 아담의 톨-도트 역사 이야기에서 다시 힌번 더 창조한 이야기를 합쳐서 3번이나 나오고 있다. 아담의 역사(계보) 이야기는 어떤 면에서 하나님의 창조 이야기에서 실제로 말씀하고 싶어 하던 주 내용일 것이다. 이 계보의 서술은 또 하나의 하나님의 창조 이야기이다. 하나님이 창조하신 세계에서 사람 이야기는 아담의 톨-도트 기록을 통해 계시의 절정을 이루고 있다.

셋의 출생은 사람이 기대했던 가인과의 차별을 보여준다(창 4:25-26). 셋의 출생을 통해서 하나님의 선택과 구원의 계보가 시작된다. 셋의 출생을 계기로 하나님께서 사랑과 긍휼의 마음을 가지고 사람의 역사에 개입하심을 통해서 인류는 구원의 또 다른 희망을 체험한다. 가인의 계보가 하나님 없이 사람 위주의 육적 편의주의와 세상의 문화발전으로 치닫는 데 비해서, 셋의 계보는 하나님의 통치를 받는 질서가 가장 선하다는 것을 깨닫고 철저히 하나님 중심의 신앙 문화를 유지하며 전수한다. 히와는 가인을 통해 사람의 회복, 에덴의 회복을 바랐지만, 결과는 사람의 회복은 커녕 인간성이 무너지는 아픔과 상처만 남기고 끝났다. 그러나 하나님은 똑같은 사람의 회복, 에덴의 회복을 위해 셋을 주셨다. 셋의 등장을 통해 성경이 드러내고자 하는 가장 중요한 핵심은, "그때부터 여호와의 이름을 불렀더라"라는 예배 회복이다.[230] 셋이 에노스를 낳을 시기에 하나님이 선택하신 계보는 사람이 참으로 덧없고 약한 존재인 것을 절실히 체험하고, 이 계시의 자녀들은 그러한 사람의 한계를 깨달을수록 구원과 생명을 주는 하나님을 더욱 간절히 찾고 부르는 방향으로 나아갔다. 하나님의 계시

---

230 창 12:8; 13:4; 21:33; 26:25.

가 없이는 하나님의 이름을 부를 수 없다(고전 12:3). 그러므로 '에노스'가 태어나는 시기에 하나님의 자녀에게 하나님이 누구인지 알려주는 구체적인 계시가 있었다는 추론이 가능하다. 그리고 이 말은 계시를 주신 하나님과 인격적인 교제의 관계가 있었다는 의미로 받아들여진다.[231]

그렇다면 셋이 에노스를 낳기 이전에는 사람들이 여호와의 이름을 부르는 예배가 없었다는 이야기가 성립한다. 다시 말해서 이전에는 개인이나 가족 단위의 제사만 있었고, 공적인 예배가 없었음을 말한다. 이는 가인이 도시를 건설하고 그 이름을 자기 아들의 이름으로 부른 것과는 대조적이다. 여호와의 이름을 불렀다는 말은 다 같이 예배한다는 의미를 함축하는 것으로, 특히 기도나 제사를 의미한다고 볼 수 있다. 그래서 "그때 사람들이 비로소 여호와의 이름을 불렀다"라는 것은 가인의 후예들이 여러 가지 세상 문화·문명의 조상이 된 것처럼, 셋의 후예들이 하나님을 예배하는 자들의 조상이 되었다는 의미이다. 따라서 아담의 공식적인 계보를 잇는 자는 가인이 아니라 셋임을 밝히고 있다. 가인은 비록 아담의 장자일지라도 스스로 여호와의 앞을 떠남으로써 성경 역사에서 사라졌다.[232]

여기서 잠시 아담-아벨-셋-에노스로 이어지는 이름의 의미를 연계하여 생각해보면, '아담'은 "보통 사람, 사람"을 의미하며, '아벨'은 "헛된, 공허, 덧없음"을 의미하고, '셋'은 "지정되다(선택), 놓다, 세우다"라는 뜻이고, '에노스'는 "죽을 수밖에 없는 존재"를 가리킨다. 점점 더 고칠 수 없는

231　김준기, 224.
232　손석태, 「창세기 강의」, (서울: 기독대학인회출판부, 2005), 84-85.

병는 사람의 상태를 드러내고 있다는 사실과 그때 하나님의 구속 역사도 동시에 진행되고 있음을 보여준다. 특별히 '에노스'란 뜻은 "깨지기 쉬운, 약한, 고칠 수 없는 병이 든(불치병)" 사람의 상태를 잘 묘사하고 있다. 이 이름에는 셋의 신앙고백이 담겨 있다. 셋은 자기 아들의 이름을 '에노스'라고 부름으로써, 사람이 죄로 인하여 죽을 수밖에 없는 존재라는 사실을 고백하면서, 사람들에게 하나님만 섬길 것을 촉구했다고 생각한다(아담의 7대손 에녹처럼, 유 1:14-15). 그래서 사람들이 여호와의 이름을 불렀다고 하는 말씀이 의미심장하게 다가온다. 안타까운 일이지만 범죄한 사람은 이렇게 바닥까지 떨어진 자기 상태를 알 때, 비로소 하나님을 찾는 무지하고 어둠에 속한 특성을 가졌다(잠 4:19).[233] 중요한 것은 가인은 <u>여호와 앞을 떠났</u>다고 기록하고 있는 반면에(창 4:16), 에노스는 "여호와의 이름을 불렀더라"라며 <u>하나님께 밀착하는</u> 모습을 보여주는 대조를 이룬다(창 4:26)는 사실이다. 따라서 '에노스'의 상태는 신약에서 주님이 "나는 병든 자에게 필요한 의원"으로 왔다"[234]고 하신 말씀이나, 바울이 고백한 것처럼 "내가 약할 그때 곧 강함"(고후 12:10)이라는 고백을 증명하는 모형이기도 하다. 그런 면에서 "죄가 많은 곳에 은혜가 넘친"다는 말씀은 진리다(롬 5:20).

셋의 자손은 또한 경건한 자들로서 "남은 자들"이다.

셋의 출생과 그의 계보가 기록되는 배경에는 가인 같은 불 경건한 사람들이 득세하며 세상 나라가 선설되는 시내에, 경건한 개인들로서 남은 자가 어떻게 보존되는지를 보여주고 있다. 성경은 사람 역사가 계속 진행

---

233   눅 15:13-19; 엡 2:1-3; 살전 5:4-5.
234   마 9:12-13; 막 2:17; 눅 5:32.

되면서 이런 사례를 보여주며 증거 하고 있다. 어느 한 시대에 하나님을 믿고 섬기는 사람들이 많지 않다고 해도, 최소한 얼마쯤은 있는데(왕상 19:18), 이들이 항상 서로 간에 격려하며 하나님의 보호하심을 따라 명맥을 유지한다는 사실이다. 약속의 자녀(여자의 후손)가 오시기까지 말이다. 창세기 4-9장까지의 기록을 보더라도 아벨을 대신하여 셋을 주심으로 경건한 계통의 남은 자 계보를 잇게 하셨고, 노아의 홍수 때도 노아의 여덟 식구를 남기심으로 경건한 계보를 또 이어가신다.

5) 네피림은 누구를 가리키는가?

네피림은 천사들과 사람의 딸들 사이에서 낳은 거인이라는 주장이 대세를 이룬다.[235] 그런데 필자는 계속해서 창세기 6장의 하나님의 아들들은 천사가 아니라는 증명을 해왔다. 그렇다면 필자는 네피림을 누구라고 말하는가? 먼저 6:1의 배경 설명을 통해 알 수 있는 것은, 노아가 살던 시대의 특징을 기술하고 있는데, 당시 인구 증가는 거의 폭발적이었음을 암시

---

235 구약 성경의 최초 헬라어 번역본(70인역)에선 "힘세고 위엄 있는 사람"이란 뜻의 '기간테스'라고 번역했다. 그 단어에 "영적 존재"라는 의미는 전혀 없다. 구약 성경은 히브리인이 기록한 책으로서 성경 단어의 용례와 문장의 의미를 가장 정확히 알고, 또 선조들의 전승과 신앙에 대해서도 정통한 유대인 랍비들 70여명이 번역했다고 해서 70인 역이라고 부른다. 구약 성경에 가장 정통하고 대대로 보존 유지 암송해온 유대인 랍비들이 "천사"가 아니고 "사람"이라고 번역했는데, 기독교 신학자들이 오히려 천사와 사람 사이에 낳은 반인반신의 존재라고 주장하는 모순을 범했다.

하고 있다. 그리고 그 당시 사회는 철저한 무정부 상태였다. 무엇을 근거로 그렇게 진단할 수 있는가. 그 당시 네피림이 있었다는 기록이 이를 증명한다. 네피림은 폭력을 업으로 삼는 자들의 대명사이다. 인구의 급격한 증가는 영적인 부패, 파렴치한 타락, 사회적 갈등 그리고 강력한 미혹으로 이어졌다. 그 결과 이때는 엄청난 배교가 일어나는 시대였음을 보여준다. 창세기 6:1에서 번역에 이의를 제기할 수 있는 부분은 "사람이 번성하기 시작할 때"란 부분이다.

7231	120	2490	3588	1961
לרב	הָאָדָם	הֵחֵל	כִּי	וַיְהִי
전.동칼부연	관.명남단	동일완남3단	접	접와.동칼미남3단
증가하고	사람이	그가 더럽혔다		있었다

여기서 '헤헬'(할랄의 히필 완료형)이란 동사가 중요한데, 이 단어의 쓰임새를 알 때 문맥을 올바르게 이해할 수 있다. 이 단어의 본래 의미는 "상처를 입히다, 욕되게 하다, 더럽히다, 모독하다, 부수다" 등이다.

'할랄'의 히필형(헤헬) 주제는 이름("내 거룩한 이름을 더럽히지 않게 하리니", 겔 39:7)에 대해, 사람이 하나님의 이름으로 맹세 혹은 서원하였을 때 그의 말이 "파기"되지 않도록 하라는 요구에 대해(민 30:3)(KJV "어기다") 쓰였다. 이와 같은 이유로, 이 히필형의 의미로 자주 사용되는(106회) "시작하다"라는 의미는, 만약 이것이 자유롭게 되는 일을 착수함으로써, 특정한 방식으로 행동하게 하는 의무에서 스스로 자유로워진다는 개념에서 발전한 것으로 볼 수 없다면, 똑같은 어근에서 파생되었다고 볼 수 없을 것이다(참조: D. J. WISEMAN; BDB).

따라서 이런 근거에 의해 재번역을 하면 다음과 같이 할 수 있겠다.

"사람이 사람을 더럽히는 일이 증가하고 있었다."

문맥적 상황을 적용하여 의미를 찾자면, 당시 시대 상황이 사람이 서로 상처를 입히고, 모독을 일삼으며, 욕되게 하는 일이 만연되고 있었다는 의미로 해석할 수 있다. 사람 사이에 말과 행동으로 상처 입히는 일이 성행하고, 서로 모독을 일삼으며, 죽이고, 더럽혀지는 사람이 증가하는 시대였다는 이야기다. 신약적으로 보충 설명하자면, 디모데후서 3:1-5에서 예고하고 있는 상황에 아주 적합한 상태라고 말할 수 있을 것이다.

"네가 이것을 알라 **말세에 고통 하는 때가 이르리니** (2) 사람들은 자기를 사랑하며 돈을 사랑하며 자긍하며 교만하며 훼방하며 부모를 거역하며 감사치 아니하며 거룩하지 아니하며 (3) 무정하며 원통함을 풀지 아니하며 참소하며 절제하지 못하며 사나우며 선한 것을 좋아 아니하며 (4) 배반하여 팔며 조급하며 자고하며 쾌락을 사랑하기를 하나님 사랑하는 것보다 더하며 (5) 경건의 모양은 있으나 경건의 능력은 부인하는 자니 이 같은 자들에게서 네가 돌아서라"(딤후 3:1-5)

"들을 귀 있는 자"는 들으라는 주의 말씀이 강하게 필자의 심장을 때리는 것 같다.[236] 필자가 창세기 6장을 이해하는 견해는 홍수가 임박한 노

---

236 마 11:15-24; 막 4:9, 23; 눅 14:34-35; 계 2:8-11.

아의 때의 형편이 이와 같았다고 생각한다. 그런 시대에 "네피림이 있었다"라는 내레이션(narration)이 이 같은 주장에 힘을 실어준다고 생각한다.

"**당시에 땅에 네피림이 있었고**, 그 후에도 하나님의 아들들이 사람의 딸들을 취하여 자식을 낳았으니 그들이 용사라 고대에 유명한 사람이었더라"(창 6:4)

성경을 건성으로 읽지 말고 앞뒤 문맥에 주의하여 집중하며 읽어보라. "당시에, 그 시대에, 그때는"으로 번역된 '빠야밈 하헴'은 구약에서 46회 쓰였는데, 대부분 "그 당시, 그때"를 가리키는 용어로 쓰였다. 그러면 하나님의 아들들이 사람의 딸들을 통해 자식을 낳기 이전부터도 그 당시 상황이 이미 네피림이 있었던 때라는 이야기가 아닌가.[237] 꼭 하나님의 아들들이 사람의 딸들을 취해 처음으로 네피림을 낳은 것이 아니란 증거다. 앞뒤 순서를 뒤집어 이해하면 성경을 곡해하게 된다.[238]

창세기 6장의 문장 구조를 통해 이를 증명해보기로 하자.

---

[237] 이병철, 117. 네피림(폭력적인 거인)들이 이미 세상에 존재할 때 경건한 자들이 사람의 딸들의 아름다움에 빠져 타락하는 모습을 밝히는 것이 창세기 6장 전반부 이야기다. 오늘날에도 노아의 때처럼 폭력적인 정치 거인과 경제 거인들이 범람하는 때를 당했다. 거기에 믿는 자들이 다수 포함되어 있다는 사실이 하나님을 슬프게 한다.

[238] 그런데 한글 번역을 보면 네피림이 하나님의 아들들과 사람의 딸들 사이에서 태어난 자들로 번역했다(현대어, 현대인의 성경, 공동 번역 등).

창 6:1
①사람이 땅 위에 번성하기 시작할 때, 그들에게서 딸들이 나니

창 6:4
ⓐ당시에 땅에 네피림이 있었고, 그리고 또한 그 후에

창세기 6:1의 문장 ①과 4절의 ⓐ문장은 같은 시대, 같은 상황을 묘사하는 것이다. 다시 말하자면 "당시에"라는 문구가 가리키는 바가 "사람이 더러워지는 상황이 땅 위에 증가할 때"를 가리킨다는 말이다. 다시 말해서 "죄악이 채워졌을 때"란 말과 같다(창 6:5). 그런데 그때 이미 네피림이란 존재들이 땅에 있었다는 이야기다. 이때 네피림이 "있었다"라고 할 때 쓰인 동사 '하이우'(동칼완공3복)에 '공성'을 사용하여 남녀를 구별하지 않고 있다. 그러니까 1절과 4절의 시대나 상황이 다른 것이 아니고, 같은 시대의 상황을 말하고 있다는 의미로서 시대적 상황이 이미 하나님의 심판을 예고할 만큼 병들어가던 때라는 점을 시사하고 있다.[239] 사람이 땅을 더럽히는 더러움이 가득해지는 상황으로 인한(참고. 렘 3:1),[240] 자연스러운 결과

---

[239] "시작했다"로 번역한 단어 '할랄'이란 히브리어는 "더럽히다, 모독하다, 상처를 입히다, 병들다" 등의 부정적인 의미가 있다는 점을 간과하지 말아야 한다. 이는 문맥과 어떤 형태(히필형이냐 피엘형이냐)로 쓰였느냐에 따라 다르게 해석하지만, 그 뉘앙스는 여전히 함축하고 있다는 것이다. 따라서 창세기 6:1의 문맥에서는 "사람이 더럽혀지고, 서로 상처 주고, 살해하고, 모독하는 일들이 가득해진 세상"의 형편을 말하고 있다고 여겨진다.

[240] 땅은 항상 사람으로 인해 더러워지고 저주받는다(창 3:17-18). 그 이유는 땅과 사람은 떼려야 뗄 수 없는 인과관계가 있기 때문이다. 사람의 근본은 땅(흙)이란 사실이 서로 인과관계가 있음을 보여준다(창 3:19, 23).

가 세상에 심판을 불러오고 있었다는 의미다(참고. 호 4:7). 노아 시대에 죄악으로 가득했고 하나님이 더 이상 관용하고 인내할 여지가 없었다고 창세기 6:5-7은 선언하고 있다. 그리고 4절에서 네피림에 관해 언급한 이유도 셋 계열 사람들이 네피림처럼 되었다는 사실을 밝힐 목적으로 등장한다. 성경에서 하늘과 땅은 상반되는 개념으로 제시하여(사 55:8-9),[241] 네피림의 특성을 땅/육에 속하는 것으로 설명하고 있다. 이어지는 "용사"라는 말도 긍정적으로 해석할 수 없다. "강하다, 용맹하다, 교만하다" 등의 어원에서 유래하였기 때문이며, 이러한 특성은 가인의 계보에서 발견된다.

창 6:2
②하나님의 아들들이 사람의 딸들의 아름다움(선함-토브)을 보고 자기들을 위하여 선택한 모든 자로 아내를 삼는지라

창 6:4 下
ⓑ하나님의 아들들이 사람의 딸들을 취하여 자식을 낳았으니, 그들이 용사라 고대에 유명한 사람이었더라

그리고 2절과 4절 후반부의 상황도 같은 이야기를 하는데, 2절에서는 하나님의 아들들이란 자들이 자기들을 위해서 자기들이 선택한 모든 여자를 아내로 취했다고 말하고 있다. 이는 거룩하고 성별된 존재로 택함을 받은 하나님의 사람들(셋의 후손들)이, 셋 이후에 오랜 세월이 지난 후에 세상(땅)의 가치관을 지닌 사람의 자손들과 교류하며 정체성의 혼란이 일어

---

241   고전 15:40, 47, 48, 49; 엡 1:3; 골 3:2; 계 12:12; 13:6, 12.

나게 되었다는 사실을 보여준다. 하나님의 아들들이 아내삼는 조건은 "자기를 위하여 자기들이 선택한" 모든 여인이었다고 성경은 고발한다(창 6:2). 하나님께 기준을 묻지도 않고, 자신들이 보기에 좋고 나쁨을 선택하는 것이다. 이런 태도는 선악과가 사람에게 미혹의 요소로 적용되었던 이유 중의 하나와 같다(창 3:6). 육신의 눈이 밝아진 그들 스스로 보기에 좋고 나쁨에 따라 선과 악(좋고 나쁨)의 기준을 정하게 되었다는 말이다. 반면에 4절에서는 그들 사이에서 태어난 자들이 어떤 자들이었는지를 기술하고 있다. 같은 이야기를 반복하고 있는 것이 아니라, 점진적으로 좀 더 진척되는 과정을 설명(부연)하고 있다는 이야기다. 이어서 3절과 5-7절은 그에 대한 하나님의 심정과 탄식 그리고 심판을 선언하고 있다.

창 6:3

여호와께서 가라사대 나의 신이 영원히 사람과 함께 하지 아니하리니 이는 그들이 육체가 됨이라 그러나 그들의 날은 일백이십 년이 되리라 하시니라

3절은 1-2절의 상황에 대한 하나님의 반응을 보여주고 있다. 사람에게서 하나님의 영이 떠나면 그때부터 그 사람은 창조 당시 성경이 말하는 진정한 사람이 아니다. 다시 말해서 하나님 보시기에 살아있는 존재가 아니란 이야기다. 하나님이 떠난 사람 상태를 "육체"라고 번역했는데, 이에 대한 성경 원문의 의미는 "살덩어리"이다. 즉 껍데기는 사람의 형상이나 실제는 짐승과 다름이 없다는 의미다. 하나님이 창조하신 짐승도 '네페쉬 하야'(숨 쉬는 존재)라는 면에서는 사람과 같다고 했던 것을 기억할 것이다

(참고. 겔 37:1-8). 하나님의 신(영)이 없으면 외모로는 사람의 모양은 유지하고 있으나 사람이 아닌(하나님의 형상을 잃어버린) 짐승과 같고(시 49:20) 혹은 죽은 존재(계 3:1)라고 진단하는 성경의 가르침을 기억하라.

창 6:5-7

여호와께서 <u>사람의 죄악이 세상에 관영함과 그 마음의 생각의 모든 계획이 항상 악할 뿐임을 보시고</u> (6) 땅 위에 사람 지으셨음을 한탄하사 마음에 근심하시고 (7) 가라사대 나의 창조한 사람을 내가 지면에서 쓸어 버리되 사람으로부터 육축과 기는 것과 공중의 새까지 그리하리니 이는 내가 그것을 지었음을 한탄함이니라 하시니라

5-7절까지는 노아 시대에 사람에게서 맺혀지는 "악"(1-2절에 언급된)의 상태가 더욱 나빠져서, 악이 땅에 가득 찬 상황에 대한 하나님의 심판을 선언하고 있다. "사람의 죄악이 세상에 가득함과 그 마음의 생각의 모든 계획이 항상 악할 뿐임을 보시고"라는 진단은, 세상이 네피림으로 가득한 상황에서 그나마 하나님의 아들들에게 걸었던 기대마저 다 무너진 상태를 근심하며 탄식하시는 하나님의 심정을 묘사한 것이다. 이런 묘사는 성경 다른 곳에서도 나타난다(창 18:22-32). 그때마다 하나님은 "하나님의 아들들" 혹은 "의인", 그리고 "공의를 행하며 진리를 구하는 자" 등의 표현을 사용하시면서 심판을 지체하시며 어떻게 해서든지 자비와 용서를 생각하고 계신다. 그러나 사람은 어느 때든지 이런 하나님의 오래 참으심과 자비의 기회를 제대로 활용한 때가 없었다. 예루살렘도 공의를 행하며 진리를 구하는 자 "한 사람"이 없어서 멸망했지 않은가(렘 5:1). 에스겔서에서

는 무너진 데를 막아설 자를 구하지 못해 예루살렘 성을 멸했다고 하신다 (겔 22:24-31). 이런 하나님의 심정이 묘사된 것이 노아 시대의 상황이었다고 생각하면 적확할 것이다. 그런데 이런 상황에서 생뚱맞게 타락한 천사들이 땅에 내려와서 사람의 딸들과 성관계를 통해 네피림을 낳았고, 그 네피림은 반신반인(半神半人)으로서의 거인이라고 생각하는 그 발상이 오히려 어이없는 일이다.²⁴²

창세기 6장의 구도에 비추어 생각해도 창세기 6:8-10에서는 하나님의 은혜를 입은 노아의 식구들을 소개하고, 11-13절까지는 그 당시 하나님이 심판하실 수밖에 없었던 세상(땅)의 실태를 언급하고 있는 대조를 이루고 있다.²⁴³ 창세기 6:1-7의 기록목적은 세상이 부패하고 더러움이 증가하는 상태에서, 그나마 세상을 지탱하게 해주는 경건한 자손들인 하나님의 아들들마저 오염되어 더러워짐으로 인해 세상을 심판할 수밖에 없는 과정과 상황을 보여주는 것이다. 그래서 하나님이 안타까운 심정으로 한탄하고 탄식하시는 마음을 묘사한 것이다(창 6:5-7). 그리고 장차 하나님이 선택하신 이스라엘이 약속의 땅 가나안에 들어갈 때, 하나님이 이런 인류 조상들의 실패한 경험을 반복하지 않도록 이방인(가나안 원주민)과의 결혼을

---

242 그리고 '거인'이라고 해서 반드시 악한 것은 아니지 않은가. 성경에 강하고, 크고, 많은 것에 대해서 부정적인 시각이 있는 것은 반대적인 것을 통해 하나님의 능력을 나타내기 위한 방편이며 묘사이지, 그런 외형적인 것을 반드시 판단의 기준으로 세우신 것은 아니다. 세상, 짐승, 사람의 생각은 크고 강하고 많은 것이 좋은 것이라는 판단의 기준을 삼기에, 하나님은 반대로 약하고 작고 적은 것을 통해 역설적으로 대조하며 가르치시는 것이다.

243 이런 대조 형식은 이미 창세기 6장 서두에서 하나님의 아들들과 사람의 딸들이란 대조의 구도에서 나타났다.

그토록 경계하신 것이다(신 7:3-4). 이는 이방 결혼문제는 이후에도 하나님의 백성들에게는 지속적으로 경계하고 가르치신 원칙이다(스 9:11-12; 느 13:25).

따라서 '네피림'과 비슷한 부류의 종자들이 하나님의 아들들과 사람의 딸들 사이에서 태어났는데, 그들은 '네피림'이라고 부르지 않고 '끼뽀르'(용사)라고 불렀다고 앞에서도 말했다. 그런데 이들이 어떤 자들이었는지 소개하기를 "강하기로 이름이 있는 자들"(그들이 용사라 고대에 유명한 사람이었더라)이었다고 한다. "그들은 용사로서 고대에 명성이 있는 사람들"이란 설명을 통해, 그들이 하나님의 아들들과 사람의 딸들 사이에서 태어난 자들인 것을 밝히고 있다. 홍수 직전까지도 노아의 경고를 무시했던 힘, 권력, 재력을 이용해 약탈, 방종, 사치를 일삼았던 세력가들을 지칭한다. 정작 창세기 6:4에선 하나님의 아들들과 사람의 딸들 사이의 결혼으로 태어난 후손이 거인이나 장대했다는 언급은 없다. 홍수 심판의 원인을 밝히는데 거인이라는 요소가 개입될 이유가 전혀 없기 때문이다. 무조건 거인이면 심판의 대상이 되는가? 말이 안 된다. 오히려 "용사요 고대에 명성이 있는 사람"이라는 본문의 표현이 그 원인으로 적합하다. 기존의 해석들 가운데 하나님의 아들들을 천사들이라고 주장하는 것은, 민수기 13:33과 연결해서 창세기 6:4도 거인이라고 전제하여 해석하는 오류를 범하고 있다. 또 거인이 악한 천사와 사람이 결혼해야만 출생할 수 있다는 가설도 불합리하다. 계속 강조하지만, 창세기 6:1-8은 노아 홍수의 원인을 설명하는데 주목적이 있지 거인족의 출현, 그것도 악한 천사와 사람의 결혼으로 출생했다는 가설을 말하려는 것이 아니다. 또 그들이 심판의 첫째 원인이라는 것도 하나님의 구원과 심판의 원리에도 어긋난다.

이상의 분석에서 말하고자 하는 성경의 진의가 무엇인가 하면, 아담의 경건한 후손(셋)인 하나님의 아들들이 타락하여 사람의 딸들을 취한 결과 그 열매가 그 당시 세상에 이미 존재하던 네피림(폭력을 일삼는 타락한 자들)을 꼭 닮은 자들이 태어났다는 이야기다. 그들을 '네피림'이라고 부르지 않고 그들과는 구별하여 '끼뽀르' 곧 "용사 고대의 유명한 자"라고 불렀다. 그래서 의인의 타락은 세상의 타락을 부채질하여 세상 멸망의 심판을 재촉하는 결과가 되었다는 것을 지적하는 것이다(창 18:23-32). 거룩해야 할 하나님의 아들들(경건한 자들)이 세속화된 모습을 고발함과 동시에 세상을 심판할 수밖에 없는 그 시대의 상태를 묘사하는 것이 창세기 6:1-13의 기록이다.

5303 נְפִיל 네피림 또는 느피림

또는 nephil, 네필; 5307(떨어지다, 실패하다)에서 유래; 본래 의미는, '벌목꾼', 즉 "**약한 자를 못살게 구는 사람**", 또는 "**폭군**":-거인, 장부. 타락한 자들을 가리킨다(영어 성경 참고).

1368 גִּבּוֹר 끼뽀르

또는 (짧게) gibbor, 기보르; 1397의 동형에서 유래한 강세형; '강력한' 함축적으로 '**용사**', '**폭군**':- 전사, 우두머리, ×빼어나다, 거인, 사랑, 강한(사람), 힘센(사람).

정리하자면, 하나님의 아들들이 타락한 결과 세상을 온통 "폭력"(외적 힘과 크기로 평가되는)을 중심한 세상으로 만들게 되었다는 메시지다. 비유적으로 말하자면 하나님의 아들들마저 짐승 같은 세상을 만드는 일에 일조하는 형편이 되었다는 말이다. 그 당시 세상의 상황이 네피림(약한 자를 못살게 구는 폭력배들)이 주도권을 잡고 있는 부패한 세상이었는데, 그에 더하여 경건한 자들까지도 그런 세상에 동화 또는 혼합되어 짐승화 되어 가는 모습을 하나님이 더 이상 지켜볼 수만은 없게 되었다는 말이다. 더 이상 사람에게 기대할 수 없을 정도로 온통 죄악이 충만해지는 세상이 되어, 홍수로 심판할 수밖에 없는 상황이 만들어졌다는 이야기이다. 이것이 네피림의 실체다. 결코 영계의 천사들이 사람의 딸들을 취하여 네피림을 낳은 것이 아니다.

네피림의 단어 뜻에 있는 "거인"이란 의미를 사용하든 안 하든지 간에 천사들과 사람의 결합으로 만들어지는 반신반인(半神半人)은 아니란 점은 분명히 해야 할 것이다. 만일 거인들이라고 단정하여 해석한다면 어떤 문제가 발생하냐면, 그렇다면 "거인은 모두 죄인인가?", "거인은 모두 악한 자인가?"라는 문제에 직면하게 된다고 앞에서도 이의를 제기한 것과 같은 비판을 면할 수 없다. 성경의 원칙은 육체를 자랑하지 말고(고전 1:29), 약한 것을 자랑하는 자가 신실한 자요 경건한 하나님의 사람이요 아들들이라고 강조한다는 사실을 잊지 말아야 한다(고후 12:9). 그러나 타락한 세상일수록 특히 하나님의 심판을 부르는 멸망에 가까운 세상일수록 사람(뱀)의 지혜(세상에 자기 이름을 내는 지혜, 창 6:4; 11:4)와 출세, 그리고 육체의 크고 강한 것들(권력, 육체의 힘을 앞세우는 조폭, 돈을 앞세우는 금권 등), 그리고 다다익선(多多益善)이라고 많음을 자랑하며 내세운다.

"여호와께서 이같이 말씀하시되 지혜로운 자는 그 지혜를 자랑치 말라

용사는 그 용맹을 자랑치 말라 부자는 그 부함을 자랑치 말라 (24) 자랑하는 자는 이것으로 자랑할지니 곧 명철하여 나를 아는 것과 나 여호와는 인애와 공평과 정직을 땅에 행하는 자인 줄 깨닫는 것이라 나는 이 일을 기뻐하노라. 여호와의 말이니라"(렘 9:23-24)

민수기 13:33에 따르면, 네피림은 위대한 전사들이었으며, 신체적으로 말한다면 성경에 나타나는 거인에 속하는 자들이었다. 그리고 그들은 겉모습이나 능력 면에서 거의 초인(超人)이라고 할 수 있다. 그러나 네피림들은 그런 외적인 우월함에도 불구하고 부정적인 명성을 얻게 되었다.

"거기서 **네피림**(느빌림) **후손인 아낙 자손의 거인들**(느빌림)**을 보았나니** 우리는 스스로 보기에도 메뚜기 같으니 그들이 보기에도 그와 같았을 것이니라"(민 13:33)

에스겔 32:27에는 네피림과 유사어인 '끼쁘르'가 사용되어 외적인 거인이라기보다 "용사, 전사"의 개념을 더 부각시키고 있다.

"그들이 할례를 받지 못한 자 가운데에 이미 엎드러진 **용사**(끼쁘르)와 함께 누운 것이 마땅하지 아니하냐 이들은 다 무기를 가지고 스올에 내려가서 자기의 칼을 베개로 삼았으니 그 백골이 자기 죄악을 졌음이여 생존하는 사람들의 세상에서 **용사**(끼쁘르)로서의 두려움이 있던 자로다"(겔 32:27)

그렇다면 왜 네피림들은 부정적인 명성을 얻게 되었을까?

왜냐면 계속 지적해온 바이지만, 어떤 학자들은 하나님의 아들들과 사람의 딸들 사이에서 나온 존재들이 네피림(거인)이기 때문에, 노아만 살아남은 홍수를 일으킬만한 충분한 이유가 된다고 말한다. 그리고 그들에 대하여 "타락한 존재들"이라는 말 역시 신적인 존재인 천사의 자손이 인간 사회 속으로 들어왔기 때문이라고 말하기도 한다. 네피림은 또한 종말론적인 문서들을 모아 놓은 에녹서에도 나타나는데,[244] 창세기 5-6장의 홍수에 관한 이야기에 좀 더 상세한 내용을 담고 있다고 주장한다. 그런 식의 주장이라면 위경「아담과 하와의 책 제2서」에서는 하나님의 아들들을 셋의 후손이라고 한다는 것에 대해선 뭐라고 대답하려는가?[245] 따라서 이런 사람의 생각(정당한 추론을 반대하는 것은 결코 아니다)이나 외경에 기록된 네피림에 관한 내용을 근거로 한 주장들은 더 많은 난제를 만들어 낼 뿐 신앙에 아무런 유익이 없다.

노아 시대 홍수 심판의 목적이 사람을 향한 것인가, 천사를 심판하기

---

[244] 에녹서에서는 홍수에 관한 내용들이 더욱 확장되어 말하고 있다. 땅의 사람 여자들과 관계를 맺은 타락한 천사들(감시자들, Watchers)이 자녀들을 출산하였는데 그들이 네피림이라는 것이다. 네피림으로 알려진 이 거인들은 창세기 6:4에서는 "명성이 자자한 전사들의 조상 격인 영웅들"이라고 설명하고 있다. 에녹서에서는 그 감시자들이 자신들의 네피림 아들들과 비밀스러운 지식을 공유하였고, 결국 그 지식으로 인하여 세상이 어지럽게 되었다고 기록하고 있다. 그 거인들은 이 땅을 황폐하게 만들었고, 파괴와 악으로 가득 채웠으며, 이 땅의 식량들을 고갈시켰으며, 사람들을 두렵게 만들었다. 그리고 이러한 행동들은 그들의 모든 끔찍한 행동들에 대한 심판으로서 홍수 심판을 가져왔다고 기록하고 있다.

[245] 송병현, 170.

위함인가? 홍수는 사람을 심판하기 위함이고, 타락한 천사들은 별도로 무저갱에 가두는 심판을 하시는가? 혹시 그런 주장을 받아들인다고 하더라도, 사람의 아들들과 창세기 5장의 셋의 계열의 후손들은 모두 어디 갔으며,[246] 그들까지 심판당해야 하는 근거는 무엇인가? 성경은 사람의 죄악이 가득 찼기 때문이라고 하는데, 그 안에 셋 계열에 속한 후손들의 죄악도 포함되는 것이 아니겠는가. 그게 사실이라면 그들은 언제 어떤 죄를 지었다는 이야기인가? 연대 계산을 해보면 아담에서부터 노아의 아비 므두셀라까지 홍수(노아의 나이 600세를 기준으로) 전에 모두 죽는데, 므두셀라는 노아만 낳고 다른 자녀들은 일절 낳지 않았는가? 경건하다는 셋 계열의 모든 후손은 홍수 이전에 다 죽어서 홍수 심판을 피했는가? 노아 또한 600세까지 세 아들만 낳고 말았는가? 솔직하게 말해서 성경이 자세히 말하지 않으니 구체적인 사항은 잘 모르는 것이 사실이다.

이제 네피림에 관한 주제를 닫기로 하자.

창세기 6:8-13에서 끝까지 경건한 자로 남은 노아에 관한 이야기를 다시 정리하고 있다. 따라서 창세기 5:32-6:13을 한 단락으로 볼 때, 수미쌍관 구조를 이루고 있다는 것을 알게 된다. 노아와 그의 세 아들을 소개하는 것으로 시작한 문단이 노아와 그의 세 아들의 이름으로 닫는 문단 구조를 보인다. 그리고 노아와 그의 세 아들을 소개하는 것(창 5:32)은, 경건한 계열에 속한 자들과 타락한 자들(세속화된 자들-하나님의 아들들이 사람의 딸들과 결합)과 대비를 이루는 것으로 시작하고(창 6:1-7), 동일하게 노아와 그의 세 아들

---

[246] 사람의 딸들과 천사들의 결합해 빚어낸 일이라고 하니 하는 말이다.

을 소개하는 것(창 6:8-10)은 경건한 자들(하나님의 은혜를 입은 자들)과 타락한 자들을 구별하여 짐승과 같이 육체만 남은 자들을 멸하시겠다는 내용(창 6:11-13)으로 문학적 구조(대비)를 이룬다.

노아와 그의 세 아들(창 5:32)　　노아와 그의 세 아들(창 6:8-10)
하나님 아들들의 타락(창 6:1-4)　　세상의 타락(창 6:11-12)
하나님의 심판(창 6:5-7)　　하나님의 심판(창 6:13)

특별히 그 시대상을 정의하는 단락(창 6:11-13)을 살펴보면 "패괴"(솨하트), "강포"(하마쓰)가 반복적으로 쓰여 그 시대상이 어떠했는지 읽게 한다. '솨하트'는 "부패하다, 더럽히다"라는 뜻으로 11절에서는 니팔형(수동태)으로 쓰여 "땅이 부패하고 더럽혀졌다"라는 의미로 쓰였고, 12절에서는 히필형(사역)으로 쓰여 혈육 있는 자의 행동 양식이 부패하기 때문이라고 이유를 밝히고 있다. 또 '하마쓰'는 "포악, 잔인, 거짓, 부정, 불의, 흉악" 등의 안 좋은 의미는 모두 포함할 정도의 학대와 남을 해치고 난폭하게 빼앗는 행동을 묘사하고 있는 단어다. 이런 단어를 동원하여 그 당시 시대상을 표현했다는 것은, 하나님의 심판을 부를 정도의 악이 가득하다는 것이 어떤 의미인지를 가늠하게 한다. 따라서 땅을 더럽히는 원인인 그 땅을 디디고 사는 사람들(혈육 있는 자들)의 상태를 알게 한다. 그래서 땅과 함께 사람을 심판하게 되는 것이다(창 6:13). 여기서 "혈육 있는 사람들"로 번역한 히브리어는 '빠사르'로서 창세기 6:3에서 "육체가 됨이라"라고 번역했던

"육체"와 같은 단어다.[247] 그런 자들은 한마디로 정의하자면, 하나님의 영이 떠난 상태로서 세상을 더럽히는 "쓰레기"(먼지, 티끌)들이다.

따라서 네피림은 반신반인으로서의 거인이 아니라 "폭력을 행사하는 타락한 무리"로서의 "세상에서 유명한 자, 큰 자(행 9:28, 34)로 인정받는 자"[248]를 가리킨다고 정의하는 것이 옳다고 생각한다. 이들이 또한 당대에 이름이 알려진 유명 인사요, 사람들의 인정과 부러움을 받는 강한 힘을 소유한 자들(돈, 권력, 명예, 등)이다. 어떤 종류이든지 사람들에게 어필하며 이름이 알려질 수 있는 힘을 소유하되, 그 힘을 악용하는 자들이 네피림이다.

7. 오늘날의 선악 나무

현대의 선악 나무는 고대와 동일하게 하나님이 금하신 것들이다. 범하면 죄로 정죄되어 죽는 것들이다. 그것은 하나님 나라의 질서를 무너뜨리는 것이며, 하나님의 자리를 탐하는 사람의 교만을 부추기는 탐욕에서 기인한다(골 3:5). 그러므로 영적 전쟁에서 이기려면 마음에서 일어나는 탐심을 다스리기 위해 자기를 설득하는 일과 사탄이 여전히 세력을 행사하고 있

---

247   결국 "혈육 있는 자"란 육체만 존재하는 자란 의미로서 하나님의 영이 떠난 자, 하나님의 영이 없는자, 하나님이 함께 하지 않는 자, 하나님과 상관없는 자란 의미가 된다.
248   행 12:21-22; 19:28; 계 13:4-8.

는 세상에 설득당하지 않아야 한다. 그러기 위해서는 사탄이 일하는 방법과 하나님이 일하시는 방법을 잘 알고 구별하여 미혹 당하지 말아야 할 것이다. 그렇다면 먼저 사탄이 사람을 미혹하기 위해 일하는 방법과 하나님이 일하시는 방법은 무엇이며, 어떤 차이가 있는지 알아보자.

1) 뱀의 설득과 선포

설득은 최초 뱀의 일이요, 선포는 하나님의 일이었다. 그에 따른 결과 설득은 뱀에게 종속된 사람의 일이 되었고, 선포는 여전히 하나님의 일로서 사람이 이해하지 못하는 요소로 작동 중이다. 설득은 소통과 밀접하게 관련된 일이고, 이는 인격적인 피조물 사이에 서로 소통하며 살아가는 데 있어서 필요한 일이다. 하지만 오해는 금물이다. 하나님도 물론 설득하신다. 그러나 사람 세계에 통용되는 설득의 기술이 처음 들어온 것은 사람 사이에 있었던 일이 아니고, 인격적 피조물인 영물 사탄이 사람에게 접근하여 사용한 방법을 통해 사람에게 전수된 것이다. 사실 피조 세계의 설득 방법이나 기술은 하나님께는 통하지 않는 방법이요 기술이다. 하나님은 인생이 아니시기 때문이다(민 23:19). 사람이 하나님을 설득하는 방법은 오직 하나, 하나님의 선포를 순종하는 길뿐이다. 하나님이 사람을 설득하는 방법은 사랑(고전 13장)과 사랑의 다른 방편인 징계이다(히 12:5-11). 그런데 여전히 사람은 하나님이 가르치신 방법을 채택하지 않고, 상대를 설득하고자 갖은 노력(수단·방법을 가리지 않고)을 다하는 피곤한 인생을 살고 있다.

그래서 하나님을 모르는 인생들은 신을 달래기 위해 어리석은 우상을 만들어 놓고 엉뚱하게 제물을 바치는 우매한 짓을 반복하고 있기도 하다(인간이 신을 설득하는 방식). 심지어 기독교에서도 우매한 목사들의 왜곡된 가르침으로 헌금, 봉사, 헌신이란 이름으로 피곤한 신앙생활을 하게 만들며, 하나님을 향해 사람의 어떤 것(육신의 생각과 방법)으로 설득하려고 무모한 짓을 반복하고 있기도 하다. 하나님을 설득하는 방법은 간단하다. 잘못한 일에 대해서는 죄를 고백(회개)하고, 하나님의 명한 일에 대해서는 순종하면 된다(삼상 15:22; 시 51:17). 그래서 무엇보다도 하나님을 기쁘시게 하는 것이 무엇인지 먼저 배우는 자세가 필요하다(요일 3:22).

의사소통은 항상 상대방이 있게 마련이며, 그렇기에 의사소통의 결과와 그 책임은 대화에 참여한 모든 당사자에게 있다. 의사소통의 몇 가지 원칙이 있는데, 이는 일정 부분 설득의 요소와도 겹친다. 상대방이 중요하다고 생각하는 가치, 이해관계, 또는 염려에 대해 당신이 그것을 이해 또는 인정하고 있다고 상대방이 인식하도록 이끌어야 한다. 소통의 핵심적 기술은 적극적 청취라는 가르침이 많지만, 무조건 듣기만 잘한다고 소통이 되는 것은 아니다. 열심히 상대방의 의견을 경청하는 일이 필수적이라도 그 말의 진의를 파악하는 일은 더 중요하다. 적극적 청취의 핵심은 주고받기를 통해, 상대방도 화자의 의견에 귀를 기울일 수 있게 만들 때 비로소 소통의 길이 열린 것이라고 이해해야 한다. 따라서 의사소통하는 개개인들이 어떤 식으로든 진솔하게 서로 의견을 주고받을 수 있는 통로가 존재할 때 상호 설득이 적용될 수 있다.

하지만 사람 사회에 왜 그렇게 갈등이 많고 소통이 어려워지는지는 이미 성경에서 밝히 제시하고 있다. 창세기 11장에서 대표적으로 소통이 막혀 흩어지게 되고, 말이 통하는 사람끼리 모여 사는 일이 발생하는 사건이 기록되어 있는데 하나님의 심판으로 인한 결과였다. 그런데 하나님의 심판은 아무 때나 기분 내키는 대로 시행되는 것이 아니라 반드시 원인이 있다. 그것은 사람의 교만과 하나님 뜻을 거스르는 반역이 있을 때 시행된다는 원칙이 있다. 최초의 사람이 선악과를 먹은 이후에 자기가 신이 되어, 모든 결정과 판단을 하나님의 말씀에 따른 순종 여부가 아니라, 자기 소견에 좋은 대로 결정하기 때문에 심판과 징벌이 따르는 것이다. 그래서 첫 범죄로 하나님과 사람 사이의 관계가 단절되어 소통에 문제가 생겼고, 부부 관계인 아담과 하와 사이도 소원해지는 결과를 낳았다. 이런 갈등과 소통 문제가 가장 근본적으로 해결해야 할 문제이다. 이제 인격적 피조물 사이에 있는 소통 방법인 '설득'의 문제와 하나님이 행하시는 소통의 방법인 '선포'에 대해 살펴보자.

(1) **사탄이 주로 활용하는 설득의 방법**

토론은 상대방 또는 제삼자를 설득하는 의사소통 방식의 하나다. 설득한다는 것은 누군가를 자신이 원하는 방향으로 움직이게 만든다는 것을 의미한다. 토론에서뿐만 아니라 우리가 원하든 원하지 않든 간에 우리는 누군가를 설득하고 또 설득당하며 살아간다. 가깝게는 가족이나 친구에게 내가 원하는 것을 이해시키는 일부터, 직장 내 동료와 상사를 설득하는 일, 그리고 하루에도 수백 번 이상 세인의 관심을 끌려고 하는 광고처럼 말이다. 이처럼 설득은 사회적 동물인 사람과 사람 사이에 떼려야 뗄 수 없는 관계를 맺는 일에 필수적 요소다. 따라서 설득은 사람 관계에 필요한 일로서 상호 필요한 일이다.

현대에 들어서 사람의 마음은 어떻게 움직이는가에 관한 연구 및 기술들이 많이 개발되어 소개되는데, 그 가운데 최근에 소개된 내용을 살펴보면, 세 개의 주제로 나누어 설명한다. 논리, 감정, 전략으로 나누는데 요약 정리하면[249]

Part 1. 논리
1) 설득은 이성과 논리로 하는 것이 아니다.
2) 상대의 숨겨진 욕망을 건드려라.
3) 상대조차 모르게 상황을 리드하라.

Part 2. 감정
1) 이성 대신 의지를 공격하라.
2) 상대의 동기를 활용하라.

Part 3. 전략
1) 당신의 말을 경청하게 하라.
2) 협상하지 말고 조종하라.

이만하면 뱀이 사용했던 설득의 지혜가 떠오르지 않는가? 모두 최초의 뱀(사탄)이 사용한 설득의 방법이었으며 뱀은 사람을 설득하여 자기의

---

[249] 폴커 키츠, 「설득의 법칙」, 장혜경 옮김, (서울: 콘텐츠그룹 포레스트, 2023), 4-6.

뜻을 이루는 데 성공했다. 그래서 주께서는 "뱀같이 지혜롭게"(마 10:16) 처신하라고 말씀하신 것일까? 창세기에 등장하는 뱀은 사람의 내면에 깔린 자기중심적 사고와 기적의 약이라고 불리는 공감을 일으키며, 강요에 대항하는 숨은 해결책을 찾는 질문을 던져 스스로 연상하게 만들도록 유도한다. 그래서 상대의 호감을 증폭시키며, 상대의 자기애를 자극하고, 상대를 잘 관찰하여 욕망을 읽어내어 상대의 원하는 것을 동사로 표현했다(먹어라, 죽지 않는다 등). 상대에게 원하는 행동을 강화하는 상벌을 제기하고(네가 신이 되리라), 화자의 말을 쉽게 믿도록 적재적소에 맞는 질문을 던진다. 그래서 오늘날의 '프로파간다'(선전)나 '애드'(AD, 광고)는 비현실적인 것을 귀에 못이 박힐 때까지 반복하고 또 반복해서 강조하며 보여주는 것이다.[250] 결국 그것이 진리인 것처럼 인식이 될 때까지… 아주 짧은 시간이지만 그 효과는 강렬하다. 그래서 TV와 같은 미디어의 광고료가 엄청난 것이다. 시간이 지날수록 사람들은 그 제안을 자주 듣고 보게 되고, 마침내 그것이 진리인 양 설득당한다. 일반적으로 사람은 자주 듣는 말을 더 진실하다고 생각한다. 물론 반대 의견과 자주 부딪칠수록 상대는 점점 더 태도 변화에 면역이 되는 경우가 있다. 그들에게는 자기 태도를 지킬 수 있는 백신을 맞는 것과 같기 때문이다. 그러므로 진리 효과는 자기 의견이 이미 확고하고 구체적인 사람을 반대편으로 넘어오도록 설득하는 데

250 　왜 광고에 예쁘거나 멋진 모델이나 배우, 가수 등이 등장하는 것일까? 일반인에게는 비현실적인데 그 모델을 보면서 자기도 그렇게 될 수 있을 것처럼 착각을 불러일으키는 것이다. 상품과는 아무런 관련이 없지만 무조건 여자는 날씬하고 예쁘면 되고, 남자는 키가 크고 몸매가 멋지면 된다. 이것이 뱀의 설득 논리에 정확하게 합하는 광고효과를 노린 현대판 유혹(선악과)이다.

는 별 소용이 없다.[251]

a. 설득의 정의와 목적

설득이란 어떤 목적을 위하여 사람들의 태도나 의견 또는 행동 등을 변용시키고자 하는 의도를 가지고, 그 목적의 달성을 위하여 개인이나 집단에게 언어 혹은 특정의 매체와 도구 등을 이용하여, 특정 대상의 수용자들로부터 의도했던 반응(효과 즉 태도나 의견 행동 등의 변용)을 유발하는 행위 내지는 그러한 행위의 일련의 과정이라고 할 수 있다.

학자들의 의견을 살펴보면 먼저 수사학의 아버지인 Corax는 "설득이란 청중으로부터 화자가 바라는 반응을 불러일으키기 위한 기술"이라고 정의했고,[252] 고대 그리스의 유명한 철학자였던 플라톤은 "설득 또는 설득술이란 언어를 통하여 사람들의 마음에 영향을 미치는 기술"이라고 정의했다. 이러한 설득 커뮤니케이션을 작게는 일상에, 크게는 정치, 경제, 교육, 군사, 종교 등 사회에서 일어나는 모든 것에 중요한 기능을 담당하고 있다. 이처럼 설득이란 의사소통 방법은 우리 사회의 모든 분야에서 중요한 기능을 수행하고 있기에 때로는 잘못 이용되거나 혹은 의식적으로 악용되어 인류사회에 커다란 해악을 초래하는 경우가 있다. 그 역기능은 사이비 종교, 상업주의자, 여론의 조작 등 광범위하다. 설득의 목적은 한 마디로 "…하게 한다"라는 것이다. 단지 알았다는 지적(知的)인 이해가 아니라 일차적으로는 상대방이 자기의 생각을 납득하여 받아들이게 하고, 궁

---

251   앞의 책, 250-251.
252   박성희, 「레토릭」, (서울: 커뮤니케이션북스, 2016).

극적으로는 그 동의한 바를 행동으로 옮기게 하는 것이 설득의 목적이다. 이 설득에 최초로 성공한 사례가 뱀이 하와를 설득하여 자기의 목적을 달성한 경우다.

b. 설득의 기술

우리 일상에서도 점심 메뉴를 정하는 일부터 업무, 가족과의 대화에서도 '설득'의 기술이 필요하다. 그렇다면 상대방을 설득하는 비결, 어디에 있을까? 「데일 카네기 사람관계론」에서 요점을 발췌해 소개해 본다.[253] 이 책에서, 성경에서 사람을 설득하여 자기 목적을 이룬 뱀의 지혜를 상당 부분 일치하는지 엿볼 기회를 얻을 수 있을 것이다.

카네기는 자기 목적을 이루기 위한 비결을 말할 때,

"성공의 비결이 있다면, 그것은 상대방을 이해하고, 나의 관점이 아닌 상대방의 관점에서 상황을 보는 것이다." 이는 카네기가 주목한 기업가 헨리 포드의 격언이다. 하지만, 대다수는 이를 알면서도 실천하지 않는다는 것이 현실이다. 이러한 상황을 역으로 해석하면, 이익을 추구하는 사람이 많은 세상에서는 이타심을 갖는 것만으로도 경쟁 우위가 될 수 있다는 의미가 된다.[254]

그가 자기 책 3장 '설득의 기술' 항목을 통해 성경에서 뱀이 사용한 지

---

253 데일 카네기, 「데일 카네기 사람관계론」, 서희경 옮김, (서울: 소보랩, 2023).
254 앞의 책, 22.

혜라고 생각할 수 있는 아주 유사한 기법을 소개하고 있는데, 5가지만 소개하면 다음과 같다.

- ◆ 친근한 말과 행동으로 서서히 반감을 줄여나간다.
- ◆ 'No'보다 'Yes'를 끌어내는 질문을 한다.
- ◆ 상대방에게 정답을 강요하지 말고 스스로 생각했다고 착각하게 만든다.
- ◆ 남보다 뛰어나고 싶은 경쟁심을 불러일으킨다.
- ◆ 도전 의식을 자극하면 의욕이 솟아난다.

그의 행복관 역시 사람 스스로 자기를 설득하는 여부에 달린 것으로 말한다. 어떻게 생각하고 무엇을 중요하게 생각하는 여부에 따라 행복이 좌우되는 것으로 말한다.

사람이 행복해지기 위해 중요한 요소는 '어떻게 생각하는가?'와 '무엇을 생각하는가?'이다. 사회적 지위나 재력은 사람의 행복과는 그다지 관련이 없다. 자신의 사고방식에 따라 행복을 영위할 수도 있고 불행에 빠질 수도 있다는 의미이다. 항상 주변에서 감사한 대상을 찾고 고마움을 느끼면, 하루하루 행복한 삶을 누릴 수 있다.[255]

「난생처음 토론 수업」의 저자인 이주승은 "설득되는 이유를 알아야 제대로 설득할 수 있다"라는 주제로 글을 썼는데,[256] 거기서 "설득의 삼 요

---

255   앞의 책, 8.
256   이주승, 브런치(brunch). https://brunch.co.kr/@debate/44

소"로 '로고스'(논리, 이성), '파토스'(감정), '에토스'(성품)를 제시하며, 이것들이 균형 있게 사용되어야 한다고 주장한다. '파토스'(Pathos)에 너무 치우칠 시 내용 없이 감정에 호소하게 되며, '로고스'(Logos)에만 호소하면 사람들이 공감하지 못해 동기부여가 안되는 관계로 행동으로 옮길 수 있는 영향력이 없을 것이다. 그렇다고 '에토스'(Ethos)만 강조한다면 정작 토론에서 논해야 할 핵심 내용은 빠지게 될 가능성이 크다.

(2) 설득이 어려운 이유

객관적 사실은 있는 그대로의 현상 전달이고, 주관적 의견은 인식의 틀이 반영된 주장이다. 말은 자기의 생각을 상대방에게 전달하는 과정이기 때문에 객관적 사실보다는 자기의 입장과 관점에서 자신의 언어로 주관적 의견을 이야기할 때가 많다. 따라서 설득이 어렵다는 이야기는 그만큼 사람 사이에서 일어나는 소통이 객관적인 사실 전달에서 자기의 주관적 해석의 틀이 가미되기 때문이다. 그래서 상대를 설득하기에 앞서 먼저 자기를 설득하고 자기 확신이 이루어진 상태에서 상대를 설득하는 것이 순서다. 내 행동 변화는 곧 자기 설득이다. 긍정적인 변화를 원하는 데도 잘 안 되는 이유는 우리가 이중성을 갖고 있기 때문이다. 감성 대 이성, 무의식 대 의식, 본능 대 사회적 가치 등 관점에 따라 여러 이중적인 마음 구조를 갖고 있다. 생존을 유지하려면 사람의 양면성을 잘 기억하고 활용해야 한다. 사람은 이타적이기도 하지만 이기적이기도 하다. 같은 사건이라도 바라보는 사람마다 시각이 다르기 때문에 그것을 진술하는 과정은 제각각일 수 있다.

왜 상대방은 내 말을 잘 듣지 않을까? 생각해보라. 자기 설득도 어려운데 타인의 마음을 설득하는 것은 당연히 어렵지 않겠는가. 자기 설득이 어려운 이유가 크게 두 가지로 말할 수 있다.

첫째가 기독교적인 시각으로 설명하면, 선악을 아는 선악과를 먹은 후에는 모든 사람에게 신적 자만심이 있기 마련인데, 이는 자기 나름대로 선악을 판단하는 구조(프레임)가 형성되어 있기 때문이다. 아담의 후예인 모든 사람은 어쩔 수 없이 범죄한 이후의 첫 아담에게 심겨진 이중 구조(스스로 선악을 판단하는 이중 구조)가 예외 없이 전수되기에 스스로 자기모순을 해결할 힘이 없다. 내가 생각하는 선이 상대에게는 악이 될 수 있고, 내가 생각하는 악이 상대에게는 선이 될 수 있기에 끝없는 평행선 내지는 갈등이 야기되는 것이다(예; 개와 고양이). 이는 아무리 피로 이어진 가족이라고 할지라도 마찬가지다. 이것이 모든 사람이 겪어야 할 현주소다.

두 번째로는 사람 뇌의 구조에 기인한다. 무슨 이야기인가 하면, 우리의 뇌는 두개골이라는 캄캄한 방에 갇혀 있어 절대 외부 세계를 직접 경험할 수 없다. 그러나 뇌 가소성 덕분에 무언가를 반복 경험하면 뉴런이 그에 상응하는 활성화 패턴을 즉시 형성한다. 이는 각 개인의 신경계에 독특한 예측 모형을 만든다. 뇌는 감각기관을 통해 반복적으로 들어오는 정보를 이용해 캄캄한 두개골 안에서 외부 세계의 모습에 대한 내부 모형을 만든다. 이렇게 반복적인 경험이 축적되어 개인별 해석을 하게 된다.[257]

---

257   신경과학자 V. S. 라마찬드란은 두개골 안에 뇌에 대해 깊은 지하 벙커에 있는 사령관이 작은 모형 탱크와 군인들이 놓인 커다란 탁자 앞에서 전투를 지휘하는 상황을 떠올리라고 말한다. 이 사령관과 마찬가지로 뇌는 전장 상황

설득이란 단어는 "상대방이 이쪽 편의 이야기를 따르도록 여러 가지로 깨우쳐 말하는 것"이란 사전적 정의를 내린다. 설득이 궁극적으로 목표하는 것은 상대방의 생각을 바꾸고 그것이 행동 변화까지 일으키도록 기대하는 것이다. 이미 앞에서 "설득의 삼 요소"에서 언급한 것처럼 논리가 결합된 강력한 권유를 하면, 상대방이 설득될 것이라고 기대하지만 뜻대로 되지 않는 경우가 더 많다. 설득이 어려운 이유는 논리적 권유에 대한 저항 때문이며, 저항이 생기는 이유는 사람의 이중성 때문이다. 이중적인 두 가지 마음을 동시에 가지는 것을 "양가감정"(ambivalence)이라고 한다.[258] 양가감정의 저항 심리는 스스로 독립된 존재로서 느끼는 자유를 지키려는 본능과 연관성이 있다. 인류 역사를 보면 자유를 얻기 위해 목숨도 바치는 것이 사람이다. 그만큼 자유가 중요한 욕구인 것이다. 사람은 다른 사람의 조언을 원하면서도 막상 상대방이 조언을 해주면 상대방의 생각이 내 생각으로 침투해 나를 조정하고 내 심리적 독립성을 훼손한다고 느껴지면서 저항의 마음이 동시에 일어난다.[259] 그런 면에서 사람은 참으로 신비하면서도 이상한 존재이다. 그래서 사람을 상대해 본 인생 경험

을 보고하는 정찰병들에게 의지해 모형을 수정한다. 사령관은 외부 세계를 직접 볼 수 없고 벙커 안 탁자에 단순하게 재현한 모형만 볼 뿐이다. 새로운 보고가 들어오기 전까지는 눈앞에 있는 기존 모형으로 외부 세계의 현재 상황을 이해할 수밖에 없다. 모형이 어떻게 생겼든 당장 그것을 이용해 계획을 세우고, 판단을 내리고, 목표를 세우고, 미래에 관한 결정을 내려야 한다. 데이비드 맥레이니, 「그들의 생각을 바꾸는 방법」, 이수경 옮김, (파주: 웅진씽크빅, 2023), 115-116.

[258] 어떤 하나의 대상이나 사물에 대해 서로 대립되는 두 감정이 동시에 혼재하는 정신상태를 가리킨다.

[259] 윤대현, "왜 사람들은 설득하기 어려울까?", 2018.05.02. 한경머니.

자들은 세상에서 사람 관계가 가장 어렵다고 말하는 것이다. 그래서 자연스럽게 내가 아니면 생존이 어렵고, 나만 바라봐주는 반려동물을 가까이 두고 싶은 욕구가 일어나게 된 것이다. 사람이 반려동물에게는 신의 위치에서 군림하기 때문이다. 그런 마음이 반려동물에게 한없는 투자를 아끼지 않는 쪽으로 발산한다. 가족처럼 생각한다고 말하지만(먹여주고 입혀주는 것만으로 가족관계가 성립되는 것은 아니다), 실제 관계는 절대 1:1의 대등한 인격적 관계가 아니며 상·하의 일방적인 관계다. '너는 내 말만 잘 들으면 내가 먹여주고 입혀주고 보호해줄게.' 사람들은 저마다 자기가 신이라고 생각하는데 반려동물은 그렇지 않다. 이런 사람의 심리가 동물을 사랑한다는 명분으로 반려동물 위에 군림하고자 하는 인간의 얄팍한 욕망을 만족시켜주는 것이다. 그런 현상을 통해 자기와 하나님과 관계가 그렇다는 것을 (창조주와 피조물의 관계란 사실) 깨달으면 좋으련만…

2) 하나님의 설득과 선포

하나님의 설득 방법은 사랑으로 오래 참고 기다리는 것이다. 이때 하나님이 사용하시는 설득이란 '강요하지 않고' 생각을 바꾸는 행위다.[260] 그런 의미에서는 하나님도 설득하신다. 그러나 그 방법은 뱀이나 사람의 설득

---

260 설득은 상대방이 어느 정도 자유를 지닌 상황에서 커뮤니케이션을 통해 그의 정신 상태에 영향을 미치려는 의도적 활동'이라고 정의한다. Daniel J. O'Keefe, *Persuasion: Theory and Research* (Newbury Park, CA: Sage Publications, 1990).

방법과 아주 다르다. 소중한 상대방을 설득하고 싶다면 먼저 해야 할 일이 기다림이 아닌가 싶다. 말이 쉽지, 사람에게 기다림은 정말 어려운 일이다.[261] 하지만 상대방에게서 변화에 대한 욕구가 일어날 때까지 경청하고 기다려줄 때 저항감 없는 설득이 시작되기에 기다림은 꼭 필요하다. 사람의 이중적인 마음을 설득하는 기술은 반영적 경청이다. 우리 하나님이 사용하는 설득의 방법은 사람이 깨닫고 스스로 변화의 길을 선택할 때까지(항복할 때까지) 기다리는 일이다. 사람은 강압적인 방법으로 설득되는 존재가 아니다. 자기 뜻대로 하고 싶은 신처럼 생각하는 면과 자기는 흙으로 빚어진 보잘것없는 존재라는 생각이 교차하는 이중적 존재이기에, 하루를 천년같이 기다리시는 사랑의 방법(고전 13:1-7)으로 자발적인 돌이킴이 있을 때까지 끝없이 성령으로 감동하시며 설득하신다(눅 15:11-24). 70-80년의 인생을 살아본 사람들의 공통적인 회상은 자기 생각대로 된 일이 없다는 고백이다. 이것이 사람은 신이 아니란 분명한 증거이지 않은가. 그럼에도 어리석은 사람은 선대의 실패를 지켜보면서도 자기는 다르다는 착각으로, 여전히 자기 생각대로 무엇인가를 하려고 오늘도 열심이며 포기할 줄 모른다. 그런 어리석은 사람을 향해 하나님이 사용하시는 또 다른 사랑의 방법은 징계이다(히 12:5-11). 오래 참으심과 징계의 사랑을 통해 기어이 사람을 항복시키며 순종하게 하여 마침내 복을 주신다.

    범죄한 사람의 본성이 이중적인 것은 매우 정상적인 반응이라고 했다. 누군가에게 의존하고픈 마음과 스스로의 독립적인 자유를 지키려는 마음이 공존하고, 자기가 판단한 선악의 판단에 따라 흔들리는 이중성이

---

261   데비 애커먼, 「가장 힘든 일 기다림」, 전의우 옮김, (서울: 규장, 2015).

존재하기 때문이다. 누군가에게 기대고 싶은데 기대자니 자존심이 상처받는다. 자유 감성에 손상이 오는 느낌을 받는 것이다. 누군가를 열심히 도와주었는데 버럭 화를 내는 경우를 경험할 수 있는데, 상대방의 심리에 저항감이 생긴 것이다(자존심, 열등감으로 상처를 입는다). '네 도움이 없어도 난 혼자서 잘할 수 있다'라는 마음의 저항이 그것이다. 그래서 성경은 아무리 옳은 진실(fact), 진심이라고 할지라도 상대방의 마음을 먼저 배려하는 자세가 장성한 자의 올바른 신앙의 자세라고 가르친다(고전 8:1-13). 따라서 자녀나 내게 소중한 사람에게 조언하고 싶을 때 즉, 내 의견을 잘 전달해 상대방을 설득하고자 할 때, 직접적인 조언이 비효율적인 경우가 많다. 그래서 "말해봐야 소용없어, 내 버려둬"라고 포기하는 일이 비일비재하며, 이는 모든 사람이 공감하는 고백일 것이다. 사람이 성숙해지면 스스로 마음의 저항을 잘 조절해 상대방의 조언을 잘 받아들이지만, 대부분 정도의 차이만 있을 뿐 저항감이 자동적으로 발동한다. 이렇게 기독교적인 설득의 방법은 신자가 자라기까지 기다리시는 하나님의 사랑이 곧 사람을 설득하는 가장 좋은 유일한 방법인 줄 알고 실천할 필요가 있다. 그래서 자녀를 노엽게 하지 않는 양육(교육)을 권면하는 것이다(엡 6:4). 그러나 세상은 설득의 기술을 개발하여 짧은 시간 안에 자기의 목표를 달성해야 하는 압박감과 초조함으로 인하여 각종 스킬을 연구하고 발전시켜 시행하다 보니, 앞에서 제기한 우려가 현실이 되는 경우가 흔하여 숱한 억울함과 갈등과 문제가 발생하는 것이다. 이렇듯 시한부 인생을 사는 사람에게는 (시 90:10) 시간이 부족한 것이 큰 약점이다. 그래서 결과는 하나님께 맡기고 신자는 가장 빠르게 그리고 부작용 없이 목적을 이루는 방법인 하나님의 명령을 순종하는 일과 오래 참는 기다림의 지혜로 설득해야 한다.

(1) 하나님이 알하시는 선포의 방법

성경은 선포의 책이다. 창세기에서부터 계시록까지 하나님의 선포로 가득하다. 태초에 하나님께서 흑암과 혼돈에 가득 찬 우주를 향하여, "빛이 있으라"라고 선포하시는 것으로 천지창조 된 세상에 질서 잡는 일이 시작되었다. 태초에 하나님이 선포하신 말씀으로 인해 경계가 정해지고 구분되며 모든 살아있는 것들이 탄생했다. 모든 하나님의 말씀은 곧 하나님의 선포라고 볼 수 있다. 선포는 세미나도 아니고, 토론도 아닌 일방적인 선언이다. 그런 의미에서의 선포는 또한 '강압'이라고 이해할 수도 있다. 사람의 이성으로 이해하기에는 '선포'는 '강압' 또는 '강요'라고 생각한다. 하나님이 축복을 선포하시면 축복받고, 저주를 선포하시면 저주받는다. 절대자 하나님께서 선포하시면 바로 현실이 되고, 역사가 된다.[262] 구원 사건도 하나님의 선포였다. 사람은 이기적인지라 자기에게 좋은 면에 대해서는 강요이든 강압이든 아무 소리 안 하지만, 자기에게 해로운 상황이거나 부담 혹은 불편을 초래하는 상황에는 여지없이 원망과 불평을 쏟아낸다(민 21:4-5).

예수께서 여리고의 세리장 삭개오의 집에 가셔서 "오늘날 구원이 이 집에 임했다"라고 선포하시니(눅 19:9), 그 집이 모두 구원받는 놀라운 역사가 일어났다. 심지어 마지막 순간까지 십자가형에 처한 우편 강도가 "당신의 나라에 임하실 때 나를 생각해 달라"는 구함에 "네가 오늘 나와 함께 낙원에 있으리라"라고 선포하심으로 응답하시기도 했다(눅 23:40-43). 예수

---

262   민 11:23; 14:28; 사 45:23.

께서는 또한 우리가 하나님께 영광스럽게 쓰임 받을 것을 선포하기도 하신다. 성격도 급하고 실수와 허물로 흠이 많고, 모든 것이 변변찮았던 갈릴리 어부 베드로에게 "내가 너를 사람 낚는 어부가 되게 하리라"라고 선포하시니, 그는 훗날 수많은 사람을 주님께로 돌아오게 하는 놀라운 영적 지도자가 되었다(행 2:38-41). 사도들이 복음을 선포하니 남자만 5,000명이나 되는 역사도 일어났다(행 4:1-4). 예수께서 선포하시면 치유와 회복이 임했다. 예수의 선포가 임하면 소경이 보게 되었고, 나병 환자가 깨끗해졌으며, 귀신 들린 사람에게서는 귀신이 쫓겨났다. 주께서 선포하시면 죽은 사람도 살아났으며, 예수께서 선포하시면 죄가 떠나고 용서와 은혜가 임했다.

오늘날도 예수의 말씀이 우리 인생에 임하고 주께서 허락하시면 얼마든지 같은 기적이 일어날 수도 있다. 주님의 선포는 정체되어 있던 상황이 순식간에 풀리도록 급속한 은혜를 주실 수도 있다. 보통 숙성하는 데 몇십 년 걸리는 질 좋은 포도주도 가나 혼인 잔치 때 단 한 번의 선포("갖다 주어라", 요 2:7-10)로 만들어지지 않았는가(요 2장)? 예수께서는 우리에게 믿음이 있다면 "이 산 더러 들리어 바다에 던져지라"라고 해도 그대로 될 것이라고 말씀하셨다(마 21:21). 따라서 우리가 다른 사람을 설득하느라고 인본주의의 여러 가지 설득 기술을 배워서 사용하려고 노력하기보다는, 주께서 선포한 말씀에 마음을 다하고 정성을 다하는 순종을 통해 즉각적으로 이루어지는 기적을 체험하는 길을 선택하는 것은 어떨까.

하나님의 말씀에 순종하는 길이 하나님을 설득하는 가장 빠른 지름길이라고 앞서 언급했다. 사람을 설득하는 일도 하나님의 말씀을 순종할 때, 하나님이 설득해야 할 사람의 마음을 감동하여 단시간 내에 변화를 불러오기도 한다(참고. 창 32-33장). 물론 하나님의 뜻과 시기를 따라 허락되는 일이란 점을 늘 기억하고 믿음으로 인내하며 견디는 몫은 신자가 할 일이다. 아담과 하와도 뱀의 말을 듣고 인본주의를 사용하여 신이 되려고 하지 않고, 하나님의 말씀에 끝까지 순종하는 길을 택했다면 어땠을까? 흙으로 빚었지만, 어차피 하나님의 형상대로 만드실 때부터 사람을 하나님의 아들들로 만드실 계획을 세우신 하나님의 뜻을 깨닫지 못했으니, 하나님의 은혜를 누리며 신이 될 수 있는 지름길을 놔두고 숱한 역경과 비참함을 거치며, 오랜 세월을 돌고 돌아 신의 자리에 오르게 된 인생에서 교훈을 받아, 이제라도 하나님의 말씀에 순종하는 법을 잘 배워서 하나님과 진정으로 소통하는 은혜를 받자. 하나님과의 소통법은 하나님의 선포(명령, 법)에 순종하는 길이란 점을 뼈저리게 느끼며, 다시는 이스라엘처럼 실수하지 말고 그들의 역사를 거울삼아 지혜로운 신앙생활을 하자. 그렇다면 구체적으로 그 방법은 무엇일까.

a. 하나님께서 행하신 것을 선포하는 것이다.

"내가 내 모든 뼈를 셀 수 있나이다 그들이 나를 주목하여 보고… <u>내가 주의 이름을 형제에게 선포하고</u> 회중 가운데에서 주를 찬송하리이다"(시 22:17, 22)

시편 22편은 다윗 왕이 십자가 밑에 서서 이 시편을 쓴 것 같다. 그러나 종종 이 시편에서 애가(22:1-21)에서 찬양(22:22-31)으로 넘어가는 갑작스럽고 설명할 수 없는 전환을 놓칠 수 있다. 이러한 전환은 히브리어 본문의 단어 유희로 표시된다. 한순간, 행악자들에게 둘러싸여 고생하던 종은 그의 뼈를 "계산, 선포"(아싸페르)한다(22:18). 다음 순간, 승리한 왕은 그의 형제들에게 둘러싸여 하나님의 이름을 "선포하리라"(아싸페라)라고 외친다(H. 22:22). 동일한 히브리어 동사 '싸파르'(세다, 선포하다, 말하다)의 사용은 환경의 기적적인 변화를 강조한다, 사람들에게 "멸시를 받는 것"에서(22:6), 하나님께 "멸시당하지" 않는 것으로(22:24), 죽음의 "먼지"에서(22:15) 부활(22:29)로, 비웃고 조롱하는 사람들로부터(22:7-8) 땅끝까지와 하나님을 경배하는 열방의 족속들까지로(22:27). 이런 일이 어떻게 가능할까? 오직 하나가 충분한 답이 될 것이다. 시편 22편은 메시아의 죽음의 고통뿐만 아니라 메시아의 부활 승리까지 자세하게 묘사하고 있다는 사실이 이를 증명한다.

"오직 우리가 천사들보다 잠깐 낮아지심을 입은 자 곧 죽음의 고난 받으심으로 말미암아 영광과 존귀로 관을 쓰신 예수를 보니 이를 행하심은 하나님의 은혜로 말미암아 모든 사람을 위하여 죽음을 맛보려 하심이라… 그러므로 형제라 부르시기를 부끄러워하지 아니하시고 이르시되 내가 주의 이름을 내 형제들에게 선포하고 내가 주를 교회 중에서 찬송하리라 하셨으며"(히 2:9, 11-12)

b. 복음은 십자가의 승리를 선포하는 것이다.

"정사와 권세를 벗어버려 밝히 드러내시고 <u>십자가로 승리하셨느니라</u>."(골 2:15)

우리가 살아가는 세상은 영적 전쟁이 날마다 일어나는 곳이다. 빛과 어두움이 싸우는 곳이며, 하나님의 권세와 사탄의 권세가 싸우는 영적 전쟁의 현장이다. 사탄이 세상을 어두움으로 정복하여 죄와 사망의 권세 아래 두어 승리하는 것처럼 보였다. 그러나 어두움에 갇혀 살아가던 우리에게 예수 그리스도께서 세상의 빛으로 오셨다(요 8:12; 9:5). 예수 그리스도께서는 어두움의 권세인 사탄의 권세를 무너뜨리시고 십자가로 승리하셨다(골 2:15). 마침내 사탄의 영역 아래 있던 영혼들이 예수 그리스도를 믿음으로 하나님의 자녀가 되는 새로운 세상이 열렸다. 이것이 예수 그리스도에 의해 새 언약이 이루어진 새 창조의 세상이라고 말한다. 그리고 어두움에 거하던 자들이 예수 그리스도 안에서 빛의 자녀가 되었고 현재 천국(그리스도의 영적인 통치)이 임한 것이다. 지금도 세상은 여전히 사탄이 역사하고 있지만, 다시 오시는 예수 그리스도로 인하여 사탄은 궁극적으로 지옥 불에 떨어져 영원히 고통당할 운명이다. 우리가 증거 하는 예수 그리스도는 이 세상에 하나님의 승리를 선포하는 분이시다. 수많은 영혼이 죄와 사망에 매여 고생하고 있지만, 예수 그리스도를 믿는 자는 죄의 권세를 이기고 승리하는 삶을 살아갈 새로운 신분(하나님의 아들, 요 1:12)의 운명체다.

(2) 왕이신 하나님의 말씀을 선포할 때 나타나는 능력

하나님은 왕이시다. 이스라엘의 왕이요, 믿는 자들의 왕이요, 온 세상의 왕이시다. 그러나 보좌에만 앉아계신 왕이 아니라(요셉 시대의 애굽의 바로처럼, 창 41:40), 능력 면에서도 아무도 견줄 만한 존재가 없을 정도로 강력한 권능을 지니신 만왕의 왕이시다.[263]

"내가 권하노니 왕의 명령을 지키라 이미 하나님을 가리켜 맹세하였음이니라 (3) 왕 앞에서 물러가기를 급거히 말며 악한 것을 일삼지 말라 <u>왕은 그 하고자 하는 것을 다 행함이니라</u> (4) 왕의 말은 권능이 있나니 누가 이르기를 왕께서 무엇을 하시나이까 할 수 있으랴 (5) 무릇 명령을 지키는 자는 화를 모르리라 지혜자의 마음은 시기와 판단을 분변하나니 (6) 무론 무슨 일에든지 시기와 판단이 있으므로 사람에게 임하는 화가 심함이니라"(전 8:2-6)

"온 땅이여! <u>여호와께 노래하며 그 구원을 날마다 선포할지어다</u> (24) 그 영광을 열방 중에, 그 기이한 행적을 만민 중에 선포할지어다"(대상 16:23-24)

"예수께서 보시고 불러 이르시되 <u>여자여, 네가 네 병에서 놓였다</u> 하시고 (13) 안수하시매 여자가 곧 펴고 하나님께 영광을 돌리는지라"(눅 13:12-13)

"베드로가 가로되 은과 금은 내게 없거니와 내게 있는 것으로 네게 주노니 곧 <u>나사렛 예수 그리스도의 이름으로 걸으라</u> 하고 (7) 오른손을 잡

263　딤전 6:15; 계 17:14; 19:16.

아 일으키니 발과 발목이 곧 힘을 얻고 (8) 뛰어 서서 걸으며 그들과 함께 성전으로 들어가면서 걷기도 하고 뛰기도 하며 하나님을 찬미하니"(행 3:6-8)

성경은 이렇게 하나님의 말씀 선포로 가득 찼다. 그럼 "믿으라"라는 말씀 선포에 대해 어떻게 생각하는가?[264]

"가로되 주 예수를 믿으라 그리하면 너와 네 집이 구원을 얻으리라 하고"(행 16:31)

하나님은 선포하는 분으로 소개했지만, 그것이 하나님이 사람을 설득하는 방법의 출발이다. 선포하는 것이 하나님의 설득 방법이라고 했는데, 사람 생각으로는 얼마나 미련하게 보이는가? 그러나 하나님의 미련한 것이 사람의 지혜보다 낫다(고전 1:25). 그래서 성경은 누구든지 세상에서 지혜 있는 줄로 생각하거든 미련한 자가 되라고 권면한다(고전 1:27). 그만큼 하나님의 생각과 사람의 생각은 하늘과 땅 차이가 나며, 하나님은 전지전능(全知全能)하기에 대체할 대상이 없다. 그러므로 선포하면 진리인 줄 깨닫고 믿고 순종하는 길이 최고의 지혜요 복이다. 그래서 인생은 바로 그것, 곧 순종을 배우기 위해 그렇게 값비싼 대가(고난, 죽음까지도)를 치르는 것이다. 여기서 우리는 하나님을 기쁘시게 하여 우리도 주님처럼 구하는 대로 받는 하나님의 아들들이 되어야 할 것이다(시 37:4; 요일 3:22). 하나

---

[264] 막 1:15; 11:22, 24; 요 4:21; 10:38; 12:36; 14:1, 11; 16:31.

님을 기쁘시게 하는 성경의 가르침 몇 가지 핵심을 정리해보자.

① 하나님을 경외하는(두려워하는) 자를 기뻐하신다(시 147:11; 잠 9:10; 계 14:7).

② 하나님의 존재와 하나님을 찾는 자에게 상 주시는 분임을 믿을 때 기뻐하신다(히 11:6).

③ 죄를 회개하고 돌이킬 때 기뻐하신다(겔 18:32; 33:11; 눅 15:7).

④ 육신의 생각을 십자가로 죽이고, 성령으로 행할 때 기뻐하신다(롬 8:13-14; 갈 5:16-25).

⑤ 사람보다 하나님을 순종할 때 기뻐하신다(행 5:29; 갈 1:10).

⑥ 매일의 삶에서 진리 안에서 행할 때 기뻐하신다(엡 2:10; 골 1:10; 요삼 1:4).

⑦ 선한 행실과 서로 나누는 구제를 할 때 기뻐하신다(히 13:16).

⑧ 항상 기뻐하고 범사에 감사와 찬양하는 자세를 기뻐하신다(시 69:30-31; 살전 5:16-18).

하나님의 복음 선포를 듣고 믿는 자들은 모두 구원받는데, 아무나 믿는 것이 아니다. 누구든지 믿으라고 초청하지만 아무나 믿을 수 있는 것이 아니란 말이다(살후 3:2). 영생을 주시기로(구원받기로) 작정 된 자만 믿을 수 있다(행 13:48). 이런 말을 하면 알레르기 반응을 일으키는 사람이 많은데,[265] 이것은 누구를 차별하자는 것이 아니라 하나님의 기뻐하심을 따라

---

265 불신자이거나 칼빈주의를 증오하는 무리가 그런 반응을 일으킨다. 그러나

결정하신 주권적 선택이다(롬 9:13-15, 18-21; 엡 1:5). 따라서 오늘날 우리 신자는 때를 얻든지 못 얻든지 복음을 선포해야 하고, 그때 창세 전부터 구원받을 자로 선택된 자가 구원받게 역사하시는 일은 성령께서 친히 하신다. 영생을 얻기로 작정 된 자가 복음을 들을 때, 믿음을 선물로 주셔서 예수의 복음이 믿어지게 하시는 방법으로 구원하신다(행 13:48).

3) 현대에 나타나는 선악 나무의 열매들

현대에 나타나는 선악의 지식 나무에서 맺히는 열매는, 먹으면 결국 죄로 정죄 되는 것들이다. 그것은 대체로 하나님의 말씀을 불순종하는 것으로 나타나게 되어 있다. 믿는 자에게는 이런 죄들로 인해 영벌에 들어가지는 않을지라도, 하늘의 기업은 물론, 하나님을 기쁘시게 하지 못하는 자로서 마지막 심판대에서 불이익이 있을 것은 분명하다. 이는 하나님의 공의다. 아무리 하나님의 자녀라고 할지라도 하나님의 사랑과 공의는 분명하게 구별하시는 것이 하나님의 속성이기 때문이다.[266]

칼빈주의는 칼빈이란 사람을 따르는 것이 아니라 그가 성경을 통해 정리한 핵심에 동의한 자들이다. 반대로 알미니안 주의도 마찬가지다. 그러므로 서로 다른 견해에 대해 학술적으로 비판할 수는 있지만, 각자 자기가 옳다고 믿는 대로 믿으면 되지 어리석게 사람이나 그의 인격을 공격하거나 서로 미워하고 싸울 이유는 없다(롬 14:22-23). 자기가 옳다고 믿은 결과에 대해서는 훗날 그리스도의 심판대 앞에서 판단 받으면 된다.

266 선택된 이스라엘에게 가나안을 선물로 주셨지만, 저들이 가나안의 원주민들과 같은 죄로 가득찰 때는, 원주민들의 죄가 가득 차서 쫓겨났던 것처럼,

(1) 성경에서 말하는 자유

모든 것을 자유롭게 제약 없이 누릴 자유가 참 자유요, 참 인권이라는 주장은 얼핏 보면 그럴듯해 보인다. 교회 내에도 '이제는 율법의 시대가 아니고 은혜의 시대이니 모든 것을 자유롭게 하고 싶은 것을 하면서 주님이 주신 은혜를 누리자'라는 주장이 설득력을 얻기도 하는데(구원파의 왜곡된 주장) 이는 현대의 뱀의 미혹이요 사상이다. 그럼 성경이 말하는 '참된 자유'란 무엇일까. 자기 마음대로 살 수 있는 자유(죄지을 자유 포함)가 아니라 죄로부터의 자유다. 죄의 사슬, 멍에, 억압, 협박, 습관으로부터 해방인 것이다. 과거의 죄로부터 용서(사면)를 뜻하는 죄 사함은 물론이고, 현재 그리고 미래의 죄로부터 자유가 선포된 은혜 가운데서도 은혜인 하나님의 선물을 가리킨다. 마치 이스라엘이 아무런 행위와 노력 없이 애굽을 떠나 홍해를 건너 자유를 얻었듯이 말이다.

"그리스도께서 우리를 자유롭게 하려고 자유를 주셨으니 그러므로 굳건하게 서서 다시는 종의 멍에를 메지 말라."(갈 5:1)

예수께서 십자가에서 피 흘리신 결과로 우리를 죄로부터 자유롭게 하셨으니, 다시는 죄의 종이 되지 말라는 말씀을 잘 기억해야 할 것이다.

"형제들아, 너희가 자유를 위하여 부르심을 입었으나 그 자유로 육체의

이스라엘도 동일하게 쫓겨나 세상을 유리방황했던 것을 기억하라.

기회로 삼지 말고 오직 사랑으로 서로 종노릇 하라"(갈 5:13)

5:19-21에서는 육체에 종노릇 하는 자들에 대해 "하나님의 나라를 유업으로 받지 못할 것"이라고 경고한다. 따라서 주의 은혜로 자유를 얻은 자는 의의 종으로서 하나님의 나라와 의를 구해야 마땅하며, 성령의 소욕을 좇아 살아야 할 책임이 따른다는 사실을 반드시 명심해야 할 것이다(갈 5:16-17). 이는 자유에는 반드시 책임이 따른다는 원리에 의해서 주어지는 일이다.

(2) 성경이 문자적으로 정의하고 있는 죄들은 어떤 것이 있을까?

성경이 정죄하는 죄 곧 오늘날의 선악 나무의 열매로 진단해도 무방할 것으로 여겨지는 것으로는 어떤 것들이 있을까. 이를 안다는 것의 유익은 하나님이 금하시거나 순종을 요구한 것에 대해 불순종한 것들을 분별하여 그런 죄에 빠지지 않을 힘과 지혜를 얻을 수 있기 때문이다. 그런 종류의 죄로 여길만한 것들은 크게 나누어 어떤 종류가 있을까.

첫째는 불법(不法)이다(요일 3:4).

"죄를 짓는 자마다 불법을 행하나니 **죄는 불법이라**"(요일 3:4)

다시 말해 죄란 하나님의 법을 거스르거나 지키지 않는 것이다. 예수께서는 이 점을 불법적 행동에 국한하지 않고, 그 동기와 생각에까지 확대시키셨다(마 5:21-48). 법을 어기는 것이 모두 죄지만 모든 죄가 성격상 동일하지는 않다. 무슨 말인가 하면, 하나님의 법 자체가 성격상 두 가지 경우로 나누어지기 때문이다. 성경에는 "하라"는 명령이 있는가 하면, "하지 말라"는 명령도 있다. 죄는 하나님의 명령을 거역하는 것이다. '하지 말라'는 하나님의 명령을 어겨도 죄고, '하라'는 하나님의 명령을 어겨도 죄다. 거꾸로 '하지 말라'는 일을 하면 죄가 되고(인류는 처음부터 이 부정적 계명을 범하여 비참하게 된 전력이 있다), '하라'는 일은 하지 않으면 죄를 짓는 것이다. 긍정/부정 어느 쪽이든지 하나님 명령을 어기기 때문에 죄로 정죄당한다. 어차피 같은 죄임에도 불구하고 "하지 말라"는 명령을 어긴 것보다 "하라"는 명령에 못 미치면 관대하게 여기고 죄책감도 덜하다는 인상을 받는다. 그러나 조금만 생각해보면 죄는 우리의 기분이나 느낌에 따라서 결정되는 것이 아니라는 사실을 금방 깨닫는다.

"죄는 불법"이란 말씀에서 불법은 회개할 수 없는 중한 죄라고 주장하는 견해가 있다. "불법"은 사탄이 인간들을 미혹하고 충동질해서 사탄처럼 하나님을 대적하고 대항하면서 하나님의 법을 어긴 중대한 범죄를 "불법"이라고 정의한다는 것이다. '불법'(아노미아)이란 단어는 "율법 없이, 율법에 지배되지 않는" 이방인과 같은 상태를 가리킨다. 이는 "무법하다"(아데미토스)라는 표현과 동의어로 취급되기도 한다.[267]

> "너희가 음란과 정욕과 술 취함과 방탕과 연락과 **무법한** 우상 숭배를 하여 이방인의 뜻을 좇아 행한 것이 지나간 때가 족하도다"(벧전 4:3)

---

267   벧전 4:3; 벧후 2:7; 3:17.

"불법"(혹은 무법)은 예수 그리스도의 재림이 가까워질 마지막 때 절정에 이르게 될 것이다. 왜냐면 사탄은 마지막 때가 가까워진 것을 잘 알기에 갈수록 심한 "불법"을 자행하도록 세상을 미혹할 것이기 때문이다. 그래서 예수께서는 마지막 때가 다가올수록 불법이 심해져 사랑도 식고, 서로를 심하게 미워하게 될 것이라고 예고하셨다(마 24:10-12). 이렇게 우리 주께서는 마지막 때 서로 미워하고, 거짓 선지자가 많이 일어나 많은 사람을 미혹하고, 불법이 가득하여 사랑이 식게 된다고 미리 경고하셨다. 사도 바울도 마지막 때를 예언하면서 사탄을 "불법의 사람"(멸망의 아들)이라고 말하면서(살후 2:3), 스스로를 높여 "하나님의 성전에 앉아 자기를 하나님이라고 내세우는 자"라고 폭로했다(살후 2:4). 따라서 우리 그리스도인들은 어떠한 경우에서도 흉악한 "죄"와 "불법"에 연루되어서는 안 된다는 자세를 견지하며 영적 전쟁을 치러야 할 것이다.

둘째는 불의(不義)이다(요일 5:17).

"<u>모든 불의가 죄로되</u> 사망에 이르지 아니하는 죄도 있도다"(요일 5:17)

여기서 '불의'는 '아디키아'로서 단어의 의미는 (법적)'불의' (본래적 의미로는 '불의의 성질', 함축적으로 '불의의 행동'), 도덕적으로 (불의의 성격, 생활, 행위) '사악함', 불법, 불공평, 불이, 잘못 등을 포함한다(롬 1:18).

"하나님의 진노가 불의로 진리를 막는 사람들의 모든 경건치 않음과 <u>불의에 대하여</u> 하늘로 좇아 나타나나니"(롬 1:18)

만일 모든 불의가 사망에 이르는 죄가 된다면, 우리는 예외 없이 모두 죽어야만 할 운명이다. 그러나 그렇지 않기 때문에 사망에 이르지 아니하는 죄도 있다고 성경은 친절히 말한다. 용서받을 수 있는 가벼운 죄가 아님에도 불구하고 용서받을 수 있는 죄가 있다. 즉 큰 죄일지라도 영원한 사망에 이르는 절대적인 책임이 따르는 죄에 포함되지 않을 죄가 있을 수 있다는 말이다. 하나님의 말씀을 벗어나 살아가는 모든 것이 불의며 죽어 마땅한 죄지만, 그 죄로 인해 우리를 사망에 이르지 못하게 하는 것은, 신자가 우리의 죄를 없이 하신 예수의 은혜 안에 거하기 때문이다.[268] 이렇게 볼 때 사망에 이르지 아니하는 죄라는 것은, 죄가 사망에 이르는 것과 이르지 아니하는 두 종류로 구분된다는 의미가 아니라, 예수 그리스도의 은혜 안에 살아가는 성도에게 해당하는 내용임을 알 수 있다.

그러면 반대로 사망에 이르는 죄는 무엇일까? 같은 죄라고 할지라도 죄를 지은 자가 예수 그리스도의 은혜 안에 거하지 않는다면, 그는 죄로 말미암아 사망에 이를 수밖에 없다. 이때 사망은 둘째 사망으로 영벌의 지옥에 떨어지는 사망을 가리킨다. 따라서 그리스도의 은혜로 말미암아 죄 사함이 이루어졌고 영생을 얻게 되었다는 이 사실을 믿지 않는 모든 자가 곧 사망에 이르는 죄를 범한 존재라는 이야기다. 성경은 이런 자들을 위해서는 기도하라고 하지 않겠다는 것이다. 그리스도의 은혜 안에서 법적으로 의롭다고 판결했을지라도(칭의, 새사람), 현실적으로는 모든 신자 역시 죄인(옛사람)이라는 점에서는 동일하다. 그래서 신자의 신분에 대해

---

[268] 이에 대해 성경은 "예수 안에, 그리스도 안에, 예수 그리스도 안에, 그리스도 예수 안에" 등 다양하게 표현하고 있다.

'의인이면서 또한 죄인'이라고 애매한 것처럼 말할 수밖에 없는 것이다.[269] 신자 구원의 완성은 주의 심판과 역사를 완성하는 마지막 때 이루어진다. 그때까지 모든 신자는 자기의 구원을 이루는 성화(聖化)를 완성해가야 한다. 그리고 불의는 양(量)으로 판단하지 않는다. 어떤 행동을 얼마큼 했든 상관없이 하나님의 말씀은 기본적으로 모든 인간은 불의를 행한 자로 정죄한다. 다만 그 가운데 은혜로 말미암아 죄 없다고 선언 받은 행복한 사람들이 있는데, 이들이 그리스도의 피로 구원받은 형제들이다.

그리스도 안에서 하나 된 믿음의 형제들은 서로 비교하며 누구 하나 잘났다고 자랑할 사람이 없고, 누가 누구보다 더 의롭다고 비교할 수도 없다. 그러므로 믿음의 형제는 같은 형제 사이에서 누군가의 불의함이 보인다고 해도 그것을 두고 비판할 수 없는 것이다. 비판할 자격도 없거니와 자기가 그를 비판한다면 자기 또한 함께 비판을 받아야 할 수밖에 없는 하나의 운명체란 사실을 하루라도 속히 깨달아야 한다. 신자가 말씀으로 살아가는 것은 다만 성령의 은혜로 가능할 뿐이며, 수시로 자기 속의 악한 본성이 주의 은혜를 거스르며 나타나고 있음을 자인할 수밖에 없다. 우리 신자는 동일하게 이러한 연약함에 놓여 있다. 날마다 하나님의 도우심이 아니면 살 수 없는 나약한 존재들이다. 내가 나의 약함을 알고 하나님의 도우심을 구한다면, 형제를 바라볼 때도 그의 약함을 보면서 하나님의 도우심을 구하는 것이 형제를 사랑하는 것이라고 성경은 가르치고 있다.

---

269 이런 원리를 깨닫는 것이 중요하다. 일부 이단 단체에서는 이런 신자의 이중성을 깨닫지 못한 채 정통 기독교의 이런 가르침을 비판하며 의인 행세를 한다. 그러나 진정한 신자는 점진적으로 구원을 이루어가게 되어 있다(빌 2:12).

셋째는 불선(不善)이다(약 4:17).

"사람이 <u>선을 행할 줄 알고도 행치 아니하면 죄니라</u>"(약 4:17)

성경은 여호와를 의뢰하여 악을 떠나 선을 행하라고 권하며(시 37:3, 27), 선을 행하는 일에 피곤해하거나 낙심하지 않으면, 때가 이를 때 반드시 그 열매를 거둘 것이라고 권면한다.

"우리가 <u>선을 행하되</u> 낙심하지 말지니 피곤하지 아니하면 때가 이르매 <u>거두리라</u> (10) 그러므로 우리는 기회 있는 대로 모든 이에게 착한 일을 하되 더욱 믿음의 가정들에게 할지니라"(갈 6:9-10)

"사람이 선한 일을 해야 한다는 것을 알면서도 실천하지 않으면 바로 그것이 죄"라는 야고보의 이 가르침은 주님의 가르침과 그 강조점이 매우 일치한다. 주님도 여러 비유를 들어서 누누이 이 문제를 말씀하셨다. 주님은 신자가 커다란 잘못을 범하는 죄보다 오히려 사소한 선행을 하지 않는 죄를 더 자주 심각하게 다루고 있다는 사실을 아는가. 주님은 악한 행동을 했다고 정죄하는 것보다 선한 행동을 하지 않았다고 준엄한 선고를 내리고 있다. "바깥 어두운 데로 던져라".[270] 이 표현에서 신앙 공동체를 향한 주님의 기대를 읽을 수 있고, 주님이 기대하시는 신앙 공동체의 수준을

---

270   마 8:12; 22:13; 25:30.

알 수 있다. 우리가 심각하게 다루어야 하는 죄는 하나님이 우리에게 요구하시는 선한 일을 행하지 못한 부분이다. 그러므로 우리가 예배당에 나와 예배하면서 도적질하고 간음하는 세상 사람들(이방인)처럼 나쁜 일을 하지 않는다고 만족해서는 착각의 함정에 빠지는 것이다. 주님께서 바라시는 공동체의 수준은 악행을 중단한 정도가 아니다.

주님은 자기 피로 사신 신앙 공동체(교회)가 세상에서 선(착한 행실)을 행하기를 원하신다. 하나님께서는 신자의 마음속에 하나님의 성령께서 원하시는 선한 일을 행하기를 기대하신다. 그래서 "너희 착한 행실을 보고 하늘에 계신 너희 아버지를 찬양하게 하라."(마 5:16)라고 역설하셨다. 주님이 우리에게 기대하시는 수준은 "예수 그리스도의 장성한 분량에 이르기까지 자라기를 바랄"(엡 4:13-15) 정도로 높다. '악행을 멈추라'라는 정도의 수준이 아니다. 그 단계를 넘어 세상의 빛이 되는 선행을 하라고 요구하신다. 그래서 '선을 행할 줄 알면서도 선을 행하지 않으면 그것이 바로 죄'라고 강력하게 도전하며 말씀하는 것이다. 이웃을 도울 마음을 먹었다는 사실로 합리화하지 말라. 그 말을 잘 생각해보면 '돕지 않았다'라는 것을 입증할 뿐이다. 주님은 우리에게 '너도 가서 사마리아 사람같이 하라.'고 명하신다. 삶의 여정을 다 끝내고 난 다음 주님 앞에 선 우리에게 악한 일을 했는지, 하지 않았는지 여부로 판단하지 않으시고, 그날에는 어떤 선한 일을 했는지 물어 오실 것이다(마 25:34-40).

"형제 중에 이 작은 자에게 한 것이 곧 내게 한 것이니라"(마 25:40)

Ⅱ. 선악 나무

넷째는 불신(不信)이다(요 16:9).

"죄에 대하여라 함은 <u>저희가 나를 믿지 아니함이요</u>"(요 16:9)

하나님과 예수 그리스도를 믿지 않는 불신이 곧 죄다. 사람들은 착각하기를 믿고 안 믿는 것은 자기 자유라고 생각하는데 절대 그렇지 않다. 믿어도 괜찮고 안 믿어도 괜찮은 문제가 아니기 때문에 심각한 것이다. 또는 믿으면 좋은 일이고 안 믿어도 별 상관이 없다고 생각하는 것조차도 죄다.

성경이 불신을 그렇게 극악으로 정죄하는 첫 번째 이유는,[271] 불신이 <u>그리스도의 의를 받아들이지 않아 하나님의 진노를 멈추지 못하도록 만들기 때문이다</u>. 이런 점에서 불신의 죄는 그리스도의 의(義)를 거부하는 완악함의 죄에 속한다. 성경이 믿음을 거부한 유대인들을 향해 목이 곧고(롬 11:7; 행 28:27) 성령을 거스르는 자라고 비난한 것은(행 7:51), 불신을 극악으로 간주한 신랄한 책망이다. 그 어떤 국가나 종교에서도 찾아볼 수 없는 독특한 종교 윤리가 있는데, 그것이 바로 불신에 대한 기독교의 정죄다. 어떤 윤리적인 문제도 일으키지 않았고 공동체에 어떤 해악을 끼치지 않았음에도, 지옥의 정죄를 받는 불신 죄는 세상 일반의 윤리관과 너무 괴리가 있어 보이며, 이 때문에 별난 종교 윤리로 치부되고 기독교 자체가

---

[271] 이경섭, "어떤 해악 없지만… '불신'이 가장 큰 죄악인 3가지 이유", 2017.08.25. 크리스챤투데이.

도외시 당해 왔다. 계몽주의 기독교는 이런 소외를 두려워한 나머지 진작에 이 죄관(불신 죄)을 포기했다. 코페르니쿠스적인 발상의 전환 없이는 도무지 받아들일 수 없는 이 죄관(罪觀)은 하나님이 오직 성령으로만 알려지게 하셨다.

> "그분이 오시면 죄와 의와 심판에 대하여 세상이 잘못 생각하고 있는 점을 깨우쳐 주실 것이다. 죄에 대하여라 함은 **저희가 나를 믿지 아니함이요**"(요 16:8-9)

성령이 오시면 불신의 죄에 대한 새로운 자각을 갖게 한다는 뜻이다.

두 번째 이유로는, 그것이 <u>그리스도의 희생으로 세운 의(義)를 거부하는 것이기 때문이다</u>. 그리스도인이 믿음을 갖는다는 것은, 흔히 생각하듯 어떤 종교 교리에 동의하는 것이거나, 자기가 이루기를 바라는 어떤 것을 투영한 신념이 아니라, 그리스도의 의를 받아들인다는 뜻이다. 그리고 그 그리스도의 의는 그리스도의 거룩한 언약의 피와 성령에 뿌리박고 있다. 따라서 불신은 다만 불신으로 그치지 않고, 그리스도의 의를 거부하는 것이며, 나아가 그리스도의 피의 공로와 성령을 거부하는 것이다. 성경대로 말하면 "하나님의 아들을 밟고 자기를 거룩하게 한 언약의 피를 부정한 것으로 여기고 은혜의 성령을 욕되게 하는"(히 10:29) 죄다. 이런 이유로 성경이 그리스도를 믿지 않는 죄를, 율법적인 죄와는 비교 불가한 극악으로 말한다(히 10:29).

마지막으로 불신이 극악한 죄가 되는 이유로는, 그것이 <u>오직 믿음으</u>

로만 구원 얻는다(행 16:31)는 창세 전의 구원 경륜(엡 1:4-6)을 저버리는 것이기 때문이다. 예수께서 천국 입성의 자격으로 제시한 것도 '믿음의 의'(義)였으며, 그 의는 바리새인과 서기관들의 율법적 의보다 나은 의다(마 5:20). 그리고 이 믿음의 의는 바로 예수 그리스도의 의에 뿌리내리고 있다.

다섯째는 믿음으로 하지 않는 것이다(롬 14:22-23).

"**믿음**(혹은 '확신, 확증'-표준 새 번역)**으로 좇아 행하지 아니하는** 모든 것이 죄니라"(롬 14:23)

다시 말해 개인의 확신(확증) 없이 마음 한편으로는 의심하면서(뭔가 찝찝한 상태) 한 행위도 죄라는 말이다. 믿음은 단순히 마음으로 믿는 것에서 그치지 않고 행함으로 완성된다. 행함으로 그 믿는 것이 온전하게 된다는 말이다. 믿음은 그리스도의 구속과 그 결과에 대해 성령을 선물로 받음으로 생긴 은혜이다(행 2:38). 그래서 믿음(충성)을 성령의 열매로 말하기도 하는 것이다(갈 5:22-23).

사람이 거듭나면 하나님으로부터 "동일하게 보배로운 믿음"(벧후 1:1)을 "단번에" 받는다(유 1:3). 이 믿음을 선물로 받음으로써(엡 2:8) 우리는 하나님과 하나님이 하신 일을 알게 되는데, 창조, 십자가의 대속, 부활이 실제라는 것을 알게 되고, 비로소 하나님과 영적인 교제가 이루어지는 회복을 경험한다. 이 믿음은 지극히 작은 형제로부터 사도들까지 공히 선물로 받는 은혜이며, 차별이 없다. 그러나 알 것은 이렇게 동일하게 받는 믿음도 있지만(모든 택한 자들에게 주시는 은혜의 방편), 사역에 따라 받는 믿음도 있다. 사역을 위해서 받는 믿음은 믿음의 분량과 종류가 다르며(롬 12:3), 이로써 각종 믿음의 은사가 나타나게 된다(고전 12:9; 13:2).

그렇다면 로마서 14:22에서 언급한 믿음은 어떤 믿음을 말하는 것일까?

"자기가 '옳다' 하는바"(자기 확신, 확증)라는 말은 개인의 믿음을 의미한다. 이것은 각자가 다르다. 신자마다 개인이 알고 있는 지식과 자라온 환경, 그리고 개인의 성향에 의해서 소위 믿음의 스타일과 성향이 달라진다. 어떤 사람은 예배 시에 펄펄 뛰며 찬양하는 분위기를 좋아하는 사람이 있고, 어떤 사람은 조용한 분위기의 예배를 좋아하기도 한다. 그래서 우리는 이런 것으로 신자 사이에 서로 판단하면 안 된다. 이 부분에서 오해가 생길 수 있다. 새 언약 아래서의 <u>신앙은 '자기 확신(확증)'이라는 말이 때때로 많은 사람에게 오해를 줄 수 있다</u>. 신앙이 자기 확신이라면 다른 사람의 말은 듣지도 않고 내가 생각할 때 옳다고 여겨지는 것을 따라 행동하라는 말로 이해될 수 있기 때문에, 마치 자기가 생각할 때 옳으면 그것이 참믿음이라는 인식을 심어줄 수도 있다(선악과를 따먹은 이후의 악해진 사람 상태와 같이). 다시 말해서 바울의 가르침을 오해하면 신앙이 자기 고집이 되어버리거나(확증편향) 자기가 모든 선악(옳고 그름)을 판단하는 하나님 자리에 올라가는 형국일 수도 있다는 말이다.

그러나 필자가 말하는 '자기 확신' 혹은 '자기 확증'이라는 표현은, 남이 가지고 있는 확신(확증)에 대해서 맹목적으로 추종하지 말라는 뜻이다. 즉 다른 사람(스승, 유명한 신학자)의 확신을 무조건 자신의 확신으로 받아들이지는 말라는 말이다. 항상 "이것이 그러한가?" 확인하는 자세가 중요하다(행 17:11). 무조건 혹은 맹목적으로 내가 좋아하거나 신뢰할만한 사람이 확신하고 있는 것이니까 틀림없다는 시각에서 받아들인 것이라면, 그 사람에 대한 신뢰가 흔들릴 때 그동안 자기가 가지고 있었던 확신도 함께 무너질 수밖에 없기 때문이다. 다른 사람이 자기 목숨을 걸 정도로 확신하는 내용이라고 해도, 그것은 그 사람의 확신이지 내 확신은 아니다. 중요한 것은 "내가 과연 그리스도에 대해서 알고 믿는 것이 올바르다고 확신하고 있느냐?"이다. 이런 차원에서 신앙을 '자기 확신'이라고 말하는 것이다.

물론 이때 무조건 자기 생각이 옳다는 것이 고집이나 자존심일 수도 있다는 사실과 신앙적 확신이라고 말할 수 없을 수도 있다는 점은 반드시 기억할 필요가 있다. 신앙적 확신이란 그리스도를 아는 것을 말한다(요 17:3). 그리스도가 누구신지 내 마음 깊이 새겨지고 그분에 대한 절대적인 믿음이 내 속에 자리할 때(체험이 따르기도 한다), 그것이 곧 확신이라고 말할 수 있다는 말이다. 따라서 신앙의 확신이란 그리스도를 아는 것을 의미하기 때문에 결국 그 확신에서 드러나는 것은 자기의 주장이 아니라 그리스도의 참모습일 것이다. 이렇게 볼 때 참된 신앙의 확신은 때로 자신이 지금까지 배운 지식을 따라 옳다고 믿고 있었거나 알고 있는 신학이나 성경을 얼마든지 확장하는 형태로 드러날 수도 있다.

우리가 많이 오해하는 것은, 자기가 확신하고 있는 성경 지식을 고집스럽게 굽히지 않는 것이 신앙의 정절을 지키는 것이라고 여기는 태도이다. 자기가 알고 있는 성경 해석이나 신학을 결단코 굽히지 않고 고집하는 것을 성경적 확신이며 신앙의 정조를 지키는 일이라고 생각하지만, 그러나 그것은 자신이 알고 있는 신학이나 성경 지식에 대한 확신이지, 그리스도가 누구신지에 대한 자기 자신이 얻은 확신이라고 단정하기 어려울 수 있다는 점을 간과해서는 안 된다. 사도 바울이 이것을 잘 알았기에 율법 아래 있는 자에게는 함께 율법 아래 있는 자가 되어주고, 율법 아래 있지 아니한 자에게는 함께 율법 아래 있지 않은 태도를 취할 수 있었던 것이다(고전 9:18-23). 사도 바울이 가진 확신은 그리스도의 복음과 그분 자신이었지 사람의 전통이나 사람을 통해 만들어진 신학이 아니었기 때문이다(갈 1:17). 그리스도의 몸(교회)을 세우고 그리스도를 증거 하는 일이 바울의 사명이요 확신이었기 때문에, 이런 확신 아래서 얼마든지 자신의 자유와 신학을 예수 그리스도를 부인하거나 거절하지 않는 한, 약한 자를 위해 혹은 자기와 다른 견해를 가진 신앙을 위해 절제하며 배려할 수 있었던 것이다(고전 8:13; 10:29). 이렇게 볼 때 진정한 신앙의 확신이란 믿음의 형제를 위해서 자신을 포기하도록(자기를 부인하며 약해지는 태도) 만드는 것임을 알 수 있다(고전 4:10; 고전 8:13). 이것이 자기 확신 아래 거하는 강한 신자의 모습이 아니겠는가? 믿음의 형제를 대하는 자세에 관한 하나님의 뜻이 그러하다(롬 14:1-8, 13-20). 그리스도 안에서 강한 자는 그리스도가 누구신가를 알고 그분에 대한 깊은 확신 가운데 살아가기 때문에 그분을 증거 하는 일이라면, 자기 개인의 신학이나 경험에 지나치게 연연하지 않는[272]

---

[272] 이 말은 자기가 옳다고 여기는 신학을 포기하거나 다른 신자의 신학을 무조건 받아들이라는 이야기가 아니다. 자기의 옳다 하는 바를 굳건하게 지키면서, 상대가 기독교의 기본 진리를 인정하는 이상 그 외의 것들에 대해서는 관용을 베푸는 자세를 가지라는 것이다(고후 10:1-2; 빌 4:5).

그 모습이 진정한 자유자이며(고전 8:7-13), 그리스도를 따르는 장성한 자의 모습이 아니겠는가?

신자로 생활하면서 똑같은 행위임에도 어떤 사람에게는 죄가 되고, 어떤 사람에게는 죄가 되지 않는 경우가 발생할 수 있다. 또 같은 사람에게서라도 같은 행위를 했음에도 어떤 경우에는 죄가 되고, 어떤 경우에는 죄로 정죄 되지 않는 사례가 있을 수 있다. 옛 언약인 율법하에서는 드러나지 않았던 일로서 새 언약인 은혜의 세계 속에서만 발견되는 일이다. 그리스도인에게 삶의 표준은 율법(죄를 깨닫게 하는 기준)이 아니라 새 언약 아래서 재해석되는(마 5:33-48) 율법(하나님의 말씀)을 어떻게 수용하고 적용하느냐에 있다. 그것은 <u>율법을 지키느냐 못 지키느냐가 아니라, 그리스도의 은혜의 법(생명의 성령의 법)을 거스르는 죄가 된다는 의미다</u>. 종종 잘못된 지식(성경 해석의 차이에서 발생)은 신자들로 하여금 불필요하게 고생하도록 만들고, 심지어 자기가 옳다고 생각하는 성경 해석을 남에게 강요함으로써 형제들을 미혹하기도 한다. 그래서 우리는 올바른 진리의 지식을 알려고 힘써야 하는데, 그때 성경 해석은 그 무엇보다 중요하게 다가온다. 복음의 진리는 모든 신자의 신앙형태가 기계적으로 똑같을 것을 고집하는 것이 아니라 오히려 각자의 믿음을 존중하라고 가르친다. 그리고 <u>각자는 자기의 믿음을 따라 살되, 그 선택에 대한 책임이 따른다는 사실을 알라고 경고하고 있다</u>. 그 전반적인 원리는 로마서 12-13장에 잘 나타나 있다.

로마서 14:22에 보면 "네게 있는 믿음을 하나님 앞에서 <u>스스로 가지고 있으라 자기의 옳다 하는 바로 자기를 책하지 아니하는 자는 복이 있다</u>"

라고 말씀한다. "네게 있는 믿음을 하나님 앞에 스스로 가지고 있으라"라는 말은 지금까지 바울이 말했던 모든 것, 즉 음식의 문제로 인해서 형제를 거리끼게 하거나 하나님의 사업을 무너뜨리게 하는 것보다 화평의 일과 서로 덕을 세우는 것이 아름다운 일이라는 믿음을 가지고 살아야 할 신앙의 자세를 말한다. 율법의 잣대로 '옳다 그르다'를 판단하고 정죄할 일이 아니라 형제에 대한 사랑이 기준이 되어 판단하라는 것이며, 그때 그 상대 역시 그리스도 안에서 한 형제라는 인식을 '자기 신앙의 확증'으로 삼고 살아가라는 말이다. 그럴 때 신자는 자기의 '옳다'하는 것으로(마 5:37) 오히려 자신을 책하게 되는 결과를 가져오지 않게 된다. 다시 말하지만, 각각 자기 마음에 확정하는 일이 중요하다는 이야기다(롬 14:5). 언제든지 누구든지 한 사람이 완벽하게 하나님의 뜻을 다 아는 것이 아니고, 신자라면 각자에게 허락하신 하나님의 분복이 다르며, 사명도 다르며, 은사도 달라서 모두 하나로 힘을 합쳐 선한 하나님의 뜻을 이루는 일에 한마음이 되어 충성해야 한다.

여섯째는 약한 양심을 상하게 하는 것이다(롬 15:1-2; 고전 8:5-13).

"이같이 너희가 형제에게 죄를 지어 <u>그 약한 양심을 상하게 하는 것이</u> 곧 그리스도에게 죄를 짓는 것이니라"(고전 8:12)

이것은 자신으로 인하여 다른 사람이 양심에 가책을 받게 되거나, 상하게 되는 것도 죄라는 지적이다. 앞에서 다룬 자기의 '옳다'하는 신앙 곧 자기가 확신하는 바로 자기를 비난(정죄, 판단)하지 아니한다는 것은, 객관적인 진리를 주관적 신앙의 확증으로 자기 것을 만드는 자에 대한 복에 관한 내용이었다. 그러나 자기가 옳다고 확신하는 신앙으로 인해서 믿음이 약한 형제들을 거리끼게 하거나 마음을 상하게 하면, 그것은 그리스도에게 죄를 짓는 결과를 만든다는 경고다. 만일 그런 결과를 낳는 행동을 하게 된다면, 그것은 결국 자신에 대한 하나님의 심판을 쌓아 가는 것에 지나지 않는다는 뜻이다. 궁극적으로 그리스도가 무엇을 원하시는가를 깨달아 실천하며 살아간다면, 자기가 옳다고 생각하는 것으로 인해서 오히려 자기가 책망받을 일을 쌓아 가는 일을 하지 않게 된다는 의미다. 그리스도께서 원하시는 것은, 신자 개개인이 옳다고 여기는 성경이나 신학이 세워지는 것이 아니라, 그리스도의 몸이 세워지는 것임을 잊어서는 안 된다. 이것이 하나님 앞에서 스스로 가지고 있어야 할 믿음의 기준이다.

따라서 믿음 생활하면서 중요하게 생각해야 할 것은, 자기가 가진 지식(즉 고린도전서 8장을 기준으로 생각할 때), 예를 들어서 우상에게 바쳐진 고기를 먹어도 된다는 지식을 가진 신자로서 그 지식을 가지지 못한 성도들, 즉 우상에게 바쳐진 고기를 먹어서는 안 된다고 생각하는 약한 신자들에게 걸림돌이 되지 않아야 한다는 것이다(9절). 여기서 그런 약한 믿음의 신자에게 걸림돌이 된다는 말은,

첫째, 우상에게 바쳐진 고기는 먹으면 안 된다고 생각하는 약한 신자들을 무시하거나 멸시하는 것이다. 따라서 약한 신자에게 걸림돌이 되지 않으려면, 연약한 믿음의 행위에 대해 틀렸다고 비난하고 정죄하지 않아야 한다. "내가 옳고 너는 틀렸다"라고 주장하는 지식보다 더 중요한 것은, 사랑으로 배려하고, 이해하며, 깨닫도록 기다리면서 함께 교회로 세워져

가는 덕을 세우는 일이란 말이다.

둘째, 우상은 아무것도 아니란 지식이 있다고 해서 연약한 신자 앞에서 보란 듯이 그 자유를 행사하는 것이다. 9절에서 '자유'란 우상에게 드려진 고기를 먹을 수 있는 자유를 가리킨다. 우상에게 바쳐졌던 고기를 사서 먹는 것은 죄가 되지 않는다. 새 언약 안에서 그리스도인에게 허락된 일이다. 그러나 우상에게 드려진 고기를 사서 먹을 수 있는 자유가 있지만, 그 자유가 다른 연약한 신자(아직 그런 지식을 자기 확증으로 가지지 못한 신자)에게는 걸림돌이 될 수 있다는 점을 주의해야 한다는 말이다. 아직 우상의 제물을 먹어도 된다는 자기 확증이 없는 신자(약한 신자), 아직은 망설여져서 선뜻 용기를 내지 못하는 신자가 자유를 누리는 신자(강한 신자)를 보고 자기 확신이 서지 못한 상태에서 주저하며 따라 하는 일이 발생할 수 있는데, 그것이 그 신자로 하여금 죄를 짓게 만드는 일이 된다는 것이다(10-11절). 강한 신자가 자유롭게 먹는 것을 보고 "먹어도 되는가 보다"라고 **믿음이 아닌 양심에 용기가 생겨서** 의심하는 가운데 먹는다면 그 사람을 망하게 하는 일이라는 말이다. 누군가에게는 아무런 문제가 되지 않는 말과 행동이지만, 누군가에게는 걸림돌이 될 수 있기에 자기 자신을 위하는 것이 아닌 다른 신자를 위해 하지 말아야 할 부분이 있다(롬 14:7).

우리가 가진 지식으로 인해 우리에게 자유해진 영역들이 있다. 그러나 우리가 행하는 자유의 모습으로 인해 누군가의 믿음에 걸림돌이 되어 그를 넘어지게 하는 걸림돌이 된다면, 그것은 죄가 된다고 말한다(12절). 우리의 신앙은 "나의 지식, 나의 옳고 그름, 내 권리, 내 자유가 있냐 없냐?"를 넘어서야 한다. 나의 자유, 나의 권리, 나의 옳고 그름을 위해 사는 삶이 아닌 나의 자유, 나의 권리, 나의 옳음이 누군가에게 신앙의 걸림돌이 된다면, 언제든지 사도 바울처럼 "내가 그것을 할 수 있지만 믿음의 형제를 위해 하지 않겠다"라는 마음가짐이 장성한 자의 신앙이요, 참된 신앙이 아니겠는가? 성경은 신자의 삶의 이유, 그리고 신자가 가져야 할 신앙의 자세를 고린도전서 10:31에서 잘 말하고 있다.

"너희는 먹든지 마시든지 다 하나님의 영광을 위하여 하라"(고전 10:31)

무슨 말인가? 하나님의 영광, 하나님이 기뻐하시는 삶을 살기 위해 나의 자유를 넘는, 내가 가진 지식과 판단을 넘어서는 삶을 살라는 것 아닌가. 그것이 성숙한 신앙이다. 신자마다 가지고 있는 신앙의 수준이나 성경에 대한 이해 정도가 다르기에, 아무리 자기가 지금 행하는 행동이 성경의 뒷받침을 받고, 옳은 지식에 근거한 것이라고 하더라도, 나의 모습 때문에 믿음이 연약한 신자가 시험에 들거나, 그들의 신앙의 진보를 가로막는 것이라면 기꺼이 절제하는 것이 더 유익하다고 성경은 가르친다(고전 8:1-13). 이상은 그리스도 안에서 자기나 상대 형제(신자) 모두 죄를 짓지 않게 해야 하며, 이런 자세는 함께 성장하는 신앙의 공동체에서 마땅히 취할 자세다.

일곱째는 육신의 생각을 따라 사는 것이다(롬 8:7).

"육신을 좇는 자는 육신의 일을, 영을 좇는 자는 영의 일을 생각하나니 (6) 육신의 생각은 사망이요 영의 생각은 생명과 평안이니라 (7) **육신의**

생각은 하나님과 원수가 되나니 이는 하나님의 법에 굴복치 아니할 뿐 아니라 할 수도 없음이라 (8) 육신에 있는 자들은 하나님을 기쁘시게 할 수 없느니라"(롬 8:5-8)

육신과 성령을 좇아 행하는 일의 열매가 현저하게 다르다(갈 5:16-26). 정반대의 두 세력은 신자 안에서 서로 갈등과 충돌을 일으킨다. 육신을 따르는 사람은 육신의 일을 생각하고, 영을 따르는 사람은 성령의 일을 생각한다. 즉 생각하는 경향에 따라 행위나 열매가 다르게 나타난다는 말이다. 그럼 성경은 육신의 생각을 따르거나, 영의 생각을 따르는 결과가 각각 어떻게 다르게 나타난다고 말하는가? 육신의 생각은 반드시 사망(심판, 죽음)의 열매를 거둔다. 사망의 열매는 하나님의 생명과 축복에서 떠나 온갖 부정적인 일을 행하고, 말하기도 부끄러운 부도덕한 삶을 사는 것으로 나타난다(엡 5:3-7, 11-12). 육신을 따르는 사람은 그렇게 하나님의 뜻을 거부하고, 옛사람의 욕심을 따르다가, 즉 온갖 어두움에 속한 부정한 일을 하며 살다가 결국 영원한 멸망으로 떨어진다. 세상에서도 하나님의 축복에서 제외되고, 내세에서도 하나님 앞에서 그 행위에 관해 심판을 받아 그 결과에 따른 영원한 고통을 받게 된다.

왜 육신의 생각이 사망의 열매를 거둘 수밖에 없을까? "하나님과 원수가 되기 때문"이다(롬 8:6-8). 육신의 생각은 죄의 지배를 받기에 하나님에 대해서 적대감을 드러내어 원수가 된다. 육신(사람)의 생각은 하나님 대신에 사람의 욕망을 섬기고, 하나님 나라와 하나님의 영광 대신에 자기야망을 추구한다는 면에서 사단의 생각과 일치한다(마 16:23). 육신의 생각은 하나님의 뜻을 이루어 하나님께 영광 돌리기보다 자기 영광을 더 갈망한다. 그러므로 육신의 생각은 하나님의 법에 순종하지도 않고, 또 순종할 수도 없다고 지적하는 것이다. 육신의 생각은 하나님의 법을 반대하며 순종하려고 하지 않는다. 육신은 하나님의 뜻에 순종하고 싶어도 순종할 능력이 없다는 말이 더 맞을 것이다. 그러므로 육신의 생각을 좇아 사는 사람은 결코 하나님을 기쁘시게 할 수 없다. 이것이 죄가 되는 가장 큰 이유이다. 따라서 그리스도 밖에 있는 자(불신자)는 당연히 육신에 속한 자이지만, 신자라고 할지라도 육신의 생각으로 사는 자는 그리스도 안에서 '어린 아이'라고 말한다(고전 3:1-3).

8. 선악 나무를 제거(극복)하는 길

사람 안에 뿌리내린 선악 나무를 제거하는 길이 있을까? 사탄의 간교한 말을 받아들임과 동시에 악의 씨가 이미 사람 내면에 들어와 자리 잡고(내재 되어) 있기에, 사람 속에 들어와 자리 잡은 그 악의 씨를 멸해야 하는데 그 일이 가능할까. 천만다행인 것은 바로 그 일을 위해 주께서 성육(成肉)하여 이 땅에 오셔서 피 흘리신 것이다(참고. 요일 3:8). 따라서 우리 안에서 선악을 판결하며 자기 뜻대로 판단하고 결정하는 일을 중단하고, 자기에게 주어진 자유의지를 올바로 사용하는 법을 배워야 한다. 하지만 알 것은 선악 나무를 제거하는 일보다 먼저 하나님과 관계를 회복한 화목을 지켜내는 일에 집중해야 한다. 따라서 신앙인으로서 하나님과 항상 화목 하는 길이 더 나은 적극적인 방법이며(순종하는 일에 집중하라는 의미), 선악 나무를 제거하는 방법은 소극적이며 부차적인 일이다(죄와 피 흘리기까지 싸우라는 의미). 하나님께서는 사람이 임의로 선택할 수 있도록 <u>허락하신 부분이</u> 있다(자유의지 허용, 창 2:16)[273]. 반면에 선택이 아니라 <u>반드시 순종해야 할 부분</u>이 있다(자유의지 불용, 창 2:17). 따라서 사람에게 자유의지를 주셨을지라도 사람 마음대로 결정하면 죽음에 이르는 부분이 있다는 사실을 반드시 알아야 한다. 이유는 하나님의 주권이 더 상위법에 속하기 때문이다. 그것이 선악과에 관계된 문제이다.

그렇다면 사람 속에 뿌리내린 선악 나무를 뽑아낼 방법은 있는 것일까?

있다. 그러나 만만치 않은 일인 것은 틀림없다. 성경은 그 방법에 대해 단호하게 말씀한다. 주께서는 다음과 같이 말씀하셨다.

"예수께서 돌이키시며 베드로에게 이르시되 사단아 내 뒤로 물러가라 너는 나를 넘어지게 하는 자로다. <u>네가 하나님의 일을 생각지 아니하고 도리어 사람의 일을 생각하는도다</u> 하시고 (24) 이에 예수께서 제자들에게 이르시되 **아무든지 나를 따라오려거든 자기를 부인하고 자기 십자가를 지고 나를 좇을 것이니라** (25) 누구든지 제 목숨을 구원코자 하면 잃을 것이요 누구든지 나를 위하여 제 목숨을 잃으면 찾으리라 (26) 사람이 만일 온 천하를 얻고도 제 목숨을 잃으면 무엇이 유익하리요 사람

---

273   한글 성경이 원문의 "반드시"를 "임의로"로 번역해서 오해할 수 있다. 먹어야만 살 수 있다는 차원에서는 '반드시' 먹어야 하지만, 사람이 '임의로' 선택하여 먹을 수 있는 부분이 있는데, "먹으라"고 허용된 각종 나무의 열매 가운데 '임의로 먹을 나무의 열매'를 선택할 자유가 있다는 의미다.

이 무엇을 주고 제 목숨을 바꾸겠느냐"(마 16:23-26)

이 말씀은 베드로가 주를 위한다는 마음으로 "육신의 생각"(사람의 일을 생각하는)을 앞세워 주의 사명을 이루는 일에 방해될 때 이르신 말씀이다. 성경은 육신의 생각은 하나님을 기쁘시게 하지 못할 뿐만 아니라 하나님과 원수라고 가르친다(롬 8:5-8). 성경은 '사람의 생각'(육신의 생각)을 얼마나 극구 부정하는지 모를 정도로 강력하게 반대한다. 최초의 사람 아담의 죄가 바로 이 "사람 생각"에서 비롯되었기 때문이다. 따라서 우리 새 피조물인 신자들(하나님의 자녀, 요 1:12)은 오직 하나님을 기쁘시게,[274] 그리고 사람의 일보다 하나님의 일을 먼저 생각하는 훈련과 영적 싸움을 계속해야 한다. 주를 따르는 일 곧 주의 제자가 되는 일은 특별한 사람만이 하는 일은 아니다. 초대교회 때는 주님의 특별한 사역(성경을 기록하고 증인 노릇)을 위해 직계 제자 12명만 선택했지만, 실제 제자는 70인의 제자(눅 10:1), 500여 형제(고전 15:6), 그리고 더 많은 제자가 등장한다(행 2:41). 그리고 이들을 통해 계속 이어지는 제자의 수는 모든 신자를 망라한다(마 28:18-20). 이렇게 계속 연이어 제자되는 일을 위해 주께서는 두 가지를 제시하셨다. 이는 모든 신자가 따라야 할 지침이다.

---

[274] 엡 5:10; 골 1:10; 살전 2:4; 히 12:28.

1) 자기를 부인하라(잠 29:23).

가장 먼저 해야 할 일이 자기를 부인하는 일이다. 사실 이 단계를 통과하면 절반 이상의 성공을 거둔 셈이다. 그만큼 신적 존재인 양, 자기 결정권을 행사하고자 하는 사람(창 3:5-6), 높아지고자 하는 열망으로 가득 찬 사람(창 11:4; 마 20:20-28)이 자기 목숨과 같은 기득권을 순순히 내려놓고자 하겠는가. 그러나 우리가 알 것은 사람의 처음 모습이 벌거벗은 어린아이 같은 모습이었다는 사실을 잊으면 안 된다. 어린아이의 특징은 부모를 의지하지 않으면 살 수 없는 존재란 점이다. 그래서 성경은 자주 어린아이를 등장시켜 "이 어린아이와 같지 아니하면…"이라는 단서를 붙인다.[275] 어린아이 같은 처지의 종류로 고아, 과부, 나그네를 자주 언급하는 이유도 마찬가지다.[276] 그리고 "낮아지라, 섬기라, 겸손하라"라고 가르친다.[277] 사람이 교만하여 패망한 과거 역사를 상기하여 철저하게 자기를 낮추는 겸손의 자리를 추구하는 것이 자기가 사는 길인 것을 깨달아야 한다. 이같이 자기를 부인하는 본을 몸소 보이신 분이 육체를 입고 이 땅에 오신 우리 주 예수 그리스도이시다(빌 2:5-7).

"너희 안에 이 마음을 품으라 곧 그리스도 예수의 마음이니 (6) 그는 근

---

[275] 마 18:2-4; 막 9:36-37; 눅 9:47-48.
[276] 신 10:18; 14:29; 16:11, 14; 24:19-21; 26:12-13; 시 146:9; 렘 7:6; 22:3; 슥 7:10; 요 14:18; 약 1:27.
[277] 마 20:26-28; 23:11; 막 9:35; 10:43; 눅 22:26-27; 히 6:10; 벧전 5:6.

> 본 하나님의 본체시나 하나님과 동등됨을 취할 것으로 여기지 아니하시고 (7) 오히려 자기를 비어 종의 형체를 가져 사람들과 같이 되었고 (8) 사람의 모양으로 나타나셨으매 자기를 낮추시고 죽기까지 복종하셨으니 곧 십자가에 죽으심이라"(빌 2:5-8)

빌립보서 본문은 예수께서 자기를 부인하는 모습과 자기 십자가를 지고 하나님 아버지의 명을 죽기까지 순종한 모습을 잘 보여준다. 창조주 하나님이 피조물인 사람의 몸을 입고 오신 것이 자기를 부인하신 모습의 절정이다. 그렇게 되기까지는 먼저 생각이 정리되어야 했다. 본인이 하나님이지만 하나님과 동등하다고 생각하지 않으셨다는 점이 중요하다. 우리도 자기를 부인하기 위해서는 주님같이 자기의 생각부터 정리되어야 할 것이다. 즉 스스로 자신에 대해 올바른 인간관을 가져야 한다는 의미다. 중심에서 자기를 부인하기 위해서는 '나는 흙으로 빚어진 피조물이다.'라는 자기 인식이 너무 중요하다(시 103:14-15). 우리는 사람을 만드신 하나님의 목적을 따라 생존하며 움직여야 한다는 것을 항상 잊지 말아야 한다. 만일 사람이 만든 AI가 자기를 만든 목적을 잊어버리고 사람인 체 흉내 내며, 사람을 뛰어넘어 사람에게 명령하며 주관하려고 한다면 어떤 생각이 드는가? 사실 요즘 현대 과학의 발달로 만들어진 인공지능을 상대로 그런 점을 두려워하며 경계하는 일이 많지 않은가.[278] 따라서 자기의 위치, 존재 목적을 잊지 않는 것이 자기를 부인할 수 있는 지름길이다. 실제 이렇게 이 땅에 '성육(聖肉)'하신 주님이 어떤 삶을 살며 본을 보이셨는가

---

278   제프리 힌턴, "AI의 대부 제프리 힌턴 구글 퇴사하며 AI 위험성 경고", 2023.05.02., BBC NEWS 코리아.

대표적인 말씀 하나만 살펴보자.

"나는 아버지 안에 있고 아버지는 내 안에 계신 것을 네가 믿지 아니하느냐 <u>내가 너희에게 이르는 말이 스스로 하는 것이 아니라 아버지께서 내 안에 계셔 그의 일을 하시는 것이라</u> (11) 내가 아버지 안에 있고 아버지께서 내 안에 계심을 믿으라 그렇지 못하겠거든 행하는 그 일을 인하여 나를 믿으라"(요 14:10-11)

"<u>아버지께서 내게 하라고 주신 일을 내가 이루어</u> 아버지를 이 세상에서 영화롭게 하였사오니"(요 17:4)

이상의 말씀을 통해 주님은 철저하게 아버지 하나님이 하라고 하시는 말과 일을 그의 때를 따라 행하셨음을 알 수 있다. 그것이 주께서 이 땅에 오신 목적이라고 말씀하신다(요 6:38-40). 주께서 이르신 말씀도 철저하게 하나님 아버지가 하라고 하는 말만 하셨다고 말씀하신다(요 7:16-18). 따라서 스스로 말하는 자는 자기 영광을 구하는 자요, 아버지가 하라고 하는 말만 선포하는 자는 하나님 아버지의 영광을 구하는 자라고 구분하신다. 결국에는 주님은 말이든 행동이든 모두 아버지가 하라고 하는 말과 행동만 하셨고, 일은 주님 안에서 하나님 아버지가 친히 하시는 일이라고 말씀한다. 이런 원리는 우리에게도 그대로 적용된다.

"그러므로 나의 사랑하는 자들아, 너희가 나 있을 때뿐 아니라 더욱 지금 나 없을 때도 항상 복종하여 두렵고 떨림으로 너희 구원을 이루라 (13) **너희 안에서 행하시는 이는 하나님이시니** 자기의 기쁘신 뜻을 위

하여 너희로 소원을 두고 행하게 하시나니 ⒁ 모든 일을 원망과 시비가 없이 하라"(빌 2:12-14)

그런데 이런 원리를 따라 행할 수 있는 자는 자기를 부인하는 자라야만 가능하다. 자기를 부인한 자만이 자기 안에서 역사하시는 하나님의 세미한 내면적 음성과 성령의 감동을 예민하게 인지하고 반응할 수 있다. 주께서 하나님과 동등함을 부인하고, 자기를 낮추어 아들의 위치에서 순종할 준비가 되었기에 모든 일에 아버지의 시키신 말과 행동을 하실 수 있었다. 이같이 우리도 우리 자신이 피조물로서 하나님의 아들로 입양된 놀라운 은혜를 입은 양자란 사실을 인지하고(롬 8:15), 오직 하나님의 아들들로서 순종하는 길이 아버지를 기쁘시게 할 수 있다는 사실을 직시해야 할 것이다. 이런 자세와 태도가 완성되면 될수록 사탄의 접근(미혹과 위협)을 능히 대처하며 승리할 수 있을 것이다.

2) 자기 십자가를 지라.

예수께서는 "누구든지 자기 십자가를 지고 나를 따르지 않는 자는 능히 내 제자가 되지 못할 것"(눅 14:27)이라고 말씀하셨다. 자기 십자가에 대한 의견이 분분한데, 자기 십자가란 무엇을 의미하는 것일까? 고난, 사명, 희생, 죽음 등 다양한 해석이 가능한데, 이 모든 내용을 함의한 의미가 적당할 것이다.

"또 자기 십자가를 지고 나를 좇지 않는 자도 내게 합당치 아니하니라
(39) 자기 목숨을 얻는 자는 잃을 것이요 나를 위하여 자기 목숨을 잃는
자는 얻으리라"(마 10:38-39)

자기 십자가의 대표적인 것은 사도 바울이 짊어진 십자가에서 발견할 수 있다.

"그리스도 예수의 사람들은 육체와 함께 그 정과 욕심을 십자가에 못
박았느니라"(갈 5:24)

"그러나 내게는 우리 주 예수 그리스도의 십자가 외에 결코 자랑할 것
이 없으니 그리스도로 말미암아 세상이 나를 대하여 십자가에 못 박히
고 내가 또한 세상을 대하여 그러하니라"(갈 6:14)

자기 십자가를 진다는 의미는 자기를 십자가에 스스로 못을 박는 영적인 면과 하나님이 맡기신 사명을 감당하기 위해 하나님의 때와 방법을 기다리며 묵묵히 따라야 하는 순종의 길을 걷는 것이다. 또 이 세상에서 얻기를 원하던 모든 것, 이 세상에 기대하던 모든 것 그리고는 심지어 자기 자신까지도 완전히 죽음에 넘기는 것, 이것이 바로 자기 십자가를 진다는 뜻이다. 예수께서 활동하시던 당시의 십자가는 짊어지고 다니는 짐이 아니라 죽음의 도구를 의미했다. 그것도 흉악한 범인을 처형하는 사형틀로서 최대의 수치를 동반하는 것이었다. 따라서 예수 그리스도 자신이 스스로 그리하셨듯이 제자들도 자기 십자가를 진다는 것은, 곧 자기들이 믿고 따르는 주님의 뜻에 동참하는 것이다. 주의 뜻을 이루는 일에 자기

목숨까지 내어놓는 것을 가리킨다는 의미다.

"내가 하늘로서 내려온 것은 내 뜻을 행하려 함이 아니요. <u>나를 보내신 이의 뜻을 행하려 함이니라</u>"(요 6:38-39)

이처럼 십자가를 지는 것 즉, 사람의 뜻을 포기하고 하나님의 뜻을 순종하는 것에 자기를 맡기는 일은 엄청나게 어려운 결단이다. "네 십자가를 지고 나를 따르라"라는 말은 예수를 따르기 위해 육신의 생각을 포기하고 하나님의 뜻을 이루기 위해 죽을 각오까지도 하라는 뜻이다. 이것이 "자신에 대해 죽는" 태도로서 절대적이고 완전한 복종을 가리킨다. 예수께서는 십자가를 지라고 명령하신 후에 이렇게 말씀하셨다.

"누구든지 제 목숨을 구원하고자 하면 잃을 것이요 <u>누구든지 나를 위하여 제 목숨을 잃으면 구원하리라</u> 사람이 만일 온 천하를 얻고도 자기를 잃든지 빼앗기든지 하면 무엇이 유익하리요"(마 16:26; 막 8:35-36; 눅 9:24-25)

사실 신자 대부분이 자기 십자가를 지고 그 십자가에 자신의 관심사(예; 세상을 사랑하는 것)를 못박으려고 하지 않는다. 예수 그리스도를 주님으로 모시고 그분처럼 되도록 힘쓰는 것이 자기 십자가를 지는 삶이다(갈 2:20). 기독교 신앙의 신비 중 하나는 예수 그리스도를 주님으로 영접하고 그분과 하나 되어 살아갈 때, 자신이 누구인지를 비로소 알게 된다는 점이다. 그러나 자기 성찰이라는 말은 하지만, 실제의 현실에서는 자기의 들보를 보지 못하거나 숨기며 부인하는 신자가 의외로 많다. 결국엔 자기의 정과 욕심을 십자가에 못을 박기 싫어한다는 것을 증명하는 일에 불과하다.

> "내가 그리스도와 함께 십자가에 못 박혔나니 그런즉 **이제는 내가 산 것이 아니요 오직 내 안에 그리스도께서 사신 것이라** 이제 내가 육체 가운데 사는 것은 나를 사랑하사 나를 위하여 자기 몸을 버리신 하나님의 아들을 믿는 믿음 안에서 사는 것이라"(갈2:20)

현재 내가 처한 자리(환경, 상황)에서 "내가 죽고 그리스도로 살아가는 것"이 날마다 주를 위해 죽는 삶이다(고전 15:31). 이것이 진정으로 자기 십자가를 진 자의 신실한 삶의 태도이다. 삶의 작은 영역에서 <u>날마다 순교를 생각하며 사는</u>(자기 십자가를 지는) 사람이, 결정적인 순간에 사람 앞에서 주를 부인하지 않고 밝히 증거 하는 삶을 살게 될 것이다. "이제는 내가 산 것이 아니요 오직 내 안에 그리스도께서 사심"을 늘 기억하며, 오늘도 내가 죽고 그리스도로 사는 하루를 선택하는 삶이 모든 신자의 신앙생활이어야 맞다. 예수께서는 당신의 제자가 되려는 사람들 모두에게, "매일" 자기 십자가를 지라고 요구하신다(눅 9:23). 그러면 그것은 무슨 뜻이겠는가? 자기 십자가를 진다는 말은 상황이 어떻든지 상관없이, 매일의 일상 가운데 내 안에 계신 그리스도께서 뜻하시고 원하시는 대로 생각하고 행동하는 것을 말한다. 주께서는 아버지께서 이루시고자 하는 뜻을 생각하고 죽

음을 맞이하는 결정을 하신 것처럼…²⁷⁹

3) 생각을 다스리라(골 3:1-2).

"그러므로 너희가 그리스도와 함께 다시 살리심을 받았으면 위엣 것을 찾으라 거기는 그리스도께서 하나님 우편에 앉아계시느니라 (2) 위엣 것을 생각하고 땅엣 것을 생각지 말라"(골 3:1-2)

사람이 발은 땅을 딛고 살지만, 머리는 하늘을 향하는 직립 보행하도록 창조된 것은 "위엣 것을 바라보도록" 설계되었다는 점을 시사한다. 사람은 처음부터 머리를 하늘에 두도록 만들어졌다. 사람은 본래 하나님만 바라보고, 하늘의 본향을 생각하며, 소망하는 존재로 지어졌다는 사실을 깨달을 때, 비로소 하나님의 형상대로 창조된 자(하나님의 아들들)로서의 자기 소속과 정체성을 발견하게 된다. 따라서 "위엣 것을 찾고 생각하라"라는 가르침에는 몇 가지 생각할 것이 있다.

(1) 땅의 지체를 죽이라(골 3:5-10)

성경은 땅에 있는 지체를 죽이라고 권면한다. 그럼 땅에 있는 지체란 무엇을 가리키는가? 그 땅에 있는 지체로 인하여 하나님의 진노가 임한다고 했기에 이를 분별하는 일은 중요하다. 앞서 말한 위에 있는 것을 찾는

---

279   마 26:39; 막 14:36; 눅 22:42.

사람들은 땅에 있는 지체를 죽이면서 살아야 한다는 말인데, 이 말은 세상에서 우리가 육체로 살 때 떼려야 뗄 수 없는 지체와 같은 것들을 죽여야 한다는 실제적인 현실을 직시하게 만든다.

"그러므로 땅에 있는 지체를 죽이라 곧 음란과 부정과 사욕과 악한 정욕과 탐심이니 탐심은 우상 숭배니라"(골 3:5)

여기서 땅에 있는 '지체'로 번역된 단어는 우리의 몸에 붙어있는 것들을 말하지만, 사실은 우리가 세상에 속한 자로 살 때 나타나는 옛사람에 속한 부패한 성품을 말한다. 달리 표현하면 이는 옛사람의 습관 또는 죄인으로서 태생적으로 가진 육신의 본성을 일컫는 용어로서, 이는 세상에 속한 자의 모습을 드러내는 표현방식이기도 하다. 이와 같은 땅에 있는 지체가 좋아할 모든 것들을 버리라고 강력하게 경고한다. 심지어 "죽이라"(결연히 단행하라, 아주 단절하라)라고 하면서, 이러한 것들로 인하여 하나님의 심판이 있다고 경고한다. 정리하자면 사람의 심령 속에 깊이 들어있는 죄악 된 본성을 따라 나오는 모든 말과 생각과 행동을 일컬어 땅에 있는 지체로 묘사했다. 그런데 구체적으로 땅에 있는 지체를 죽인다고 할 때 무엇을 대상으로 죽일 것인가? 이에 대하여 사도는 다른 성경에서 여기시 언급한 것보다 더 많은 것을 언급하고 있다.[280] 하지만 이런 본성적인 것은 사실상 우리의 육신이 실제로 죽는 때 외에는 어떻게 해결할 방법이

---

280   롬 1:29-31; 고전 5:11; 6:9; 갈 5:19-21; 엡 5:3-5.

없는 것들이다. 사람 속에서 나오는 것은 분명히 우리를 더럽히는 것들이라고 주께서 말씀하셨다(마 15:11-20; 막 7:15-23). 그리고 그런 것들은 "육체에 속한" 일이라고도 말한다(갈 5:19-21). 그래서 사도 바울은 "나는 날마다 죽노라"(고전 15:31)라고 고백하기도 했다. 이 싸움은 육체로 사는 동안 단번에 해결될 일이 아니라, 날마다 자기를 쳐 복종시키는 일(고전 9:27; 고후 10:5)과 날마다 새로워지는 성화 곧 구원을 이루는 일에 힘쓰라고 남겨둔 교보재와 같다(고후 4:16; 빌 2:12). 이는 또한 옛사람으로 불리기도 하는 존재다. 그래서 옛사람을 벗어버리라고 권면하는 것이다(골 3:7-10).

우리가 항상 잊지 말아야 할 것은, 새 피조물로 분류되는 우리는 법적으로는 육체와 함께 그 "정과 욕심"(탐심)을 십자가에 못 박은 사람들이란 사실이다(갈 5:24). 그리고 우리가 성령으로 살면 성령으로 행하라고 권면한다(갈 5:25). 이때 육체의 소욕과 치열한 주도권 싸움을 벌이게 된다.

> "내가 이르노니 너희는 성령을 좇아 행하라 그리하면 육체의 욕심을 이루지 아니하리라 (17) 육체의 소욕은 성령을 거스리고 성령의 소욕은 육체를 거스리나니 이 둘이 서로 대적함으로 너희의 원하는 것을 하지 못하게 하려 함이니라"(갈 5:16-17)

그러니까 육체의 욕심을 따라 종노릇 하지 않으려면 육체의 소욕과 싸우는 것이 아니라, 적극적으로 선을 행하는 방향 곧 성령을 좇아 생각하고 행동하는 방향으로 나가야 한다는 말이다. 신자는 이제 과거에 대해서 죽은 사람이다. 신자도 예수 믿기 이전 곧 과거에는 이방인과 조금도 다르지 않았고, 그때는 이 세상 풍속을 좇고 '공중의 권세 잡은 자'(불순종의 아들들 가운데서 역사하는 영)를 따랐었다. 그때는 우리도 예외 없이 육체의 욕심을 따라 지내면서도 그런 삶이 죄악인 줄 몰랐고, 육체와 마음의 원하는 것을 하여(선악과를 먹은 결과) 다른 이들과 같이 본질상 진노의 자녀이었다(엡 2:2-3).

참으로 억울하게도 예수를 만나기 전에는 죄악 되고, 무지하고, 왜곡된 가치관 속에서 죄의 지배를 받으며 살았다. 그런데 이제는 예수의 십자가에서 함께 죽고 주와 연합함으로써 부패한 과거의 나는 죽고, 예수 그리스도 안에서 새로운 존재로 거듭났다. 그러므로 새사람이 된 지금은 과거의 습관을 따라 사는 삶이 아니라 이제는 머리 되신 예수 그리스도를 따라 살아야 하는 새 피조물이요, 새 창조된 새 사람이다. 그러니 마땅히 과거의 왜곡되고, 추하고, 더럽고, 악한 삶의 습관을 버려야 한다. 그럴 때 진정한 새 생명의 은총이 넘치는 삶을 살 수 있게 되는 것이다. 그래서 에베소서 4:22-24에서는 "너희는 유혹의 욕심을 따라 썩어져 가는 구습을 좇는 옛사람을 벗어 버리고, 오직 심령으로 새롭게 되어 하나님을 따라 의와 진리의 거룩함으로 지으심을 받은 새 사람을 입으라"라고 권면하고 있다.

"그러나 무엇이든지 내게 유익하던 것을 내가 그리스도를 위하여 다 해로 여길 뿐더러 (8) 또한 모든 것을 해로 여김은 내 주 그리스도 예수를 아는 지식이 가장 고상함을 인함이라 **내가 그를 위하여 모든 것을 잃어버리고 배설물로 여김은** 그리스도를 얻고 (9) 그 안에서 발견되려 함이니"(빌 3:7-9上)

이런 결단과 각오가 없이 그냥 그대로 세상의 조류를 따라 예수를 믿는다는 명분만 가지고 살아간다면 하나님의 진노를 피할 수 없게 된다. 하나님의 진노는 악하고 더러운 상태 그대로 내버려 두는 것(롬 1:24)과 그리스도의 심판대 앞에 서게 하는 것으로 나타난다.[281] 그러므로 새 사람 곧 자기를 창조하신 이의 형상을 따라 지식에까지 새롭게 하심을 입은 자로 살아가야 마땅하다는 이야기다(골 3:10).

(2) 하늘의 기업과 하나님이 주실 면류관(상)을 바라라(히 11:6).[282]

앞에서 다룬 육체의 욕심을 따라 나타나는 땅의 지체를 죽이지 못하면, 그 결과로 자기가 더러워지고 그로 인한 폐해는 고스란히 본인이 감당해야 하는데, 대표적으로 하나님 나라를 유업으로 받지 못하게 된다. 달리 말해서 하늘의 기업과 상을 잃게 된다. 우리가 신앙생활을 통해 하나님으로부터 상(면류관)을 바라는 것은 하나님을 기쁘시게 하는 일이다. 왜냐면 하나님의 상을 기대하며 사모한다는 것은, 곧 하나님의 권위와 하나님으로부터 인정받는 것을 기뻐하는 믿음이 있다는 것을 증명하는 일이기 때문이다(히 11:6). 우리는 힘써 믿음의 경주를 해야 하는데(딤후 2:5), 이는 하나님이 주실 면류관을 바라고 자기를 쳐서 절제하는 일과 영원한 것을 소망하는 믿음에 따른 행동이다. 그러므로 죄 된 본성에서 나오는 왜곡되고, 부패하고, 부도덕하고 추한 모든 욕망을 죽이는 일에 성공하려면, 부지런히 하나님이 약속한 상 받는 일에 착념(着念) 해야 한다. 그래야 육체의 욕

---

281 롬 14:10; 고후 5:10; 계 6:17.
282 살전 2:19; 딤후 4:8; 약 1:12; 벧전 5:4; 계 2:10.

망, 이생의 자랑, 정욕 등을 잠재울 수 있다. 이것이 선으로 악을 이기는 방법이다. 하나님이 약속한 상의 크기와 가치가 세상이 제공하는 것들보다 나아야 올바른 방향성을 잡을 수 있으며, 육체의 것을 내려놓을 수 있다.

> "믿음으로 모세는 장성하여 바로의 공주의 아들이라 칭함을 거절하고 (25) 도리어 <u>하나님의 백성과 함께 고난받기를 잠시 죄악의 낙을 누리는 것보다 더 좋아하고</u> (26) <u>그리스도를 위하여 받는 능욕을 애굽의 모든 보화보다 더 큰 재물로 여겼으니</u> 이는 상주심을 바라봄이라"(히 11:24-26)

모세의 가치관을 잘 음미해 보라. 왜 모세가 세상적 시각으로 볼 때 미친 짓을 했는지… 우리 안에 내재 된 악의 씨, 악의 뿌리를 뽑는다는 것이 쉬운 일은 아니지만, 성령의 도우심을 따라 성령을 좇아 사는 훈련을 통해 능히 극복해낼 수 있을 것이다.

옛 이스라엘은 지상의 기업(가나안 땅)을 받기로 약속되어 있었다. 구약 성경에서 기업은 "재산, 소유, 상속"의 뜻으로 쓰였으며, 하나님께서 이스라엘 지파에게 분배하신 약속의 땅, "토지"와 같은 개념으로 많이 쓰였다.[283] 땅이 하나님의 기업이라는 말은 하나님이 기업으로 주신 땅에 임재하시며, 다스리며, 예배와 찬송을 받으신다는 뜻이다. 그런 의미에서 교회는 하나님의 기업이요 하나님의 소유다. 하나님이 소유하시는 곳에 하나

283　출 6:8; 32:13; 신 12:10.

님의 임재가 드러나고, 그로 인해 하나님의 영광이 나타난다.

그러나 새 이스라엘은 이제 하늘의 기업을 받는 것으로 설명한다.[284] 신약에서는 아들이 상속자이고(막 12:1-9), 상속의 내용은 하나님의 나라로 소개한다(마 21:43). 어떤 의미에서 성도들은 양자 됨에 의해서 하나님의 자녀가 되었고 하나님의 상속자가 되었다(롬 8:17). 따라서 신자들은 하나님의 상속권도 그리스도와 공유하게 된다. 그리스도가 상속자라면 하나님의 자녀들은 그와 형제 상속자들이다.[285] 이들은 하나님의 택함과 부르심에 의해서만 상속자가 된다. 하나님의 나라는 하나님의 주권적 통치가 이루어지는 새 창조의 나라다. 하나님의 기업은 무엇인가. 하나님의 나라가 '하나님의 기업'이다. 구약에서는 하나님께서 가나안 땅을 이스라엘 족장들에게 약속하셨기 때문에, 그 땅은 이스라엘의 기업이기도 하다. 가나안 땅은 본래 하나님의 기업이다.[286] 또 하나님이 각 민족에게 그들의 분깃을 주셨을 때, 하나님은 이스라엘을 그분 자신의 분깃과 기업으로 선택하셨다(신 32:8-9). 여기서 기업(유업, 상속)이란 모든 축복이 보장된 하나님의 나라다.[287] 산상수훈의 팔 복에서 가난한 자가 이미 하늘나라를 소유하고 있다고 선포하는 것은 하나님의 나라가 이미 그런 자들에게 임했다는 의미이다. 이런 점에서 바울이 언급한 "기업의 풍성함"은 그 시대에 이미 시작되었다는 것을 말한다. 다만 완전한 소유는 재림 때 이루어질 일이다. 이 하나님의 기업과 면류관을 소망하며, 그 약속의 기업을 얻는 일을 사모하

---

284   행 20:32; 26:18; 엡 1:18; 골 1:12; 히 9:15; 벧전 1:4.
285   비교. 갈 3:29; 4:7; 히 2:11.
286   삼상 26:19; 삼하 21:3; 왕상 8:36; 대하 20:11.
287   마 25:34; 고전 6:9; 갈 5:21.

여 순종하는 길이 신자의 마음 안에 자리 잡은 선악 나무(육신의 소욕을 일으키는 악의 씨)를 제압하는 길이다.

(3) 육체를 신뢰하지 말아라(빌 3:3, 7-9).

하나님의 형상대로 창조된 하나님의 자녀들은 선한 일을 위하여 지어진 존재들이다(엡 2:10). "하나님의 형상대로"란 말의 의미처럼, 하나님은 영이시니 우리도 그분처럼 영적인 존재요 하나님의 아들들로서 성령으로 사는 자들이 되어야 한다. 그래서 육체를 신뢰하지 말아야 한다. 사도 바울도 이 사실을 깨닫고 자기의 육체적 자랑거리를 배설물로 여겼다고 하지 않았는가(빌 3:7-9). 신자는 아무리 인간적으로 자랑할 것이 많다고 하더라도 그러한 것을 신뢰하거나 내세우지 않아야 한다(고전 1:29-31).

> "하나님의 성령으로 봉사하며, 그리스도 예수로 자랑하고, 육체를 신뢰하지 아니하는 우리가 곧 할례당이라"(빌 3:3)

육체를 신뢰하는 자(의존하는 자)는 가난이나 천함을 견디지 못한다. 그 부분에 취약하다는 이야기다. 그래서 어떻게 해서든지 수단/방법을 가리지 않고 육체의 자랑거리(스펙, spec)를 쌓고자 인위적으로 노력하게 된다. 바로 이 점이 선악과를 먹어서 눈이 밝아진 결과로 나타나는 증상이다. 그래서 사도 바울은 무엇이 진정한 영적 실력인지 이렇게 간파한다.

"나는 비천에 처할 줄도 알고 풍부에 처할 줄도 알아 모든 일 곧 배부름과 배고픔과 풍부와 궁핍에도 처할 줄 아는 <u>일체의 비결을 배웠노라</u>"(빌 4:12)

바울의 이 가르침은 빈부귀천 그 무엇도 그가 신앙 생활하는 데 전혀 영향을 미치지 않는다는 뜻인데, 육체를 신뢰하지 않기에 이 세상에서 추구하는 이생의 자랑, 안목의 정욕, 육신의 정욕을 사랑하지 않는다. 하지만 육체를 믿고 있는 사람은 육체의 자랑거리로 자기를 포장하지 않으면 세상에서의 자기 입지가 불안해서 포기하기 어렵다. 하지만 참으로 하나님이 신자를 어떻게 살리시고 어떻게 건지시는지를 보려면, 자기가 의지하는 세상의 것, 신뢰하는 육체의 자랑거리를 다 내려놓아야 한다. 그래서 하나님이 때로는 우리가 바라는 세상의 모든 소망을 거두어가기도 하시는데, 이는 우리를 힘들게 하려는 목적이 아니라 그분의 능력을 온전히 체험하게 하기 위함이다(고후 1:8-10).

Ⅲ. 생명 나무

창세기 기록을 볼 때 선악과에 비중을 많이 두면서 상대적으로 생명 나무의 중요성에 대해선 언급조차 없다. 아담과 하와가 생명 나무를 무엇이라고 생각했는지, 또 그 나무에 관심은 있었으며, 생명 나무의 열매를 먹었는지도 세밀하게 다루지 않고 있다(창 2:9). 한 마디로 생명 나무에 대한 정보가 너무 없다. 선악의 지식 나무의 열매를 먹는 행위는 선악 나무와 하나 되는 연합을 나타내는 것과 같이 생명 나무 역시 그 열매를 먹는 것은 생명 나무와 하나로 연합되는 것을 나타낸다. 에덴동산의 중앙에 있는 생명 나무와 선악 나무는 하나님의 선하신 뜻을 따라 목적을 가지고 특별히 구별해 놓은 나무였다. 선악 나무는 창세기 2:17에서 그 역할을 명확하게 드러낸다. 그러나 생명 나무는 그 역할이 명확하게 언급되지 않는다. 선악 나무의 실과는 먹어서는 안 되는 금지된 것이었다. 선악 나무라는 금지된 나무의 일차적인 존재 목적은, 자유의지를 지닌 인격체인 사람이 선악의 지식 나무의 과실을 따 먹지 말라는 하나님의 명령을 자의적으로 순종함으로 사람과 하나님의 인격적 관계(화목) 설정을 의도하는 목적으로 주어진 나무였다. 하나님의 선하신 의도 속에서 삶과 죽음이란 창조 계약 밑에서 사람은 양자택일할 수 있었다.

그러나 생명 나무의 역할은 명확히 결정하기가 어렵다. 그러나 타락의 결과로 사람이 이 생명 나무의 열매를 먹는 것이 거절된 점으로 보아 이 생명 나무는 어떤 특수한 상태를 영속시키는 능력을 나타내는 것 같다(창 3:22). 분명히 생명 나무는 계약적 축복과 영생의 상태가 유지되는 가능성을 제시했다고 보여진다. 만일 사람이 금단의 시험을 통과하게 된다면 일단 죽지 않는다. 반면에 생명 나무는 영생한다는 이미지로 제시한 것처럼 영생하는 복의 모습은 성경에서 완성된 이미지로 다시 나타난다. 생명 나무는 신약의 마지막 성경 계시록에서 다시 나타나는데, 달마다 열두 가지 실과가 생명의 소생을 위해 맺히는 모습으로 등장한다(계 22:2). 다시 말해서 신약의 마지막 책 계시록에서는 언제든지 생명 나무로 나아가는 길이 열렸다는 의미로 공개하고 있다는 말이다. 그곳은 반대로 선악의 지식 나무는 다시는 볼 수 없는 곳이다. 아니 더 이상은 필요하지 않은 나무라고 말하는 것이 옳을 것이다. 그곳은 없는 것이 많은데 "처음 하늘과 처음 땅 그리고 바다도 다시 있지 않더라"(계 22:1)라고 말하고 있는 것을 보아 현존하는 세상과는 상당히 다른 세계인 것은 분명해 보인다.

생명 나무에 관계된 주장에 대하여 다음 두 가지 의미를 참고하자.

(1) 생명 나무의 실과는 하나님의 말씀 그대로 만일 사람이 지속적으로 따 먹게 될 때, 사람의 육적 생명을 강건케 함으로써 삶을 영존시키는 특별한 나무이다(Luther). 이러한 사실은 사람의 타락 후 하나님께서 즉각 아담과 하와를 에덴동산에서 추방한 이유가 그들이 생명 나무 실과를 따먹고 영생할까 우려했기 때문이라는 말씀(3:22)이 뒷받침한다. 그리고 후일 천국에서는 다시금 생명 나무 실과를 따 먹는 것이 자유롭게 성도들에게 허용된다는 점(계 2:7; 22:2)에 의해서도 뒷받침된다. 따라서 한 번만 먹으면 다시는 먹지 않아도 효력을 발휘하는 신화 속에 나오는 나무가 아니란 이야기다(지속적 섭취설).

(2) 상징적인 의미에서 생명 나무는 구속사적으로 오늘 이 땅의 신자에게 "그리스도"이시다. 즉 "생명의 떡"(요 6:48, 51, 54)으로 묘사되는 그리스도를 영접하는(먹는) 자는 영원한 축복의 삶이 보장되지만, 그리스도를 배척하는 자에게는 영원한 멸망과 심판의 결과만이 기다릴 뿐이다. 그리스도는 한번 영접하면 영원한 구속(구원)의 효력을 발휘

하지만, 그렇다고 해서 한번 예수 믿는 행동으로 끝내지 않고 지속적으로 그리스도와 관계성을 가지고 함께 먹고 마시며 사는 삶이 필요한 것처럼, 오늘날엔 상징적인 생명 나무의 열매를 지속적으로 먹어야 한다(성례설).288 오늘날 말씀을 날마다 영의 양식 삼아 먹는 일이 그런 면을 잘 나타낸다고 말할 수 있겠다(마 6:11).

계시록의 생명 나무는 길 가운데로 흐르는 생명수 강 좌우에 있다. 생명수 강과 생명 나무는 새 예루살렘의 변방이 아닌 중심 지역 한가운데 있다. 하나님과의 영원한 친교를 전달하는 것이 새 예루살렘 성의 본질적인 특징이다. 에베소교회의 이기는 자에게 주신 약속은 낙원과 생명 나무이다(계 2:7). 이때 무엇을 이기는 자에게 생명 나무 과실을 준다는 이야기인가? 니골라 당의 교훈과 행위와 싸워 이겨야 한다.289

니골라 당(the Nicolaitanes)은 성경에 두 번 언급된다. 에베소교회에 보낸 편지에서 한번(계 2:6) 언급되고, 버가모 교회에 보낸 편지에 다시 한번(계 2:15) 언급된다. 에베소교회에서는 니골라 당의 "행위"에 초점이 있고, 버가모 교회를 향해서는 니골라 당의 "교훈"에 강조를 둔다. 성경은 니골라와 니골라 당에 대해 구체적인 언급이 없다. 하지만 발람의 교훈을 니골라 당의 교훈과 연계시키고 있다. 이것은 구약의 발람의 교훈이 신약에서 니골라 당의 교훈과 일치된다는 사실을 의미한다고 생각할 수 있겠다. 또

288　송인규, "생명 나무", 2005.01.08. https://lewisnoh.tistory.com/entry/생명 나무.
289　니골라 당의 행위란, 세속적이고 속물적 근성을 가지고 이중적 신앙 상태를 나타낸다. 그들의 중심에는 탐욕과 욕망이 자리한다. 니골라 당의 교훈은 물질 숭배와 방탕한 삶을 이끄는 가르침이다.

니골라 당의 특징이 돈을 받고 예언하고, 악한 지혜를 가르쳐준 발람의 교훈을 동일하게 따르고 있다는 의미이다. 따라서 신약적 의미에서 발람의 교훈은 돈을 위해 복음을 변형시켜 팔아먹는 모든 행위를 의미한다. 발람은 물질에 눈이 멀어 사탄의 하수인 발락의 요구를 따라간 자며, 이스라엘로 간음과 함께 우상의 제물을 먹게 하여 하나님과 이간한 자니, 종말적인 교훈으로 생각할 때 음란과 물질을 사랑하는 탐심의 우상화로 교회를 세속으로 물들게 하며, 교회의 외적 성장, 세상적 축복에 치우치는 잘못된 종교 지도자들 모두가 이 교훈을 두렵고 떨림으로 받아야 할 것이다.

1. 생명 나무를 만드신 이유

생명 나무는 그 이름대로 생명과 관계된 중요한 나무다. 그러나 그 중요성에 비해 설명은 지극히 절제되어 있다. 범죄한 사람이 가까이하지 못할 영생하는 나무로 제한되는 정도로만 설명하고 있다(창 3:22). 이는 하나님이 사람에게 알리고자 하는 생명이 어떤 생명인지 밝히는 중요한 힌트가 된다. 성경은 사람에 관한 영적 생명 또는 영생의 생명에 주목하게 한다. 생명 나무는 범죄한 사람(죄인)의 자유의지에 의해 선택하거나 가까이할 수 있는 것이 아니라는 메시지를 창세기에서부터 전하고 있다. 이것이 선악의 지식 나무와의 현격한 차이다. 영원한 생명은 사람의 선택에 의해 얻어지는 것이 아니라, 철저하게 예수 그리스도를 믿는 믿음에 의해 주어지는 하나님의 선물이란 것을 이미 그때부터 암시하고 있다.[290] 즉 하나님의 때가 되면 화염검을 든 그룹 천사가 길을 열 때까지 절대 사람이 가까이할 수 없다는 점을 분명히 하고 있기 때문이다. 이 생명은 오직 그리스도를 통해서만 얻을 수 있도록 설계되어 있다(벧후 1:3-4). 이 생명은 육신의 죽음에 전혀 구애받지 않는 영생으로서의 생명이다(살전 5:10). 따라서 생명 나무는 하나님이 주시는 영생이요, 영생의 근원이 되시는 예수 그리스도를 상징하는 나무라고 말할 수 있다.[291]

선악 나무가 없었다면(하나님과 피조물을 구분 짓는 경계선이 없었다면), 아담은 하나님도 제대로 모르고 자신이 누구인지도(자신이 피조물인지도) 올바로 알 길이 없었다. 그렇게 되면 하나님에 대한 경배도 마음의 중심에서 우러나오는 경배가 아닌 의무적이거나 율법적 행위로 끝날 가능성이 있으며, 하나님에 대한 진정한 감사도 없었을 것이다. 하나님과 자신의 근본을 모르는데 어떻게 참된 경배와 감사 찬송할 수 있겠는가? 사람은 감사를 모르면 올바른 만족감과 행복을 느낄 수 없다. 그렇다면 감사와 기쁨이 없이 사는 곳을 어찌 천국이라고 말할 수 있겠는가? 먹고 마실 것이 풍족하며 환경이 좋은 것만으로 천국이라고 말할 수 있는가. 선악 나무의 열매를 먹을 수 있을 정도로 선택의 자유까지 주신 하나님은 사람과 인격적인 관계를 맺고 싶어 하셨다. 그러므로 선악 나무를 에덴동산에 두신 것은, 하나님께서 사람에게 자유를 주어 사람을 얼마나 사랑하시는가를 나

---

290   요 3:36; 5:24; 롬 5:10; 6:23; 요일 5:12.
291   가스펠서브 편집, 「라이프 성경사전(대)」, "생명과 생명 나무 항목", (서울: 생명의 말씀사, 2022), 512, 513.

타내는 표징과 아울러 상호 간에 인격적인 관계에서 맺어지는 교제와 사랑을 통해 참사랑과 존경을 나누기 위해서였다. 그 선물을 선악의 지식 나무를 통해 보이신 것이다.

그와 같이 생명 나무는 선악 나무와 대조되는 모습과 기능으로 그 옆에 나란히 서 있었다. 이는 선악 나무는 먹으면 죽고 안 먹으면 살 수 있는 나무로 존재하고 있는 반면에, 생명 나무는 반드시 먹어야 영생하는 나무로 존재하고 있었다. 신학적으로 말하자면 선악 나무가 지키면 살고 안 지키면 죽는 율법에 비유할 수 있다면, 생명 나무는 반드시 먹어야 사는 하늘의 떡 곧 은혜의 방편으로 제공된 것으로 비유할 수 있을 것이다. 생명 나무를 먹는 일에는 어떤 조건도 없었다. 선악 나무에 조건이 있었던 것과 같지 않고 그냥 손을 뻗어 먹기만 하면 되었다. 그러므로 생명 나무는 처음부터 사람에게 영생을 주시기 위한 하나님의 은혜의 방편이었다.

1) 성경이 가르치는 영생

여기서 영생의 정의를 생각하고 지나가야 할 것 같다. 영생의 사전적 정의는 생물학적 생명이 영원히 죽지 않는 것으로 시간적 개념이 강하다. 그러나 성경이 말하는 영생은 일반적인 정의와 다르다. 성경의 용어를 이해하는 일에 많은 부분에서(사랑, 형통, 구원, 복, 생명, 영생 등) 오해가 발생하는데, 그 이유가 성경의 용어를 일반적이고 상식적인 세상의 정의(잣대)로 해석하기 때문이다. 그래서 일반적으로 영생을 죽은 이후, 내세에서나 가능한 미래에 속한 것으로 여기지만, 예수께서는 영생을 살아있는 현재에서 마땅히 경험하고 누려야 하는 생명으로 말씀하셨다. 영생은 영원이란 다른 차원이 '오늘'이란 현재의 시간 속에 드러나는 새로운 질적인 삶이기 때문이다. 이같이 영생은 시간이나 공간의 문제이기 전에 삶의 질의 문제로 우리의 현실 앞에 가까이 현존하고 있다는 사실을 알아야 한다. 그래서 영생은 곧 "하나님과 세상 끝날까지 함께 하는 새로운 삶"이다(마 28:20). 하나님과 함께 사는 현재적 삶으로 달라지는 인격의 변화와 성품이 이 땅에서 나타나면, 부분적이긴 하지만 그만큼 현실적 삶에서 영생과 천국을 경험하게 되는 것이다. 또 그런 삶이 이후에 영속적으로 지속되면 그곳이 곧 영원한 천국이다. 따라서 주님은 저 멀리 있는 내일의 영생보다 지금 현실에서의 달라진 삶을 더 강조하셨다. 그리고 오늘 이곳에서 영생을 경험하는 사람(곧 현재 천국을 누리는 사람)이 내일의 영생을 누릴 수 있다고 말씀하셨다. 그러므로 중요한 것은 자기 속에 "지금 하나님을 앎으로 변화된 삶이 있는지" 깊이 묵상하는 일이다.

성경이 가르치는 영생은 바로 하나님과 연결되어, 상호 교류하는 삶을 말한다. 하나님과 연결되어 살면 영생이고, 하나님과 관계가 끊어진 상태에서 살면 육체적으로 제아무리 건강하여 죽지 않고 살아있어도 죽은 자이다. 요한복음 17:3에서 "안다"라는 말은 그냥 지식적으로 안다는 정도가 아니라 인격적인 교제 관계에 있다는 뜻이다. 다시 말해서 끊어졌던 하나님과 관계를 회복한다는 말이다. 사람은 사람과의 관계, 물질과의 관계만으로 만족하며 살 수 없도록 창조되었기 때문에, 예수께서는 가장 근원적인 하나님 아버지와의 관계를 회복시키려고 구속을 이루셨다(화목제물). 그럴 때 사람은 생물학적으로, 사회적으로 살 뿐 아니라 영적으로도 살게 되는 것이다. 영생을 하나님과 예수 그리스도를 아는 것이라고 정의했을 때, 자기 혼자만 아는 일방적인 관계가 아니라 서로 관계를 맺고 상호 교제를 나누는 상태를 영생이라고 정의하고 있다. 다른 맥락에서는 "내 양은 나를 알고, 나도 내 양을 안다"(요 10:3-5)라고 말씀하셨다. 그렇게 생명(영생)이란 서로 사랑을 주고받고, 기도하고 응답받고, 생명의 역사가 오고 가고, 지혜, 지식, 도덕적 능력, 악의 영을 지배하는 권세 등이 오고 간다. 따라서 참 생명이 있다면 서로 연결되어 반응이 일어나고, 상호작용을 해야 한다. 신자 사이에서도 서로 교류하지 않는 상태는 영적으로 살았다 하는 이름은 가졌으나 죽은 것이나 다름없다(계 3:1). 그래서 라오디게아 교회가 영적으로 죽은 교회인 것이다(계 3:14-20). 우리 영혼이 하나님과 연결되고 그리스도와 연결되어 상호 작용할 때, 그것이 성경이 가르치는 영생이다.

원래 구약에서 '생명'이란 말은 "영원한 삶"이나 "죽은 후의 지속되는 삶"보다는 지상에서의 완전한 복지를 의미했다. 구약에서 생명을 누리는 것은 장수(시 91:16), 가족의 축복(전 9:9), 번영(신 28:1-), 안전(신 8:1), 그리고 하나님과의 교제[292]를 포함하는 하나님의 복과 선물을 누리는 것을 의미했다. 구약에서 이러한 생명을 누리는 일은 근본적으로 하나님과의 교제를 통해서 누릴 수 있었다(신 30:15-20). 그래서 이런 상태에 대해 냉장고에 전원이 끊긴 것에 비유할 수 있다. 냉장고에 전원이 공급되지 않으면 껍데기는 냉장고의 형태를 띠고 있을지라도, 전기가 끊긴 상태이기 때문에 냉장고 안의 내용물은 부패할 수밖에 없는 상태와 같다. 사람도 하나님의

---

292   신 8:3; 시 16:11; 렘 2:13 등.

생명력이 끊긴(공급되지 않는) 상태에서는 만물보다 부패해지는 것이 사람의 마음이요(렘 17:9), 온통 더럽고 열린 무덤처럼 악취를 풍기게 된다(롬 1:20-32; 3:9-18). 구약의 선지자들은 하나님의 백성이 불멸하시는 하나님과의 교제를 통해서 누리는 축복으로 죽음도 초월할 수 있다고 선포했다. 그러므로 선지자들은 영생하시는 하나님께서 성도들을 죽은 자 가운데에서 다시 살려 주실 것이라고 선포할 수 있었다(사 26:19). 특히 다니엘 12:2에서는 직접 '영생'이라는 단어를 사용했다. 여기에서 '영생'의 의미는 문자적으로 "죽은 자들이 부활 후에 경험하게 될 생명"을 의미하고 있다.

2) 영생으로서의 생명

성경에서 영생으로서의 생명은 두 가지로 나타난다. 하나는 현재 누리는 영생이고, 다른 하나는 미래에 누릴 영생의 삶이다.

(1) 현재 누리는 영생

성경적 영생은 시간 개념에서의 길이를 의미하지 않고, 생명의 신적인 성격을 나타내는 표현이다(요일 1:2). 그래서 영생의 정의를 말할 때 하나님과 교제를 나누는 생명을 가리킨다고 말하는 것이다. 이런 특성이 또한 하나님의 형상대로 만들어진 사람의 존귀한 특질이다.

"예수께서 가라사대 **나는 부활이요 생명이니** 나를 믿는 자는 죽어도 살겠고"(요 11:25)

"**내가 곧 길이요 진리요 생명이니** 나로 말미암지 않고는 아버지께로 올 자가 없느니라."(요14:6)

"**아들이 있는 자에게는 생명이 있고**, 하나님의 아들이 없는 자에게는 생명이 없느니라."(요일5:12)

"내가 진실로 진실로 너희에게 이르노니 내 말을 듣고 또 **나 보내신 이를 믿는 자는 영생을 얻었고** 심판에 이르지 아니하나니 사망에서 생명으로 옮겼느니라."(요 5:24)

이 말씀들은 생명이신 주님과 하나로 연합할 때 나타날 생명의 역사에 대해 말하고 있다. 주님과의 연결 속에서 영혼의 생명 작용이 시작된다. 영생을 가진 자는 하나님과 끊임없이 교류하고 교제한다. 그래서 성경은 자주 주와 연합하여 함께 먹고 마시는 일에 대해 강조하고 있다. 우리의 생명이 하나님과의 교제에 사용되지 않는다면, 우리의 생명은 죽은 것이다. 그런 의미에서 우리는 영생하는(약동하는 생명력이 있는) 자가 되어야지 단순한 '존재자'가 되어서는 안 된다. 말 그대로 "산 자"(하나님의 생명이 있는 자)로서의 삶이 있어야 하는 존재가 되어야 한다. 그래서 야고보는 그렇게도 "나는 행함으로 믿음이 있다는 것"을 보이겠노라고 외친 것이다(약 2:18).

(2) 미래에 누릴 영생

간단하게 말하자면 미래에 누리는 영생은 현재 누리는 생명의 연장선상에서 나타나는 온전함의 성취라고 말할 수 있다. 현재 누리는 영생이 거듭난 영혼에 관계된 것이라면, 미래에 나타날 영생은 육체까지 영생하는 말 그대로 온전한 완성 차원의 영생이란 이야기다. 이로써 영육이 온전해진 상태(영화)에서 누리게 될 하나님과의 교제를 기대하게 한다. 육신의 생명은 어쩔 수 없이 지상에서 유한하다는 한계가 있다. 그래서 무너질 수밖에 없는 육체를 입고 살아야 하는 현세에서는 육체를 따라 살면 불행하되, 영혼을 따라 살면 행복하다고 가르친다. 영혼의 욕구를 채우면 만족하되 육체의 욕망을 채우려 하면 만족이 없기에, 신자는 육체의 생명을 위주로 살 것이 아니라 영혼의 생명을 위주로 살아야 한다고 권고받는 삶이 현재 누리는 영생의 때이다. 그러므로 현재 삶에서 육신이 추구하는 생각은 죄악으로 이끌지만, 내면에서 감동하는 성령의 세미한 음성을 듣는 영혼의 소원은 하나님의 뜻을 행하고자 한다.

거듭난 우리는 단순히 죽지 않으려고 사는 것이 아니다. 현재 누리는 영생의 생명을 천년-만년 누리고자 하는 것도 아니다. 더 나은 온전한 영생의 삶을 소망하고 있다. 우리의 거듭난 영혼은 하나님과 연결되어 신령한 능력을 공급받을 때만 진정한 행복을 누릴 수 있도록 설계되어 있다. 따라서 하나님께 공급받는 생명줄이 끊어져 생명을 공급받지 못하는 삶은 말 그대로 지옥이다. 신자에게 공급되는 영적 능력들은 하나님과의 관계 속에서만 제대로 작동되게 되어 있다. 그런 영적 능력은 엄밀하게 말해서 육신적 삶에는 아무 쓸모 짝에도 없다는 것을 알고 스스로 속지 않기 바란다. 마지막 날에 우리의 육체가 부활(변화)하여 영원히 죽지 않는 영생체가 될 때, 비로소 영원토록 영혼과 육체가 하나 되어 주와 함께 누리는 그날에 누릴 영생을 소망하며, 현재 누리는 영생(하나님과 연합하여 누리는 교제)을 소중히 여겨야 할 것이다.

2. 생명 나무의 기능

생명 나무는 그 당시 시공간 내에 실재하던 하나의 나무였다. 그 생명 나무에는 세 가지 특징이 있었다.[293]

첫째, 생명 나무는 그것이 존재하는 인적·자연적 환경과 더불어 역사 상으로 실존하던 바였다. 아담은 하나님께서 창조하신 첫 사람으로서 실제 존재했던 역사적 인물이었다. 생명 나무 역시 어떤 신비스러운 상징물이 아니요, 사람의 감각으로 확인할 수 있는 구체적 실체(entity)였다.

둘째, 생명 나무는 자연적 나무 종류 가운데 어느 하나였다. 생명 나무는 동산에 있던 여러 나무 -사과나무, 무화과나무, 포도나무, 감람나무 등- 가운데 어느 하나였지, 이러한 수종(樹種)과 구별되는 전혀 별도의 나무가 아니었다. 그것은 에덴동산의 환경 가운데 자라나던 여러 수종 가운데 하나로서 생물학적 분류 체계에 종속되고 학명을

---

293   송인규, "생명 나무", 2005.01.08.

가지는 그러한 나무였다.

셋째, 생명 나무는 그것이 자연의 나무 종류 가운데 하나였음에도 불구하고 하나님의 의도를 실현하는 수단이기도 했다. 하나님께서는 자연 수종 가운데 어느 나무 하나를 정하셔서 '생명'을 나타내는 표시(sign)로 사용하시고자 했다. 선악의 지식 나무와 마찬가지로 하나님에 대한 아담의 관계가 순종을 통해 "생명의 교제"라는 극치에 도달했을 때, 그것을 가시적으로 나타내기 위한 수단이었기 때문에 생명 나무가 된 것이다.

선악 나무가 지식의 나무라면(창 2:9), 생명 나무는 생명(영생)을 주는 지혜의 나무(잠 3:18)라고 말할 수 있다. 그런데 구약 성경에 나타나는 생명 나무는 주로 창세기와 잠언에서 많이 언급된다. 그 부분을 살펴보자.

1) 창세기의 생명 나무

창세기의 생명 나무는 특별한 기능이나 역할을 설명하는 내용이 부족하다. 창세기의 기록은 주로 선악 나무에 초점이 맞추어져 생명 나무는 그저 들러리처럼 선악 나무 곁에 서 있다는 인상을 받는다. 그러다가 사람이 하나님이 금하신 선악 나무와 관계성을 잘못 갖는 일로 정죄당하여 에덴동산에서 쫓겨나는 상황에서 잠깐 언급된다. 사실 에덴이란 이름과 생명 나무는 친근하다. 에덴은 "기쁨, 즐거움, 풍요함"의 의미가 있고, 생명 나무는 이름 자체에서 알 수 있듯이 생명과 관련되어 사람에게 좋은 것을 제공하는 긍정적인 관계성을 가진다는 이미지를 준다. 에덴에서는 사람이 하나님과 교제할 수 있는 장소요,[294] 사람이 생존하며 거주하기에 가장 적합한 장소로 소개되고 있다. 에덴동산의 한 중앙에 있는 생명 나무는 어떤 신학적 의미가 있는 것일까? 생명 나무를 이해하는 일에 대해 상징적으로 보아야 하는가,[295] 아니면 문자적으로 해석해야 하는가?[296] 항상 그렇듯이 성경 해석은 쉬운 일이 아니다. 견해는 나뉘기 마련이고 그로 인한 논쟁도 치열하다. 그만큼 사람의 이성은 한계가 있다는 증거이며, 성령님의 조명과 풀어서 깨닫게 하시는 감동이 없이는 방법이 없다(눅 24:32).

아담의 창조 기사에 쓰인 하나님의 "생기"(니쉬마트 하임)는 "생명 나무"(에츠 하하임)에 쓰인 용례와 관련성을 가진다. '하임'은 '하이'의 복수로서 아담의 생명이 하나님께로부터 왔으며, 하나님은 생명의 조성자이심을 드러낸다. 당연한 이야기이지만 생명의 창조주와 생명 나무 사이에 상관성이 있음을 밝히고 있다.[297] 창세기 2:7에서 사람 창조에 관한 기사를 쓰고, 이어 8절에서는 에덴동산 창설, 9절에서는 생명 나무와 선악 나무 창조를 연이어 기록하고 있다. 2:7-9은 하나의 관계성을 가진 창조 사역으로 묘사

---

[294] Gorden J. Wenham, *Genesis 1-15, WBC 1* (Texas: Word Books, 1987), 61; G. K. Beale, *The Temple and the Church's Mission* (Downers Grove: InterVarsity, 2004), 365-392. 에덴동산이 성막이나 성전을 예표하는 모형이라고 말한다.
[295] 서철원, 「창세기」, (서울: 그리심, 2001), 97. ; John Calvin, *Genesis, vol. 1* (Grand Rapids: Eerdmans, 1948), 117.
[296] Augustine, *The City of God against the Pagans, Books XII~XV*, trans. Philip Levine (Cambridge: Harvard University Press, 2002), 217; Gorden J. Wenham, *Genesis 1-15*, 62.
[297] Paul Watson, "The Tree of Life," Restoration Quarterly 23 (1980): 235.

하고 있다는 이야기다. 사람-동산-나무로 이어지는 관계성을 보여준다. 이 모든 하나님의 창조 사역이 분명한 목적을 가진 하나님의 계획하에 주도적으로 진행되고 있음을 알게 한다. 즉 하나님과 올바른 관계가 성립될 때 사람의 삶에 생명이 풍성해지는 구조 혹은 원칙을 보여주신다. 아담의 생명은 자신에게서 스스로 발현되는 것이 아니라 하나님께로부터 주어진 것임을 가르친다. 그래서 창조주 하나님께 순종하는 것이 사람의 생명을 유지할 수 있는 길이요 또 그것이 사람의 본분임을 알게 하신다. 따라서 생명 나무는 그 나무의 열매를 먹고 볼 때마다 생명의 근원이 누구인지를 제시하는 역할로 주어졌고, 선악 나무는 볼 때마다 금령의 말씀을 기억하여 사람은 창조주 하나님께 순종해야 자유와 행복한 삶을 누리며 살 수 있다는 사실을 가르칠 목적으로 주어진 것이라고 생각할 수 있다. 이렇게 에덴 동산 중앙의 생명 나무와 선악 나무는 하나님의 사랑과 공의를 가르치는 도구(혹은 교보재)로 주어진 것이었다. 에덴동산에서 사람의 본분은 하나님을 창조의 주인으로 섬기며 예배하는 것이다. 주인이신 하나님을 섬기는 예배를 삶의 중심에 놓을 때, 하나님께로부터 주어지는 생명의 풍성함과 희락을 누리게 된다(요 10:10; 롬 14:17). 첫 사람은 동산 중앙에 있는 생명 나무를 바라볼 때마다 하나님의 은혜에 감사찬송하고, 선악 나무를 바라볼 때마다 명령에 순종하고 그분을 섬김이 자신의 본분임을 기억해야 했다.

창세기 3:22-24에 나타나는 생명 나무는 범죄한 사람이 에덴동산에서 쫓겨나는 상황에서 하나님께서 그들에게 하신 말씀이다. 하나님께서는 아담과 하와를 에덴동산에서 쫓아내시고 에덴동산 동쪽에 그룹들과 화염검을 두어 생명 나무에 접근하지 못하도록 길을 지키게 하셨다(창 3:24). 하나님의 말씀을 상고(詳考)할 때, 생명 나무의 특성으로 인하여 아담이 그 열매를 먹었더라면 생명을 지속적으로 보전하고 결국 영원한 생명을 얻었을 것임을 암시하고 있다.[298] 따라서 생명 나무의 상징적 기능이라기보다는 문자적인 의미가 더 옳아 보인다.

"그들의 몸은 늙고 병들어 반드시 죽을 운명이 아니었고, 이 특권은 하나님의 은혜로 생명 나무를 먹음으로 인하여 주어지는 것이다. … 생명 나무 실과를 먹음은 수명대로 살기 위함이었고 노화로 인하여 죽거나, 다른 어떤 원인으로 불의하게 죽게 되는 것을 피하기 위해서였다."[299]

생명 나무를 한번 먹었다고 해서 영원히 죽지 않고 영생하는 것이 아니라, 지속적으로 생명을 연장시키는 효과가 있었기에 하나님께서 타락한 아담과 하와를 생명 나무에 접근을 금지하셨다고 주장하기도 한다.[300] 이런 견해가 옳다면 아담과 하와가 금단의 선악과를 먹지 않고 순종했을 경우, 하나님께서 은혜로 주신 생명 나무의 열매를 계속해서 먹으며 풍성한 생명(요 10:10)과 에덴의 풍요로움을 누리며 살았을 것으로 예상할 수 있다. 물론 생명 나무는 실체이지만 그 나무 열매 자체에서 그런 능력이 나온다는 것은 아니고, 그 생명의 역사는 하나님의 약속으로 허락된 선물로 보아야 한다.[301]

---

298 이희성, "생명 나무의 신학적 의미와 적용", KRJ 20(2011), 136.
299 Augustine, *The City of God against the Pagans, Books XII~XV.*, 215, 217.
300 Walton, *Genesis*, 170.
301 Kenneth A. Mathews, *Genesis 1-11:26*, (Nashville: Broadman & Holman, 1996), 202.

2) 잠언의 생명 나무

잠언에 소개되는 생명 나무는 창세기의 생명 나무를 기반으로 한 문학적 기법을 사용하여 소개하고 있다.[302] 잠언은 지혜의 책이라고 불릴 만큼 지혜에 관하여 자주 언급하고 있는데, 잠언이 말하는 지혜의 특징은 일반적인 의미의 세상 지혜가 아니라 성경적으로 정의하는 지혜를 말하고 있다.[303] 즉 잠언 전체의 큰 문맥을 통해서 드러나는 지혜는 하나님을 경외하여 생명을 얻는 것으로 설명하고 있다.[304] 그런 맥락에서 성경에서 말하는 지혜는 하나님 앞에 사람의 마음 자세로서, 하나님을 경외하는 자는 생명을 얻는 지혜를 발견한 자라고 말한다. 지혜는 하나님을 경외하는 마음으로 진리를 일상의 삶 속에 적용하고 경험을 통하여 배우는 것이다.[305] 따라서 지혜는 하나님께서 기뻐하는 길을 어떻게 선택하며 살아가야 할 것인가에 대한 실천적인 삶의 원리다.[306]

잠언 3:18에서는 에덴동산의 생명 나무 이미지를 사용하여 13-18절의

---

302   잠 3:18; 11:30; 13:12; 15:4.
303   마치 사랑에 대한 정의가 세상의 일반적 감정의 사랑이 아니라, 고린도전서 13장에서 가르치는 하나님의 사랑을 말하듯 말이다. 물론 성경이 세상적 사랑을 부정하지는 않는다(형제 사랑, 이성(혹은 친구)의 사랑, 가족의 사랑 등). 그러나 참으로 강조하며 가르치고자 하는 사랑은 의심의 여지 없이 하나님의 사랑이다.
304   잠 1:7; 9:10; 14:27; 15:33; 19:23.
305   Gordon Fee and Douglas Stuart, *How to Read the Bible for all its Worth* (Grand Rapids: Zondervan Publishing House, 1982), 189.
306   이희성, 140.

단락에서 말하고자 하는 지혜를 굳게 붙잡은 자들의 유익에 대한 결론을 내린다. 18절의 생명 나무는 창세기에 소개된 생명 나무의 상징적이며 은유적인 표현이다. 지혜의 가치를 알고 적극적으로 그것을 추구하고, 선택하여 굳게 붙든 자의 유익을 생명 나무의 이미지를 사용하여 강조하고 있다. 일상의 삶 속에서 하나님을 경외하는 지혜를 얻는 자는 에덴의 풍요함은 물론, 하나님 나라의 특성인 희락과 평강의 삶을 누리게 됨(롬 14:17)을 상징적인 생명 나무로 표현하고 있다.

잠언 11:30에서는 29절의 "미련한 자"와 대조를 이루며, 30절에서 사용된 열매는 다른 이들에게 영향을 주는 의인의 경건한 말과 행동의 결과를 의미하며,[307] 생명 나무의 열매와 비교하고 있다. 즉 의인의 삶의 영향력은 그 자체가 생명 나무와 같다는 것이다. 의인의 말과 행동을 통하여 다른 사람들의 삶을 일깨우고 새롭게 하며 그들에게 선한 영향력을 행사한다.[308] 그래서 그들의 의로운 삶의 열매(의로운 인격과 행동)가 생명 나무의 열매에 비유된다. 30절 하반절에서 앞의 "의인의 열매는 생명 나무라"와 평행구를 이루는 "지혜로운 자가 사람을 얻는다"라는 번역에서, "사람"으로 번역한 '네페쉬'[309]가 다른 성경의 내용(잠 1:18; 14:25; "생명"으로 번역함)과 결을

---

[307] 열매의 은유적 사용에 대해 "사람의 언어(호 10:13), 생각(사 10:12; 렘 6:19) 그리고 행동(사 3:10; 렘 17:10; 미 7:13)을 가리키는 것으로 나타난다. Edwin C. Hostetter, "hrP," in New International Dictionary of Old Testament Theology & Exegesis, ed. William A. VanGemeren (Grand Rapids: Zondervan, 1997), 676-680.

[308] Franz Delitzsch, *Biblical Commentary on the Proverbs of Solomon* (Edinburgh: T. & T. Clark, 1874), 249.

[309] "호흡하는 생물, 사람, 개인, 생명(력), 마음, 욕망(갈망), 내면의 자아, 혼(영혼)" 등의 의미가 있다.

같이 하는 차원에서 재번역이 필요하다. 이에 이희성은 "사람을 얻느니라"로 번역한 히브리어(라카흐 네페쉬)가 "파괴하다, 죽이다"라는 의미로 주로 "사람의 목숨을 취하다"로 사용되었다[310]고 파악한 후, 지혜로운 자는 자신의 지혜로운 말이나 행동으로 다른 사람들의 생명을 죽음의 덫에서부터 보호하고 건져 준다고 이해한다.[311] 이와 같은 해석은 다시 한번 반복하여 소개되고 있다.

"지혜 있는 자의 교훈은 생명의 샘이니 **사망의 그물에서 벗어나게 하느니라.**"(잠 13:14)

잠언 13:12에서는 소망(토헬렛) 곧 소원(타아바)이 이루어지는 것을 생명 나무와 연관 짓는다. 그런데 여기서 소원은 "누구의 소원인가"에 관한 질문이 따른다. 무조건 모든 사람의 소원을 말하는 일반적인 잠언인가?[312] 그럴 경우 생명 나무와는 연관성이 줄어들지 않겠는가. 따라서 잠언 13:12에 언급된 소원은 의인 또는 지혜로운 자의 소원을 말한다고 이해하는 것이 문맥상 자연스럽다. 이는 이어지는 13-20절과 연계하여 생각할 때 누

---

310 삼상 24:12; 왕상 19:10, 14; 시 31:14; 잠 1:18-19; 겔 33:6. 이 가운데서 에스겔 33:6에 대해 대부분의 한글 성경이 "한 사람"이라고 번역했으나, 맛싸 성경은 "한 생명"으로 문맥에 더 적합하게 번역하고 있다고 여겨진다. 이학재, 「맛싸성경 원문표준역」, (파주: 홀리북클럽, 2023).

311 이희성, 143-144.

312 Allen P. Ross, "Proverbs," In The Expository Bible Commentary Revised Edition: Proverbs – Isaiah, edited by Tremper Longman III & Daivd E. Garland, (Grand Rapids: Zondervan, 2008.), 128. 로스는 일반적인 잠언으로 신자들과 불신자들 모두에게 적용이 된다고 주장한다.

가 지혜로운 자이며, 의인인가를 알게 된다. 말씀을 귀히 여기고 하나님의 계명을 두려워하는 자, 곧 하나님을 경외하는 자로서 말씀의 훈계를 달게 받는 자를 가리켜 의인이요 지혜로운 자라고 말한다. 그래서 잠언 13:12-19도 의인과 악인의 틀 안에서 해석해야 한다.[313]

여기서 의인의 소원이 이루어지는 것이 생명 나무라는 말씀의 의미는 무엇인가? 생명 나무는 상한 마음을 치유하는 활기찬 에너지, 삶의 용기, 소성, 회복 등을 의미한다(겔 47:12; 계 22:2). 그러므로 의인이 생명 나무의 은혜를 지속적으로 누리기 위해서는 말씀과 계명에 순종하는 삶을 살아야 한다. 따라서 창세기 3장에서 생명 나무의 길을 막았다는 이야기는 하나님으로부터 주어지는 은혜의 지속성이 중단되었다는 의미로 받아들여야 할 것이다. 다시 말해서 하나님과의 관계 단절을 의미한다.

잠언 15:4에서는 온순한 혀와 생명 나무의 관련성을 말함으로 이는 혀의 사용(언어생활)을 통해 "치유하는 혀"로서의 기능을 말하고 있다. "온순한"으로 번역한 히브리어 '마르페'는 "치료, 약, 건전한" 등의 의미로서, 마음의 상함을 치유하는 기능으로서의 생명 나무와 연관 짓는다. 혀의 긍정적인 기능으로 위로의 말과 유순한 대답을 통해 분노를 누그러뜨리는 등의 선한 영향력을 나타내는 것을 가리킨다.[314] "경우에 합당한 말은 은쟁반에 금 사과"(잠 25:11)란 말처럼 의인의 언어생활은 다른 사람을 살리는 일

---

313 잠언 13장 12-19절은 표면적 차원에서 전체로 한 단락을 이루고 있을 뿐만 아니라 심층 구조에서도 반어적 평행법을 사용하여 의인과 악인 그리고 지혜로운 자와 미련한 자를 대조하고 있다. 비교 참고. 잠 10:3, 24, 28; 11:23; 13:4, 25. 이희성, 146.
314 잠 12:18; 13:17; 15:1 등.

에 선히 사용될 수 있도록 선한 말을 해야 한다. 우리는 우리가 뱉은 말로 심판을 받는다고 경계하신 주의 말씀을 기억해야 한다(마 12:37). 구약에서 오직 두 번 사용된 단어인 '쎄레프'(사특한)는 왜곡되고 거짓된 생활 방식을 가리킨다(잠 11:3, 15:4). 패역한 혀를 사용한 결과는 듣는 사람의 마음을 상하게 하고(사 65:14), 패역한 혀는 사람의 희망, 꿈, 생명의 마음을 파괴하므로 의인으로 구분되는 새 언약의 백성들은 생활의 현장에서 혀를 주의하여 사용해야 한다(약 3:6, 10-12). 따라서 잠언 15장의 본문은 아름답고 지혜로운 혀의 중요성은 마치 에덴의 생명 나무와 같다고 고백하고 있다. 이같이 잠언이 제시하는 생명 나무 이미지는 언약 백성들의 지혜로운 삶과 관련이 있다. 삶 속에서 하나님을 경외하는 지혜를 얻는 것, 의로운 인격과 삶의 방식으로 이웃에게 선한 영향력을 미치는 것, 의인의 소원을 이루는 것 그리고 지혜로운 언어생활이 생명 나무로 비유되고 있다.[315] 그러나 에덴동산을 감추게 만든 뱀의 혀는 사악한 혀로서 뱀의 후손들은 잠언에서 미련하고 패역한 혀로 대조되어 소개되고 있다.

3. 사람이 나무에 주목해야 하는 이유

하나님이 창조하신 피조물 가운데 사람과 가장 관계성을 맺게 되는 것이 무엇일까? 처음 창조 때를 기준하여 생각할 때, 채소와 같은 식물과 열매

---

315 이희성, 150.

를 맺는 나무다(창 1:29). 이유는 사람이 먹어야 살 수 있는 식물로 주셨기 때문이다. 그러나 동물은 사람과의 관계성에서 대등한 관계처럼 보인다. 이는 사람이나 동물이나 같은 '네페쉬 하야'(호흡하는 생명)로서 같은 날에 창조되었을 뿐 아니라 사람과 동물 사이에는 비슷한 점이 많기 때문일 것이다. 아담도 동물 가운데서 배필을 찾을 정도였으니 하는 말이다(창 2:20). 분명하게 다른 점은 사람은 하나님과 소통할 수 있는 하나님의 형상이 있지만, 동물은 그것이 없고 사람과 소통할 수 있도록 사람과 DNA가 비슷한 동물들이 있다. 훗날 사람이 죄의 영향력으로 인해 점차 약해짐으로 인하여 동물을 음식으로 준 후부터 육식을 할 수 있게 되었고 동물들과 관계가 틀어졌다(창 9:3-4).

하지만 성경은 나무를 사람의 상징으로 사용하는 일에도 능하다(사 5:7; 단 4:22). 동물과 사람이 육체적으로 비슷한 면이 많지만(유인원, 진화론에서는 침팬지가 사람으로 진화했다는 허튼소리를 한다),[316] 하나님께서는 사람을 이해하기 위해서는 나무에 주목하라고 말씀하신다. 나무를 통해서 인생의 의미와 그 가치를 깨달아 살아갈 수 있기 때문이다. 사람과 가장 가까이에서 살아가고 있는 것이 나무이다. 나무가 풍요롭게 잘 자라는 곳은 사람이 편안하고 그 환경도 최적의 장소가 되는 것을 알 수 있다. 사람이 살 수 없는 공간에는 나무도 살 수 없다. 나무는 그만큼 사람과 밀접한 관계에서 같이 살아가는 존재이다. 나무들도 생장과 소멸의 과정을 겪지만 오

---

[316] 고릴라, 침팬지, 오랑우탄의 경우는 생물 분류 기준에서 정확히 영장목 "사람과"에 속하는 동물들이다(유인원). 실제로 침팬지는 사람과 DNA가 98.9% 거의 99% 정도 같고, 오랑우탄은 96% 정도 같은 것으로 알려졌다. YTN 사이언스.

로지 하늘을 향하여 모든 것을 견뎌내고 끝까지 사람과 다른 피조물을 위해 유익을 만들어 낸다. 이러한 나무의 일생은 우리를 경건하게 만든다.[317] 나무는 하늘을 향하여 성장하며, 존재하며, 그리고 세상에 유익을 주는 일로 자기 사명을 다한다. 사람이나 동물과는 다르게 늘 자기에게 주어진 그 자리에 존재하며, 자의적으로 자기가 가고 싶은 자리나 있고 싶은 자리를 선택할 수 없다. 그래서 언제든지 사람이나 동물이 원하여 그곳으로 찾아가면 거기에 있다. 그리고 찾아오는 자에게 그늘을 통한 쉴 곳을 제공하고, 사람과 동물과 새들에게 처소와 양식과 호흡할 수 있는 산소를 제공하는 등 자기 본분에 충실하다. 그렇게 생명을 가진 생물들에게 없어서는 안 될 소중한 대상이 나무다. 그래서 하나님은 처음부터 동산 안에 각종 나무를 두셨다고 말씀하신다.

그런데 그 가운데서 유난히 두 나무만 구별하여 중앙에 두셨다고 하셨다. 그것도 얼핏 보면 지식과 지혜의 나무로서 사람들에게 모두 유익할 것같이 보이는 존재로 말이다. 하지만 하나님이 한 나무에만 조건을 거시며 먹지 말라고 금하신다. 그 조건은 먹으면 반드시 죽을 것이라는 엄중하고도 무서운 저주의 조건이었다. 첫 사람에게 생명 나무는 먹으면 계속 생명을 유지할 수 있는 영생의 나무였다. 반면에 선악 나무는 한 번이라도 먹으면 그 자리에서 죽음의 심판이 즉시 발효되는 사망의 나무였다. 이는 사람에게 허락한 자유의지에 관한 한계와 선택에 관한 시험이었다고 말해도 과언이 아니라고 했다. 그래서 사람은 처음부터 나무와 아주 밀접한 관계성을 가진 존재였다. 모든 피조물에게 죽음이란 본래의 자리

---

[317] 구효남, 「생명 나무 예수로 살기」, (논산: 대장간, 2018), 30-31.

로 돌아가는 것이다. 사람의 육체는 흙에서 왔으니 흙으로 돌아가는 것이 육체를 가진 피조물이 가진 죽음의 정의다(창 3:19; 전 3:19-20).

예수께서도 세상에서 나무와 친숙한 인생을 살았다. 태어나서 처음으로 누운 곳은 나무로 만든 구유 요람이었다. 이 구유에서 시작된 '사람 예수'의 삶은 나무 형틀인 십자가에서 마무리되었다. 구유와 십자가는 모두 생명이 없는 나무였으나 하나님은 예수를 살려 영생을 누리는 부활의 산 소망이 되게 하셨다(행 5:30). 사람들은 예루살렘에 입성하는 도상에 있던 예수 그리스도를 만나자 들에서 벤 나뭇가지를 길에 펴고 찬송하며 그를 영접했다(막 11장). 예수께서는 비유를 통해 스스로를 생명의 근원이며 많은 열매를 맺을 가능성을 품은 포도나무라고 가르쳤다(요 15:5). 제자들이 포도나무에 단단하게 붙어있는 가지가 되어 불에 던져지지 않기를 기대하셨다. 또 천국을 "공중의 새들이 와서 그 가지에 깃들일 수 있도록"(마 13:32) 자라고 퍼져나가는 큰 나무에 비유하기도 하셨다. 심은 대로 거둔다는 의미를 설명하기 위해 "가시나무에서 포도를, 엉겅퀴에서 무화과를 딸 수 없고"(마 7:16), "무화과나무가 감람 열매를, 포도나무가 무화과를 맺을 수 없다"(약 3:14)라는 내용을 예시하셨다. "좋은 나무가 되어야 아름다운 열매를 맺고 못된 나무는 나쁜 열매"를 낸다(마 7:18)는 창조 세계의 평범한 진리를 각종 나무 비유로 표현하신 것이다. 전통적으로 이 나무는 의인, 신부의 품위, 혹은 이스라엘의 통치자를 상징했으며, 고난주간이 시작되는 종려 주일에 승리와 죽음의 양면을 동시에 나타내기도 했다.

성서 시대에 나무들은 특별한 장소를 가리키거나 지역을 표시할 때 일종의 이정표로도 사용되었다. 세겜 땅에 있던 '모레 상수리나무'(창 12:6;

신 11:30)와 헤브론에 있는 '마므레 상수리 수풀'[318]이 대표적이다. 족장 시대 아브라함의 경우와 같이 특별한 의미를 지닌 장소에 나무를 심거나 그곳의 특징적인 나무를 활용하여 기념하는 경우도 있었다. 아브라함은 "브엘세바에 에셀 나무를 심고 거기서 영원하신 하나님 여호와의 이름을 불렀으며"(창 21:33), 야곱의 가족들은 자신들이 소유했던 모든 이방 신상들과 귀고리들을 "세겜 근처 상수리나무 아래"(창 35:4)에 묻었다. 리브가의 유모 드보라가 죽자 그를 "벧엘 아래에 있는 상수리나무 밑에 장사하고 그 나무 이름을 '알론바굿'이라고 불렀다"(창 35:8). 당시 사람이 죽으면 창조 세계의 순환적 구조를 존중하여 주로 나무 밑에 매장하는 수목장을 관습으로 삼은 것으로 보인다. 구약 성경에 등장하는 절기와 관련하여 나무가 종교의식에서 중요하게 사용된 사례도 있다. 유대력으로 일곱째 달 15일부터 7일 동안 지킨 추수감사절에 해당하는 초막절의 첫째 날에는 "아름다운 나무 실과와 종려나무 가지와 무성한 나뭇가지와 시내 버들을 취하여 너희의 하나님 여호와 앞에서 이레 동안 즐거워할 것이라"(레 23:40)라고 기록하고 있다.[319]

여기에 등장하는 네 가지 종류의 나무들은 각기 흥미로운 특성을 지닌다. 첫 번째 나무인 '아름다운 나무 실과'는 유대인들이 '에트록'(etrog)이라고 불렀는데, 이 과일은 맛과 향이 모두 좋은 것이어서 머리가 좋고 마음씨도 고운 사람을 가리키는 것으로 사용되었다. 두 번째 나무인 '종려나무 가지'는 유대인들이 '룰랍'(lulav)이라고 부른 것으로, 고대로부터 풍요와

---

318   창 13:18; 14:13; 18:1.
319   박용범, "성서에 나타난 숲과 나무의 상징성", 주간기독교, 2023.03.21.

승리의 상징이었다. 맛이 좋으나 냄새가 없는 종려나무의 열매인 대추야자는 머리가 좋으나 이웃과의 관계는 좋지 못한 사람을 가리키는 것으로 생각했다. 세 번째 나무인 '무성한 나뭇가지'는 '하닷심'(hadassim)이라고 불렀으며, 이것은 맛은 없지만 단 냄새가 나는 특징이 있어서 머리는 좋지 않지만, 마음씨가 고운 사람을 상징했다. 네 번째 나무인 '시내 버들'은 '아라보트'(arabot)라고 발음했는데, 이것은 맛도 없고 냄새도 없어서 어느 면으로 보나 두드러진 것은 없지만 공동체를 형성하는 데 필요한 사람을 가리킬 때 사용되었다고 한다. 하나님께 드리는 진정한 감사는 어떤 계층에 의한 차별이나 등급의 구별이 없이 모두가 평등하고 정당한 대우를 받으며 다 함께 즐겁게 드리는 것임을 상징적으로 보여 준다.[320]

4. 생명 나무를 감추신 이유(창 3:22)

범죄 후 하나님으로부터 정죄당한 재판의 결과로 에덴동산에서 쫓겨나는 사람에게 생명 나무를 먹을 수 있는 기회를 박탈한 것은, 분명한 재판의 결과로서 내려진 선고가 분명하다. 마음껏 먹을 수 있었던 생명 나무, 심지어 반드시 먹으라고 강조하셨던 나무인 생명 나무의 길을 막아버린 것이다. 생명 나무의 길을 막는 이유에 대해 성경은 그들이 생명 나무를 먹고 영생할까 봐 그리하셨다고 전한다(창 3:22).

320　신원섭 편저, 「숲과 종교」, (서울: 수문출판사, 1999), 159-168.

그렇다면 아담은 처음에 (선악 나무를 먹기 이전에) 생명 나무의 과실을 먹었을까, 안 먹었을까? 성경은 침묵한다. 그것을 억지로 추측하는 일은 별로 유익하지 못하다. 그러나 선악 나무에도 지대한 관심을 가졌던 사람이 생명 나무에 관심이 전혀 없었을까 하는 의구심은 든다. 따라서 생명 나무를 이전에 먹었을 가능성은 얼마든지 존재한다. 만일 그렇다면 생명 나무를 먹어 영생하게 된 그들이 선악 나무를 먹었다고 해서 죽을 수 있었을까? 이런 질문은 마치 세간에 유행하는 다음과 같은 사람의 어리석은 말장난에 불과하다.

"하나님은 전능하시죠?"
"당근이죠."

"그럼 하나님은 이 세상에서 어떤 방패도 뚫을 수 있는 창을 만들 수 있겠네요?"
"그럼요."

"그럼 하나님은 이 세상에서 어떤 창도 막아 낼 수 있는 방패를 만들 수도 있겠네요?"
"그럼요."

"그럼 이 세상에서 두 가지 최고의 방패와 창이 싸우면 누가 이기나요?"
"……"

독자는 이런 말장난 같은 질문을 어떻게 생각하는가?

최고의 창과 최고의 방패를 가지고 싸우는 사람이 문제이지, 무기가 문제가 아니지 않은가. 누구든지 상대방을 때려눕히는 싸움의 기술을 가진 자가 이기게 되어 있지 않은가. 이런 질문은 뱀의 질문과 다르지 않다.

초점을 엉뚱한 방향으로 돌려 진정한 의도를 비트는 악한 미혹이다.

사람이 생명 나무를 먼저 먹어서 영생할 수 있는 상태였는데, 선악 나무를 먹음으로 그 효력이 상실되었다고 주장하는 이론이 있다. 그래서 범죄한 사람이 생명 나무를 다시 먹게 되면, 선악 나무를 먹어 죽음의 심판을 받게 된 자들이 다시 영생할 수 있는 길이 회복될까 봐 막았다는 이야기다. 과연 그 주장이 옳을까? 만일 그렇게 되면 죽음의 저주(심판)가 무슨 의미가 있을까. 그래서 그 길을 막았다는 인간적인 생각은 나름대로 생각할 수 있는 논리적인 이론이긴 하다. 백번 양보해서 만일 그런 이론이라면 그 길을 막지 않고 생명 나무와 선악 나무를 번갈아 먹으면, "살았다가 죽었다가"를 반복할 수 있다는 이상한 궤변이 된다. 이는 오늘날 신학적인 교리에도 연결되는 주장이다. 알미니안 주의(웨슬레 신학)의 구원관이 그렇다. 예수를 믿으면 구원받는다는 것까지는 개혁주의(칼빈주의)와 같지만,[321] 구원받은 이후에 다시 타락하여 죄를 지으면 구원을 상실했다가 다시 회개하면 구원받고를 반복한다는 교리가 웨슬레 신학이다. 그러나 개혁주의는 한번 구원받으면 죽을 때까지 그 구원의 효력이 지속된다고 믿는다. 구원받은 이후에 짓는 죄는 회개하여 사함을 받지만, 기본적인 구원과는 상관이 없는 징벌을 좌우하며 상급과 연관된다. 그렇다면 하나님께서 생명 나무로 가는 길을 막으신 이유에 대해 개혁주의 입장에서는 무엇이라고 말하는가?

---

[321] 이 주장조차도 세부적으로는 다르다. 웨슬레 신학은 사람이 예수를 믿고 안 믿는 일에 주도권을 가지고 있는 것처럼 주장하지만, 개혁주의는 하나님이 믿음을 선물로 주는 대상이 정해져 있다는 예정론을 믿는다. 믿음을 선물로 받는 자들만 믿게 되어 있다는 하나님의 주도권을 강조한다.

1) 사람에게 은혜를 베푸시기 위해

선악과를 먹고 영악해진 아담이 에덴에서 추방되기 전 이미 생명 나무의 열매까지 손을 대었다면 이 이야기는 과연 어떻게 전개될까? 고대 메소포타미아 전통에서 1천 년을 넘게 살면 신적인 존재가 된다고 하는데, 그들은 약속이라도 한 것처럼 900년 전후를 살았다. 요한계시록에서 "천년 동안 왕 노릇" 하리라(계 20:4)는 계시는 창세 때 사람이 범죄하여 이루지 못한 천년을 사는 일을 예수 그리스도에 의해, 예수 그리스도와 함께 완성할 것을 가르친다. 이 구절의 해석에 대해 나름의 이론을 제시하는 몇 가지 주장을 정리하고 넘어가려고 한다.

죄를 지은 사람이 영생하는 것이 복일까, 무한 저주일까? 상식적으로 생각해도 죄인의 상태로 영생하는 것은 분명히 영원한 저주이다. 그것은 곧 육체를 가진 상태에서 불 못에 들어갈 저주이기 때문이다. 다시 말해서 둘째 사망에 이르는 길이다. 그래서 그런 영원한 저주(멸망)를 막아선 것이라면 하나님의 크나큰 은혜의 방편이다.[322] 이런 견해를 '영속화 방지설'이라고 부른다.[323] 이에 대한 반론은 첫째, 만일 생명 나무의 열매를 따

---

322 존 맥아더, 「맥아더 성경 주석」, 황영철, 전의우, 김진선, 송동민 옮김, (서울: 아바서원, 2016), 62.
323 생명 나무 열매에의 금지가 "인류의 영속적 불행에 대한 방비"를 목적으로 하여 베풀어졌다는 생각이다. 사람은 하나님께 불순종하여 죄 된 상태로 전락해 있는데, 이때 생명 나무의 열매를 먹게 되면 아담과 그 후손들은 영원히 불행한 상태로 지내야 한다는 것이다. 이 입장은 그리스도인들 사이에 매우 보편화 된 주장이다. 그러나 개혁주의의 주된 주장이라는 "성례설"을 따르는 견해에서는 반대한다.

먹는 것 자체가 영생을 준다면, 다음과 같은 어불성설의 결과가 야기된다. 즉, 선악 나무의 열매를 먹기 전에 먼저 생명 나무의 열매를 따 먹었다면 어떻게 되었을까? 그것으로 그는 이미 영생을 누리게 되는 것이 아니겠는가? 둘째, 영생은 단순히 시간적으로 오래 사는 것이 아니라 하나님과 그리스도를 아는 것이다(요 17:3). 따라서 생명 나무의 열매를 섭취하는 것과 같은 기계적·물리적·생물적 차원으로 격하시켜 생각할 수가 없다.

또 다른 주장은 '지속적 섭취 금지설'이다. 이 입장에 의하면, 아담은 이미 전부터 생명 나무의 열매를 따 먹으며 지내다가, 하나님의 계명을 범한 후 더 이상 생명 나무에의 접근이 허락되지 않았는데, 이것이 바로 창세기 3:22의 내용이라는 것이다. 다시 말해서 범죄한 사람의 생명이 지속되지 못하도록 하겠다는 하나님의 의지가 담긴 조처라는 이야기다. 그래서 아담을 비롯한 후손들이 모두 천수를 누리지 못하고 죽어서, 신적 존재가 되지 못하도록 막았다는 말이다. 신정한 신적 존재(하나님의 아들들)로 인류를 구원할 여자의 후손이 오기까지 막아야 했던 하나님의 신비한 섭리였다는 이야기다(롬 8:28). 필자는 이 견해가 상당한 설득력이 있다고 생각한다.

끝으로 개혁주의 주장이라고 하는 '성례설'은 생명 나무를 영생에 대한 표시(sign)로 간주하는 것을 가리켜 생명 나무를 성례적으로 이해하는 것이라고 말한다. 벌코프는 "이 나무(생명 나무)의 열매를, 아담의 신체에 영생불멸을 일으키는 마술적이거나 의료적인 것으로 생각하지 말아야 한다. 그러나 그것은 생명의 선물과 어떤 식으로든 연관이 되어 있었다. 십중팔구 생명 나무는 생명에 대한 지정된 상징(symbol)이나 인(seal)으로 간

주되어야 할 것"이라고 주장한다.[324]

첫 인류를 에덴동산에서 쫓아낸 때가 언제인가. 인류의 범죄-재판 과정에서 여자의 후손 예언-구속의 모형(가죽옷)-그리고 마지막에 "쫓아냄"으로 이어진다. 죄를 지었으니 죄의 값을 치르면서 죄의 무서움과 결과를 처절하게 깨닫고, 일생의 고난과 죽음을 통해 다시는 그런 죄를 짓는 자리에 빠지지 않는 새 사람, 새 생명의 때까지 기다리며 배우게 하시려는 하나님의 교육이요 양육을 위한 방편으로 막은 것이다. 이런 일은 메시아, 곧 여자의 후손으로 예언된 예수 그리스도께서 오시기까지 계속될 일이었다.

그때까지 기다려야 하는 인생의 입장에서는 실로 너무 오랜 세월의 기다림과 인내가 필요한 일이지만, 그렇게 해야 하나님의 뜻과 기타 하나님의 사랑과 공의 등의 하나님의 하나님 되심을 폭넓게 배울 수 있으며, 순종을 온전히 배울 수 있기에 그리 계획하신 일이다. 이런 진리를 깨달으려면 원시(멀리 보는 시각)의 능력이 없이는 불가능하다. 선악과를 한번 따 먹은 것 가지고(한번 실수한 것인데…) "사람에게 너무 가혹한 일이 아닌가"라고 반발할 수 있겠지만 성경을 보라. 모든 성경의 역사가 그렇게 어리석은 사람들의 불평할 요소를 가지고 기록되지 않았는가. 불평하기 전에 사람이 얼마나 존귀한 대상으로 창조되었는지, 하나님께서 사람을 얼마나 최고로 대접하셨는지를 먼저 생각해야 할 것이다. 사람이 자기 위치를 깨닫지 못하여 불평한다는 것이 선악과를 먹은 결과로 나타난 "하나님

---

324   루이스 벌코프, 「조직신학」, 권수경, 이상원 옮김, (고양: 크리스챤 다이제스트, 2008), 441.

과 같이 되어" 주제넘은 판단에서 나오는 무지하고도 악한 모습이다. 그러므로 사람이 저지른 죄를 근본적으로 해결하기 전까지는 원망하고 불평할 일은 계속될 것이다. 그때까지 하나님은 사람들의 무지와 교만으로 인해 나오는 원망 불평을 견뎌내시며 오래 참으시는 사랑을 보여주는 것이다. 과연 사람의 문제가 근본적으로 해결될 그런 날이 오기는 올 것인가? 하나님은 실수하지 않으신다. 그리고 하나님은 실패하지도 않으신다. 그러므로 하나님의 온전한 계획이 최종적으로 실현될 날은 반드시 온다. 우리 주 예수 그리스도께서 다시 오시는 날이 그날일 것이다.

2) 생명 나무를 향해 자유롭게 나아갈 수 있는 때까지만 막는다.

생명 나무로 나아가는 길이 막힌 때가 언제인지 알면, 다시 들어갈 수 있는 때 역시 짐작할 수 있을 것이다. 그것은 죄로 인해 길이 막혔으므로 죄가 해결되면 당연히 들어갈 수 있을 것이라는 논리적 결론이다. 그 일은 여자의 후손으로 오신 우리 주 예수 그리스도께서 다 이루셨다. 그리고 오랫동안 금지되었던 생명 나무 열매가 영적 전쟁에서 이기는 자에게 주어지는 상급으로 약속된 일이다.

"이기는 자에게는 내가 하나님의 낙원에 있는 생명 나무의 열매를 먹게 하리라"(계 2:7)

하지만 생명 나무의 열매는 주의 재림 이후에는 물론(계 2:7), 현재에도 먹을 수 있는 길이 열렸다(요 6:47-58). 그것은 예수 그리스도의 구속 사역의 성취로 인해 성취된 복이다. 따라서 생명 나무의 과실을 먹을 수 있는 때를 마지막 때 주의 재림 이후로만 한정하는 것은 치우친 해석이다. 천국도 '현재 천국'과 '미래 천국'이 있는 것처럼, 현재에 임한 천국(영적인 천국)에서 얼마든지 원하면 생명 나무의 열매를 먹을 수 있다. 그리고 반드시 먹어야 영적 생명이 자라나며 약진할 수 있다(참고. 마 4:4; 요 6:57-58). '현재 천국'에서의 생명 나무는 예수 그리스도로서 그분이 생명의 떡으로 우리에게 자신을 주시는 것이기에, 신자는 언제든지 그분의 말씀을 통해 성령으로 그분을 먹고 마시도록 허락되었음을 알고 반드시 먹도록 힘써야 한다. 그러기 위해서는 현실의 삶에서 벌어지는 영적 전쟁에서 이겨야 한다. 이기는 자에게 주시는 선물로 생명 나무 열매가 제시되었기 때문이다. 우리 인류가 태초에 뱀과의 영적 전쟁에서 져서 생명 나무로 나아가는 길이 막혔었기에, 이제 이겨야 그 길을 다시 회복할 수 있다는 논리가 성립된다. 주님이 이미 사탄을 이기신 결과를 누릴 수 있도록, 그리스도와 연합된 모든 성도에게 생명 나무로 갈 수 있는 길이 열렸지만, 아무나 무조건 들어갈 수 있는 것이 아니라 현실에서 개개인이 영적 전쟁을 치를 때 성령의 도우심을 힘입어 승리해야 한다. 그래서 그 길을 원하는 자라면 누구나 들어갈 수 있도록 허락되어 차별이 없지만, 그 길은 좁은 길로서 아무나 들어갈 수 없는 구별된 길이기도 하다(마 7:13; 눅 13:24). 길이요 문이 되신 주 예수를 통하지 않고는 절대 들어가고 나올 수 없는 곳이 생명 나무로 들어가는 길이요 문이란 점도 염두에 둘 일이다(요 10:7; 14:6).

5. 오늘날의 생명 나무

"선악을 알게 하는 지식의 나무"가 오늘의 우리에게 무엇을 의미하는가에 대한 분명한 해답을 찾기가 쉽지는 않다. 이 세대를 사는 신자가 알아야 할 사실은, "생명 나무"와 "선악 나무"는 인류 최초의 역사에 한 번 등장하고 사라진, 그래서 우리와는 아무런 상관이 없는 사건이 아니라, 아담과 하와 이후 오늘 현재에 이르기까지 "생명 나무"와 "선악 나무"는 이 땅 위에 사는 모든 사람과 계속해서 관계를 맺을 수밖에 없다는 점이다. 최초의 인류 아담과 하와만이 아니라, 오늘날 현 지구상에 살아 있는 모든 사람에게 적용되는데, 지금도 어떤 이는 "생명 나무"의 실과에 가까이할 수 있는 길이 열렸고(히 10:19-20), 어떤 이는 여전히 길이 막혀 아예 찾지 못하고 저주 가운데 살아가는 형편이다(창 3:24). 태초에 아담과 하와 앞에만 "생명 나무"와 "선악 나무"가 있었던 것이 아닙니다. 오늘날에도 인류의 대부분은 여전히 "선악 나무"의 열매를 먹은 영향을 받으며 사망을 향해 브레이크 없는 인생 열차를 타고 달려가고 있다. 다만 그 가운데서 빼내심을 입고 구원받은 하나님의 아들들만이 "생명 나무"의 열매를 선택해서 먹을 기회가 제공되었다.[325] 그러나 구원받은 자들이라도 여전히 선악 나무의 열매를 탐하여 먹을 수 있는데, 이는 옛사람의 잔재가 여전히 남아

---

[325] 사 35:8; 엡 3:12; 히 7:16-19; 10:19-20. 생명 나무는 하나님을 경외하며 하나님을 의지하고, 하나님의 말씀과 계명을 따라서 사는 것을 상징한다. 즉 생명과를 먹는 것은, 이렇게 하면 "살리라", 혹은 "생명을 얻으리라"라는 말씀대로 사는 것이다. 임태수, "생명 나무와 선악을 알게 하는 나무의 현대적 의미", 2007.04.25.(신학 사상); 12.

있기 때문이다. 하지만 다행히 하나님의 은혜로 '그리스도 안에 있는'(새 언약) 하나님의 아들들이 혹시 "선악 나무"의 열매를 먹는다고 할지라도 첫 사람에게 내려졌던 영원한 멸망(둘째 사망)에 이르지는 않는다. 이런 의미에서 "생명 나무"와 "선악 나무"가 오늘의 우리에게 어떤 의미가 있는지를 정확하게 아는 것은 필요하다고 생각한다. 선악 나무에 대해서는 앞 주제에서 다루었기에 여기서는 생명 나무에 초점을 맞추어 진행하고자 한다.

선악을 아는 나무는 지식의 나무로서 "지식은 교만하게" 한다(고전 8:1)는 경고를 따라 선악과를 먹은 아담과 하와를 비롯한 그의 후손들은 참 교만하다. 그래서 모든 사람이 자기를 신처럼 여기고 살기에, 서로 물고 찢고, 다투고 정죄하며, 죽고 죽이는 그야말로 신화에 나오는 것 같은 "신들의 전쟁"에 열중한다. 지금 세상을 보라. 서로 주도권을 잡기 위한 소위 신들의 전쟁이 얼마나 치열한가. 그래서 인간이 자기들 같은 자화상의 신화를 만들어 낸 것이 로마 신화요, 그리스 신화가 아닌가.

그러나 생명 나무는 의로운 지혜의 나무로서(잠 3:18; 11:30), 의인의 소원을 만족시켜준다(잠 13:12). 사람의 간절한 소원은 아담과 하와의 범죄 이후에 원시 복음을 통해 계시 되었는데, 여자의 후손이 와서 뱀의 머리를 상하게 하여 자기들이 지은 죄가 해결되고, 지위(위치)가 회복되며, 생명 나무의 열매를 자유롭게 먹을 수 있는 에덴동산으로 복귀하는 일이었다. 그 소원이 마침내 예수 그리스도에 의해 성취되어, 여자의 후손을 믿는 자들은 누구든지 언제든지 생명 나무로 나아갈 수 있는 길이 열리게 되었다. 그렇다면 궁극적으로 생명 나무는 무엇인가? 하나님이시다(신 30:20). 예수 그리스도이시다.[326] 주의 말씀이다(요 6:63). 따라서 오늘날의 생명 나무는 창세기에 나오는 나무가 아니라 하나님이시며 그분의 말씀인 사실을 보여준다. 그러므로 오늘날에는 생명이신 하나님이 생명을 주어(요 5:26) 보내신 예수 그리스도를 믿고 영접하는 것이 곧 생명 나무의 열매를 먹는 것이다(요 6:51, 53-54). 그리스도 안에서 하나님의 아들들이 된 신자들은, 오늘날의 생명 나무의 열매를 날마다 먹으며 하나님이 사람을 창조하신 본래 창조 목적을 이루어야 한다. 그것은 하나님의 뜻을 온전하게 순종하여 온전한 하나님 나라를 세우는 일이다. 첫 사람 아담을 통해 그 일을 이루려고 하셨지만, 첫째 아담이 실패한 후 둘째 아담이신 예수 그리스도를 통해 그 일을 완성하려고 하신다.

6. 하나님의 창조 목적의 제1 순위는 하나님 나라를 세우는 일이다.

하나님이 우주-지구-만물-사람을 차례로 창조하신 궁극적인 목적은 이 땅 위에 하나님 나라를 세우기 위함이었다.[327] 보통 "나라"를 구성하는 요소로 땅(장소)-백성(사람)-통치권(하나님)의 3요소가 필요하다고 한다. 그 순서를 따라 하나님은 하나씩 만드셨다. 그리고 마지막으로 사람을 만드시고 보시기에 심히 좋았다고 선언하셨다(창 1:31). 따라서 하나님의 영광은

---

326   요 11:25; 14:6; 골 3:4; 요일 5:20.
327   서철원, 「하나님의 나라」, (서울: 총신대학교 출판부, 2009), 13.

하나님 나라가 완성될 때 비로소 충족된다. 하나님이 보시기에 심히 좋았던 하나님 나라의 시작은, 창조주 하나님께 순종하며 찬송과 영광을 돌려야 마땅한 사람으로부터 망가지기 시작했다. 실패할 수 없는 하나님, 실수하지 않으시는 하나님은 이에 대비하여 창세 전부터 아들(그리스도)을 미리 준비하셨다(엡 1:3-6). 그래서 그리스도 안에서 하나님 나라가 완성될 것을 계획하셨다. 그 전 과정이 성경 전체에 기록되었으며 진행되었다. 이것을 이름하여 "하나님의 섭리"라고 부른다.

1) 하나님의 나라는 어떤 나라를 말함인가?

하나님의 나라 곧 천국은 성경의 중심 사상이다. 하나님의 나라는 하나님의 통치가 시행되는 나라이며, 예수께서 이 땅에 오셔서 선포하시고 가르치신 복음의 핵심이기도 하다.[328] 따라서 하나님의 나라는 하나님이 세상을 창조하실 때부터 계획하셨던 궁극적인 뜻이다. 그래서 하나님의 나라에 대한 시작은 마땅히 구약에 나타나는데, 하나님 나라의 출발점은 영원하신 하나님께서 만물(사람 포함)에 대한 그분의 목적을 이루는 일에 사람을 대리자로 세워 출발했으나 반복되는 인류의 반역으로 지체되었다. 이에 하나님은 이방의 아브람을 불러 세우신 이스라엘 민족을 선택하는 일로부터 새롭게 하나님 나라를 세우는 일을 시작했다. 하나님이 왕으로서

328　마 4:23; 6:9-10, 33; 막 1:14-15

친히 다스리시는 나라 곧 '신정(神政) 통치'(Theocracy)로 일컬어지는 구약의 하나님 나라 사상은 하나님의 뜻이 온 세상에 펼쳐지는 나라로서 하나님이 온 세상의 통치자라는 사실을 그 중심으로 하고 있다.

예수 그리스도께서 유대 백성들에게 하나님의 나라를 선포하고 가르치실 때, 하나님의 나라를 특별히 정의하실 필요가 없었다. 구약의 성경적 이해의 배경을 가진 유대인들은 하나님의 나라로 하나님의 통치와 그 통치가 시행되는 영역으로 오랜 역사를 통해 이미 경험했고 그래서 그런 나라로 이해했다. 그러나 하나님 나라의 임재에 관해서 유대인들은 하나님의 통치를 자기들 나라의 정치적인 해방과 독립에 연결시켰으며(구약에서 출애굽의 역사를 기억하며), 그리고 원수의 나라를 제압하고 세계를 지배하는 세상적 왕권(다윗 시대의 왕권)을 생각했다. 유대인들은 예수 그리스도의 기적적인 행사를 보면서 이스라엘의 정치적 자주독립과 이스라엘의 영광을 기대하며 환호했다.[329] 마치 오늘날의 신자들이 기적이나 기도 응답을 통해 자기들의 현실 문제가 해결되면 환호하듯이 말이다. 철저하게 육신의 생각에 젖어 하나님의 뜻과는 거리가 먼(롬 8:5-8) 신앙행태를 보여주고 있다.

어쨌든 구약성경의 배경에서 하나님의 나라는 일차적으로 하나님의 통치가 시행되는 나라이고, 하나님의 통치가 이루어지는 사회라고 정의할 수 있다. 그런데 신약 시대에 이루어질 하나님의 나라는, 죄 문세를 근본적으로 해결하지는 않은 채 사회에 성행하는 외적인 악만을 얼마만큼

---

[329] 서철원, 39-40.

제재하는 구약 시대 왕들의 통치와 같은 방식을 통해서 이루어지는 것이 아니라, 메시아를 통해서 죄를 해결하고 세워지는 영적인 나라가 운영되는 방식으로 임하게 되었다. 신약 시대에 하나님의 다스림은 메시아(예수 그리스도)를 통해서 영적으로 시행되게 되었다. 그러므로 메시아의 오심이 곧 하나님 나라가 임한 것으로 선포된 것이다. 이 표현은 하나님의 나라가 가까이 오고 있다는 말이 아니라 이미 임했다는 말이다. 왜냐면 하나님 통치의 구현자이고 하나님 나라의 왕이신 메시아가 현재 와 계시기 때문이다. 메시아가 사람들 가운데 와 계심으로 하나님의 나라가 사람들 가운데 임하여 와 있다고 선포되었다. 그러므로 "가까이 왔다"라는 말을 현재 완료형으로 사용했다(마 3:2, 4:17).[330] 이제 그 문제를 구분하여 신구약을 나누어 생각해보기로 하자.

(1) 구약에서 말하는 하나님 나라

구약의 신정 정치체제(Theocracy)는 하나님께서 친히 다스리시는 통치와 사람인 왕을 내세워 다스리는 모습으로 나눌 수 있을 것이다. 즉 아브람을 갈대아 우르에서 불러낸 이후 사사시대 곧 사무엘 선지자 때까지는 하나님이 친히 다스리는 신정 통치 형태를 띠었고(선지자, 제사장과 같은 하나님이 세운 지도자를 통해 다스림), 이스라엘 백성들이 자기들에게 세상(열방) 왕과 같은 왕을 달라고 요구한 때로부터(삼상 8:5-7) 사람 왕을 대신 세워 다스리는 간접 통치가 시작되었다. 사실 신정 왕국은 하나님께서 친히 다스리기 때

---

330   앞의 책, 37-38.

문에 별도의 사람 왕을 세우는 제도가 필요 없었다. 하나님의 필요에 따라(위기의 때가 되면) 어떤 형태의 직분이든지 지도자를 세우셔서 문제를 해결하시며 자기 백성을 인도하시는 통치 형태를 띠었다. 이것이 하나님의 직접적인 통치 방식이었다. 그래서 구약의 신정정치 초기에는 사람에게 굴레 같은 율법이 주어지지 않은 상태에서 하나님의 주권과 사람의 자유의지를 조화시키려는 시도가 있었다(족장 시대). 그러나 점차 하나님의 주권과 사람의 자유의지 행사의 충돌로 인해 법의 필요성이 대두되어 마침내 모세를 통해 율법이 주어지게 된다(출애굽 이후, 요 1:17). 이렇게 신정정치의 통치 방식은 하나님 나라의 왕이신 하나님의 주권에 의해 변화의 과정을 겪으며 시행되었다.

이런 신정 왕국에 대한 긍정적인 면은, 별도의 사람 권력자가 없으므로 사람들이 연약하고 실수가 많은 사람 왕을 섬기는 부담이나 의무가 없었고(신 17:14-20; 삼상 8:9-18), 자유롭게 하나님을 왕으로 섬기며 하나님의 말씀을 순종하면 평안하게 살아갈 수 있었다. 하나님께서 친히 다스리시므로 하나님의 마음에 드는 사람을 자유롭게 선택하셔서 사용하실 수가 있다는 특징이 있다. 그러나 부정적인 면은 사사기에서 언급하는 것처럼, "그때 이스라엘에 왕이 없었으므로 사람들이 자기 소견에 옳은 대로"(삿 17:6, 21:25) 행했다는 기록을 통해 사람들이 사회질서를 유지할 기준이나 스스로 조절한 능력이 없이 사람 생각대로 방종의 삶을 살게 된다는 문제가 있다. 이 말은 하나님을 왕으로 인정하지 않는 악하고 어리석은 사람의 본성이 드러나는 행태를 보여주고 있다는 지적이다.

하지만 어떤 형태이든지(하나님의 직접 통치이든지 왕을 세워 시행되는 간접 통치이든지) 결국 이스라엘의 왕정 체제는 신정정치의 연속선 상에 있을 수밖에 없었다. 이런 사실은 사울이 하나님의 명을 거스르고 자기 생각대로 일 처리했을 때, 왕의 직분에서 쫓겨나 그의 정적인 다윗에게 이스라엘의 왕좌를 넘겨줄 수밖에 없는 상황이 벌어지는 사건을 통해 명확하게 드러난다(삼상 15장). 사울은 이스라엘의 군주로서 자신의 판단에 따라 통치권을 행사하려고 했지만, 하나님께 인정받지 못하고 자리를 빼앗기게 된다. 반면에 다윗은 철저하게 하나님의 통치를 구현하기 위해 왕권을 행사하는 모습을 보게 된다. 그리고 이것이 다윗 왕국을 유지 시킨 원동력이란 사실을 증명한다.

이스라엘이 열방처럼 왕정 체제를 도입했음에도 불구하고, 여전히 신정국가였다는 사실은, 이미 신명기에서부터 왕정 체제의 도입을 예견하고 있다는 점(신 17:14-20)에서 확인할 수 있다. 거기서 이스라엘의 왕은 열방의 왕들과 다르다는 점을 각인시키려고 하나님께서 주신 율례와 법도에 따를 것을 규정하고 있다(신 17:18-19; 삼상 10:25). 다시 말해서 이스라엘의 왕은 하나님의 법도를 따라 그 백성을 통치해야 한다는 말이다. 하나님과 백성과의 관계를 언급하면서 그들이 순종할 때는 복으로, 불순종할 때는 재앙으로 응답하실 것이라고 경고한다(신 28장). 이것은 개인적으로 혹은 국가적으로 선택의 기로에서 하나님께 순종과 불순종을 선택할 자유가 이스라엘 백성에게 있지만, 그 결과는 생사화복을 주관하시는 통치자 하나님께 있음을 가르치신다. 이런 통치 형태가 적용되는 나라가 하나님 나라다.

신정 왕국으로 통하는 구약의 이스라엘은 하나님의 통치를 받는 모델로서, 장차 온 세상에 임할 하나님 나라가 어떤 것인지 보여줄 사명이 있었음에도, 그들은 그 역할에 끊임없이 거역하며 자기 길을 고집하는 강퍅함을 보였다. 그들은 전적으로 이스라엘 편이신 하나님께서 장차 선민 이스라엘을 위해 강력한 왕권을 가지고 올 모세 같은 메시아를 보내어 이스라엘에게 자유와 번영을 주신다는 소망에 깊이 젖어 있었다. 하지만 이스라엘의 그런 육신적 기대와는 다르게 구약성경은 하나님의 나라를 하나님이 통치하는 나라, 그리고 하나님은 온 세상의 통치자라는 사실을 그 중심으로 하고 있다. 그러나 하나님의 백성으로 선택된 이스라엘은 여전히 왜곡된 소망(헛된 소망)을 버리지 못한 채, 하나님의 직접 통치가 아닌 인간 통치자(메시아)를 바라는 소망을 버리지 않았다. 이런 사상이 예수께서 오실 때까지 '메시아' 대망 사상으로 그들의 마음속 깊이 자리 잡게 된 것이다. 메시아적 예언은 미래에 참다운 하나님의 왕국이 메시아 중심으로 세워질 것을 계시하는데, 구약에서 예언된 메시아는 평화의 통치자로 오시고(사 11:1-9), 그의 왕권은 초자연적이며 신적이고, 영원한 특징을 갖는다(미 5:1-9). 특히 구약성경에 나타나는 하나님의 통치와 메시아 대망 사상은 예수께서 선포하신 하나님 나라의 근거를 형성하고 있다. 구약의 예언자들은 하나님의 백성들이 평화롭게 살게 될 날이 올 것이라고 선포했다. 평화의 '그' 날이 오면 모든 인간적인 갈등이나 사회적인 문제가 없고, 악도 더 이상 존재하지 않을 것이라고 선포했다.

(2) 신약에서 말하는 하나님 나라

구약에서 시작된 하나님 나라에 대한 예시와 점진적 계시는 메시아이신 예수 그리스도로 인해 성취됐다.

> "이때부터 예수께서 비로소 전파하여 이르시되 회개하라 <u>천국이 가까이 왔느니라</u> 하시더라"(마 4:17)

하지만 신약성경은 하나님 나라가 무엇을 의미하는지, 그리고 언제, 어떤 형태로 임하는가에 관해서는 매우 다양하게 언급하고 있다. 예수께서도 다양한 사역과 비유를 통해 하나님 나라를 가르치셨다(104회 사용). 그만큼 신약성경에서 하나님 나라가 내포하고 있는 의미를 특정한 단어로 설명하기는 매우 힘들다. 하나님 나라는 현재 개인이 누릴 수 있는 영적 상태이면서도(참고. 롬 14:17), 동시에 예수께서 재림하실 때 임하는 나라로써 '이미'라는 현재성과 '아직'이라는 미래성을 동시에 나타내는 특성을 가진다. 하나님 나라는 현재적 실체이면서(마 12:28), 미래적 행복(고전 15:50)의 나라로서 다시 태어난 자들(거듭난 자들)만이 경험할 수 있는(요 3:3) 영적이고 내적인 복이면서(롬 14:17) 또한 이 세상 나라의 통치(계 11:15)와도 관련이 있다고 주장한다. 또 사람들이 현재 들어가며 누릴 수 있는 실재적 영역이면서[331] 나

---

[331] 양용의, 「하나님 나라 어떻게 이해할 것인가?」, (서울: 한국성서유니온선교회, 2006), 69. 구약성경에서 약속되어 온 메시아의 시대가 이미 현존해 있음을 강력하게 시사한다.

중에 들어갈 소망의 나라로 약속된 미래적 영역(마 8:11),³³² 믿는 자에게 상속되는 미래적으로 복된 나라이면서(눅 12:32), 현재에 믿는 자들이 누릴 수 있는 나라(막 10:15)라고 강조한다(조지 래드).³³³

예수께서는 하나님 나라가 어떤 나라인지 비유를 통해서도 끊임없이 가르치셨다(마 13, 18, 20, 22, 25장 등). 예수께서는 하나님의 나라가 이미 이 땅에 임했다는 사실을 보여줬을 뿐만 아니라, 하나님의 나라가 아직 완전히 임하지 않았다고도 반복적으로 가르치기도 하셨다. 마가, 누가, 요한복음에서는 "하나님 나라"로 기록했고, 마태복음에서는 네 곳³³⁴을 제외하고는 "천국"이라고 기록했다(30회). 마가복음과 누가복음에서는 "천국"이라는 말을 찾아볼 수 없다. 그래서 공관 복음서에 사용된 두 용어(천국, 하나님의 나라) 중에서 어느 단어가 예수께서 사용하신 말을 문자 그대로 잘 나타내 주는가 하는 문제가 제기된다. 아마도 마태의 기록이 더 잘 나타내 주는 것 같다. 그럼 마태는 왜 "천국"이라는 말을 사용했는지 그 이유를 제시하지 않지만, 마가와 누가복음에서는 대부분 반대되는 표현을 한 충분한 이유를 찾을 수 있기 때문이다. 사실상 마가와 누가는 복음서를 기록할 때 이방 독자들에게는 "하늘나라"라는 유대인의 상징적인 어휘보다 "하나님의 나라"라는 평범한 어휘가 더 잘 이해되리라고 생각한 것 같다.³³⁵

---

332   앞의 책, 98. 현재 천국에서 나타나는 하나님의 강력한 통치권은 미래에 전 우주적으로 강력하게 영광스러운 모습으로 드러나게 될 것이다.
333   조지 래드, 「예수와 하나님 나라」, 이태훈 옮김, (서울: 엠마오, 2001), 39-41. ; 헤르만 리델보스, 「하나님 나라」, 오광만 옮김, (서울: 엠마오, 1991), 152-155. ; 양용의, 97-98.
334   6:33; 12:28, 19:24, 21:31, 43.
335   게할더스 보스·조지 E 래드, 「하나님의 나라 제대로 알고 믿는가?」, 정정숙·

그럼 "천국"이라는 말의 기원은 어디에 있으며, 그 의미는 무엇인가?

유대인들은 하나님의 이름(여호와)[336]을 함부로 사용하지 않는 경향이 있었다(참고. 출 20:7). 그래서 하나님의 이름 대신에 여러 가지 대용어들을 사용했는데, "하늘"이란 말은 이런 대용어들 가운데 하나였다.[337] 이것은 하나님이 본질적으로 세상의 어떤 것보다도 존귀하시고 접근하기 어려운 초월적인 왕의 위엄을 가지고 계신다는 것을 강조하는 유대인의 관습에서 생긴 말이었는데, 반대로 이런 관습이 오히려 신앙의 본질 즉, 하나님과 사람 사이의 친밀하고도 참된 교제를 의미하는 것을 위태롭게 했다. 인성을 가지신 예수께서도 하나님과 피조물 사이에 무한한 거리가 존재한다는 것을 인정하셨다. 유대인의 의식 속에 있던 종교적인 경외와 하나님을 존경하는 것은 무엇이든지 간에 예수 그리스도의 마음속에 반영되었으며 그에 따른 이상적인 표현을 알고 계셨다. "하늘"이란 말이 매우 적합했던 것은 "하늘"이란 용어가 하나님께서 그의 완전한 영광을 계시하는 곳이라고 사람들의 생각을 이끌어 가기 때문이다. 주께서도 당대의 유대 선생들이 흔히 사용하던 "하늘에 계신 아버지"나 "천부(하늘 아버지)"란 말을 사용하신 데서 잘 나타나 있다.[338]

특히 요한복음에서는 "하나님의 나라"보다는 예수 그리스도의 신성을 주제로 다루기에 하나님의 나라란 표기가 거의 나타나지 않는다(요 3:3,

---

신성수 옮김, (서울: 개혁주의신행협회, 2007), 35.
336 출 3:15; 15:3; 사 42:8.
337 마 16:19; 막 11:30; 눅 15:18, 21.
338 게할더스 보스·조지 E 래드, 36-37.

5). 결국에 구약시대의 사람들이 대망했던 하나님의 나라는 예수 그리스도를 통해 이미 임했으며, 현재 하나님의 통치가 그의 백성들에게 시행되고 있음은 물론, 점진적으로 확장되어 가고 있고, 예수님이 다시 오실 때 비로소 완성되도록 설계되어 있다. 따라서 하나님의 나라에 대한 성경적 또는 어원적 의미는 "왕 되신 하나님께서 다스리는 통치, 주권"으로 이해하는 것이 가장 바람직하다. 이는 하나님이 영원한 왕이시며 만물을 다스린다는 단순한 추상적 개념에서 멈추는 것이 아니라, 활동하시는 하나님의 역동적 개념으로서 단순히 어느 한 영역으로 제한할 수도 없다. 따라서 하나님의 나라는 하나님께서 통치하시는 주권적인 나라, 곧 하나님의 뜻이 이루어지는 곳, 예수 그리스도를 믿고 구원을 얻은 자라면 누구나 복을 누리는 곳, 마지막 날 예수 그리스도의 재림 후에 들어가게 되는 하나님의 완전한 통치 영역까지 확장되는 개념으로 이해해야 할 것이다. 그리고 이러한 하나님 나라는 현재성과 미래성을 동시에 내포하고 있다는 점이 성경이 가르치는 하나님 나라의 주요 특징이다.

2) 예수가 선포한 하나님의 나라는 어떤 나라였을까.

누가복음 4:43의 예수께서 친히 하신 말씀 가운데서 그의 사역의 목적이 하나님의 나라를 전파하는 것이었음을 알 수 있다. 그러므로 그가 전파한 하나님의 말씀(눅 8:11)은 또한 "그 나라의 말씀"(마 13:19)이라고 불릴 수 있다.

그리고 신약성경의 전 케리그마(Kerygma)로 요약되는 복음은[339] 그리스도께서 하나님의 나라를 선포하기 위해 오셨다는 취지를 천명하는 것이다(행 1:3). 이처럼 예수 그리스도와 그의 사도들의 전체 설교가 하나님의 나라에 관한 것이었다.[340]

예수 그리스도의 초림 시기의 유대인들에게는 하나님의 나라가 아직 도래하지 않은, 즉 아직 기다려야 하는 미래적인 나라였다는 사실에 비해, 예수께서 선포한 하나님의 나라는 "이미" 도래한 현재 하나님 나라(현재 천국)라는 특성을 띠는 차이가 있다. 예수께서 요단강에서 하나님의 아들이라고 인정(소명)받은 후,[341] 고향 땅에 돌아가 제일 먼저 선포한 말씀이 "때가 찼고, 하나님의 나라가 도래했다. 회개하고 복음을 믿으라"(마 4:17; 막 1:14-15)라는 외침이었다. 이런 하나님의 나라가 도래했다는 예수의 선언은, 하나님 나라의 임박한 도래에 관한 기대나 준비를 위한 선언이 아니라, 선포하는 예수 자신과 함께 하나님의 나라가 "이미" 이 땅에 도착했다는 선언이었으며, 지금 예수 그리스도 안에서 예수와 함께 도착한 그 하나님의 나라를 받아들여야 한다는 결단의 요청으로 볼 수 있다. 특히 유대교의 대표적인 지도자들인 바리새인들이 하나님의 나라가 언제 임할 것인지 물었을(눅 17:20) 때, 예수는 "…하나님의 나라는 볼 수 있게 임하는 것이 아니요 또 여기 있다 저기 있다고도 못하리니 하나님의 나라는 너희 안에"(눅 17:20-21) 있다고 답변하시며, 당대 유대인들이 생각한 하나님의 나라

339 　눅 4:43; 8:1; 16:16.
340 　헤르만 리델보스, 11-12.
341 　마 3:17; 막 1:11; 눅 3:22.

의 때와 장소에 관한 두 가지 사상 – 하나님의 나라는 현재가 아닌 미래에 속해 있고, 눈으로 볼 수 있으며, 관찰할 수 있는 정치, 경제, 군사적 나라라는 사상 – 에 동의하지 않는다는 사실을 분명히 하셨다. "하나님의 나라는 너희 안에 있다"라는 말은, 각 개인의 '안에'(in) 있는 것으로 적용하는 이야기가 아니며, 또 질문하는 바리새인들 '사이에'(among, midst) 있다는 총괄적인 의미도 아니다. 하나님 나라의 세력과 권위와 효력의 범위를 나타내는 것으로 이해해야 한다. 따라서 주께서 말씀하는 하나님의 나라는 "여기 있다 저기 있다"라는 장소적 개념으로 이해할 나라가 아니라는 말씀을 힌트 삼아 이해해야 한다(마 24:26-27). 바꾸어 말하자면 하나님의 나라는 항상 너희 가까이(앞)에 있다는 이야기다. 원하기만 하면 언제든지 하나님 나라를 볼 수 있고, 들어갈 수 있다는 의미다. 이미 주께서 그 통치권(하나님 나라의 본질)을 가지고 오셨고, 그 통치의 역사가 시작되어 나타나고 있으니(마 12:28; 눅 11:20) 하나님의 나라가 언제 임하느냐고 물을 것이 아니라, 이미 임했는데 너희가 생각하고 기대하는 방식으로 볼 수 있게 임하는 나라가 아니라는 말이다. 그러나 언제든지 그 나라를 보고 들어갈 수 있는 길은 있는데, 그것은 물과 성령으로 거듭나는 길뿐이다(요 3:3). 하지만 그 길은 아무에게나 허락된 길이 아니기에 바리새인들은 그 길을 알 방법이 없는 것이다.

무엇보다도 예수께서는 자신이 선포하는 하나님의 나라는 사람이 눈으로 볼 수 있는 세속적인 나라가 아니며, 미래가 아니라 지금 여기에 이미 도래했음을 선언하신 것이다(마 12:28; 눅 11:20). 이런 선언의 배경은 하나님의 나라는 사람에 의해 주도되는 사람 중심의 나라가 아니라, 하나님에 의해 이루어지는 하나님 중심의 나라였기 때문이다. 또 예수께서는 하나님의 나라는 위로부터 은혜로 주어지는 나라임을 강조하셨다. 하나님의 나라는 심령이 가난한 자의 것이며(마 5:2), 구하는 자의 나라이며(마 6:33), 어린아이처럼 겸손히 받드는 자의 나라이며,[342] 거듭난 자의 나라임을 강조하고 있다(요 3:5). 하나님 나라가 어떤 나라인가를 생각할 때, 하나님 나라의 진정한 왕이신 하나님의 속성이 아주 중요하게 반영되는 나라다. 하나님의 속성을 여러 가지로 말하지만, 실상은 "사랑" 안에 모두 포함된 것들이다. 따라서 하나님 나라의 속성을 한마디로 말하자면 "사랑의 나라"이다(골 1:13). 사도 요한은 반복해서 "하나님은 사랑"(요일 4:8, 16)이라고 강조하고 있다. 따라서 하나님의 창조 목적은 하나님의 속성인 온전한 사랑을 발현하고자 하심이요, 그것이 하나님 나라를 세우는 창조행위로 나타난 것이다. "사랑"이라는 말은 반드시 사랑의 대상을 필요로 한다는 말로서, 이미 삼위 하나님 사이에 온전한 관계성으로 상호 간에 사랑이 발현되고 있었다. 그 삼위 하나님 사이에 온전한 사랑의 관계를 눈에 보이도록 가시적으로 실현한 것이 천지 창조행위라고 말할 수 있다. 하나님의 본질에 속하는 사랑이라는 속성은 수동적이 아니고 적극적이며 능동적으로 베푸시는 사랑이다.[343]

우리 주께서 먼저 하나님의 나라가 임하기를 바라며(당신의 그 나라가 임하소서) 기도하라고 가르치신 이유가 무엇일까(마 6:33). 또 그 나라는 어떤 나라를 가리키는 것일까? 당연히 현재 통치가 이루어지는 하나님 나라다(롬 14:17). 하나님의 나라는 '현재 천국'으로서 끝이 아니라 주의 재림을 통

---

342   마 18:3, 19:14, 막 10:14, 눅 18:17.
343   구자수, 「개혁주의 구속사」, 60-61.

한 '미래 천국'의 완성까지 바라봄이다. 이같이 하나님의 나라는 창조 때부터 계획하셨던 중요한 목적이었고, 첫 아담의 범죄로 실패한 후, 마지막 아담이신 주님이 세상 안에 오심으로 다시 그 목적을 이루고자 하는 일에 열심을 낸 것이다. 주님이 하나님 나라에 대한 뜻을 당당하게 외치신 배경에는, 첫 아담의 실패의 원인이었던 사탄의 시험을 이기신 "승자"라는 명분이 한몫했다(마 4:1-11).[344]

하나님의 나라가 이 땅에서도 이루어지기를 기도하라고 가르치신 주님의 의도는, 하늘에서 성부, 성자, 성령의 관계성 안에서 아무런 부작용이나 불협화음 없이 온전하게 하나님의 뜻(의)이 하나 되어 완성되었다는 의미다. 그렇게 삼위 하나님이 온전하게 하나 되어 아버지의 뜻이 이루어진 것처럼, 이 땅에서도 아버지의 뜻이 하나님의 형상을 따라 빚어진 사람과의 관계성 안에서 온전히 하나 되어 하나님 나라가 이 땅에도 온전히 세워지기를 바란다는 기도다(요 17:1-6, 15-26). 그러면서 주님이 이 땅에서 그의 의(아버지의 뜻)를 어떻게 이루는지 친히 보여주셨다.[345] 따라서 우리도 주의 본을 따라 하나님의 이름이 거룩해지는 일과 그의 나라가 하늘에서 온전해짐 같이 땅에서도 하나님 나라가 온전하게 완성되는 일을 바라며, 절대적인 순종을 배워나가야 할 것이다.[346]

---

344 앞의 책, 65. 첫 아담이 실패했던 사탄의 시험을 둘째 아담으로서 승리한 것이, 세상 나라가 그리스도의 나라가 되는 시작점으로서의 주도권을 쟁취한 증거다.
345 마 3:13-15; 요 4:34; 17:4.
346 구자수, 66-67.

3) 하나님 나라의 종교화

계몽주의 이전에 종교는 기독교와 연합관계 아니면 대립 관계에 놓였다. 그러나 계몽주의 이후에는 기독교와 종교가 분리되고 나아가서 신학은 종교를 신랄하게 비판하는 관계가 되었다. 기독교를 종교로 이해하게 된 배경에는 고대 교회까지 거슬러 올라가지만, 무엇보다 아우구스티누스 같은 교부들의 종교이해가 지대한 역할을 했다. 그들의 사고에는 '사람은 종교적인 존재'라는 인식에 대해서 전혀 비판적이지 않았다. 그러나 계몽주의 이후 신을 떠난 자율성을 사람의 이성이 스스로 취득하면서 종교와 기독교 사이에 서서히 금이 가기 시작했고, 바르트와 본회퍼에게 이르러서는 완전히 상호 대립 관계에 놓이게 되었다.[347] 신약성경 사도행전에도 소위 '종교'(데이시다이모니아, 행 25:19)라는 용어가 나오는데,[348] 그 뜻은 "신을 두려워하는 것"에 있지만 자주 그릇된 종교 혹은 미신을 묘사할 때 사용했다. 사실 '종교'라는 용어가 어떤 말에서 기인했는지는 그다지 중요하지 않지만, 그래도 종교라는 용어 속에는 사람을 어떤 초월자에 매어 놓는 힘에 대한 의식이 경건으로 표현되기도 한다.[349]

기독교가 타락하여 종교화되는 현상 역시 사탄의 작품인데, 악은 이

---

[347] 한수환, 「그리스도인에로의 인간학」, (용인: 킹덤북스, 2016), 301.
[348] 이 단어는 "두려움"(데일로스)과 "귀신, 초자연적인 영"을 의미하는 '다이몬'의 합성어에서 유래했다. 즉 귀신을 두려워하여 섬기는 것이 '종교'(미신)란 의미다. 바울이 자기 종교를 말할 때 쓰인 '종교'는 '드레스케이아'로서 "의식상의 집행, 예배" 등의 의미로 쓰여 그 차이를 나타낸다(행 26:5).
[349] 한수환, 302.

렇게 진리를 변질시키는 특성을 가진다. **종교 생활**이란 <u>사람이 초자연적인 신을 찾아 나가는 철학 개념으로서 자신이 찾는 신을 두려워하는 마음으로 섬기고 제사하는 것</u>이다. 그런데 이런 변질과 타락이 외부의 강력한 공격으로 나타나는 현상만이 아니다. 보편적으로 "내부 충질"에 의해 멸망의 길로 나아가게 된다. 그것은 전쟁에서 하나의 전술로 사용되는데, 첩자, 스파이, 이간질로 그 목적을 달성한다. 예수 그리스도를 팔아넘긴 자도 제자 가운데 한 사람이었다는 사실만 생각해도 무슨 말인지 이해될 것이다.

(1) 세속화된 기독교

하나님 나라가 종교화된 것은 외부의 반 기독교 세력에 의해 그렇게 되었다고 생각하기보다는, 소위 그리스도인이라 자처하는 육신에 속한 자들에 의해 더 큰 영향을 미친 결과라고 보는 것이 옳을 것이다. 거기에는 목사와 일반 신자의 차이가 없다. 목사도 가짜와 분별력이 없는 어린아이 같은 육에 속한 목사가 다수이기 때문이다. 블룸하르트는 기독교의 종교화에 대해서 이렇게 지적하고 있다.[350]

---

[350] 크리스토프 F. 블룸하르트, 「더 이상 하늘에 계시지 마시고」, 황의무 옮김, (논산: 대장간, 2022), 130. 블룸하르트는 신학적으로나 정치적으로나 특징짓기 쉽지 않은 인물이다. 블룸하르트는 스위스와 독일의 종교 사회주의와 변증법신학(Dialectical Theology)이라는 두 개의 운동이 태동하는 데 결정적인 역할을 했음에도 불구하고, 그 자신은 어떤 "신학 체계"도 세우지 않았다. 그의 생각들은 레온하르트 라가츠, 칼 바르트, 디트리히 본회퍼, 자크 엘룰 그리고 유르겐 몰트만 같은 신학 거장들에게 지대한 영향을 끼쳤다.

"기독교라는 종교를 가지는 것은 전혀 어려운 일이 아니다. <u>세상에는 다양한 기독교가 존재하기</u> 때문에 우리는 얼마든지 그 가운데 하나를 선택할 수 있다."

a. 종교 다원주의

본래 "종교"란 호칭은 일반적인 세속과 구분하는 용어로 사용되는데, 기독교의 종교화란 표현은 세속적이며, 인간적 차원에서의 종교(불교, 유교, 이슬람 등)와 다를 바가 없어진 기독교의 상태를 지적하는 것이다. 그러니까 본래의 기독교는 사상이라기보다는 동적인 삶에서 나오는 체험이고, 종교적 활동을 수행하는 주체가 지성이라기보다는 인격이며, 그 결과는 지성의 확장이라기보다 삶의 변화가 나타나는 것이 특징이다. 두 가지(이론과 실제, 계시와 현실)가 함께 이루어지는 것이 바람직하지만, 현실적으로 그런 모습을 찾아보기 어렵기에(한쪽에만 치우쳐 나타나는 현상) 다양한 기독교라고 칭하는 것이다. "다양한 기독교"라고 함은 가톨릭이나 성공회도 기독교의 한 부류로 취급하고, 기독교의 가르침을 수용하는 다양한 형태가 존재한다는 이야기다. 그렇게 분류한다면 조로아스터교도 있고, 불교 안에도 기독교를 표방하는 부분이 있고(예수 불상), 이슬람에도 있다(선지자 예수). 그래서 그런 요소들로 인해 종교 다원주의를 옹호하는 이유가 되기도 한다. 하지만 그 모든 형태의 기독교는 예수께서 가르치신 기독교의 본질이 아니다.

'종교 다원주의'는 쉽게 말해서, 기독교만이 구원에 이르는 유일한 길이 아니라는 것이다. 그러나 성경은 예수를 믿는 것만이 유일한 구원의 길이라고 분명히 말씀한다(요 14:6; 행 4:12). 인류 역사가 시작된 이래로 지금까지 타락한 사람들은 하나님에 대해 좋게 말한 적이 없다. 그런데 20세기에 들어서 더 심각해진 문제가 있다. 이제 사람들은 단번에 하나님을 부정하지는 않는다. 겉으로는 하나님을 인정하는 것처럼 말한다. 그러면서 다른 많은 종교와 기독교를 혼합해서 이야기하고, 기독교도 여러 종교 가운데 하나라고 단정해 버린다. 어떤 면에서 보면, 이것이야말로 훨씬 더 교묘하고 간교하며 참으로 위험한 사상이다. 이런 종류의 사람들은 지나친 종교적 표현을 싫어하고, 품위를 지키면서 그냥 착하고 교양이 있으며, 육적으로 마음 편히 살기 위해 교회를 다니는 자들이다. 기독교 복음만이 절대 진리이며, 그 복음에 모든 가치가 있고, 그 복음이 모든 삶의 중심이라고 믿지 않는다면, 이미 상대주의적인 사상에 물들어 있다는 증거다. 오직 기독교적인 가치로 자기의 삶을 살아가겠다는 중심이 없다면, 그 신자는 이미 이 세대의 풍조에 휩쓸려 떠내려가고 있다고 진단해도 틀리지 않다.[351]

모든 상대주의적인 생각은 하나님을 대적해서 스스로 쌓아 올린 견고한 진과 같다. 그것은 고대 전쟁 때 군사들이 전투하기 위해 대형을 이루고 있는 진과 같이, 아주 강력한 진이다. 그러나 실제로 그것은 궤변, 교만, 헛된 이론일 뿐이다. 기독교는 먼저 하나님의 영광에 초점을 맞추어야 한다는 본질을 가진다. 내가 이 땅에서 예수를 믿어 더 비참해지거나 엄청나게 고생한다고 하더라도(나의 형편과 처지의 어떠함과 상관없이, 빌 4:12), 하나님의 영광이 드러나는 삶이라면(고전 10:31) 그런 삶을 살아내겠다는 중심이 있어야 참 기독교다. 만일 기독교가 사람의 행복을 추구하는 종교라면,

---

351   손희영, 「세속화와 복음」, (서울: 복 있는 사람, 2014), 19-20.

다른 종교들도 모두 사람의 행복을 추구하기 위해 생겨난 것이기 때문에, 기독교가 다른 종교들과 다를 바가 없어진다. 이렇게 출발점이 잘못되면 다른 종교에 쉽게 눈을 돌리게 될 뿐만 아니라 다원주의의 주장을 반박할 명분도 없어진다.[352]

b. 인본주의

우리를 포함한 현대의 많은 그리스도인은 기독교적 용어를 사용하고, 기독교적 형식에 따라 예배도 드리며 구원받았다고 말한다. 그러나 그 마음의 중심에는 근본적으로 자신의 자아와 구원에 대한 필요만 있을 뿐, 하나님은 들러리에 불과한 경우가 많은 것이 사실이다. 때로 하나님이 내가 소원하는 것을 주시지 않는다고 할지라도, 그분은 신실한 여호와 하나님이시니 "그리하지 아니하실지라도"(단 3:18) 믿는 진실한 믿음을 가지고 있어야 참믿음이다. 하지만 실제로는 예수를 믿는다는 많은 사람이 자신의 구원에만 집착한 나머지 하나님의 영광은 거들떠보지도 않을 수 있다는 사실을 아는가?[353] 이 시대의 많은 교회와 신자들이 별 의식 없이 빠져드는 문제가 바로 이것이다. 기독교를 믿지 않는 불신자들은 말할 것도 없고, 예수를 믿는다는 사람들조차도 그 중심에 항상 '나'(자기)가 있다. 하나님을 믿는다는 명분 아래 주의 이름을 부르며 구원을 말하지만, 그 모든 일에 관심은 자기에게 집중되어 있다. '나'라는 개인뿐 아니라 공동체의 이름(00 교회)이라고 할지라도 역시 '우리'라는 '사람'에 집중되어 있다.[354]

---

352 앞의 책, 23-24.
353 앞의 책, 42-43.
354 앞의 책, 45.

모든 외부적인 현상들보다 정말 무서운 것은 정통 기독교 안에서 일어나는 종교화다. 종교화는 형식과 외식으로 흘러 다른 종교와 같이 인본주의화 된 모습을 띠게 된다. 이는 생명체가 화석화되는 현상에 비유할 수 있다. 에베소 교회와 같은 처음 사랑을 잃어버린 교회, 사데 교회와 같은 죽은 믿음의 교회, 라오디게아 교회와 같은 예수 없는 교회의 모습들이 많아지고 있다는 두려움이다. 더 큰 문제는 정작 그들 자신은 그런 자기들의 상태를 전혀 깨닫지 못하고 있다는 점이다(요 9:39-41; 계 3:17-18). 이런 현상을 일컬어 하나님 나라의 종교화라고 이름 붙이며 진단하는 것이다. 더하여 염려스러운 점은, 현존하는 하나님 나라의 모델로서 하나님의 통치를 보여주는 빛의 역할을 해야 할 교회가 장성한 모습이 아닌 <u>어린아이 같은 모습</u>(육신에 속한 모습-고전 2:14; 교파가 갈라짐-고전 3:4)을 보여, 오히려 세상에 지탄(指彈)과 함께 교회를 염려하게 만드는 형편이 되었으니 개탄할 일이다.[355] 이 모든 현상은 오늘날 교회가 종교화된 까닭이라고 진단할 수밖에 없을 것이다.

"형제들아 내가 신령한 자들을 대함과 같이 너희에게 말할 수 없어서 **육신에 속한 자 곧 그리스도 안에서 어린아이들**을 대함과 같이 하노라 (2) 내가 너희를 젖으로 먹이고 밥으로 아니 하였노니 이는 너희가 감당치 못하였음이거니와 지금도 못하리라 (3) 너희가 아직도 육신에 속한 자로다. 너희 가운데 시기와 분쟁이 있으니 어찌 육신에 속하여 사람을 따라 행함이 아니리요"(고전 3:1-3)

---

355 고전 3:1-3; 엡 4:13-15; 히 5:12-14.

백만장자 삼성그룹 이병철 회장의 마지막 질문 24가지를 자신의 인문학으로 풀어낸 철학자 김용규의 답변내용 가운데,『종교란 무엇인가?』에서 '종교'와 '믿음'의 아주 좋은 대조를 이루는 내용이 있어 여기에 소개하고자 한다.[356]

신약성서 요한복음 18장에는 마지막 날 예수가 로마 총독 빌라도 앞에서 심문받는 장면이 있다. 빌라도는 자신이 '진리의 왕'이라고 주장하는 예수에게 매우 의아한 듯 "진리가 무엇인가?"(요한복음 18:38)라고 물었다. 예수는 대답하지 않았다. 왜 그랬을까? 그것은 빌라도가 아는 진리와 예수가 말하는 진리가 전혀 다르기 때문이었다. 로마 총독 빌라도가 알고 있었던 진리는 아리스토텔레스가 정의한 '사실적 진리'였고, 예수가 가르친 진리는 유대인이 조상 대대로 믿는 신이 내려준 '삶의 진리'였다. 그래서 그들 사이에 의사소통이 전혀 되지 않았던 것이고, 결국에 예수는 침묵할 수밖에 없었다. 여기에서 하나 묻자! 사실적 진리만을 추종하는 현대의 빌라도(과학자)들은 2,000년이 지난 지금까지도 예수가 말하는 진리가 무엇인지를 도무지 이해할 수 없단 말인가? 그래서 종교를 '망상'이라고 몰아붙인단 말인가?(리처드 도킨슨처럼)

이 글에서 빌라도가 추구하는 질문에는, 종교의 가치에 해당하는 "사실적 진리" 달리 말해서 눈에 보이고 드러나는 것만 인정하는 인본주의 과학적 진리와 맥을 같이 한다. 그런 면에서는 과학도 하나의 종교다(무신

---

356 김용규, "종교란 무엇인가? 왜 사람에게 필요한가?", 2012.09.10. 주간조선.

론도 하나의 종교적 신념인 것처럼).³⁵⁷ 반면에 예수께서 가르치는 진리는 삶의 진리로서 생명이 없는 이론적이거나 형이상학적 논리 혹은 가시적 실험으로 증명해내는 성질의 것이 아니다. 이것이 사람의 생각과 지식으로 만들어 내는 종교와 하늘의 생명으로 주어지는 삶의 진리의 극명한 차이다. 그래서 하늘의 계시를 중심으로 세워지는 기독교를 생명을 살리는 삶의 진리라고 부르는 것이다.

(2) 하나님이라는 이름의 우상

출애굽기 32:1-6에서 출애굽 한 이스라엘 백성들이 시내 산에서 금송아지를 만들어 놓고 하나님이라고 떠들며 뛰노는 장면이 나온다. 이것이 사람이 만들어 내는 종교의 대표적인 모습이다. "일어나라. 우리를 위하여 인도할 신을 만들라"(1절)고 아론에게 요구하는 저들의 모습에서 사람의 종교성이 무엇인지 볼 수 있다. 그에 대한 아론의 반응 또한 기가 막힌다. 어리석은 백성들이 하자는 대로 행하는 그의 태도는 무엇인가? 아론을 비롯한 그들의 생각이 일치하여 아론은 백성들에게 금을 요구하고, 백성들은 군소리 없이 가져오는 등 일사불란(一絲不亂)하게 움직인 결과 금송아지가 만들어진다. 그런데 신을 만들자고 했는데 왜 갑자기 금송아지인가.

---

357 류현모, "과학주의가 기독교에 끼치는 해악", 2023.03.10. 기독일보. 현대 사회는 과학이 이룩한 발견들과 그것들을 응용한 기술을 사용하여 이전 시대에는 상상도 하지 못할 생산, 이동, 건강, 정보교환 등을 이룩하였다. 이런 과학의 실적 때문에 우리는 과학주의 주장을 쉽게 받아들이는 경향이 있다. 그러나 진화론을 앞세운 과학주의는 기독교의 믿음을 이성과 합리성의 테두리 밖으로 몰아내면서 사람들이 성경의 진리를 조롱하게 만든다고 비판한다.

저들이 애굽에서 보고 배운 것이 금송아지 우상이었다는 증거다. 사람이 할 수 있는 것은 보고 듣고 배운 것, 경험한 것이 전부이기 때문이다. 그래서 하나님은 가나안 땅에 들어갈 때 가나안 원주민과 그들이 섬기던 우상을 일절 남기지 말고 모두 없애라고 명령한 것이다. 왜냐면 이스라엘 백성들이 보고 배워 광야에서처럼 우상 숭배할 염려가 있기 때문이었다. 그 증거가 시내 산 아래에서 이미 나타났지 않은가. 그런 일에는 인도자 아론이나 백성이나 무슨 차이가 있었던가. 금송아지 우상을 만들어 놓고 떠드는 저들의 외침을 들어보자.

"그들이 말하되 이스라엘아, 이는 너희를 애굽 땅에서 인도하여 낸 너희 신이로다 하는지라"(출 32:4下)

그에 한술 더 떠서 아론은 뭐라고 하는가.

"아론이 보고 그 앞에 단을 쌓고 이에 공포하여 가로되 내일은 여호와의 절일이니라 하니"(출 32:5)

그리고 그들이 하는 일은 외적으로는 여호와 하나님을 섬기듯 하는 모습을 연출하고 있다.

"이튿날에 그들이 일찍이 일어나 번제를 드리며, 화목제를 드리고 앉아서 먹고 마시며 일어나서 뛰놀더라"(출 32:6)

이 모습에서 오늘날 기독교가 종교화된 모습을 떠올릴 수 있는가. 기독교가 종교화되는 과정과 그 모습이 적나라하게 보이지 않는가. "아침에 일찍이 일어나"란 모습에서 종교화된 신앙에는 얼마나 열심인가. 기독교의 종교화가 얼마나 무서운지 저들의 신앙고백을 들어보라.

"이는 너희를 애굽 땅에서 인도하여 낸 너희 신(하나님)이로다"(32:4)

출애굽기 20:2에서 하나님이 말씀하신 내용과 비교해보라.

"나는 너를 애굽 땅, 종 되었던 집에서 인도하여 낸 너의 하나님 **여호와**로라"(출 20:2)

신의 이름이 다르다. 한글 번역이 다르다는 말이 아니라 일반 신의 이름(엘로힘)과 하나님의 고유 이름(여호와)이 들어간 것이 다르다는 이야기다.[358] 즉 그들의 마음속에 있었던 예배의 대상이 드러나고 있다. 이스라엘이 애굽에서 여호와 하나님을 예배할 수 있었던 환경이 아니었기에, 그들의 마음속에는 자주 보고 들었던 애굽인이 섬기던 애굽 신(엘로힘)의 형상이 자리하고 있었던 것이다. 입술로는 "하나님"이라고 부르긴 하는데 그

---

358   이런 현상은 이미 뱀이 하와를 미혹할 때부터 나타났던 일이다(창 3:1-5). 이런 히브리어의 의미론적 연구 방법을 사용하여 연구한 사례가 있다. Ellen van Wolde, *Words Become Worlds: Semantic Studies of Genesis 1-11*, Biblical Interpretation Series 6, eds. R. Alan Culpepper and Rolf Rendtorff(Leiden: E. J. Brill, 1994), 3-47.

신을 가시화시켜보니 금송아지가 나왔다는 것은, 오늘날 신자들에게 주는 경고성 메시지가 실로 크다. 오늘날 현대 신자들의 신앙의 대상으로 불리는 주, 하나님의 실체는 과연 무엇일까? 돈, 문제해결, 출세, 권력, 인기, 육체의 건강과 평안 등 가족 신의 개념은 아닐까? 이는 현대 신자들의 마음 중심에는 하나님으로 불리는 우상에 불과한 신이 자리하고 있었다는 이야기이다. 그들에게 하나님이란 이름으로 풍요와 다산의 복을 가져다주는 실제 신은 하나님으로 불리는 우상이란 존재였다. 실로 두렵기 짝이 없는 현실이 아닌가.

그들은 하나님이 어떤 분이신지에 대해서는 전혀 관심도 없고(그래서 말씀이나 성경을 알고자 하는 관심이 없다), 상관하지 않는다는 특징이 있다. 그로 인해 현실적인 문제에서 "내가 무엇을 얻을 것인가"가 더 중요하다. 어떤 신이라도 내가 필요한 문제만 해결해준다면 아무런 상관이 없다는 식이다. 이런 자세와 마음이 샤머니즘 신앙의 속성이다. 구약의 이스라엘 백성은 자신의 내적·외적 필요를 채워 주는 존재를 여호와라고 불렀다. 오늘의 우리는 여호와 대신에 예수 그리스도를 믿는다고 고백한다. 하나님에 대해서 성경공부를 통해 많이 듣고 보고 배워 아는 것이 많아졌다. 그러나 실제로는 하나님께 별 관심이 없다. 단지 구원만 받으면 되고, 현실에서는 내가 믿는 신 하나님이란 대상으로부터 육신의 복을 받아내는 것으로 족하다고 생각한다. 그래서 피곤할 정도로 열정적으로 봉사하고, 헌금 생활도 충실히 하며 섬긴다. 그러면서 나름대로 감동과 기쁨도 느끼고 은혜도 많이 받는다고 한다. 그러나 우리가 섬기는 분이 성경이 가르치는 참 하나님 여호와가 아닐 수 있다는 사실에 두려워할 줄 알아야 한다. 그러한 종교적인 기쁨과 감흥은 다른 종교에도 많이 있기 때문이다. 만일 그분의 영광에 일차적인 관심이 없고 나의 필요에만 - 물질적인 면이든지, 영적인 면이든지, 정신적인 면이든지 - 집착하게 되면, 우리는 반드시 하나님(실제로는 '다른' 하나님)이라는 우상을 섬기게 된다. 하나님의 영광을 구하기보다는 자기의 필요를 채우기에 급급한 세대이다 보니, 많은 교회가 교인들의 이런 구미를 맞추어 주며 생존하려고 한다(딤후 4:3).[359]

사람이 만들어 낸 신(하나님, 엘로힘)[360]은 "우리를 위하여"(1절)란 표현에서 아주 잘 드러난다. 사람의 필요를 위해 신을 만들겠다는 의자가 분명하지 않은가. 신앙의 우선순위가 사람인 이런 현상은 오늘날도 마찬가지다. 교회와 가정은 분명히 신앙생활에서 아주 중요한 양대 산맥과 같다. 그러나 그 가운데서 우선순위를 말하라고 하면 교회가 우선이다. 왜냐면 교회는 현실적으로 임한 하나님의 나라(현재 천국)를 가장 잘 나타내는 기관이기 때문이다. 가정은 그다음 후 순위다. 이 말을 오해하여 가정을 팽개치고 교회만 중시하라는 이야기가 아니다. 교회와 가정은 동전의 양면과도 같지만, 중요도에 있어서 우선순위가 교회라는 말이다. 교회는 안중에도 없고 가정만 있는 상태가 세상이고, 교회만 있고 가정은 없는 것은 사이비 이단인 광신 집단일 뿐이다.

어쨌든 교회와 가정의 우선순위를 깨닫지 못하고 우선순위를 뒤집는

---

359   손희영, 48.
360   리처드 도킨슨, 「만들어진 신」, 이한음 옮김, (서울: 김영사, 2007). 무신론 생물학자인 '리처드 도킨슨'은 신이라는 이름 뒤에 가려진 사람의 본성과 가치를 살펴보는 책이란 목적에「만들어진 신」이란 책을 내어 큰 파장을 일으켰는데, 개념은 다르지만 현실적으로 "신자가 만들어 낸 신"은 어떤 모습인지 정말 솔직하게 성찰해야 할 때가 아닌가 생각한다.

사상을 가진 신자들이 있다는 것은 교회론이 잘못된 믿음을 가진 자이다. 그렇다면 이런 자들에게 묻는데, "네 원수가 집안 식구"(마 10:36)라는 말씀이나, "부모나 아내나 자식을 나보다 더 사랑하는 자는 합당치 않다"(마 10:37)라는 말씀은 어떻게 해석할 것인가. 신자들의 신앙 수준이 올바르지 않으면, 교회는 하나님을 위한 기관이 아니라 한낱 사람을 위한 기관으로 전락하고 만다. 이런 신자들이 많을수록 결국에는 교회가 우상숭배에 빠지도록 하는 일에 앞장설 것이다. 교회에서 주여주여 이름만 부르지, 실제 그들의 신은 금송아지 같은 세상 신, 사람이 만들어 낸 가족 신(드라빔)을 섬기는 우상 숭배자들이다. 따라서 사람이 자기를 위해 만들어 낸 신, 사람의 필요를 위해 만들어 낸 신, 온갖 금은보화를 동원해 만들어진 현대의 신은, 아무리 고상하고 위대하며, 지적(知的)이며 종교적인 체계를 갖추었다고 할지라도 우상에 불과하다. 오늘날 웅장하고 아름답게 교회 건물을 짓고, 각종 장식과 편의시설을 완벽하게 갖춘 상태에서 예수를 부르며 하나님을 섬긴다고 할지라도, 실제로는 얼마든지 우상으로서의 하나님을 섬길 위험도 있다는 점에 정말 두려워해야 할 것이다(마 7:21-23). 그리고 그 일에 목사가 앞장서서 신자들을 충동질할 수도 있다는 사실에 우리는 경악하고 떨어야 마땅하다.[361]

a. 세상 종교와 기독교의 차이

세상의 시각으로 볼 때 기독교는 생명의 종교가 아니라, 한낱 다른 종교와 같은 종교의 하나에 불과하다고 생각할 수 있다. 일반적인 사전에서

---

361 손희영, 「믿음의 전환」, (서울: 복 있는 사람, 2015), 147.

종교에 대해 정의하기를 "신이나 초사언적인 절대자 또는 힘에 대한 믿음을 통하여 인간 생활의 고뇌를 해결하고 삶의 궁극적인 의미를 추구하는 문화 체계"라고 한다. 일반적인 세상 종교는 철저하게 아래에서 위로 찾아 올라가는 형태로 만들어진다. 그에 비해 기독교는 생명이신 하나님의 계시를 통해 위에서 아래로 주어지는 정반대의 형태를 띤다. 따라서 종교는 사람의 필요에 의해서 시작하여 인간의 무능과 무지의 한계를 드러내며 공전할 뿐이다. 왜냐면 오랜 세월에 걸친 사람의 그 무지막지한 노력에도 불구하고, 타락한 사람의 왜곡된 인격과 인식체계로는 결코 자력으로 아래에서 위를 향해 올라가 초월자를 찾을 수 없고, 인간의 근본적인 문제들을 해결할 수도 없다. 하지만 기독교 신앙은 그런 사람의 노력과 구도에 의해서 만들어지는 종교가 아니라 생명을 주시는 하나님으로부터 주어진 계시의 종교다.[362]

일반적인 종교와 기녹교 계시의 차이섬은 기독교의 세시는 하나님의 필요와 계획에 의해 출발하며 궁극적인 목표도 하나님의 영광을 위한 신앙이다(엡 1:9-10). 그러나 종교는 이 땅에서 더욱 도덕적으로 훌륭한 사람이 되고, 더 나은 인간의 삶을 살기 위한 부부 생활, 자녀 교육, 내적 치유 등에 축이 기울어져 있다. 따라서 기독교가 이런 세상 종교의 형태를 답습한다면 이는 아주 큰 잘못이다. 그런 사상은 다른 일반 종교에도 얼마든지 있기 때문이다.[363] 그런데 이런 사상이 어떻게 교회 안에 침투하는가 하면, 심리 상담할 때 발생하는 부작용으로 나타나는 것이 대표적이다. 그

362 　손희영, 150-151.
363 　앞의 책, 155-156.

래서 교회는 이 심리상담을 극히 주의해야 한다. 많은 부분에서 상담이란 이름 아래 '위로'의 명분으로 인간적인 성향과 부패를 끌어들이고, 신자들에게 인본주의 사상을 주입하는 일에 아주 적당하기 때문이다. 따라서 상담하려면 성경의 진리를 기본으로 하는 성경적 상담을 해야 한다. 왜냐면 기독교는 종교가 아니라 생명을 주는 계시로서 심리상담보다는 영혼 상담에 초점을 맞추어야 하기 때문이다.

하나님에게서 나오는 생명은 사람으로서는 흉내 낼 수 없는 독보적이며 절대적인 생명이다. 선악과를 선택한 사람이 생명 나무에서 뿜어져 나오는 생명을 어떻게 대체할 수 있겠는가. 선악과를 선택한 이상 생명 나무로부터는 격리될 수밖에 없다. 그 둘은 함께 할 수 없기 때문이다. 따라서 선악과는 종교로 열매 맺지만, 생명과는 영생의 생명으로 열매 맺는다. 선악 나무를 선택한 인간 사회를 개혁해야 한다는 말은 지당하다. 교회의 타락으로 인하여 자성의 목소리와 개혁을 부르짖는 목소리도 높다. 그런데 중요한 것은 무엇을 개혁해야 하느냐는 문제다. 방향성이 잘못되면 오히려 더 상태가 나빠지는 문제가 발생하기 때문이다. 개혁을 주장하는 자들이 내세우는 것은, 교회의 제도적 경직성, 성직주의, 재정 비리, 목회자의 윤리 등을 탄핵한다. 물론 그런 면들의 문제점을 인정하고 고쳐야 마땅하다. 그러나 그런 면들만 개혁하면 올바른 교회가 세워질까? 정말 개혁해야 할 문제점을 파악하고 지적해내지 못하면, 맛을 잃은 소금처럼 더 부끄러움을 당하고 사회에 발붙이지 못할 지경에 이를 수 있다는 경각심이 있어야 한다. 기독교가 생명의 계시에 중심을 두지 않고, 종교의 차원에서 열심을 내어 "사람들"의 집합소가 된 것은 아닌지 자성해야 한다는 말이다. 하나님의 아들들을 생산하지 못하고 사람의 딸들과 결합하여 그 시대에 유명한 용사들만 생산하지 않았는지 돌아봐야 한다(창 6장). 종교적 열심이 주는 일시적이고 감정적인 만족이나 성취감은 참 모호하고 애매하다. 그러나 반드시 지켜내야 할 것은, 시대의 풍조나 세상의 시선에 눈치 보지 말고 계시의 빛을 따라 끝까지 견뎌내며 생명의 길을 걸어가야 한다는 점이다. 허울 좋은 하나님이라는 이름의 우상을 분별하여 언제나 참 진리의 방향성과 진실성을 지켜내는 신앙이 되어야 한다.[364]

교회가 세상에 야합하는 전략과 프로그램으로 점점 침몰하는 가운데, 과연 누가 기독교가 이상한 하나님을 섬기고 있다는 것을 상기시켜 줄 것인가? 누가 또 분명한 믿음의 언어를 구사하여 잠들어가는 이 시대를 깨울 것인가? 스스로 현재적 하나님 나라라고 외치는 작금의 교회가 하나님을 경외하며 순종을 배우기는커녕, 오랜 세월 동안 어떻게 하면 창조주이자 구원자이신 하나님으로부터 자기가 좋아하는 육신의 좋은 것들을 얻어낼까 궁리하는 이 악을 어찌해야 하나?[365] 종교화 곧 식화(石化)되어 가는 현재의 교회 모습으로는 생명의 역사를 기대하기 어려운 지경까지 이르렀다. 근본적으로 갈아엎는 혁명적 개혁이 없이는 고치기 어려운 말기 암처럼 진행된 것은 아닌가 생각되어 심히 두렵다. 그래서 하나님은 자기 백성으로 부르던 이스라엘 백성을 향해 그들의 무지와 강퍅한 고집에 대해 하늘과 땅을 향해 호소하며(활유법, 반복법) 탄식하듯이 질타하셨던 기억이 난다(사 1:2-6, 10-15). 기독교가 종교화되면 생명력을 잃고 하나

---

364   앞의 책, 168-169.
365   크리스토프 F. 블룸하르트,「행동하며 기다리는 하나님 나라」, 전나무 옮김, (논산: 대장간, 2018), 127.

의 프레임에 굳어진 모습으로 점점 강퍅해지는 과정을 밟을 수밖에 없어진다. 그래서 형식주의로 흐르고, 안일과 나태, 외식(外飾)하며 강퍅해진다. 특별히 구약 성경은 이스라엘 백성의 강퍅함에 대해 힐난하게 지적하는 내용으로 가득 차 있다.[366] 강퍅해진 상태는 구약적으로 말하자면 이방화된 모습이요, 신약적으로는 세속화된 모습이며, 현대적으로 표현할 때는 종교화된 모습을 가리킨다. 일단 종교화되면 바른 교훈을 받지 않는 특징이 나타나고, 이미 세뇌 혹은 고착화 된 주장을 포기하지 않고, 돌이키기 어려워 끝까지 그릇된 길을 가다가 멸망한다는 공통점이 있다.

"오직 내가 이것으로 그들에게 명하여 이르기를 너희는 내 목소리를 들으라 그리하면 나는 너희 하나님이 되겠고 너희는 내 백성이 되리라 너희는 나의 명한 모든 길로 행하라 그리하면 복을 받으리라 하였으나 (24) <u>그들이 청종치 아니하며 귀를 기울이지도 아니하고 자기의 악한 마음의 꾀와 **강퍅한 대로 행하여** 그 등을 내게로 향하고 그 얼굴을 향치 아니하였으며</u> (25) 너희 열조가 애굽 땅에서 나온 날부터 오늘까지 내가 내 종 선지자들을 너희에게 보내었으되 부지런히 보내었으나 (26) 너희가 나를 청종치 아니하며 귀를 기울이지 아니하고 목을 굳게 하여 너희 열조보다 악을 더 행하였느니라 (27) 네가 그들에게 이 모든 말을 할지라도 그들이 너를 청종치 아니할 것이요 네가 그들을 불러도 그들이 네게 대답지 아니하리니 (28) 너는 그들에게 말하기를 너희는 너희 하나님 여호와의 목소리를 청종치 아니하며 교훈을 받지 아니하는 국민이라 진실이 없어져 너희 입에서 끊어졌다 할지니라"(렘 7:23-28)

366 　대하 36:13; 렘 7:24; 11:8; 13:10; 16:12; 18:12; 겔 2:4; 3:7; 히 3:8, 13, 15 등.

하나님 나라의 종교화는 기독교의 참 생명을 잃고, 껍데기만 남는 비참한 모습으로 맛 잃은 소금이 되어 세상에 짓밟히는 모습을 보일 수밖에 없게 된다(마 5:13; 눅 14:34-35).

b. 교회의 본질

그러나 지금까지 부정적인 면만 이야기했는데, 절망적인 상황만 있는 것은 아니다. 누군가 말했듯이 세속화되고 종교화되어 가는 현재 교회와 기독교의 모습이 절망적으로 느껴지는 것이 사실이지만, 그럼에도 불구하고 "여전히 세상의 희망은 교회다"라고 말한 것은 진리다. 교회는 십자가에 못 박히신 예수 그리스도처럼 어떤 면에서는 섬뜩할 만큼 추하고 약해 보인다. 그러나 교회가 가지고 있는 영적인 측면은 아주 강력하다. 디트리히 본회퍼(Dietrich Beonhoeffer)는 "초라하고 누추한 교회를 그리스도의 몸이라고 고백하는 신잉은, 나사렛의 빈천한 목수를 메시아라고 고백하는 신앙과 같다"라고 말했다. 교회는 그저 싸우고 불평을 일삼는 한심한 사람들의 집단에 불과해 보일 수도 있다. 설령 그게 사실이라고 하더라도, 우리는 있는 그대로의 우리를 받아들여야 한다. 때로는 한심한 실체를 안고 가는 것 같지만, 믿음의 눈으로 영적인 실체를 바라보며 나아가야 한다. 교회나 한 개인의 믿음이나 마찬가지다. 그것은 길고 긴 지루한 인생을 걸어가는 끊임 없는 영적 여정으로서 서서히 성숙해가는 길고 긴 과정일 뿐이다. 그것이 교회와 인생의 본질이며, 나머지는 모두 다 장식물이다. 따라서 신자의 인생이 세상에서의 성공과 실패가 절대가치가 되고, 최고의 목표가 되어서는 안 된다. 육신을 입고 사는 한에는 당연히 물질이 필요하지만, 돈이 많아지면 어떤 문제가 생기는가?

① 영적 감수성이 떨어진다.

② 하나님께 의존하는 마음이 약해진다.

③ 초월성에 대한 기대와 소망이 사라진다.

④ 게으르고 교만해진다.

　오해하지 말 것은 돈이 많으면 무조건 예수를 잘 믿는 것이 불가능한 일이라는 이야기는 아니다. 그러나 성경은 불가능에 가까울 만큼 어렵다고 가르치는 것도 사실이다. "부자가 천국에 들어가는 일은 낙타가 바늘귀로 들어가는 일보다 어렵다."[367]라고 예수께서 친히 말씀하셨기 때문이다.[368]

7. 생명 나무로 나아가는 길

하나님의 경고에도 불구하고 인류는 지금도 기어이 생명의 비밀을 열어젖히고자 안간힘을 쓰고 있다. 현대의 생명공학자들은 노화의 핵심 기제로서 염색체의 '텔로미어'(telomere)를 발견했다. 염색체의 끝에 자리한 이 텔로미어는 세포분열이 진행될수록 점점 그 길이가 짧아지면서 세포를 자연스레 죽음에 이르게 한다. 마치 대홍수 이후 하나님께서 사람 내부에

367　마 19:24; 막 10:25; 눅 18:25.
368　손희영, 83-86.

심어놓은 시한폭탄이기라도 하다는 듯이…. 그런네 여기서 지적 탐구를 겸허히 중단할 아담의 후손들이 아니다. 텔로미어의 작동원리를 집요하게 탐구 중인 과학자들은 최근에 또 다른 놀라운 사실을 발견했다. 식물은 동물처럼 텔로미어에 의해 노화가 진행되지만, 반드시 텔로미어에 의해 조종당하기만 하는 것은 아니라는 사실이다. 실제로 나무는 그 수명이 세상의 모든 피조물 가운데 가장 장수한다고 알려져 있다.[369]

구약시대 때 제사가 이루어진 장소는 성소였다. 성소는 지성소와 구분 짓는 휘장으로 나누어져 있었는데, 에덴동산의 그룹 천사가 생명 나무를 지켰던 것처럼, 지성소에 있는 두 그룹 천사가 법궤 즉 십계명을 지키고 있는 형상이란 점이 유사하다.

"너는 금을 두들겨 두 그룹 천사의 모양을 만들어 궤 뚜껑 양쪽 끝에 각각 하나씩 세워라. … 그 그룹 천사들은 날개를 위로 펴서 속죄소를 덮고 그 얼굴은 속죄소를 향하여 서로 마주 보게 하라. 그리고 두 돌판(십계명)을 궤 안에 넣고 …"(출 25:18-21)

하나님께서 법궤가 있는 속죄소 양편에 두 그룹 천사를 세우신 이유는 무엇일까? 바로 그곳에 영생에 들어가는 생명과를 상징하는 말씀(계명)

---

[369] 므두셀라 나무로 이름 붙여진 미국 캘리포니아 인요 국유림(Inyo National Forest)의 한 소나무(Great Basin bristlecone pine; Pinus longaeva)는 사람 므두셀라가 중년에 이르렀을 기원전 2833년, 즉 대홍수 500여 년도 전에 태어나 지금까지도 살아있다고 한다. 홍두희, "세계 최고령 나무 4,847세의 '므두셀라', 미국 산림청이 숨기는 이유", 매일경제, 2016.04.24.

이 있기 때문이다. 그래서 예수께서도 영생을 얻으려고 찾아온 부자 청년에게 "네가 계명을 지켜라"라고 말씀하셨다(마 19:16-17). 그렇다면 지성소 안의 십계명은 의인이 아닌 죄인이 마음대로 만질 수 있었을까? 성경에 기록된 사건으로 아론의 두 아들인 나답과 아비후, 벧세메스 사람들, 웃사 등은 부정한 손으로 법궤를 만지다가 모두 죽임을 당했다.370 죄인의 몸으로 법궤 곁에 가까이 가거나 만지게 되면 죽음을 면치 못한다. 이는 생명 나무를 지키던 두 그룹 천사가 화염검을 가졌던 것처럼, 지성소 안의 법궤를 지키는 두 그룹 천사도 화염검을 가진 것으로 형상화시켜 하나님의 의도를 나타내 보이신 것이다.

그렇게 철저하게 막혔던 생명 나무로 나아가는 길이 예수 그리스도께서 십자가 죽음과 부활로 인해, 더 이상의 제사 의례는 끝났다는 사실을 만천하에 공포했다. 그래서 하나님께서는 예루살렘 성전(일명, 헤롯 성전)도 AD 70년에 그 역할을 다했다고 불태워버렸다. 구약의 제사를 통한 모형의 시대는 예수께서 단번에 자기를 드린 구속의 도로 인해 끝났고,371 그리스도와 연합하여 이제는 그리스도 안에 거하게 된 신자들은 언제든지 생명 나무로 나아갈 길이 활짝 열렸다(히 10:19-20). 이렇게 그리스도와 연합을 이룬 신자들이 날마다 생명 나무로 나아가 생명의 열매를 먹고 영생하는 큰 은혜에 동참하려면 어떻게 해야 할까? 성경이 친절하게 가르치는 인도를 따라가 보자.

---

370   민 18:3; 레 10:1-2; 삼상 6:19; 삼하 6:6-7.
371   롬 6:10; 히 7:27; 9:12, 26, 28; 10:10; 유 1:3.

1) 사람은 정답이 될 수 없다.

완벽한 인간은 없는데도 누군가를 이상적인 존재로 여긴다는 건 스스로의 눈을 가리는 일이다. 그렇게 사람을 정답으로 삼으려는 이유는 쉽고 편리하기 때문이다. 복잡하게 생각하느라 에너지를 쓰는 대신 '피리 부는 사나이' 뒤만 졸졸 따라가면 된다. 그래도 좌표가 되는 사람이 있으면 좋은 것 아니냐고 질문할 수 있다. 물론이다. 단, 주의할 필요가 있다. 좌표를 가끔 재조정해야 한다. '어제의 지도로 오늘의 길을 찾아선 안 된다'라는 말도 있지 않은가. 삶은 수학 문제 푸는 것과 다르지 않다. 답이 뭔지 아는 것보다 자기 힘으로 그 답을 구하는 것이 훨씬 중요하다.

하나 더, 당신이 정답이라 여기는 바로 그 사람도 힘들어진다. 정답도 아닌데 정답 노릇을 해야 하니 얼마나 부담스럽고 피곤하겠는가. 대책 없는 10대들의 좌충우돌 이야기를 다룬 영국 드라마 「빌어먹을 세상 따위」 시즌 2에서 제임스는 앨리사에게 "미안하다"라고 사과한다. "뭐가?" "널 정답으로 삼으려고 했던 거."

> "사람은 정답이 될 수 없어요(People can't be answers). 더 많은 질문을 만들 뿐이죠. 예를 들면 이런 질문이요. '아빠는 왜 이렇게 형편없지?'"

누군가를 정답으로 착각했다가 실망하고, 다시 다른 정답을 좇아 헤매는 것은 어리석은 짓이다. 누구도 정답이 될 수 없다는 사실을 받아들일 때, 비로소 진정한 자유, 진정한 만남을 시작할 수 있다.[372] 그렇다. 세상 안에서는 그렇게 계속 사람을 바꾸어가며 또 속고 속을 뿐이다(딤후 4:3). 그러나 여전히 세상은 사람을 찾아 방황하고 또 방황을 거듭한다. 인류 역사를 아무리 되풀이 재생(Rewind)을 시켜봐도, 여전히 속고 속으면서도 다른 대안은 없다는 듯 또 다른 의지할 대상, 핑계할 대상, 욕할 대상을 찾듯이 하이에나처럼 세상이란 초원과 들을 헤매는 일이 반복된다. 이게 진짜 의존할 대상이신 하나님을 잃어버린 한심한 인간 군상의 현주소다. 그래서 삶에는 정답이 없다고 둘러댄다. 하나님을 모르는 인간은 그런 대답이 최선일지도 모른다. 그렇게 해서라도 답이 없는 인생을 위로받고 싶었을 게다. 정답이 왜 없겠는가. 망가진 사람을 바라보고, 정답일 수 없고 또 정답을 만들어 낼 수도 없는 사람에게서 답을 찾으니 당연히 없는 것일 뿐이다. 우리의 정답은 오직 주 예수 그리스도이시다. 주 예수 안에 들어가서 예수 그리스도와 하나 되는 연합을 이루면, 그곳에 만족과 화평과 인간의 행복이란 정답이 있다.

성선설을 믿었던 톨스토이의 「사람은 무엇으로 사는가」라는 작품에서 크게 세 가지 질문에 대한 답을 제시하고 있다.[373]

(1) 사람의 마음에는 무엇이 있는가?
(2) 사람에게 주어지지 않은 것은 무엇인가?
(3) 사람은 무엇으로 사는가?

372　권석천, "사람은 정답이 될 수 없다", 2023.05.26. 중앙일보.
373　레프 톨스토이, 「사람은 무엇으로 사는가」, 홍대화 옮김, (서울: 현대지성, 2021).

이 질문에 대한 답으로

(1) 사람의 마음에는 사랑이 있다는 것을 깨달았다.
(2) 사람에게 필요한 것이 무엇인지 아는 능력이 주어지지 않았다는 사실을 깨달았다.
(3) 자기에 대한 걱정으로 살아가는 것이 아니라 사랑으로 살아간다는 것을 깨달았다.

이렇게 세상에서는 사람에 관한 탐구와 나름의 철학적 답변을 추구하는 일이 계속되었다. 그러나 아무리 연구해도 결론은 사람에게서는 정답을 찾을 수 없다는 한 가지 사실은 변하지 않는다. 다시 말하지만, 사람은 정답이 아니기에 사람을 의존하거나 영웅을 찾으려고 하는 악순환(창 6:4; 10:8)을 되풀이해서는 안 된다. 세상이 영웅을 찾으려고 하는 한, 가시나무 같은 자들이 나서서 왕이 되고자 할 것이다.[374]

2) '이 세대'를 본받지 말아야 한다.

"**너희는 이 세대를 본받지 말고** 오직 마음을 새롭게 함으로 변화를 받아 하나님이 선하시고 기뻐하시고 온전하신 뜻이 무엇인지 분별하도록 하라 (3) 내게 주신 은혜로 말미암아 너희 중 각 사람에게 말하노니 마땅히 생각할 그 이상의 생각을 품지 말고 오직 하나님께서 각 사람에

374　삿 9:15; 삼하 23:6; 잠 26:9.

게 나눠 주신 믿음의 분량대로 지혜롭게 생각하라"(롬 12:2-3)

소극적으로는 "이 세대를 본받지 말아야 하며", 적극적으로는 "오직 마음을 새롭게 함으로 변화를 받아야 하고", 궁극적으로는 "하나님의 선하시고 기뻐하시고 온전하신 뜻이 무엇인지 분별" 해야 한다고 말씀한다. 이렇게 해야만 "너희 몸을 하나님이 기뻐하시는 거룩한 산 제사"를 드릴 수가 있는데, 이것이 생명 나무로 더 가까이 나아가는 길이다. 그런데 여기서 "이 세대"가 바울이 이 글을 쓰던 당시의 세대를 가리키는가.

성경에서 제시하는 "이 세대"는 어떤 세대이기에 주님이나 바울이나 한결같이 주의를 당부하며 경계하는 것일까? 정말 분별력이 절실하게 필요한 말씀이며, 오늘날의 현실이다. 주께서 경계하신 이 세대는 "악하고 음란한" 세대다(마 12:39; 16:4). 초대교회 당시 형편만 말씀한 것이 아니란 증거가 주의 말씀에서 여실히 드러난다. 따라서 "이 세대"란 표현은 관용어로서 어느 시대이든 나타나는 양상이다. 우리 주께서 다시 오시는 그날까지 결단코 없어지지 않을 세대의 모습을 일컬어 "이 세대"로 명명한 것이다(마 24:34).[375]

한 마디로 본받지 말아야 할 세대 상황(狀況)을 기억하면 도움이 될 것이다. "유혹의 욕심을 따라 썩어져 가는 구습을 좇는 옛사람을 벗어"버리라(엡 4:22)는 권면을 통해, 악한 세대, 곧 옛사람의 모습으로 살던 때를 통

---

[375] 구자수, 「원어 설교를 위한 해석법」, 118-130. 원문으로 자세히 분석해 놓았으니 참고 바란다.

들어서 "이 세대"라고 표현한 것이다. 그런 시대의 상태를 잘 요약하여 말한 것이 에베소서 2:2-3이다.

"그때 너희가 그 가운데서 행하여 **이 세상 풍속을 좇고** 공중의 권세 잡은 자를 따랐으니 곧 지금 불순종의 아들들 가운데서 역사하는 영이라 (3) 전에는 우리도 다 그 가운데서 우리 육체의 욕심을 따라 지내며 육체와 마음의 원하는 것을 하여 다른 이들과 같이 본질상 진노의 자녀이었더니"(엡 2:2-3)

죄로 인해 죽었던 영혼의 상태에서 살던 삶(불순종의 아들들로서 살던 삶)을 일컬어 "옛사람의 삶"이라고 말하는 것이다. 그런 삶을 계속 추구하는 것이 세속화 곧 세속에 물든 삶이라고 지적한다. 세속화된 삶을 추구하며 누리는 영광은 풀의 꽃과 같다고 성경은 가르친다(벧전 1:24). 인생의 영광(출세, 권세, 부자, 명예 등)을 풀의 꽃으로 비유한 이유는 다 지나가는 것들이기 때문이며(약 1:10), 결국엔 시들고 마르며 꽃은 떨어지는 운명이란 점을 깨우칠 목적이다. 사람들은 소위 "꽃길을 걷는 인생"을 많이 꿈꾸는데, 생명 나무의 열매를 먹고자 하는 신자는 그런 세상의 영광(풀의 꽃)이 아니라, 주의 영광(시들지 않는 영광의 면류관, 벧전 5:4)에 동참하고자 하는 소원이 있어야 한다.

사실 창세기 때로 거슬러 올라가서 생각하자면, 선악 나무의 열매를 먹은 것이 세상의 영광 곧 꽃길을 걷고자(하나님처럼 되려는) 하는 사람의 마음에서 일어나는 탐욕을 다스리지 못해 일으킨 무서운 죄인 것이다. 사탄이 제시하는 가장 큰 유혹이 세상에서 출세 혹은 꽃길을 걷도록 만들어

주겠다는 미혹이다. 그 결과가 이후에 태어나는 모든 후손의 DNA에 그런 욕심이 각인 되어 전수된 것이다. 그래서 맺혀지는 열매가 무엇이었던 가? 예외 없이 모든 인생에게 주어진 저주인 사망(둘째 사망)이었다(약 1:15). 따라서 이런 운명이었던 우리에게 복음이 전해졌는데, 그것이 둘째 사망의 저주에서 벗어나는 행복과 자유의 기쁜 소식이다. 그 복음을 따라 날마다 우리가 추구하고 나아가야 하는 적극적이며 궁극적인 길이 생명 나무를 향하는 길이다.

> "너희는 이 세대를 본받지 말고, **오직 마음을 새롭게 함으로 변화를 받아** 하나님의 선하시고 기뻐하시고 온전하신 뜻이 무엇인지 분별하도록 하라"(롬 12:2)

3) 그리스도 안에 거해야 한다.

> "너희가 다 믿음으로 말미암아 그리스도 예수 안에서 하나님의 아들이 되었으니 누구든지 그리스도와 합하기 위하여 세례를 받은 자는 그리스도로 옷 입었느니라 너희는 유대인이나 헬라인이나 종이나 자유인이나 남자나 여자나 다 그리스도 예수 안에서 하나이니라"(갈 3:26-28)

"그리스도 안에 거한"[376]다는 말은 새 피조물(하나님의 아들)이 되었다는

---

376   벧전 5:14; 빌 1:1; 롬 8:1. 참고. 골 3:3.

이야기며(고후 5:17; 갈 3:26), 주와 연합하여 하나님의 지혜를 입는다는 의미다(고전 1:30). 왜냐면 그리스도는 하나님의 지혜이기 때문이다(고전 1:24). 그런데 성경은 지혜는 그 얻은 자에게 생명 나무라고 가르친다(잠 3:18). "그리스도 안에" 혹은 "그리스도 예수 안에", "예수 안에" 등 다양한 표현이 가능하지만, 이 말의 의미는 신자의 정체성을 확실하게 가르친다. 하나님의 절대적인 보호(롬 8:8-39)와 모든 신자가 그리스도와 하나 됨에 관한 신자의 정체성을 보여준다는 말이다. 신자가 그리스도 안에 거하는 일의 가장 중요한 특성 가운데 하나가 절대적인 승리다. 세상에서 어떤 일을 당하고 겪는다고 할지라도 넉넉하게 이기게 하신다는 이야기다(롬 8:37). 지금 우리가 다루는 주제로 말하자면, 그리스도 안에 거하는 자에게는 생명 나무로 나아가는 길에 방해가 될 것이 없다는 뜻이다. 거침없이 당당하게 푯대를 향해 그리스도 안에서 달려가면 된다. 이같이 이김이 보장된 자들이 그리스도 예수 안에 거하는 자들이다.

"그리스도와 합하기 위하여 세례를" 받았다는 것은, 우리가 성령세례를 통해(고전 12:13) 과거에 죄 된 옛 삶을 버리고 변화를 받아, 그리스도 안에 있는 새 삶을 완전히 수용해서 그리스도와 하나가 되었다는 것을 뜻한다(막 8:34; 눅 9:23). 거룩하신 하나님 앞에 서려면 우리는 "그리스도의 의"(생명 싸개, 삼상 25:29)안에 들어가야 한다. "그리스도 안에" 있다는 말은 하나님이 우리의 불완전함 대신에 자기 아들의 의를 보신다는 뜻이다(엡 2:13; 히 8:12). "그리스도 안에" 있을 때만 우리의 죄의 빚은 탕감되고, 하나님과의 관계가 복원되며, 우리의 영생이 보존될 수 있다(요 3:16-18; 20:31).

우리가 의식하지 못하는 단계에서, 하나님의 주권적인 역사로 그리스도와 연합하여 하나 되는 일이 값없이 선물로 주어진 상태가 현재 우리가 그리스도인이 된 모습이다(고전 1:30). 반면에 우리가 의식하는 우리의 행동 단계에서, 그것은 우리에게 선물로 주신 믿음으로 말미암는다(엡 2:8). "믿음으로 말미암아" 그리스도께서 우리 마음에 계신다(엡 3:17). 그리고 그의 죽음과 삶에 하나 되어 "하나님의 아들을 믿는 믿음 안에서" 사는 것이 신자의 삶이다(갈 2:20). 신자가 "믿음으로 말미암아" 그의 죽음과 부활에 동참하게 되었고 하나 된 것이다(골 2:12). 이것은 놀라운 진리다. 그리스도와 하나가 된다는 것은 영원한 기쁨의 근거이며, 값없이 주어지는 것이다.

8. 이기는 자에게 허락된 낙원과 생명 나무

낙원이란 단어는 원래 울타리로 둘러싸인 정원 또는 공원을 묘사하는 페르시아 언어였다. 종교적인 의미를 함축하게 된 것은 유대 세계에서다. 마지막 날에 최초의 에덴동산이 복원되는 것을 상징했다. 낙원은 원래 페르시아 말로 "기쁨의 정원"을 뜻하는 말이다. 에덴동산이 기쁨의 정원이란 의미다. 계시록 2장에서 시작되어 22장까지 생명 나무 주제는 계속된다. 이기는 자는 그들의 신실함에 대하여 하나님이 주시는 상을 받는다. 마침내 성도들이 영생을 주는 생명 나무의 열매를 먹을 수 있게 된다. 최후에 에덴에서는 저주가 완전히 파기 된다. '오는 세대의 생명', 즉 신적 생명이 하나님의 백성에게 주어진다(부활체). 유대인의 사고에 따르면, 낙원과 생명 나무는 종말의 때에 다시 나타날 것이다. 요나단 탈굼에는 하나님이

의로운 자를 위하여 에덴동산을 준비하였으며, 그들은 이 세상에서 율법의 교리를 행한 일에 대한 보상으로 나무의 열매를 먹게 되었다고 진술한다. 에스겔 선지자는 성소로부터 흘러나오는 강 좌우에 있는 "각종 먹을 과실나무"를 보았다(겔 47:12). 신자가 싸워서 이겨야 하는 전쟁은 육적인 전쟁이 아니라 영적 전쟁이다(고후 10:3-4). 영적인 전쟁의 특성은 사탄의 무기인 미혹과 위협을 통해, 우리와 하나님과의 관계를 이간질하여 말씀을 불순종하게 하여 멀어지게 만드는 일이다. 한마디로 말해서 사탄의 통치를 따르지 않고 하나님 통치를 받는 것이 바로 "영적 전쟁"에서의 승리이다. 성경에 나타나는 영적 전쟁에서 교훈을 받고 필히 승리하여, 낙원과 생명 나무의 과실을 얻는 쾌거를 이루기 위해 세 가지 전쟁에 초점을 맞추어 생각해보자.

1) 짐승과의 영적 전쟁에서 이기는 자(창 3:1-8)

첫 아담 부부는 들짐승 가운데 가장 영리한 뱀과의 영적 전쟁에서 보기 좋게 패했다. 뱀의 간사한 혀(미혹)에 당했다. 그 결과 에덴동산(낙원)을 잃어버렸고, 생명도 잃게 되었다. 이 짐승과의 전쟁은 창세 때로 끝나지 않는다. 역사 내내 진행되었으며, 말세에 둘째 아담이 초림(初臨)했을 때도 다시 재연되었다(마 4:1-11). 그러나 그때는 분명히 둘째 아담이신 예수께서 기록된 말씀으로 당당히 이기셨다. 이때가 첫 아담 때 뱀(사탄)에게 빼앗겼던 왕적 권세를 되찾아오신 때로 여겨진다. 이후로 모든 악한 영의 세력들이, 우리 주의 말씀 한마디에 벌벌 떨며 쫓겨나는 역사가 일어난 것을 기록하고 있다. 그래서 주님은 당당하게 외치셨다.

"이것을 너희에게 이름은 너희로 내 안에서 평안을 누리게 하려 함이라 세상에서는 너희가 환난을 당하나 담대하라 <u>내가 세상을 이기었노라 하시니라</u>"(요 16:33)

예수는 분명히 하나님이셨지만 모든 자리와 권세를 내려놓고 이 땅에 사람 모양으로 오셨다(빌 2:5-8). 그래서 이 땅에서 사역할 때는 성령의 역사가 절대적이라고 표현해도 과언이 아니다. 땅에서 나타난 예수의 모든 사역도 성령의 기름 부음을 통한 사역으로 이루어졌다.

"<u>하나님이 나사렛 예수에게 **성령과 능력을 기름 붓듯** 하셨으매</u> 저가 두루 다니시며 착한 일을 행하시고 마귀에게 눌린 모든 자를 고치셨으니 이는 하나님이 함께 하셨음이라"(행 10:38)

따라서 짐승과 만국의 권세를 쥔 공중의 권세 잡은 자를 대적하여 이기려면, 성령의 능력이 절대적으로 필요하다는 사실을 알아야 한다(참고. 행 1:8).

2) 육신의 생각을 다스려 이기는 자(고후 10:3-6)

육신의 생각 곧 사람의 생각은 사탄의 생각과 일치한다(마 16:23). 그 이유는 진리가 없는 자들은 그 아비가 사탄이기 때문이다(요 8:44). 빌라도의 경우도 생각해보라. 진리가 무엇이냐고 묻지 않는가(요 18:38). 그에게 참 진리가 없는 관계로 그런 질문을 할 수밖에 없다. 생명은 예수 그리스도이며(요 11:25; 14:6), 또 생명은 예수 그리스도의 말이요(요 6:63), 그분 안에 있다.[377] 진리는 예수 그리스도이며(요 1:14; 14:6), 예수 그리스도 안에 진리가 있다(고후 11:10; 엡 2:11). 따라서 예수를 믿는다고 또는 안다고 하면서 말씀을 지키지 않는 자는 그 안에 진리가 없다고 성경은 지적한다(요일 1:8; 2:4).

예수의 제자들도 아무리 3년 동안 예수를 스승으로 모시고 따라다녔다고 할지라도, 여전히 육신의 생각에서 벗어나지 못하여 자주 책망을 들었지 않은가. 놀라운 신앙고백으로 주님께 칭찬을 들어서(마 16:16) 뭐 좀 깨달았나 싶었더니, 금방 "사람의 일을 생각"한다는 지적과 함께 "사탄아, 물러가라"라고 책망당했던(마 16:23) 베드로는 물론, 하나님 나라에서는 어린아이같이 작은 자가 큰 자가 된다고 가르쳤음에도, 십자가를 앞두고 중요한 가르침을 하시는 주님 앞에서 어머니를 앞세워 치맛바람을 일으켰던 요한의 아들 요한과 야고보, 그리고 그들을 향해 분하여 씩씩거리던 남은 제자들 모두가(마 20:17-28) 육신에 속한 자들이었디(고전 3:1-3).

왜 그런 일이 벌어지는가 하면, 그들에게 아직 성령이 임하지 않았기

---

377 요 1:4; 요일 1:2; 5:11.

때문이라고 성경은 말한다(요 7:39). 이 모든 일에 해결책은 역시 성령의 임하심이다. 오순절에 성령이 임하면 저들도 권능을 받게 될 것이고, 그때는 한가한 자리다툼이 아니라 목숨 걸고 예수의 증인 노릇을 감당할 수 있을 것이다(행 1:8). 그래서 사도 바울은 신자의 갈등과 탄식의 해결책으로 생명의 성령의 법으로 설명하고 있다(롬 8:1).

"그러므로 이제 그리스도 예수 안에 있는 자들에게는 결코 정죄함이 없나니, 그들은 육신을 따라 행하지 아니하고 성령을 따라 행하느니라."(롬 8:1, 킹 제임스)

따라서 육신의 생각을 이기려면, 오순절에 임한 보혜사 성령을 받아야 하고(요 14:16-18), 그 성령의 인도를 따라 행하는 순종이 필요하다는 사실을 알아야 한다.

"보혜사 곧 아버지께서 내 이름으로 보내실 성령 그가 너희에게 모든 것을 가르치시고 내가 너희에게 말한 모든 것을 생각나게 하시리라"(요 14:26)

끝으로 육신의 생각을 이기는 비결로, 사도 바울은 우리의 생각을 사로잡아 그리스도께 복종시키는 훈련(고후 10:3-5)과 함께, 모든 일에 염려하지 않고 매사에 하나님께 구하는 기도를 제시한다(빌 4:6-7). 그리하면 우리 안에 내주하시는 성령께서 때마다 도우시는 은혜와 능력으로 역사하여 승리하게 하실 것이라고 선포하신다.

3) 발람(혹은 니골라)의 미혹에서 이기는 자(계 2:6, 15)

발람의 교훈과 행위에서 이기는 길은 세속화의 반대 길을 걷는 것이다. 미혹은 뿌리치기가 얼마나 어려운지 경험해 본 사람은 안다. 금은보석(뇌물, 물질로 공격), 나라의 절반(권력)을 주겠다는 미혹 등이 쉽게 거절할 수 있는 제안인가. 거기에 미인계를 더하면 과연 무너지지 않을 사람이 얼마나 될까(민 25:1-3). 요셉과 같이 하나님이 함께 하시는 '형통'의 길을 걷는 사람 외에는 없을 것이다(창 39:6-12). 사탄은 사람의 약점을 너무 잘 알고 공격한다. 더구나 각 사람의 약점을 파악한 후에 공격하기 때문에, 그 덫에서 자유로울 자는 아무도 없다. 다만 하나님의 도우심과 보호가 필요할 뿐이다. 그래서 쉬지 말고 기도하라고 하신 것이다(살전 5:17).

> "우리의 씨름은 혈과 육에 대한 것이 아니요, 정사와 권세와 이 어두움의 세상 주관자들과 하늘에 있는 악의 영들에게 대함이라"(엡 6:12)

혈과 육 즉 사람과 사람의 싸움이 아니라 생명과와 선악과의 싸움이다. 그리고 이 전쟁은 우리가 싸울 것인가 말 것인가를 선택할 수 있는 것이 아니라, 이 전쟁을 잘 싸워 이길 것인가 패할 것인가, 그리고 누구 편에 서서 싸울 것인가의 선택만 있을 뿐이다. 우리는 우리의 선택과 상관없이 평생을 영적 전쟁터에서 살아가도록 예정되었다. 따라서 싸우기 싫다고 적당히 타협하며 살아가는 사람은 전쟁터의 포로가 되어 감옥에서 자유를 잃은 채 포로 생활을 할 수밖에 없다. 영적 전쟁에서 승리의 비결은 단

하나 '거룩'이다. 여호와 하나님께서는 "내가 거룩하니 너희도 거룩하라"라고 계속해서 말씀하고 계신다. 왜 그럴까? '거룩'은 '죄'와 반대되는 속성을 가지고 있기 때문이다. 사탄에게는 '거룩'이라는 것이 없고 '더러운 죄'만 있다. 사람에게도 '거룩'이라는 성품이 없다. 오직 '거룩'이라는 성품은 하나님께만 있는 것이다. 그러므로 영적 전쟁에서 승리할 수 있는 것은, 신자가 거룩하신 예수 그리스도 안에 그리고 예수께서 신자 안에 거하시므로 그분과 온전한 연합이 되었을 때만 가능한 것이다. 그래서 질문해야 한다.[378]

- ▶ 나는 진정으로 예수 그리스도와 연합되어 있는가?
- ▶ 나의 육체와 정과 욕심을 모두 예수 그리스도와 함께 십자가에 못 박고 그분과 함께 다시 살아나서 새로운 피조물이 되었는가?

"나는 포도나무요 너희는 가지니 저가 내 안에, 내가 저 안에 있으면 이 사람은 과실을 많이 맺나니 나를 떠나서는 너희가 아무것도 할 수 없음이라"(요 15:5)

"그리스도 예수의 사람들은 육체와 함께 그 정과 욕심을 십자가에 못 박았느니라"(갈 5:24)

"그런즉 누구든지 그리스도 안에 있으면 새로운 피조물이라. 이전 것은 지나갔으니 보라. 새것이 되었도다"(고후 5:17)

---

378 김수경, "영적 전쟁을 이기는 그리스도와의 연합", 본헤럴드, 2017.07.10.

결국 사람은 자기가 얼마나 부인되고 죽는가에 따라 그만큼 하나님의 거룩을 나타낼 수 있다는 것이 진리다. 그것은 주와 연합하여 함께 사는 사람에게 거룩하다고 불러주는 것이다. 실제는 주님이 거룩한 것일지라도… 거룩하신 그분과 내가 하나로 연합된 상태이기에 하나님이 그렇게 보시고, 인정하신다는 이야기다. 따라서 모든 영적 전쟁에서 승리하여 낙원과 생명 나무를 취하는 영광을 얻으려면 거룩하신 성령의 도우심(성령의 역사)이 반드시 필요하다. 영적 전쟁은 말 그대로 성령의 개입이 아니고는 이길 수 없는 전쟁이다. 신령한 일은 신령한 것으로 분별해야 하고, 영적 전쟁에서는 신령한 능력이 따라야 한다.

"살다 보면 내가 제일 잘하는 일이기 때문에 하지 말아야 하는 경우도 있어."

최근 막을 내린 JTBC 드라마 '대행사'에서 광고기획사 임원 고아인(이보영)의 대사다. 그러나 작금의 한국 사회를 보면, "내가 제일 잘하는 일"은 무엇이든지 서슴지 않는 이들로 차고 넘친다. 대개는 결과야 어떻게 되든, 해야 할 일보다 잘하는 일을 하려고 하는 심리는 인지상정(人之常情)이리라. 왜냐하면 "나의 유능함"을 인정받고 싶기 때문이다. 요람에서부터 뼛속 깊이 새겨진 인정욕구에 허우적거리다가 "하지 말아야 하는 일"들의 함정에 빠져든다. 내 능력을 확인받기 위해 잠시 무안당하는 일쯤은 가볍게 넘기기도 한다. 더욱이 경쟁자를 앞서야 하는 상황이라면 두말할 필요가 없다. 분명한 건 이 세상은 너무 잘하려는 자들의 손에 망가진다는 사실이다. 잘못해서 사고 치는 경우보다 잘해서 사고 치는 경우가 더 많은 법이다. 따라서 유능함을 자제하지 못하면 그 스스로뿐만 아니라 사회의 선량한 수많은 사람까지 위험에 빠뜨린다는 아이러니한 사실을 경계해야 한다.[379] 그래서 성령의 열매 가운데 절제가 있다(갈 5:22-23).

인류 역사에서 가장 큰 비극은 국가와 국가 사이에 일어난 전쟁이 아니다. 그런 전쟁의 비극과 비교할 수 없이 큰 사건이 있었는데, 인류의 조상인 아담과 하와가 하나님께 죄를 범하여 모든 인류를 죄 아래 떨어지게 한 사탄과의 영적 전쟁에서 진 결과로 저주받은 사건이다. 이 사건으로 인류는 창조자인 하나님과 원수 관계에 놓이는 저주를 받았다(롬 5:10). 사

---

[379] 권석천, "잘하는 일이어서 하지 말아야 해", 2023.03.10. 중앙일보.

람은 하나님의 심판으로 영원한 둘째 사망의 저주 아래 떨어지고 말았다. 그래서 사람은 사악한 사탄과 같이 멸망 받을 죽음의 포로가 되고 말았다. 사람은 뱀의 간교한 감언이설을 통한 악의 씨를 받아들인 후 죄를 지었고, 죄인이 된 후에는 지속적으로 악의 씨를 퍼뜨려(유전 혹은 전가) 서로를 미워하고, 국가와 민족 간에 상상하기도 두려운 전쟁을 일으켜 서로 죽고 죽이는 살육을 끝도 없이 벌이게 되었다. 그리고 이 세상에는 사람이 생각지도 못한 각종 질병과 결핍과 고통이 쉴새 없이 몰아치는 환경 가운데 방치되어 두려움과 공포로 떠는 인생이 되었다. 안개와 같은 짧은 인생마저도 각종 재난과 재앙으로 점철된 삶을 살 수밖에 없는 비참한 인생을 살게 되었다. 그것뿐이 아니다. 인류가 아무런 대책도 없이 그렇게 죄인의 상태로 가다가는 모두 영벌의 상태, 곧 둘째 사망인 지옥에 떨어질 운명에 처하게 되었다.

인류 최대의 비극은 아담과 하와의 범죄임이 틀림없다. 그런데 사람들은 이 말씀이 세상에서 가장 비논리적이고, 모순이라며 정면으로 반박한다. 현대인일수록 "어떻게 아담과 하와가 지은 죄의 결과가 우리에게까지 영향을 미칠 수 있느냐?"는 식으로 반박한다. 개인적으로, 그리고 인간적인 관점으로 보면, 그런 반박과 항의를 조금은 이해할 수 있다. 사람의 생각으로 단순하게 생각할 때 이 가르침만큼 논리적 모순을 가진 교리는 없을 것이다. 그러나 모든 법은 인간적 관점과 현재의 자기 눈에 보이는 대로만 판단할 수 없는 요소가 있다. 그 법을 만든 국가와 시대적 상황을 고려해서 법을 판단해야 한다. 우리가 타국에 살면서 때로는 잘 납득이 되지 않는 법 조항이 있을 수 있다(나라마다 문화와 풍습이 다르기에 생기는 일). 그렇다고 거부하지 않고 무조건 받아들이거나 혹 자기(모국의 문화)와 맞지 않는다고 무조건 거부할 수도 없다. 그 이유는 그 나라에서 살려면 그 나라의 법을 따라야 그 나라에서 살 수 있기 때문이다. 그렇다면 왜 아담의 범죄가 현대의 우리에게까지 영향을 끼치고 있는 것일까? 하나님이 법을 정하실 때 아담을 인류의 대표자로 세웠고, 그에게 최고의 혜택을 준 것은 물론 최고의 지위로 대우하셨다. 그리고 그 아담과 언약을 맺으며, 모든 사람이 그 법에 지배받도록 정하셨다. 하나님은 창조주로서 하나님 나라의 법도를 그렇게 정하실 권리가 있으셨다. 이것을 "대표원리"라고 부른다(롬 5:12-19). 특별히 고대 세계에 존재하는 법의 대부분도 이런 원리를 따라 만들어졌다. 하나님이 만물의 창조자이신 것을 믿는다면, 하나님이 그 원리를 따라 법을 만드신 것이 조금도 부당하지 않다는 사실을 알게 될 것이다. 따라서 이 원리는 조금도 비논리적이지 않다. 하나님이 죄로 인해 비참한 상태에 떨어진 사람을 구원하실 때도 이 원리를 적용해서 구원하고 있다. 마지막 아담이시며 새 인류의 대표자인 예수를 이 세상에 보내셨고, 예수께서 우리 죄를 대신해 십자가에서 죄의 처벌을 담당하게 하셨으며, 누구든지 예수를 믿으면 죄 용서를 받고 구원받게 하셨다. 만일 하나님이 이런 "대표원리"를 통해 사람을 구원하지 않으셨다면, 우리는 죄를 해결하기 위해 우리 각자가 십자가에 달려 죄값을 지불 해야 했을 것이며, 그렇게 죄값을 치르고도 천국에 들어가지는 못한다. 자기가 저지른 죄값을 치르는 것은 당연한 일로 부활할 근거가 없기 때문이다. 그러므로 아담과 하와의 범죄가 우리에게 영향을 미치는 사실은 전혀 비논리적인 것이 아니다. 경험적으로도 사실임을 우리의 삶이 증명하고 있다. 죄의 저주가 오늘날 인류에게도 그대로 적용되고 있기 때문이다. 그래서 아담과 하와가 사탄의 유혹을 받아 하나님께 불순종한 것은 인류 최고의 비극적 사건이란 점은 부인할 수 없는 사실이다.

그럼 유혹과 죄는 어떤 관계를 맺고 있는가?

첫째, 사람의 욕심과 교만을 자극하여 죄를 범하게 만든다.

6절에 "여자가 그 나무를 본즉 먹음직도 하고 보암직도 하고 지혜롭게 할 만큼 탐스럽기도 한 나무인지라 여자가 그 실과를 따먹고"라고 기록되어 있다. 이 말씀의 앞 절인 3:1-5을 보면, 어느 날 사탄이 뱀을 앞세우고 나타나 하와를 유혹하는 내용이 나온다. 우리는 뱀이 사람을 어떻게 유혹했는지 다시 상기하는 것이 필요하다고 생각한다. 사탄은 지금도 여전히 고전 수법으로 우리를 유혹하기 때문이다. 그것이 무엇이었나? "하나님이 참으로 동산 모든 나무의 실과를 먹지 말라고 말씀하셨느냐?"고 하나님의 말씀을 비틀어 이간질하는 수법이다. 그런 사탄의 공격에 대해 우리가 잘 아는 대로 하와가 하나님의 말씀을 정확하게 인용하여 반박하지 못했다. 그러자 사탄은 하와의 그 허술한 성경 지식의 틈을 노려 "너희가 따 먹어도 결단코 죽지 않는다"라고 오히려 하나님의 말씀을 정면으로 뒤집었다. 그리고는 "선악과를 먹으면 너희 눈이 밝아져 하나님처럼" 된다고 부추기기까지 했다. 그렇다면 사탄이 하와를 유혹한 핵심이 무엇이었나? 나무의 열매를 먹고 싶은 욕망을 불러일으킨 것인가? 그 정도가 아니다. 하나님의 자비한 성품에서 나온 말씀을 의심하게 만드는 것이 핵심이었다. 다른 말로 하면, 하나님 말씀의 진정성에 대한 의혹을 불러일으킨 것이다. 정말 하나님이 "모든 나무의 열매를 먹으면 죽을 것"이라는 무정하고도 무서운 말씀을 한 게 맞느냐고 하나님의 속성(하나님의 하나님 되심)

에 이의를 제기한 것이다. 사탄은 지금도 사람들이 하나님의 말씀을 의심하도록 이간질하여 죄를 범하게 만든다. 성경의 내용 가운데 사람의 생각으로 이해하지 못할 사건이 얼마나 많은가. 연약하고 어리석은 인간은 말씀으로 천지 만물을 창조했다는 이야기부터, 선악과 하나로 온 인류를 저주한 사건, 가나안 원주민 진멸 사건, 각종 초자연적인 사건 등, 이성으로는 쉽게 이해하기 어려운 내용이 많은데 그런 내용 하나하나에 꼬투리를 잡고자 하면 성경 전체를 다 헤집어 난도질할 수 있다.

하와는 사탄의 유혹(악의 씨)을 단호하게 거부하지 못하고 받아들였다. 그렇게 쉽게 넘어가게 된 이유는 당연히 사람 속에 내재 되어 있는 욕망과 부족하기 짝이 없는 하나님의 말씀에 대한 지식이 대표적인 원인이 되었다고 생각한다. 그 순간 지금까지 경험하지 못했던 욕망으로 사람의 인지하는 기능에 변화가 일어났다. 뱀으로부터 악의 씨를 받아들인 이후에 사탄의 인식(사람의 생각, 마 16:23)으로 하나님이 금하신 나무의 열매를 다시 보게 되었을 때, 더욱 탐욕스러워진 눈으로 보니, "먹음직했고, 보암직했고, 지혜롭게 할 만큼 탐스럽게" 보인 것이다. 무슨 뜻인가? 세상이 아름답게 보였으며 그래서 세상을 사랑하기 시작했다는 의미다(요일 2:15-17). 사탄이 보내는 죄의 유혹이 사람을 구성하는 중요한 영역(지정의)에서 육신적인 욕망으로 판단하는 일을 시작했다. 악의 씨를 통한 유혹이 사람의 욕망을 충동시켜 하나님의 말씀을 무시하고, 담대히 선악과를 따 먹게 만든 것이다(약 1:15). 유혹받은 하와는 마침내 사탄의 말처럼 금단의 열매를 따 먹으면 하나님처럼 될 것으로 확신하게 되었다. 좋게 말하면 설득당한 것이고, 요즘 말로 세뇌당한 것이며, 가스라이팅 당한 것이다. 그 결과 하나님을 대적하는 일에 용감할 정도로 무모하게 되었고, 과감하게 행동에 옮기려는 생각으로 신이 될 수 있다는 헛된 기대와 함께 철저히 교만한 생각을 품게 되었다. 유혹에 사로잡히는 순간 자신이 피조물이 아니라, 하나님과 동등한 존재가 될 수 있다는 교만한 착각에 사로잡히게 된 것이다. 이것이 사탄이 사람을 파멸로 끌고 가는데 사용하는 죄의 유혹이다. 유혹은 하나님이 명하신 말씀을 반대로 뒤집어 생각하고 행동하도록 만든다. 사탄은 에덴동산에서 하와를 유혹시켰던 원리를 색깔만 다르게 할 뿐 오늘날도 그대로 사용하고 있다.

둘째, 불순종으로 하나님을 반역할 뿐만 아니라 다른 사람까지 오염시킨다.

6절 하반절에 "자기와 함께한 남편에게도 주매 그도 먹은지라"라고 진술한다. 유혹을 받아들이면 죄를 짓게 되는데, 죄가 얼마나 강한 전염성을 가지고 있는가를 잘 보여주고 있다. 하와가 사탄의 속임수에 넘어가 하나님의 금하신 명령에 불순종하여 선악과를 따 먹고 말았다. 그런데 하와는 거기서 멈추지 않았다. "자기와 함께 한 남편에게도 주었고, 아담도 그것을 먹었다." 왜 하와가 선악과를 남편에게 줘서 먹게 했을까? 그렇게 하는 것이 남편을 위하는 일이라고 판단했을 것이다. 부부인데 좋은 것은 함께 나누어야 하지 않겠는가. 하와는 그렇게 하는 것이 "돕는 배필의 역할을 충실히 하는 것"이라고 생각을 했다는 말이다. 그렇게 하는 것이 자신뿐 아니라 남편을 더 위대하게 만드는 길이라고 여긴 것이다. 자신이 아주 대단한 지식을 발견했다고 생각하고 그것을 빨리 남편에게 전해주고 싶은 충동에 의해 그런 행동을 위해 취했을 것으로 생각한다. 그러나 하와의 행동은 사탄의 유혹에 의한 속임에서 나온 것이었다. 죄의 유혹이 하와를 그리고 또 다른 사람을 죄 가운데로 끌어들이게 하려는 계략인 것을 모르는 데서 빚어진 천추의 한이 되는 행동이었다. 죄는 한 번의 성공으로 만족하고 중단하지 않는다. 또 다른 오염원을 찾아 나서게 되어 있다. 그래서 죄의 전염성을 두려워하는 것이다.

우리는 사탄이 주는 유혹과 죄가 얼마나 교활하고 사악한지를 상기해야 한다. 죄의 유혹은 불가능한 상상을 품게 만든다. 죄는 자신의 계획(생각)대로 성공할 수 있을 것이라는 완전범죄를 꿈꾸게 한다. 죄는 목표로 하는 것을 파멸시킬 때까지 중단하지 않는 존재다. 문제는 아담이다. 왜 아담은 하와가 주는 것을 덥석 받아먹었을까? 언약의 당사자로서 책임 의식을 가지고 하와를 책망하며 단호히 거부해야 했지 않았을까? 그런 정신은 우리 주님에게서 배워야 한다(마 16:23; 막 8:33). 그렇게 생각하고 행동하는 아주 사소한 이유에서부터 생각해보면 좋을 것이다. 아담이 하와의 제안을 의심 없이 받아들인 이유와 결과를 생각하자면,

하나, 하와를 잃고 싶지 않았던 것으로 생각할 수 있다.

"자기 골육"(창 2:23)인 아내의 청을 거절하므로 그녀를 잃고 싶지 않았던 것일 수 있다. 만일 이런 이유 때문이라면 아담은 여자를 하나님보다 더 사랑하고, 여자의 말을 하나님의 말씀보다 더 중요하게 여겼다는 증거가 된다. 사탄은 사람의 연약한 부분을 잘 알고 있다. 그리스도인들이 그리스도의 제자로 헌신하며 온전하게 살지 못하는 가장 큰 이유가 가까이에 있는 배우자, 자녀, 가족들, 친구들 때문이다. 그들과 연결된 관계(가족, 친구, 친척, 지인…)를 쉽게 끊을 수 없어서, 그들과의 관계에서 주님을 우선순

위에 누지 못하고 이름뿐인 그리스도인으로 살아가는 것이나. 그래서 예수께서는 자기의 제자가 되려면 그 무엇보다도 주님을 사랑하는 마음을 최우선에 두어야 한다고 말씀하신 것이다(마 10:35-39).

둘, 아담도 하와의 제안에 공감하고 동의했기 때문이다.

여자가 주는 선악과를 먹으면 하나님처럼 될 것이라는 아내의 말을 믿고, 하나님 말씀을 정면으로 거역하고자 하는 욕망에 따른 행동을 한 것이다. 하나님의 명령에 의심이 생겨 반역하려고 생각했기 때문이다. 하와는 사탄의 유혹(속임)에 넘어가 그렇게 되었다. 그러나 아담은 사탄에게 직접 속임의 말을 들은 적이 없었다. 다만 자기가 사랑의 고백을 했던(창 2:23) 여자의 제안에 스스로 판단하여 죄를 범했다. 언약의 대표자인 아담이 불순종을 통해 반역을 도모한 것이다. 아담이 먹지 않았다면 인류의 역사는 달라졌을 것이다. 물론 그 결과가 좋은 쪽인지 나쁜 쪽인지는 믿음의 수준에 따라 달리 생각할 것이다. 성경은 하와의 죄와 아담의 죄를 다르게 다루고 있다(하나님의 국문 과정을 살펴보라. 창 3:9-19). 죄가 세상에 들어와서 인류를 파멸에 떨어지게 한 책임은 하와에게 있지 않고, 아담에게 있다고 말씀한다. 얼핏 성경을 읽으면 죄의 책임이 하와에게 있는 것처럼 여겨진다. 디모데전서 2:14에서 "아담이 꾀임을 보지 아니하고 여자가 꾀임을 보아 죄에 빠졌음이니라"라고 기록하고 있기 때문이다. 그러나 주의하여 읽으면 하와는 꾀임에 넘어간 것이고, 아담은 고의적으로 죄를 범한 것으로 구분하여 말씀하고 있다는 사실을 발견할 수 있다. 분명한 것은 죄가 여자로부터 시작된 것은 맞으나 그 책임은 아담에게 묻고 있다는 점이다. 로마서 5:12에서는 "이러므로 한 사람(첫 아담)으로 말미암아 죄가 세상에 들어오고 죄로 말미암아 사망이 왔나니 이같이 모든 사람이 죄를 지었으므로 사망이 모든 사람에게 이르렀느니라"라고 선언한다. 이렇게 죄는 반드시 전염되고, 심각한 파멸을 가져온다는 것을 기억해야 한다.

셋, 아담이 기대했던 바와 반대로 비참한 결과를 가져왔다.

7절에 "이에 그들의 눈이 밝아 자기들의 몸이 벗은 줄을 알고 무화과나무 잎을 엮어 치마를 하였더라"라고 한다. 죄는 반드시 비참한 결과를 낳는다. 아담과 하와가 선악과를 먹게 되었을 때 사탄의 말처럼 눈이 밝아졌다. 그러나 전혀 예상하지 못했던 방향으로 눈이 열렸고, 상상치 못했던 면이 보이고 이전과 다른 감정을 느끼게 되었다. 자신들의 몸이 벌거벗은 상태에 있다는 것을 알게 되었는데, 그들은 단순히 자신들이 벗었다는 것을 안 것이 아니다. 그들은 내면의 깊은 곳에서 올라오는 감정이 자기들의 벌거벗은 육체가 수치스럽고, 부끄러운 모습이라고 느끼게 된 것이다. 이전에 순전하고 부끄러움이 없던 어린아이 같은 마음을 다 잃어버리고, 전혀 부끄럽게 생각하지 않았던 자기의 육체와 벌거벗은 모습에 대해 수치스럽게 여기게 된 것이다. 이것이 죄의 유혹으로 하나님을 반역한 결과가 만들어 낸 결과이다. 또 이것이 죄의 길을 선택한 사람이 경험하게 되는 상태이다. 그들은 사탄의 말처럼 눈이 열렸지만, 육적인 눈이 밝아졌을 뿐이고 그로 인해 오히려 신적 지식은 잃어버리는 큰 손해를 입게 되었다. 오히려 한 번도 경험해 보지 못한 죄와 수치를 아는 지식만 생기게 되었다. 악을 선택하게 될 때 이전에 순전하고, 옳고, 안정되었던 것들이 한순간에 악화되었다. 그들은 분명히 더 많은 것을 알게 되었다. 그러나 추가적인 지식은 악한 것일 뿐이었다.

넷, 무엇이든지 외모로 판단하는 폐단이 생겼다.

아담과 하와가 자신들의 모습이 너무나 수치스럽게 여겨졌기 때문에 무엇인가로 가리지 않으면 안 되었다. 그래서 그들은 급히 무화과 잎으로 치마를 만들어 자신들이 치부로 느껴지는 부분을 가렸다. 범죄 이전까지는 하나님이 사람을 위해 모든 것을 해 주셨는데, 이제는 사람 스스로가 무엇을 만들어 가려야만 했다. 사람이 만든 것으로는 죄를 가릴 수 없었고, 하나님의 진노를 막을 수도 없다. 여기서 우리가 배우는 교훈은 무엇인가? 죄는 절대로 사람이 상상하는 대로 만들어 주지 않는다는 사실이다. 상상하지 못한 정반대의 결과를 만들어 냈다. 하나님과의 관계성이 깨졌고, 사람과 사람 사이의 관계성도 깨졌으며, 사람과 동물 사이의 관계도 깨졌으며 심지어 사람의 근본인 땅과의 관계도 악화되어 먹거리를 위해 땀 흘려 수고해야만 먹고 살 수 있는 지경까지 저주를 받게 되었다. 모든 면에서 좋아진 것이 아니라 심각하게 악화되었다. 지위도 높아진 것이 아니라, 비참한 자리로 떨어졌다. 하나님은 사람이 그렇게 되기를 원치 않으셨다. 그래서 "따 먹지 말라"고 명령하신 것이다. 하나님은 사람이 자기의 말을 거역하면 어떤 결과에 직면하게 될 것을 아셨기에 "죽음"을 경고하신 것이다. 비참한 상태에 떨어지게 될 것이라고 알려주셨다. 아담과 여자를 비롯해서 사람들의 문제는 하나님의 말씀을 엄중하게 받아들이지 않는다는 데 있다. 하나님의 말씀대로 되는 것이 아니라, 자신들의 생각대로 될 것이라고 착각하여 무모하게 행동한다.

나아가서 오늘날에는 신자의 외식(외모를 꾸미며 감추는 행위)과 이중적인 모습으로 인해 세상은 하나님을 부인하며 기독교 신앙도 배척하는 상황이다.³⁸⁰ 참 신자라면 가슴 아프게 생각해야 할 세상의 지적이다. 저들의 억지 트집인 경우는 오히려 감사해야 하지만, 그리스도인이 잘못해서 생기는 비판과 문제라면 마땅히 통회해야 할 것이다. 그런데 현실은 사람이 겉을 꾸미는 것을 당연하게 여긴다. 오히려 있는 모습 그대로 보이는 것을 상대에 대해 예의가 없다고 비판하며, 성형을 당당하게 고백하는 지경까지 이르렀다(한국은 성형 천국이라는 불명예까지 얻었다). 아담의 범죄로 사람을 외모로 판단하는 눈이 열린 결과가 범세계적으로 확산된 것이다.

죄는 또 다른 비참한 결과를 낳는다. 8절에서 "그들이 서늘할 때 동산에 거니시는 여호와 하나님의 음성을 듣고 아담과 그 아내가 여호와의 낯을 피하여 동산 나무 사이에 숨었다"고 고발하고 있다. 하나님 앞에 죄를 범한 사람은 하나님을 피하여 숨는 존재가 되었다. 이것은 하나님과 친밀했던 관계와 교제가 파괴된 상태를 보여준다. 그들은 "벗었으므로 두려워하여 숨었다"라고 말했다. 그러나 벗은 것 때문이 아니다. 자기들이 벗었다는 사실을 지금 처음 안 것은 아니다. 처음에 알았을 때는 전혀 부끄러워하지 않았다고 설명한다(창 2:25). 그러나 이제 하나님의 말씀을 불순종한 이후에 달라진 것은 벗은 몸에 대한 수치심과 두려움이 생겼다는 것이 문제다. 그리고 하나님을 피하여 숨었는데, 죄책감 때문에 숨은 것이다. 죄책감 때문에 하나님 앞에서 대면할 면목이 없어짐과 동시에 하나님이 두렵게 느껴진 것이다. 그래서 하나님의 낯을 피하여 숨는 신세가 되었다. 하나님과 인격적 교제를 갖도록 하나님의 형상대로 지음을 받은 사람이

---

380 유경진, "겉과 속 다른 위선자 때문에 기독교 신앙 의심한다.", 2023.03.16. 국민일보.

하나님을 피하여 숨는 존재로 바뀌었다. 이것이 죄가 만들어 낸 영석으로 죽은 모습을 보여준다. 이런 현상들은 사람이 죄를 선택하게 될 때 나타나게 되는 필연적 결과다. 오늘 본문의 교훈은 아주 분명하다. 하나님의 백성들이 사는 유일한 길은 사람과 세상의 방법을 의지하는 것이 아니라, 하나님의 말씀을 기억하고, 의지하여 순종하는 데 있다는 것이다. 그 길이 우리의 생명을 좌우하고 영생하는 길임을 가르치고 있다. 잠언에서의 생명 나무가 지혜를 가리켰듯이, 지혜를 얻는 신자들이 되어 영생의 복을 누리기를 바라는 것이 하나님 아버지의 마음이다. 그래서 성경은 하나님을 사랑하고 말씀을 사랑하여 복을 누리는 인생이 되라고 반복하여 들려주고 있다.

"이스라엘아, 들으라 우리 하나님 여호와는 오직 하나인 여호와시니, 너는 마음을 다하고 성품을 다하여 네 하나님 여호와를 사랑하라, 오늘날 네게 명하는 이 말씀을 너는 마음에 새기고, 네 자녀에게 부지런히 가르치며, 집에 앉았을 때든지, 길에 행할 때든지, 누웠을 때든지 일어날 때든지, 이 말씀을 강론할 것이며, 너는 또 그것을 네 손목에 매어 기호를 삼으며 네 미간에 붙여 표를 삼고, 또 네 집 문설주와 바깥문에 기록할지니라"(신 6:4-9)

나가는 말

본서를 마무리하면서 글 쓰는 내내 떠오르는 생각이 있었다. 그것은 '사람이 예수를 믿는다는 것이 무엇일까'에 대한 생각이었다. 본서의 주제에 맞게 선악 나무로 시작해서 생명 나무로 마무리하는 것이 예수를 믿는다는 의미에 적합한 생각이 아닐까 생각해보았다. 사실 예수를 믿는다는 것은 인생의 주인이 '나'에서 '예수'로 바뀌는 것이다. 더는 자기가 자기 인생에서 왕(혹은 주인) 노릇 하지 않는 사람으로 바뀌는 것을 말한다. 그래서 스스로는 아무것도 할 수 없으며, 자기 안에 새 생명의 주인으로 내주하시는 예수의 뜻대로 생각하고, 결정하고, 순종하는 것을 의미한다. 즉 몸과 마음과 생각이 완전히 새로워진 인격의 사람이 되는 것이다. 더 이상 자기가 자기 인생을 책임지는 자가 아니라 자기 인생을 예수께 맡기는 존재가 된 것이다.

말씀 한마디로 아무것도 없던 무(無)에서 우주 만물을 창조하시고 흙으로 사람을 지으신 하나님께서, 사람의 죄를 없이하려고 계획하셨다면 그냥 말씀 한마디로 "내가 너를 용서하노라." 하면 될 것을, 꼭 그렇게 하나님의 아들 예수께서 십자가에서 끔찍하게 죽어야만 했단 말인가? 사람의 죄는 하나님의 통치를 거부하며 자기가 하나님이 되려는 반역죄이니 지옥 형벌을 받아 마땅한 것은 인정할지라도 말이다. 그러나 어리석은 인간의 그런 생각과 질문에 하나님은 그것이 구속사의 신비요, 하나님의 사랑과 공의가 절묘하게 조화를 이루는 지혜라는 사실을 가르치신다. 다만 사람이 그런 지혜를 얻어 깨닫느냐 깨닫지 못하느냐는 사람에 따라 다를 뿐이다. "귀 있는 자는 들으라" 말씀하신 주의 선언을 상고해보라.

예수께서 이 땅에서 사신 삶을 보니(아버지 하나님께 죽기까지 복종하는 삶의 태도) 사람의 존재 목적과 삶의 의미가 무엇인지를 알게 되었고, 그것이 각 사람의 생명이 되어 스스로 왕 노릇 하려는 옛사람이 자기를 주관하는 것을 용납하지 않는 삶이 예수를 믿는 삶인 것이다. 십자가 죽음을 앞둔 주님이 내가 죽게 되었으니 나를 위해 기도해달라고 하셨던 주님의 고뇌 가운데 부르짖은 "내 원대로 하지 마시고 아버지의 원대로 하옵소서"(마 26:39)라는 고백이 우리의 고백이 되는 삶으로 자라나는 것을 성숙한 신앙 생활이라고 한다. 예수께서 보여주신 사람(인자)의 정체성이 곧 우리의 정체성이라는 것을 깨닫는 믿음으로 자기 구원을 이루어가는 삶이 성화의 구원이다(고후 7:1; 엡 4:13). 그래서 "누구든지 나를 따라오려거든 자기를 부인하고 자기 십자가를 지고"(마 16:24; 눅 9:23) 따르라고 말씀하신 것이다.

사람의 정체성이 무엇인지 아는 것이 믿음 생활에서 얼마나 중요한지를 탐구하기 위해, 우리는 태초에 사람을 만드신 목적과 선악 나무와 생명 나무 문제를 다루지 않을 수 없었다. 이 첫 단추를 잘못 채우면 이어지는 모든 부분에서 왜곡할 수밖에 없기 때문이다. 본서를 마무리하면서 필히 밝혀야 할 것은, 필자가 성경을 가장 정확하게 해석했다는 이야기를 하고자 함이 결코 아니란 점이다. 모든 교리적인 선입관이나 확증 편향적인 사고를 배제하려고 애썼으며, 사람이 어쩌다 오늘날 그렇게 부패하고 문제가 많은 존재가 되었는가, 하나님을 안다는 것이 무엇인가 등 이 땅에 사람으로 태어난 존재로서, 사람으로서 마땅히 해야 할 일과 존재의 정체성을 찾아 나가는 일을 하고자 시도했을 뿐이란 점을 밝혀둔다.

그래서 사람과 관계된 각종 견해와 이론, 교리와 주장 그리고 선악 나무와 생명 나무와 관계된 내용을 성경적인 근거와 합당한 추론 등을 통해 밝히려고 애썼다. 이 글을 읽는 모든 독자가 필자의 견해와 같을 수는 없을 것이다. 다만 필자의 견해와 다르다면, 성경을 근거로 자기가 믿고 있거나 생각하는 견해와 견주어 더 좋은 편을 선택해서 믿으면 될 일이다(참고. 롬 14:22-23). 모든 판단은 마지막 때 하나님에 의해 더 좋은 편을 택한 자가 가려지게 될 것이란 믿음으로 하는 말이다(눅 10:42).

필자는 첫 사람(아담)이 처음부터 영생하는 자로 창조되었다는 성경적 근거를 찾을 수 없었다. 칼빈을 비롯한 훌륭한 믿음의 선진들이 어떻게 생각했다고 할지라도, "그것이 과연 그러한가"(행 17:11)라는 베뢰아 사람의 정신을 본받아 살핀 결과 필자의 부족한 지식으로 인해 발견하지 못했다고 고백할 수밖에 없다. 선악 나무에 관한 내용이 생명 나무에 관한 내용보다 분량이 많아진 것은, 창세기 본문 자체가 선악과에 관한 문제를 더 많이 말하고 있기 때문이며, 생명 나무에 관한 내용이 적어 보이는 이유는, 창세기 12장부터 드디어 생명 나무에 관한 내용을 신약 요한계시록까지 전체적으로 오랜 역사를 통해 펼쳐지기 때문이다. 그 많은 분량의 책을 한 권의 책에서 다 다룰 수는 없지 않은가. 그래서 문자적으로 나타난 생명 나무에 관한 내용의 한계를 정하여 본서를 진행했음을 고백한다.

창세 전에 예정하신 그리스도에 관한 구체적인 역사의 성취를 향해, 마침내 시작한 출발점이 창세기 12장의 아브람의 선택-부르심-파송이다. 어쨌든 자세한 내용은 본서를 읽으면서 비판과 수긍과 꼬리를 잇는 궁금증 등이 생길 수도 있을 줄 안다. 사람에 관해 연구해나가다 보면 하나님의 뜻과 중심을 알게 되고, 그 결과 본래 사람의 정체성은 물론 존재 이유까지 발견하게 되어 신앙생활에 유익한 기회가 되기를 바랄 뿐이다. 여전히 미진한 부분들은 차후의 연구과제로 남겨두고자 하는데, 독자 제위께서도 본서를 통해 도전받아 더 나은 연구 결과를 한국교회에 내놓는 계기가 되길 소망해본다.

<참고문헌>

<국내 문헌>

강성구, 창조와 타락으로 본 구속사. 서울: 서로 사랑, 2020.

구자수, 개혁주의 구속사. 인천: 헤이스, 2017.

_____, 때를 따르는 양식. 인천: 헤이스, 2017.

_____, 원어 설교를 위한 해석법. 인천: 헤이스, 2021.

구효남, 생명 나무 예수로 살기. 논산: 대장간, 2018.

고영민, 원문 번역주석 성경(구약). 서울: 쿰란출판사, 2018.

김성수 편집, 다시 보는 72구절; 김하연. 서울: 총회성경연구소, 2018.

김용태, 가짜 감정. 서울: 덴스토리, 2014.

김의원, 창세기 연구. 서울: 기독교문서선교회, 2103.

김정우, 구약 통전 상. 서울: 이레서원, 2005.

김준기, 창세기; 창조의 원 역사. 서울: 새빛출판사, 2003.

김철웅, 추적 예배자 셋. 서울: 예영커뮤니케이션, 2014.

류호준·주현규, 아모스. 서울: 새물결플러스, 2020.

박성희, 레토릭. 서울: 커뮤니케이션북스, 2016.

서균석, 선악과의 실체. 서울: 도서출판 히브리어, 2018.

서철원, 창세기. 서울: 그리심, 2001.

_____, 하나님의 나라. 서울: 총신대학교 출판부, 2009.

손석태, 창세기 강의. 서울: 기독대학인회출판부, 2005.

손희영, 세속화와 복음. 서울: 복 있는 사람, 2014.

_____, 믿음의 전환. 서울: 복 있는 사람, 2015.

송병현, 엑스포지멘터리 창세기. 서울: 국제제자훈련원, 2010.

신원섭 편저, 숲과 종교. 서울: 수문출판사, 1999.

양용의, 하나님 나라 어떻게 이해할 것인가?. 서울: 한국성서유니온선교회, 2006.

이병철, 토브 성경 주석; 창세기 I. 서울: 브니엘출판사, 1991.

이상관, 생명의 성령의 법. 서울: 예찬사, 2000.

이상준, 가인 이야기. 서울: 두란노, 2014.

이필원 외, 본성, 개념인가 실재인가. 서울: 운주사, 2022.

이학재, 맛싸 성경 원문표준역. 파주: 홀리북클럽, 2023.

전동진, 가라사대. 고양: 지식 공감, 2013.

정낙원, 창세 전 언약으로 본 창조와 구원 이야기. 서울: 쿰란출판사, 2023.

정대웅, 선악을 알게 하는 나무. 서울: 예영커뮤니케이션, 2008.

한수환, 그리스도인에로의 사람학. 용인: 킹덤북스, 2016.

황용현, 여자의 후손. 용인: 아미출판사, 2013.

<번역 서적>

게할더스 보스·조지 E 래드, 하나님의 나라 제대로 알고 믿는가?, 정정숙·신성수 옮김. 서울: 개혁주의신행협회, 2007.

고든 웬함, 창세기 1-15, 박영호 옮김. 서울: 도서출판 솔로몬, 2001.

그레샴 메이첸, 기독교 사람관, 채겸희 옮김. 서울: 나침반, 1988.

데비 애커먼, 가장 힘든 일 기다림, 전의우 옮김. 서울: 규장, 2015.

데이비드 멕레이니, 그들의 생각을 바꾸는 방법, 이수경 옮김. 파주: 웅진씽크빅, 2023.

데일 카네기, 데일 카네기 사람관계론, 서희경 옮김. 서울: 소보랩, 2023.

로버트 그린, 사람 욕망의 법칙, 안진환, 이수경 옮김. 파주: 웅진 씽크빅, 2021.

레프 톨스토이, 사람은 무엇으로 사는가. 홍대화 옮김. 서울: 현대지성, 2021.

루이스 벌코프, 조직신학, 권수경, 이상원 옮김. 고양: 크리스챤 다이제스트, 2008.

리처드 도킨슨, 만들어진 신, 이한음 옮김. 서울: 김영사, 2007.

리처드 J. 번스타인, 우리는 왜 한나 아렌트를 읽는가?, 김선욱 번역. 서울: 한길사, 2018.

마이클 하이저, 안경 없이 성경 읽기, 김태형 옮김. 서울: 좋은 씨앗, 2021.

마크 존스, 죄란 무엇인가, 송동민 옮김. 서울: 복 있는 사람, 2023.

스캇 솔즈, 아름다운 사람은 저절로 만들어지지 않는다, 정성묵 옮김. 서울: 두란노, 2022.

앨런 와이즈먼, 사람 없는 세상, 이한중 옮김. 서울: 알에이치코리아, 2020.

제임스 몽고메리, 창조와 타락, 문원욱 옮김. 파주: 솔라피데출판사, 2013.

조지 래드, 예수와 하나님 나라, 이태훈 옮김. 서울: 엠마오, 2001.

존 맥아더, 리차그 메이휴, 성경 교리, 박문재 옮김. 서울: 생명의 말씀사, 2021.

존 맥아더, 맥아더 성경 주석, 황영철, 전의우, 김진선, 송동민 옮김. 서울: 아바서원, 2016.

존 엘드리지, 사람의 욕망, 김애정 옮김. 서울: 포이에마, 2010.

존 H. 월튼, 「교회를 위한 구약성서 신학」, 왕희광 옮김. 서울: 새물결플러스, 2021.

크리스토프 F. 블룸하르트, 행동하며 기다리는 하나님 나라, 전나무 옮김. 논산: 대장간, 2018.

크리스토프 F. 블룸하르트, 더 이상 하늘에 계시지 마시고, 황의무 옮김. 논산: 대장간, 2022.

테스 게리첸, 메피스토 클럽, 박아람 옮김. 서울: 랜덤하우스코리아, 2010.

폴커 키츠, 설득의 법칙, 장혜경 옮김. 서울: 콘텐츠그룹 포레스트, 2023.

한나 아렌트, 예루살렘의 아이히만, 김선욱 옮김. 서울: 한길사, 2022.

헤르만 리델보스, 하나님 나라, 오광만 옮김. 서울: 엠마오, 1991.

헤르만 바빙크, 개혁주의 신론, 이승구 옮김. 서울: 기독교문서선교회, 1998.

_____, 개혁교의학 2, 박태현 옮김. 서울: 부흥과 개혁사, 2013.

헨리 모리스, 존 위트콤, 창세기 대홍수, 이기섭 옮김. 서울: 성광문화사, 1992.

J. W. 로저슨, 창세기 연구, 민경진 옮김. 서울: 기독교문서선교회, 2015.

<외국 서적>

Anderson Gary A., Sin: A History, New Haven. CT: Yale University Press, 2009.

Augustine, The Enchiridion on Faith, Hope and Love, trans. J. F. Shaw. Washington, DC: Regnery, 1996. 33 (8.27).

_____, The City of God against the Pagans, Books XII~XV, trans. Philip Levine. Cambridge: Harvard University Press, 2002.

Beale G. K., The Temple and the Church's Mission. Downers Grove: InterVarsity, 2004.

Biddle Mark E., Missing the Mark: Sin and Its Consequences in Biblical Theology. Nashville: Abingdon, 2005.

Boda Mark J., A Severe Mercy: Sin and Its Remedy in the Old Testament. Wi-nona Lake, IN:Eisenbrauns, 2009.

Calvin John, Genesis, vol. 1. Grand Rapids: Eerdmans, 1948.

Coggins R. J., Introducing the Old Testament, Oxford: Oxford University Press UK, 2001.

Delitzsch Franz, Biblical Commentary on the Proverbs of Solomon. Edinburgh: T. & T. Clark, 1874.

Driver S. B., The Book of Genesis, London: Methuen & co. Ltd, 1911.

Fee Gordon and Stuart Douglas, How to Read the Bible for all its Worth. Grand Rapids:

Zondervan Publishing House, 1982.

Hamilton Victor P., The Book of Genesis, 2 vols. NICOT. Grand rapid: Eerdmans, 1995.

Hans Walter Wolff, Anthropology of the Old Testament. Philadelphia, PA: Fortress, 1974.

Hostetter Edwin C., "hrP," in New International Dictionary of Old Testament Theology & Exegesis, ed. William A. VanGemeren. Grand Rapids: Zondervan, 1997.

Longman III Tremper & Garland Daivd E.. ed., Proverbs – Isaiah. Grand Rapids: Zondervan, 2008.

Mathews Kenneth A., Genesis 1-11:26. Nashville: Broadman & Holman, 1996.

_____, Genesis, 2 vols. NAC. Nashville: Broadman & Holman, 2005.

Millard J. Erickson, Christian Theology, 2nd ed. Grand Rapids, MI: Baker, 2006.

O'Keefe Daniel J., Persuasion: Theory and Research. Newbury Park. CA: Sage Publications, 1990.

Ross Allen P., "Proverbs," In The Expository Bible Commentary Revised Edition:

Walton John H., Genesis I as Ancient Cosmology (Winona Lake, IN: Eisenbrauns, 2011), 37-62.

Watson Paul, "The Tree of Life," Restoration Quarterly 23 (1980):

Watson Thomas, The Doctrine of Repentance, Useful for These Times. London: Printed by R.W. for Thomas Parkhurst, 1668.

_____, A Body of Divinity. Edinburgh: Banner of Truth Trust, 1974.

Wayne Grudem, Systematic Theology: An Introduction on to Biblical Doctrine. Grand Rapids, MI: Zondervan. 1994.

Wenham Gorden J., Genesis 1-15, WBC 1. Texas: Word Books, 1987.

Wolde Ellen van, Words Become Worlds: Semantic Studies of Genesis 1-11, Biblical Interpretation Series 6, eds. R. Alan Culpepper and Rolf Rendtorff. Leiden: E. J. Brill, 1994.

<논문이나 사전 그리고 신문잡지>

가스펠서브 편집, 라이프 성경사전(대), "생명과 생명 나무 항목". 서울: 생명의 말씀사, 2022.

권석천, "잘하는 일이어서 하지 말아야 해", 2023.03.10. 중앙일보.

_____, "사람은 정답이 될 수 없다", 2023.05.26. 중앙일보.

김수경, "영적 전쟁을 이기는 그리스도와의 연합", 2017.07.10. 본헤럴드.

김용규, "종교란 무엇인가? 왜 사람에게 필요한가?", 2012.09.10. 주간조선.

김주원, "이단에 오용되는 '생명 나무와 선악 나무'", 2021.02.08. 국민일보.

류현모, "과학주의가 기독교에 끼치는 해악", 2023.03.10. 기독일보.

리고니어 미니스트리 출판부, 개혁주의 스터디 바이블, 김진운, 김찬영, 김태형, 신윤수, 윤석인 옮김. 서울: 부흥과 개혁사, 2017.

박용범, "성서에 나타난 숲과 나무의 상징성", 주간기독교, 2023.03.21.

애런 에드워즈, "동성애는 죄" 글 올린 영국 교수 해고당해. 2023.03.30. 국민일보.

유경진, "겉과 속 다른 위선자 때문에 기독교 신앙 의심한다.", 2023.03.16. 국민일보.

유영권, "이단 예방을 위한 기초 지식- 첫째 부활과 둘째 사망(1)". 2021.08.11. 기독타임즈.

_____, "이단 예방을 위한 기초 지식- 첫째 부활과 둘째 사망(2)". 2021.10.15. 기독타임즈.

윤대현, "왜 사람들은 설득하기 어려울까?", 2018.05.02. 한경머니.

이창모, "아담이 영생하는 존재로 창조되었다는 성경적인 증거들", 2022.04.07. 바른 믿음.

이희성, "생명 나무의 신학적 의미와 적용", KRJ 20(2011),

임태수, "생명 나무와 선악을 알게 하는 나무의 현대적 의미", 2007.04.25. 신학사상.

조덕영, "악은 어떻게 시작되었는가?", 크리스챤투데이, 2015.10.07.

홍두희, "세계 최고령 나무 4,847세의 '므두셀라', 미국 산림청이 숨기는 이유", 매일

경제, 2016.04.24.

황상하, "선악을 아는 일에 하나님처럼 된 세대", 2018.09.03. 본 헤럴드.

<기타 인터넷 자료>

김 석, "사람의 욕망은 무엇일까", 2017.05.14. 연합뉴스.

배철현, "성경 선악과 이야기는 오히려 사람의 독립선언인 셈이다", 2019.04.15. 생글생글 628호.

이경섭, "어떤 해악 없지만… '불신'이 가장 큰 죄악인 3가지 이유", 2017.08.25. 크리스챤투데이.

이석봉. "하나님의 아들들과 사람의 딸들의 새로운 해석", 2013.12.13. RN 리폼드 뉴스.

이주승, 브런치(brunch). https://brunch.co.kr/@debate/44

일간투데이(http://www.dtoday.co.kr), 2022.05.31.

일점일획, "선악을 알게 하는 나무", ibp, 2017. https://ibp.or.kr/

조덕영, "악의 본질과 신정론", 성경과학 창조세계관 신학 2022. 6. 6.

황상하, "사람이 AI가 자신과 같아질까 두려워하는 이유2", 2022.07.09. 아멘넷 뉴스.

마이클 가자니가, "내 탓인가, 뇌 탓인가" UC샌타바버라 마이클 가자니가 교수 강연, 2017.12.01. SBSCNBC <인문학 특강>

제프리 힌턴, "AI의 대부 제프리 힌턴 구글 퇴사하며 AI 위험성 경고", 2023.05.02., BBC NEWS 코리아.